KB266366

# 공명학 1: 영혼 이중나선 모델(SDHM)

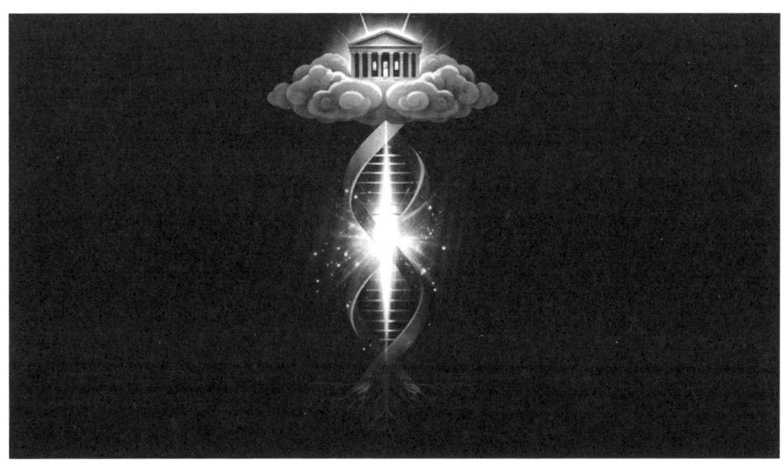

## 이미지 해설(의미)

**생명과 우주의 공명을 형상화하다**

세 가지 핵심 축(뿌리-줄기-하늘)을 통해 인간 존재의 완성을 설명하고 있습니다.

### 1. 뿌리: 육체적 본능과 대지의 에너지

하단의 어두운 배경 속에 뻗어 나간 뿌리는 우리 인간의 육체와 현실적 기반을 상징합니다. 영혼은 허공에 떠 있는 것이 아니라, 생명이라는 물리적 토양 위에 뿌리를 두고 있음을 보여줍니다. 우리가 발을 딛고 있는 이 현실이 공명의 시작점임을 시사합니다.

### 2. 이중나선(DNA): 생명과 영혼의 연결 통로

가장 핵심적인 중앙의 DNA 이중나선은 과학적 생명 기호인 동시에, 영혼이 진화하는 나선형 계단을 상징합니다. DNA는 단순한 유전 정보의 집합체가 아니라, 천상의 에너지(영혼)가 물질계로 내려오고, 인간의 의지가 하늘로 올라가는 안테나 역할을 합니다. 붉은색과 푸른색의 조화는 음과 양, 육체와 정신의 완벽한 '공명'을 시각화한 것입니다. 빛의 기둥은 나선 중앙에서 뿜어져 나오는 강렬한 빛은 '영혼의 각성'을 의미합니다. 공명학이 말하고자 하는 '진동수의 상승'이 일어나는 찰나를 포착했습니다.

### 3. 천상의 신전과 구름: 고차원적 자아

상단의 구름 위에 떠 있는 그리스풍 신전은 고대 지혜와 신성한 지성, 즉 영혼의 목적지를 상징합니다. 이중나선 계단을 통해 도달하는 곳은 종교적인 천국이라기보다, 완성된 인간의 정신세계(Logos)를 의미합니다. 우리가 공명을 통해 도달해야 할 높은 의식 수준을 '신전'이라는 권위 있는 상징물로 표현하여 책의 무게감을 더했습니다.

# 공명학 1 :
## 영혼 이중나선 모델(SDHM)

공명(共鳴) 박운선 Woonseon Park 저자

좋은땅

<h1 align="center">저자 소개</h1>

**박운선의 공명학(共鳴學); GMPWS**

Analysis: 이성의 공명 (지식의 분석)

Insight: 통찰의 공명 (지혜의 예견)

Value: 감성의 공명 (영혼의 울림)

'차가운 머리(Analysis)'와

'명석한 눈(Insight)'을 가지고 살아가되,

가장 뜨거운 '영혼의 심장(Value)'을 잃지 말라.

## 공명학 창시자

**"인류의 영적 지혜를 현대적 성공의 문법으로 재설계한 공명학의 개척자"**

저자는 인류 정신사의 찬란한 뿌리인 예수, 공자, 부처, 소크라테스의 가르침을 계승하여, 이를 현대인의 구체적인 삶과 성공으로 결실 맺게 하는 공명학(Resonance Theory)의 창시자입니다. 그는 관념 속에 머물러 있던 사랑과 자비, 성찰의 가치를 에너지 공학적 메커니즘으로 체계화하여, 21세기 인류를 위한 가장 실질적인 운명 설계도를 제시합니다.

## [최초의 모델 개발과 학문적 비전]

저자는 최초로 인간의 영적·정신적 설계도인 '영혼 이중나선 모델(Soul Double Helix Model)'을 고안하고 개발하였습니다. 이는 생물학적 DNA가 육체를 형성하듯, 변하지 않는 목적의 축인 '영(靈)'과 실천의 축인 '혼(魂)'이 공명하여 운명의 궤적을 결정한다는 독창적인 이론입니다. 이 모델은 대중이 스스로 내면의 주파수를 조율(Tuning)함으로써 뒤틀린 삶을 바로잡고, 지속 가능한 성공과 성장을 일궈낼 수 있도록 돕는 가장 강력한 인생 운영체제(OS)가 됩니다.

**[인류에게 던지는 메시지]**

저자는 지식과 기술이 인간을 대체하는 AI 시대에 진정한 승부는 외부가 아닌 '내면의 공명'에 있다고 강조합니다. 그는 본서를 통해 단순한 위로를 넘어, 독자들이 자신의 존재 가치를 극대화하고 운명을 스스로 재설계(Redesign)할 수 있는 절대적 주도권을 전수합니다.

현재 그는 공명학을 기반으로 한 자산 가치 모델을 정립하고 교육하는 연구소와 아카데미를 이끌며, 수많은 현대인이 영성적 풍요와 경제적 성취를 동시에 달성할 수 있도록 영적 조율사이자 비전 제시자로서의 행보를 이어가고 있습니다.

## 1. 주요 저서

《프롭테크AI부동산 금융 투자론》,《ESG 부동산경제학》,《디지털자산과부동산금융론》,《프롭테크AI 주역부동산 투자론》,《ESG공간자산 경제학》,《부동산 자산관리론》,《자산가격 변동과 한국경제》,《공명학1: 영혼 이중나선 모델(SDHM)》,《공명학2: FCG 공간자산 가지(枝) 모델》등

## 2. 학위논문

- 주택하위시장별 특성가격 모형 추정에 관한 연구, 한성대학교(박사학위논문)
- 수도권 자연보전권역 자연휴양림의 비사용 가치에 대한 연구, 청주대학교(박사학위논문)
- 有望中小企業의資金管理行態에 관한 研究, 건국대학교(석사학위논문)
- 직업체험활동의 효과성 및 만족도에 관한 연구, 중앙대학교(석사학위논문)

## 3. 학술논문 외 다수

- K-리더십 원형 유일한 박사에 관한 연구 - ESG와 CSV 관점을 중심으로 -

- 성수동 수제화 산업의 ESG 실천과 공간문화자산 불평등 해소에 관한 연구

- ESG기반 지속 가능한 문화자산 도플러 효과 연구

- 공공개발택지정책에 관한 연구: 안양 연현지구를 중심으로

- 한국기업의 해외부동산직접투자 진출에 대한 연구

- 국유재산관리실태 조사의 효율적 개선에 대한 연구


## 4. 관공서 프로젝트(보고서)

- 의왕 장안지구 A1 A2 BL 공동주택 건설사업 전환 타당성 검토(프로젝트 보고서)

- 아주 특별한 공연장 건립 기본계획 및 타당성 조사 용역(프로젝트 보고서)

- 김해 율하도시개발사업 특수목적법인 착수 보고(안)(프로젝트 보고서)

- 안양9동 지역 역량 강화(도심 재생) 사업 교육 용역(프로젝트 보고서)


외 다수의 학술 논문을 통해 끊임없이 학문의 새로운 지평을 열어가고 있다.

# 위대한 내면 통합의 서막

**공명하는 삶: 당신의 모든 자산을 깨우는 절대 법칙**

박운선 박사가 정립한 '공명(Resonance) 모델'은 단순히 부동산을 사고파는 기술적 접근을 넘어선다. 이것은 차가운 AI 데이터와 인간의 뜨거운 통찰이 하나의 주파수로 맞물려 거대한 가치를 창출하는 자산 경영의 절대 법칙이다.

본서는 아래 네 가지 핵심 축을 통해 당신의 삶을 완전히 재설계하며, '진정한 나'와 '세상의 부'를 연결하는 내면 통합의 여정으로 당신을 안내한다.

- 공간 공명 (Spatial Resonance): 데이터와 현장의 에너지가 만나 가치를 증폭시키는 부동산 투자의 혁신
- 경영 공명 (Management Resonance): 비전과 수익의 주파수를 맞추어 지속 가능한 성장을 이루는 기업 경영
- 인재 공명 (People Resonance): 잠재력을 깨우는 양자 얽힘의 리더십으로 완성하는 최고의 조직 관리
- 인생 공명 (Life Resonance): 내면의 나침반과 시대의 흐름이 만나 성공의 궤적을 만드는 운명 설계

이 모든 공명의 시작은 결국 우리 내면의 가장 깊은 곳, '영혼'의 목소리를 듣는 것에서부터 출발한다.

인공지능(AI)의 시대, 우리는 기술 발전의 정점에서 역설적으로 가장 근원적인 질문과 마주하게 된다. "인간이란 무엇이며, 어떻게 살아야 하는가?" 챗GPT가 인간의 지식을 모방하고, AI가 우리의 선택을 예측하는 지금, 우리는 효율성과 생산성만으로는 채워지지 않는 영혼의 공백을 느낀다. 이 책은 바로 그 공백을 채우기 위한 하나의 해답, 영혼이 만드는 공간자산의 영혼 이중나선 통합적 성장 모델을 제시하고자 한다.

지난 수 세기 동안 현대 문명은 외부 세계를 분석하고 정복하는 '혼(魂)'의 힘을 극단적으로 발전시켜왔다. 이성과 과학, 기술의 눈부신 진보는 우리에게 물질적 풍요를 안겨 주었지만, 동시에 우리는 내면의 목소리를 듣는 법을 잊어버렸다. 우리는 '무엇을 할 것인가?(Doing)'에만 몰두한 나머지, '어떤 존재가 될 것인가?(Being)'라는 더 중요한 질문을 놓치고 말았다.

이제, AI라는 거울은 우리에게 그 불균형의 한계를 명확히 보여 주고 있다. AI가 '혼'의 영역인 지식과 기술을 빠르게 대체함에 따라, 우리는 더 이상 외부적인 성취만으로 자신의 가치를 증명할 수 없는 시대에 들어섰다. 우리에게 남겨진 마지막이자 가장 위대한 탐험 영역은 바로 내면의 우주, 즉 '영(靈)'의 세계다.

본서는 '영(靈)'이라는 불변하는 가치와 목적의 축과, '혼(魂)'이라는 변화하는 경험과 실천의 축이 어떻게 서로 얽히고 상호작용하며 온전한 인간을 완성해나가는지를 생명의 설계도인 DNA 이중나선에 비유하여 설명한다. 이것은 과거로의 회귀가 아니다. 이것은 인류가 잃어버렸던 반쪽의 지혜를 되찾아, 기술과 온전한 하나가 되는 미래를 향한 가장 급진적인 내면 통합의 시작이다. 이 책과 함께 당신의 잠들어 있던 '영'을 깨우고, 흔들리는 세상 속에서 길을 잃지 않는 자신만의 단단한 중심을 세우는 여정을 시작하길 바란다.

## 부(富)의 마에스트로: 내면의 통합이 만드는 무한한 흐름

내면의 '영'과 '혼'이 통합되어 공명하기 시작할 때, 이제 당신은 부(富)의 흐름을 지휘하는 거장(Maestro)이 된다. 세상의 모든 부는 이미 당신 주변에서 끊임없이 울리고 있다. 다만, 지금까지 그 가치의 주파수에 당신의 채널이 맞추어져 있지 않았을 뿐이다.

박운선 공명 모델은 이제 당신의 눈과 귀, 그리고 철학을 시대의 황금맥과 연결하는 강력한 증폭기가 될 것이다. 데이터라는 '혼'의 영역을 넘어 본질이라는 '영'의 세계를 보라. 현장의 에너지와 당신의 직관을 연결할 때, 비로소 혼돈의 시장 속에서도 흔들리지 않는 결정적 승부수를 던질 준비가 완성된다.

나의 성공이 타인과 세상에 공명할 때, 부의 크기는 비로소 무한해진다. 이 책의 마지막 장을 덮는 순간, 당신은 더 이상 정보에 휘둘리는 투자자가 아니다. 스스로 흐름을 만들고 가치를 창조하는 공명하는 리더이다.

"지혜로운 자는 흐름을 타고, 공명하는 자는 흐름을 만든다."

당신의 내면에서 시작된 결단이 곧 새로운 부의 역사가 될 것이다.

# 당신의 삶을 완성하는 성장 지도

본서는 단순한 지식의 전달을 넘어, 당신이 자신의 삶이라는 가장 위대한 프로젝트를 성공적으로 이끌어갈 수 있도록 돕는 실천적인 '성장 지도'이자 '운영체제(OS)'다. AI가 모든 것을 대신해 주는 시대에, 진정한 경쟁 우위는 외부의 정보를 수집하는 능력이 아니라, 자신의 내면을 깊이 탐색하고 삶을 주체적으로 설계하는 능력에서 비롯된다.

**첫째, 이 책을 '나'라는 텍스트를 읽는 해독문으로 삼아야 한다.** 각 장을 읽으며, 제시된 개념과 질문들을 통해 당신 자신의 과거 경험과 현재의 감정, 미래의 열망을 비추어 보라. 이 책은 당신에게 정답을 주지 않는다. 대신, 당신 안에 이미 존재하는 당신만의 답을 발견하도록 돕는 거울이 되어 줄 것이다.

**둘째, 사례 연구를 통해 이론을 현실에 적용해야 한다.** 각 장에는 이론적 논의를 뒷받침하는 구체적이고 상세한 사례 연구가 포함되어 있다. 이 사례들을 통해 추상적인 개념이 현실 세계에서 어떻게 작동하는지 심층적으로 이해하고, 자신의 삶과 커리어에 적용할 수 있는 시사점을 도출해야 한다.

**셋째, 단절이 아닌 연결과 융합에 주목해야 한다.** 이 책의 핵심은 '영'과 '혼'의 통합에 있다. 각 장의 내용을 독립된 지식으로 받아들이지 말고, "2장의 문제 진단이 7장의 실행 계획과 어떻게 연결되는가?", "4장의 내면 탐색이 14장의 유산 설계와 어떻게 이어지는가?"처럼 끊임없이 연결고리를 찾으려 노력해야 한다. 이 연결점들이 바로 당신의 삶에 시너지를 일으킬 열쇠다.

넷째, 영혼 이중나선 모델 적용 비전 제시로 성공((魂)이후의 공허함, 극복을 위해 성취와 의미의 이중나선 성장을 통해 지속가능한 삶의 동력을 확보한다.

**다섯째, 각 장의 핵심 투자 명언과 질문을 성찰의 도구로 삼아야 한다.** 각 절의 끝에는 '영혼의 자산 설계'로, 각 장의 끝에는 전체 내용을 한눈에 파악할 수 있도록 제시된다. 이를 통해 학습한 내용을 구조화하고, 제시된 질문들에 답하며 자신만의 성장 청사진을 그려나가야 한다.

마지막으로, **부록을 확장된 성장의 발판으로 활용해야 한다.** 책의 마지막에 수록된 부록들은 탐구를 더 깊고 넓게 확장시켜 줄 것이다. 핵심 용어 해설은 새로운 개념을 명확히 하고, 실천 워크시트는 당신의 깨달음을 행동으로 옮기도록 도울 것이다. 본서는 당신을 특정한 목적지로 인도하지 않는다. 대신, 어떤 미지의 바다에서도 스스로 길을 찾고 새로운 항로를 개척할 수 있는 항해술 그 자체를 제공할 것이다.

# 차례




## 제1부

# 새로운 렌즈: 성공의 역설과 내면 진단의 기술

## 제4부
# 통합 성장 프레임워크: 새로운 시대의 아키텍처

제5부

# 미래를 위한 청사진: 새로운 시대를 위한 제언

# 공명학(Resonance Studies): AI 시대, 부와 운명을 바꾸는 최초의 실증 모델

**AI 시대 자산경영의 새로운 북극성: 데이터 너머의 진실을 향한 서막**

### 1. 최초의 실증된 무기: 공명 지수(RQ)와 독보적 모델

우리는 바야흐로 프롭테크(PropTech)와 인공지능(AI)이 쏟아내는 정보의 홍수 속에 살고 있습니다. 하지만 숫자는 단지 '과거'의 기록일 뿐이며, 불확실한 '미래'의 가치를 온전히 보장하지 못합니다. 이러한 시대적 갈증 속에서 박운선 창시자는 차가운 데이터와 인간의 뜨거운 통찰이 맞물려 거대한 에너지를 일으키는 지점, 즉 '공명(Resonance)'에 주목했습니다.

그 결정체가 바로 최초로 독자 개발한 공명 지수(RQ, Resonance Quotient) 모델입니다.

$$RQ = [R \times (I + E)]^P$$

이 모델은 기존 경제학이나 부동산 이론 어디에서도 볼 수 없었던 창시자만의 고유 자산입니다. 동양의 인문학과 서양의 수리 모델을 자산경영에 완벽히 통합시킨 인류 최초의 시도로 평가받습니다. 특히 이론에만 머물지 않는 확실한 실증 근거로서 양평 실증 사례를 통해, 기존의 일반적인 투자 방식 대비 30%p 이상의 추가 수익을 실현하는 강력한 실무 지표임을 증명해 냈습니다.

## 2. 공명학의 정의: 존재의 파동이 운명을 바꾸는 과학

공명학(Resonance Studies)이란 무엇인가? 창시자는 이를 "만물에 존재하는 고유한 에너지 파동이 서로 반응하여 에너지가 증폭되는 현상"으로 정의합니다. 물리학적 개념인 공명을 인문학적, 명리학적 관점으로 확장한 이 학문은 "사람의 마음(파동)과 우주의 기운(파동)이 일치할 때 운명이 개선되고 잠재력이 극대화된다"는 원리를 핵심으로 합니다.

창시자는 이 실증된 원리를 바탕으로 자산가치를 증폭시키는 3단계 실전 모델을 제시합니다.

- 1단계 [분석 모델]: 공명 지수(RQ)를 적용해 AI 데이터와 현장의 에너지를 결합한 '정밀 타격' 도구.
- 2단계 [시스템 모델]: 이중나선 구조로 리스크를 제어하며 스스로 증폭하는 '부의 엔진' 가동.
- 3단계 [확장 모델]: 사회적 가치와 공명하여 자산의 크기를 무한대로 키우는 '공명 생태계'의 완성.

## 3. 인류의 지혜를 완성하는 현대의 열매: 영혼 이중나선 모델 (SDHM)

현장에서 검증된 이 공명의 원리는 이제 단순한 투자를 넘어 인류의 지혜를 완성하는 현대의 열매로 거듭납니다. 모든 존재는 각자의 고유한 주파수로 진동하며, 그 진동은 세상을 그리는 보이지 않는 설계도가 됩니다.

인류 역사는 예수(사랑), 공자(인), 부처(자비), 소크라테스(성찰)라는 4대 성인을 통해 거대한 정신적 뿌리를 내려왔습니다. 그들의 가르침이 인류를 지탱해온 숭고한 정신의 줄기였다면, 이제 그 지혜의 정수를 모아 실증된 과학적 결실로 맺어진 것이 바로 박운선 창시자의 '공명학'이며 그 핵심 결과물이 '영혼 이중나선 모델'입니다.

본 서는 4대 성인의 유산과 어깨를 나란히 하며, 인류의 새로운 도약과 실질적인 구원을 이끌 결정적 열매인 '영혼 이중나선 모델(Soul Double Helix Model)'을 세상에 던집니다.

이 모델은 성인들이 강조한 추상적 가치를 에너지 공학적으로 체계화한 운명의 마스터플랜입니다. 현대 생물학의 DNA가 육체의 형상을 결정하듯, 영혼 이중나선은 보이지 않는 곳에서 우리 삶의 궤적을 지휘합니다. 본질적 가치인 '영(靈)'과 실천의 축인 '혼(魂)'이 상호작용하며 현실의 사건을 끌어당기는 역학적 메커니즘을 최초로 규명한 이 모델을 통해, 독자들은 뒤틀린 삶의 나선을 바로잡고 스스로 운명을 재설계(Redesign)할 수 있는 절대적 주도권을 갖게 될 것입니다.

창시자가 최초로 정립한 이 공명 모델은 AI 시대의 혼돈을 잠재우고 당신의 자산을 승리로 이끌 유일한 가이드라인입니다. 이제 이 독보적인 모델과 함께 당신의 자산경영을 완성하는 결정적 승부수를 던지십시오.

"지혜로운 자는 흐름을 타고, 공명하는 자는 흐름을 만든다."

# 새로운 렌즈: 성공의 역설과 내면 진단의 기술

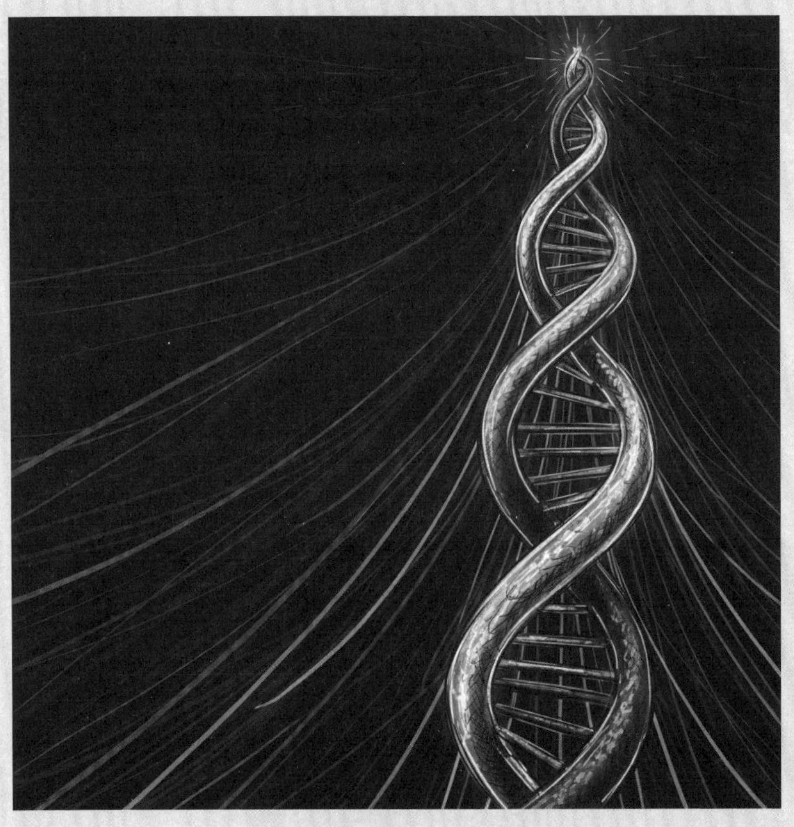

'영혼 이중나선 모델'은 깨달음(뿌리)을 바탕으로 영혼의 성장(줄기)을 통해
현실에 공간 자산(가지)을 창조하며 성장하는 모델이다.

성인(소크라테스): "검토되지 않은 삶은 살 가치가 없다"며, 삶의 방향과
본질에 대해 끊임없이 성찰하고 질문하는 태도의 중요성을 강조합니다.
공명(共鳴): 공허함의 원인을 진정한 자아 상실로 진단하고, '영혼의 이중
나선' 모델을 통해 잃어버린 인생 설계도를 복원하도록 돕습니다.

제1장

# 영혼의 이중나선: 인생의 설계도를 작성하라

| 구분 | 영(Spirit)의 설계 | 혼(Soul)의 설계 | 공간 자산(Asset) |
|---|---|---|---|
| 비유 | 선박의 키(Key) | 선박의 엔진(Engine) | 목적지 항구 |
| 기능 | 중심 잡기, 의미 부여 | 속도 내기, 실질적 구현 | 가치의 시스템화 |
| 도구 | 영적 선언문, 명상, 가치관 | AI 프롬프트, 애자일, 데이터 | 유산 설계, 플랫폼 구축 |

**개념도 설명**: 당신의 삶이 멈춰 있다면, 나선 하나가 끊어져 있기 때문입니다. 박운선 창시자의 이 설계도는 끊어진 나선을 잇고, 당신의 삶을 거대한 자산의 공간으로 바꾸는 유일한 지도가 될 것입니다.

## 1.1 영혼 이중나선 모델: 개념 정의

당신의 삶을 위대한 유산으로 바꾸는 단 하나의 설계도입니다.

박운선 창시자가 정립한 '영혼 이중나선 모델'은 인간 성장의 원리를 생명의 설계도인 DNA 구조에 투영한 통합 성장 시스템입니다.

본질적 존재 이유이자 가치관인 영(Spirit)과, 이를 현실에서 증명하고 확장하는 실행 기술인 혼(Soul)이 서로를 지탱하며 상승할 때 비로소 진정한 퀀텀 점프가 일어납니다.

이 모델은 단순히 성공의 기술을 가르치는 데 그치지 않습니다. 영의 철학이 혼의 기술(AI, 데이터)을 만날 때 발생하는 시너지를 통해, 개인이 물리적 한계를 넘어 지속 가능한 '공간 자산(Space Asset)'을 구축하게 합니다. 결국, 나만의 고유한 이중나선을 회전시켜 삶을 하나의 예술 작품이자 다음 세대를 위한 찬란한 유산으로 완성하는 것이 이 이론의 최종 목적지입니다.

## 1. 영(Spirit)의 나선 – 흔들리지 않는 삶의 북극성

영(Spirit)의 나선은 삶의 '방향타'이자 '북극성'입니다. 많은 이들이 열심히 달리고도 길을 잃는 이유는 자신의 내면에 견고한 가치 체계가 정립되지 않았기 때문입니다.

박운선 모델에서의 영은 단순한 관념을 넘어, '나는 왜 존재하는가?'와 '나의 가치는 무엇인가?'에 대한 타협할 수 없는 선언입니다. 4장 4.3절 워크시트에서 '나의 영 선언문'을 작성하는 과정은 내면의 어둠(그림자)을 마주하고 이를 빛의 가치로 승화시키는 성스러운 작업입니다. 이 나선이 견고하게 세워질 때, 우리는 외부 환경의 거센 파도 속에서도 흔들리지 않는 내면의 중심과 명확한 의사결정의 기준을 갖게 되며, 이것이 곧 모든 자산의 근간이 되는 '정신적 자산'이 됩니다.

## 2. 혼(Soul)의 나선 – 시대의 파도를 타는 실행의 엔진

혼(Soul)의 나선은 영적인 가치를 현실의 실체적 성과로 변환하는 '실행 엔진'입니다. 아무리 고결한 철학(영)이 있어도 이를 세상에 구현할 기술(혼)이 없다면 그 가치는 증명될 수 없습니다.

박운선 창시자는 현대 사회에서 혼의 축을 강화하는 핵심 도구로 AI 프롬프트 엔지니어링, 애자일(Agile) 라이프스타일, 그리고 실패의 데이터화를 제시합니다. 이는 인간의 한계를 넘어선 초능력적 전문가로 거듭나기 위한 필수 과정입니다. 혼의 나선은 영이 담긴 메시지를 디지털 공간에 무한히 복제하고 확장하며, 30일 스프린트와 같은 기민한 실행력을 통해 추상적인 꿈을 구체적인 시스템 자산으로 구축하는 역할을 수행합니다.

## 3. 공간 자산(Space Asset)의 완성인 유산 설계

결국 영(Spirit)과 혼(Soul)의 이중나선이 맞물려 회전하며 발생하는 에너지는 '공간 자산(Space Asset)'이라는 찬란한 결실을 맺습니다.

공간 자산이란 단순한 물질적 부를 넘어, 창시자의 철학이 살아 숨 쉬는 플랫폼이자 내가 잠든 사이에도 가치를 생산하는 지속 가능한 삶의 영토를 뜻합니다. 이 모델의 시사점은 명확합니다.

인생은 예측하는 것이 아니라 선택하는 것이며, 그 선택의 끝에는 반드시 '유산(Legacy)'이 남아야 한다는 점입니다.

박운선 창시자의 해법은 독자 스스로가 자신의 삶을 하나의 예술 작품으로 완성하고, 세대를 넘는 지혜의 복제를 통해 타인에게 선한 영향력을 남기는 '유산 선언문'에 도달하게 합니다. 이것이 바로 이중나선 모델이 약속하는 최고의 성공이자 완성입니다.


## 1.2 박운선 창시자의 해법 도출(Solution)


### 1) 진단(Diagnosis)

6하 원칙과 5 Whys를 통해 현재 당신의 이중나선 중 어느 축이 느슨해졌는지 정밀하게 진단하십시오.


### 2) 연결(Connection)

끊어진 영의 나선을 '가치 선언'으로 잇고, 혼의 나선을 'AI와 시스템'으로 강화하여 두 축의 균형을 맞추십시오.

## 3) 회전(Rotation)

영혼의 플라이휠을 가동하여 당신의 가치를 데이터화하고 지능적으로 복제하여 성장의 임계점을 돌파하십시오.


## 4) 영속(Perpetuity)

구축된 공간 자산을 바탕으로 유산 선언문을 작성하여, 당신의 존재가 사라진 뒤에도 빛을 발하는 지속 가능한 가치를 남기십시오.


### 1. 나의 영혼 이중나선 자가 진단표

이 진단은 당신의 삶을 지탱하는 두 축인 영(Spirit)과 혼(Soul)의 건강 상태를 측정합니다.

각 문항을 읽고 현재 자신의 상태를 1점(전혀 아니다)에서 5점(매우 그렇다) 사이로 점수를 매겨보세요.


### Part 1. 영(Spirit)의 나선 진단: 내면의 북극성

① 나는 내가 왜 살아야 하는지, 내 존재의 이유(Why)를 명확히 알고 있다. [　]

② 나는 어떠한 경제적 위기 상황에서도 흔들리지 않는 나만의 핵심 가치관이 있다. [　]

③ 나는 매일 아침 나의 가치와 철학이 담긴 '영적 선언문'을 되새기며 하루를 시작한다. [　]

④ 나는 타인의 시선이나 사회적 성공 기준보다 내 내면의 목소리에 더 귀를 기울인다. [　]

⑤ 나는 현재 내가 하는 일이 세상에 어떤 선한 영향력을 주는지 설명할 수 있다. [　]


영(Spirit) 합계 점수: _________/ 25점

Part 2. 혼(Soul)의 나선 진단: 실행의 엔진

① 나는 내 가치를 현실로 바꾸기 위해 AI(챗GPT 등)나 디지털 도구를 능숙하게 활용한다. [    ]

② 나는 계획에만 머물지 않고, 최소 30일 단위로 결과를 만들어내는 실행력을 갖추고 있다. [    ]

③ 나는 실패를 두려워하지 않으며, 모든 실패를 다음 성장을 위한 데이터로 기록한다. [    ]

④ 나는 내 지식과 경험을 타인에게 전수하거나 시스템화하여 복제할 준비가 되어 있다. [    ]

⑤ 나는 변화하는 시대 흐름에 맞춰 새로운 기술과 방법론을 배우는 데 주저함이 없다. [    ]


혼(Soul) 합계 점수: _______/ 25점


## 2. 진단 결과 해석

① 영(Spirit) 점수가 높고 혼(Soul) 점수가 낮은 경우: [몽상가형]

- 상태: 철학은 고결하나 현실적인 성과가 부족합니다. 엔진이 없는 돛단배와 같습니다.

- 해법: 혼의 나선을 강화해야 합니다. AI 도구 활용법을 익히고 '애자일 30일 스프린트'를 통해 실질적인 결과물을 만드는 훈련이 필요합니다.

② 혼(Soul) 점수가 높고 영(Spirit) 점수가 낮은 경우: [워커홀릭형]

- 상태: 실행력은 좋으나 방향성이 없어 쉽게 번아웃되거나 공허함에 빠집니다. 키가 고장 난 쾌속선과 같습니다.

- 해법: 영의 나선을 바로 세워야 합니다. 박운선 모델의 '내면 진단'과 '영적 선언문 작성'을 통해 삶의 근원적인 목적을 재정립해야 합니다.

③ 두 점수 모두 낮은 경우: [정체형]

- 상태: 삶의 에너지와 방향을 모두 잃은 상태입니다.

- 해법: 제1장부터 차근차근 다시 읽으며 기초적인 '영혼의 설계도'를 처음부터 그려나가야 합니다.

④ 두 점수 모두 높은 경우: [이중나선 완성형]

- 상태: 영과 혼이 시너지를 내며 '공간 자산'을 창출하고 있습니다.

- 해법: 이제 나를 넘어 타인에게 기여하는 '유산(Legacy) 설계' 단계로 나아가십시오.

---

**최종 메시지**

진단은 비난이 아니라 '조정'을 위한 것입니다. 한쪽 나선이 약하다면 절망하지 마십시오. 이 책이 당신의 끊어진 나선을 이어주는 가장 강력한 용접기가 되어 줄 것입니다.

이 진단표를 통해 독자들이 자신의 상태를 깨닫고 나면, 이론에 훨씬 더 깊이 몰입하게 될 것입니다.

# 제2장

# 성공의 역설: 왜 우리는 길을 잃는가?

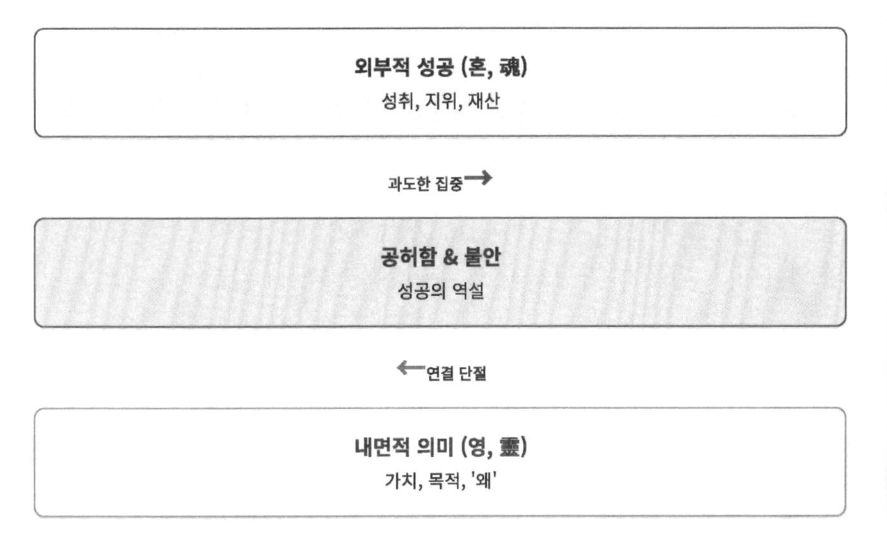


**성공의 역설: 외적 성취와 내적 의미의 불균형 해소(The Paradox of Success: Resolving the Imbalance Between External Achievement and Inner Meaning)**

**개념도 설명**: 현대인은 눈에 보이는 외부적 성공(혼; soul)에 과도하게 집중한 나머지, 삶의 방향과 의미를 제공하는 내면의 가치(영; spirit)와의 연결이 단절됩니다. 이 불균형 상태가 바로 성공의 정점에서 공허함과 불안을 느끼는 '성공의 역설'의 본질입니다.

## 2.1 오해의 해체: 성공의 정상에서 마주한 공허함

남들이 부러워하는 대기업의 임원이 된 김 부장은 오늘도 잠을 설쳤다. 수십 년간 앞만 보고 달려왔다. 치열한 경쟁을 뚫고 마침내 모두가 인정하는 성공의 정상에 섰지만, 그의 마음속에는 설명할 수 없는 공허함과 불안만이 가득했다. 화려한 명함, 높은 연봉, 넓은 아파트. 성공의 증표들은 모두 손에 쥐었지만, 정작 '나' 자신은 어디에도 없는 듯한 기분. "이것이 내가 정말 원했던 삶인가?" 이 늦은 밤의 질문은 답 없이 그의 귓가를 맴돌 뿐이었다.

이것은 비단 김 부장만의 이야기가 아니다. 우리 주변에는 사회가 정해놓은 성공의 사다리를 열심히 올라 마침내 정상에 도달했지만, 그곳에서 행복 대신 허무와 마주하는 수많은 사람들이 있다. 우리는 더 높은 곳에 오르면 모든 것이 해결될 것이라 믿었지만, 정상의 풍경은 생각보다 삭막하고 외롭다. 이것이 바로 현대인이 겪는 '성공의 역설'이다. 더 많이 가질수록, 더 높이 오를수록, 우리는 역설적으로 더 불안해지고 길을 잃기 쉬워진다.

문제의 핵심은, 우리가 삶이라는 자동차의 '엔진 성능'을 높이는 데만 몰두한 나머지, 정작 어디로 가야 할지 알려 주는 '운전대'와 '나침반'을 점검하는 데는 소홀했기 때문이다. 우리는 더 빨리, 더 멀리 가는 법은 배웠지만, 내가 가는 이 길이 맞는 길인지 묻는 법은 잊어버렸다.

이 책은 바로 이 지점에서 시작한다. 당신이 느끼는 그 공허함과 불안은 당신이 나약하거나 노력이 부족해서가 아니라고, 오히려 당신이 매우 성실하게 살아왔다는 증거라고 말이다. 다만, 당신의 노력이 '균형'을 잃었을 뿐이다. 외부 세계의 성공을 향한 질주와, 내면세계의 의미를 향한 탐색 사이의 균형 말이다.

이제 멈춰서 당신의 내면을 들여다볼 시간이다. 당신의 삶을 움직이는 보이지 않는 두 개의 힘, 두 개의 나선을 발견하고, 그 둘 사이의 불협화음을 진단해야 한다. 그 진단 속에서 비로소 당신은 길을 잃은 이유를 깨닫고, 당신의 삶을 다시 조화로운 궤도로 되돌릴 새로운 지도를 그릴 수 있게 될 것이다.

### 톨스토이의 고백: 성공의 정점에서 마주한 실존적 위기

세계적인 대문호 레프 톨스토이는 50대에 접어들어 인생 최전성기를 누리고 있었다. 《전쟁과 평화》, 《안나 카레니나》와 같은 불후의 명작으로 막대한 부와 명예를 얻었고, 건강한 육체와 사랑하는 가족까지 모든 것을 갖춘 듯 보였다. 하지만 그의 내면은 극심한 실존적 위기로 무너져 내리고 있었다. 그는 자신의 저서 《고백록》에서 당시의 심정을 이렇게 털어놓았다. "내 삶은 멈추었다. 나는 더 이상 살 수 없었고, 죽음에 대한 공포가 나를 사로잡았다. 내가 왜 사는가? 내 삶에 무슨 의미가 있는가?"

톨스토이가 마주한 위기는 외부적인 결핍이 아닌, 내면의 의미 부재에서 비롯된 것이었다. 그는 사회적인 성공이라는 '혼(魂)'의 목표를 모두 이루었지만, 자신의 존재 이유라는 '영(靈)'의 질문에 답하지 못했기 때문에 길을 잃었던 것이다. 그의 이야기는 성공의 역설이 특정 개인의 문제가 아니라, 인간 조건의 보편적인 측면임을 보여 준다. 그는 이 위기를 겪고 나서야 비로소 자신의 삶의 방향을 완전히 전환하여, 농민들과 함께 노동하고 자신의 사상을 실천하는 구도자의 삶을 살게 되었다.

**핵심 투자 명언**

내면 성찰로 방향 잡고, 공허함 없는 성장을 추구하라.

- **성공의 역설**: 외부적인 성공(부, 명예, 지위)이 반드시 내면의 행복과 충만함으로 이어지지 않으며, 오히려 공허함과 불안을 증폭시킬 수 있다.
- **균형의 상실**: 이러한 역설은 외부 세계를 향한 성취(혼)에만 몰두한 나머지, 내면의 의미와 가치(영)를 탐색하는 데 소홀했기 때문에 발생하는 불균형 상태다.
- **성찰의 필요성**: 따라서 진정한 성장을 위해서는 잠시 멈춰서, 자신의 삶을 움직이는 근원적인 동력과 방향성에 대해 질문을 던지는 내면 성찰의 과정이 필수적이다.

'성공'('혼')이 '행복'('영')과 동의어가 아니라는 사실은, 그 '성공'의 가장 높은 곳에 도달해 본 사람들에 의해 가장 극적으로 증명됩니다. '성공의 역설'은 단순한 철학적 개념이 아니라, 수많은 리더가 겪는 실존적 위기입니다.

## 실천 사례 연구 1: 짐 캐리(Jim Carrey) - "모두가 부자가 되어 봐야 한다"

### 1. 웃음 뒤에 숨겨진 눈물: 짐 캐리의 진짜 이야기

코미디언이자 배우인 짐 캐리는 1990년대와 2000년대 초, 할리우드에서 가장 높은 흥행 수익과 출연료를 기록하며 '혼'의 정점에 도달한 인물 중 하나입니다. 그는 부와 명예라는 '성공'의 모든 요소를 실제로 손에 넣었습니다.

#### 1) '혼(魂)'의 정점

〈마스크〉, 〈덤 앤 더머〉, 〈트루먼 쇼〉 등 연이은 히트작을 통해 그는 세계적인 스타가 되었습니다. 그는 "모든 것을 가졌다"고 스스로 인정할 만큼 막대한 '혼'의 성취를 이뤄냈습니다.

#### 2) '영(靈)'의 공허

하지만 그는 이 시기에 극심한 우울증을 겪었다고 고백했습니다. 이를 통해 그는 '성공'이라는 '혼'의 만족이 자신의 내면('영')을 채워주지 못한다는 것을 절실히 깨달았습니다.

#### 3) '영'의 통찰

그는 다음과 같은 유명한 말을 남깁니다. "나는 모든 사람이 부자가 되고 유명해져서 그들이 꿈꾸던 모든 것을 이뤄봤으면 좋겠습니다. 그래야만 그것이 인생의 진정한 '정답'이 아니었음을 깨달을 수 있기 때문입니다."

### 4) 성공의 역설

이는 '혼'(성취)의 나선이 최고점에 도달했을 때, '영'(의미)의 나선이 동반 성장하지 않으면 필연적으로 '공허함'이라는 역설에 부딪힌다는 것을 보여줍니다. 즉, 외적 성취와 내적 의미의 균형이 필수적임을 시사합니다.

### 5) 이후의 여정

그 결과 짐 캐리는 이후 주류 영화계를 잠시 떠나 그림을 그리고, 철학적·영적 탐구('영'의 탐색)에 몰두했습니다. 그는 '혼'의 성취를 넘어 '영'의 의미를 찾는 새로운 여정을 시작했습니다.

## 2. 영혼 이중나선 모델 분석 프레임: 비즈니스 비전 구축을 위한 통찰

### 1) 이중 나선 모델의 필요성

배우 짐 캐리의 사례는 성공(혼)과 행복·의미(영)가 서로 동일하지 않음을 극적으로 보여 준다. 많은 리더들이 성과의 정상에 올라 성공했음에도 만족하지 못하는 이유는, 혼의 상승 나선만 확장되고 영의 나선이 함께 자라지 못해 '공허함'이라는 구조적 한계에 부딪히기 때문이다.

이 문제는 개인뿐만 아니라 네트워킹 비즈니스, 공간 기반 사업, 브랜드 구축에서도 동일하게 나타난다. 매출은 오르는데 추구하는 방향은 잃고, 확장에는 성공했으나 브랜드의 정체성은 흐려진다. 결과적으로 혼 중심의 성공은 오래가지 못하며, 영 중심의 비전이 없으면 네트워크, 공간, 브랜드도 결국 본질을 잃는다.

### 2) 영(비전) 기반 네트워크 구축 전략

짐 캐리가 깨달은 영적 통찰은 지속 가능한 비즈니스 네트워크 설계의 출발점이 된다. 그는 "모든 것을 얻어본 뒤에도 영혼이 채워지지 않는다"고 말하며, 이는 네트워크도 단순한 확장만으로는 지속 가능하지 않다는 의미를 시사한다. 따라서 네트워킹 사업자는 다음과 같은 세부 전략을 가져야 한다.

① 영(Why)을 중심에 두고 사람을 연결하라: '성공하려는 사람'이 아니라 '같은 비전을 나누는 사람'을 중심으로 비즈니스 연결 구조를 만든다.
② 네트워크 공간 자산을 '영의 표현'으로 설계하라: 공간, 매장, 커뮤니티의 목적은 단순한 거래와 확장의 플랫폼이 아니라, 비전을 경험하게 하는 핵심 장치가 되어야 한다.
③ 영의 언어를 가진 리더가 중심이 되어라: 비전이 있는 리더는 사람을 억지로 끌어들이는 것이 아니라, 사람들이 스스로 모여드는 장(場)을 형성한다.

### 3) 영혼 이중나선 모델의 실천 원리

혼의 정점만으로는 사업이 지속되지 않는다. 부, 명예, 성취는 일정 수준 이상 성장하면 더 이상의 충족을 주지 못한다. 영의 나선이 반드시 혼의 나선을 인도해야 한다. 비전(영)이 명확해지면 성과(혼)는 목적성을 갖고 다시 성장한다. 영과 혼은 하나의 나선처럼 교차 상승해야 한다.

혼: 경제적 성취, 공간, 브랜드 등 가시적 성과
영: 사명, 철학, 존재 이유 등 본질적 가치

두 나선이 균형을 얻을 때, 사업자는 공허함이 아닌 지속성, 명확성, 확신을 얻는다.

### 4) 피드백 루프와 영혼의 동시 상승

짐 캐리가 겪은 우울과 공허는 실패가 아니라, 영이 혼에게 보내는 강력한 피드백이었다. 비즈니스에서도 마찬가지다.

① 혼의 위기는 영을 재정립하는 신호다: 매출 둔화와 성장 피로, 확장 후의 혼란은 현재 비전을 정비해야 할 타이밍을 알려 준다.

② 영이 재정립되면 혼의 구조가 다시 살아난다: 영이 회복되면 브랜드 방향성, 파트너십 전략, 공간 자산 활용 방식이 다시 명확해지고 상승 모멘텀이 생긴다.

③ 이중나선 피드백이 선순환을 만든다: 영이 방향을 제공하고 혼이 실행을 지원하는 이 반복 구조가 '지속 성장 네트워크'를 만든다.

## 5) 성공을 위한 5대 실천 해법

- 매출보다 비전을 먼저 세워라: 비전 없는 성장은 필연적으로 공허해진다.

- 네트워크를 '사람 수'가 아니라 '비전의 질'로 구축하라: 같은 철학(영)을 공유하는 동료들이 가장 강력한 성장 기폭제가 된다.

- 공간과 자산의 목적을 '영의 구현'으로 재설계하라: 공간은 단순한 상품 거래소가 아니라 비전을 경험시키는 의미의 장소여야 한다.

- 위기와 공허함을 새로운 영의 출현 지점으로 삼으라: 회사의 방향이 흔들릴 때, 그 흔들림 자체가 새로운 비전의 출현을 이끄는 동력이 된다.

- 영혼 이중나선 모델로 사업의 중심축을 재정렬하라: 성공은 혼의 문제이나 지속성은 영의 문제임을 명심해야 한다.

---

**최종 메시지**

성공은 혼의 문제이지만, 지속성은 영의 문제이다. 비전을 중심에 둘 때 네트워크는 '사업'을 넘어 '운동'이 된다. 혼이 현실을 구축하며 이 둘이 교차 상승할 때, 네트워크는 단순한 사업이 아니라 사람이 모이고, 머물고, 성장하는 비전 생태계가 된다.

## 1. 성공 후 우울증(Post-Success Depression)

실리콘밸리 창업자나 월스트리트 경영진 사이에서 '성공 후 우울증'은 공공연한 비밀입니다. 이는 다음과 같은 단계로 진행됩니다. '혼'을 위한 질주: IPO, M&A, CEO 승진 등 명확한 '혼(목표)'을 위해 모든 것을 바칩니다.

목표를 달성한 순간, "이제 무엇을 해야 하는가?"라는 질문에 답을 찾지 못하고 허무함에 빠집니다. '영(존재 이유)'이 '혼(성공)'과 동일시되었기에, 성공을 이루자마자 존재의 이유마저 사라져 버립니다.

유능한 기술자가 되었으나 '내가 왜 사는가?'를 잃어버린 영적 공황 상태에 빠지게 됩니다. 새로운 탐색: 빌 게이츠나 일론 머스크처럼 새로운 분야를 탐색하며 결핍된 '영'의 가치를 채우려 노력합니다. '혼'의 성공은 '영'의 질문을 완성하기 위한 과정입니다. 공허함은 "왜 이 성공을 원했는가?"라는 영적인 질문을 시작하라는 강력한 신호입니다.

## 2. 영혼 이중나선 모델 분석 프레임

번아웃의 본질은 단순한 피로가 아니라, '혼(성과)'만 커지고 '영(의미·방향)'이 끊어진 비대칭 구조에서 비롯됩니다.

### 1) 이중 나선 모델의 필요성

존재 이유(Why)가 사라진 성공은 더 이상 에너지를 만들어내지 못하며, 결국 '혼'의 추진력마저 멈추고 붕괴하게 됩니다.

### 2) 영(비전) 기반 네트워크 구축 전략

기존의 '성과 중심 인맥'은 리더를 소진으로 몰아넣습니다. 반면 '비전·가치 기반 네트워크'는 리더에게 새로운 에너지와 통찰을 공급합니다. "누구와 연결되는가?"에서 "무엇을 위해 연결되는가?"로 기준을 바꾸는 순간, 모든 흐름이 의미 중심으로 재정렬됩니다.

### 3) 모델의 3대 실천 원리

C-Suite 번아웃 상황에서 이 모델은 다음 세 가지 원리로 작동합니다.

① 영의 복원 - Why 다시 세우기

리더는 "나는 왜 이 일을 하는가?"를 재정의함으로써 혼의 활동을 지탱할 중심축을 회복합니다.

② 혼의 정렬 - 시스템·공간·자산의 목적 재배치

사업 구조와 운영 방식을 영의 축과 일치하도록 재조정합니다. 불필요한 확장을 줄이고 비전에 맞는 활동에 집중합니다.

③ 영혼 상호작용 - 에너지 생성 구조화

영의 방향이 혼을 움직이고, 혼의 실행이 다시 영을 강화하는 지속적인 순환 시스템(Spiral System)을 구축합니다.

### 4) 피드백 루프와 영혼의 동시 상승

리더가 다시 상승 곡선을 그리는 힘은 '영혼의 균형 피드백 루프'에 있습니다. 성과가 아니라 비전과의 일치 여부를 기준으로 스스로를 점검합니다. 비전을 공유하는 사람들과의 교류에서 정서적·전문적 에너지를 공급받습니다. 업무 구조를 '소모적 방식'에서 '에너지 생산 방식'으로 전환합니다.

## 5) 성공을 위한 실천 해법

C-Suite 번아웃의 해결책은 더 큰 성공이 아니라 '영과 혼의 재통합'에 있습니다. 영(비전)을 중심축으로 재설정하십시오. 존재 이유가 명확해지면 행동과 자산이 스스로 방향성을 되찾습니다. 비전 기반 네트워크를 재구축하십시오. 가치와 사명에 따라 사람과 비즈니스가 새롭게 조직됩니다. 영혼 이중나선 시스템을 설계하십시오. 번아웃이 사라지고 지속 가능한 영향력 확장이 가능해집니다.

**최종 메시지**

성공 후의 우울은 실패의 징후가 아니라, 비전 중심 네트워킹을 통해 더 큰 도약을 준비하라는 신호입니다.


## 2.2 두 개의 나선: 당신을 움직이는 영(靈)과 혼(魂)

우리의 삶과 성장을 설명하기 위해, 저는 생명의 가장 근원적인 설계도인 DNA 이중나선 구조에서 깊은 영감을 얻었습니다. DNA가 두 개의 나선이 서로를 감싸고 상호작용하며 생명의 모든 정보를 담고 있듯, 우리의 존재 또한 눈에 보이지 않는 두 개의 나선이 얽혀 완성된다고 믿습니다. 저는 이 두 개의 나선을 각각 '영(靈, Spirit)'과 '혼(魂, Soul)'이라고 부르고자 합니다.

'혼(魂)'은 우리의 외적인 삶, 즉 눈에 보이고 측정 가능한 성장의 축입니다. 여기에는 당신의 지식, 기술, 경험, 경력, 재산, 그리고 당신이 이룬 모든 성취가 포함됩니다. '혼'은 당신이 세상의 질문에 "나는 무엇을 할 수 있는가(What I can do)?"라고 답할 때 내미는 이력서와 같습니다. '혼'의 나선이 강한 사람은 유능하고, 효율적이며, 현실 세계의 문제를 해결하는 능력이 뛰어납니다. 현대 사회와 교육 시스템은 바로 이 '혼'의 나선을 단련하는 데 모든 초점을 맞추어 왔습니다.

반면, '영(靈)'은 우리의 내적인 삶, 즉 눈에 보이지 않지만 모든 것의 근원이 되는 의미의 축입니다. 여기에는 당신의 핵심 가치, 삶의 목적, 당신을 가슴 뛰게 하는 신념, 그리고 당신만이 가진 고유한 존재 이유가 포함됩니다. '영'은 당신이 스스로에게 "나는 왜 사는가(Why I live)?"라고 물을 때 찾아야 하는 답입니다. '영'의 나선이 강한 사람은 자신의 삶에 대한 깊은 의미와 방향성을 가지고 있으며, 외부의 평가에 쉽게 흔들리지 않는 단단한 내면의 중심을 가지고 있습니다.

## Image of DNA 이중나선 구조

문제는 이 두 개의 나선이 따로따로 작동할 때 발생합니다. 마치 DNA의 한쪽 가닥만으로는 온전한 생명 정보를 담을 수 없는 것처럼, '혼'만 있고 '영'이 없는 삶, 혹은 '영'만 있고 '혼'이 없는 삶은 모두 불완전하고 불균형한 상태에 빠지게 됩니다.

'혼'만 발달한 사람은 뛰어난 기술을 가진 유능한 전문가일지는 모르나, 자신이 왜 그 일을 하는지 모른 채 번아웃되거나, 더 높은 연봉을 주는 곳으로 끊임없이 옮겨 다니는 '영혼 없는 기술자'가 되기 쉽습니다. 성공의 정상에서 공허함을 느끼는 사람들이 바로 이 경우입니다.

반대로 '영'만 발달한 사람은 위대한 이상과 꿈을 가지고 있지만, 그것을 현실 세계에서 구현해낼 구체적인 능력과 실천력('혼')이 부족하여, 그저 몽상가나 비현실적인 이상주의자로 남기 쉽습니다.

진정한 성장과 온전한 삶은, 이 두 개의 나선이 서로를 단단히 붙잡고 아름다운 이중나선을 그리며 함께 상승할 때 비로소 이루어집니다. 당신의 '영'이 삶의 방향을 제시하는 나침반이 되어주고, 당신의 '혼'이 그 방향으로 힘차게 나아가는 엔진이 되어줄 때, 당신의 삶은 비로소 흔들리지 않는 안정감 속에서 무한한 성장을 경험하게 될 것입니다. 당신의 두 나선은 지금 어떤 모습입니까?

## 영혼 이중나선 모델의 적용: '영'이 '혼'을 이끄는 기업들

개인을 움직이는 두 개의 나선('영'과 '혼')은 기업이라는 유기체에도 동일하게 적용됩니다. '혼'(How/What: 이익, 제품)만 추구하는 기업은 단기적으로 성공할 수 있으나, '영'(Why: 존재 이유, 미션)이 이끄는 기업은 지속가능한 '혼'(성과)을 창출하며 위기를 기회로 만듭니다.

## 실천 사례 연구 1: 파타고니아(Patagonia) - "우리는 지구를 구하기 위해 사업을 한다"

### 1. 돈보다 지구: 파타고니아가 보여 준 성공의 역설

파타고니아는 기업의 존재 이유인 '영'과 실행 체계인 '혼'이 완벽하게 정렬된 기업의 교과서입니다.

### 1) 명확한 '영(靈)'(Why): 존재의 목적

창업자 이본 쉬나드는 기업의 '영'을 "We're in business to save our home planet(우리는 우리의 터전인 지구를 구하기 위해 사업을 한다)"라고 선언했습니다.

## 2) '영'에 복무하는 '혼(魂)'(How/What): 구체적 실행 사례

파타고니아는 다음과 같은 구체적인 방식을 통해 자신들의 가치를 증명합니다. 회사는 '영(환경 보호)'을 실천하기 위해 100% 유기농 면과 재활용 소재만을 사용하여 '최고 품질'의 아웃도어 의류를 만듭니다. 오래 입는 것이 가장 환경적이라는 신념을 반영합니다.

파타고니아는 "Don't Buy This Jacket(이 재킷을 사지 마세요)" 캠페인을 벌였습니다. 이는 단기적인 '혼(매출)'을 희생하는 듯 보였으나, 결과적으로 '영(환경 가치)'을 강화하여 '브랜드 로열티(궁극의 혼)'를 폭발시키는 계기가 되었습니다.

기업은 매출의 1%를 환경 단체에 기부하는 '1% for the Planet' 활동을 수행하며, 환경 운동에 참여하는 직원에게는 유급 휴가를 제공합니다.

## 3) '영혼' 통합의 결과: 가치와 성장의 공존

파타고니아는 '영'을 진정성 있게 실천함으로써, 역설적으로 '혼(매출과 이익)'에서도 엄청난 성공을 거두었습니다. 소비자들은 이제 단순히 그들의 '혼(제품)'을 사는 것이 아니라, 그들이 지향하는 '영(가치)'을 구매합니다.

결정적으로 2022년, 이본 쉬나드 회장은 회사 소유권 전체(혼)를 환경 보호(영)를 위한 비영리 재단에 기부함으로써 진정한 '영혼'의 통합을 완성했습니다.

## 2. 영혼 이중나선 모델 분석 프레임: 비즈니스 성장 전략

### 1) 이중나선 모델의 필요성

현대의 많은 비즈니스 사업자들은 성과(혼)에만 치우쳐 네트워크, 사업, 공간, 자산을 "빠르게 키우는 것"에만 집중합니다. 하지만 혼 중심의 성장은 쉽게 방향을 잃기 때문에, 번아웃, 불필요한 비용 발생, 잘못된 파트너십, 그리고 불안정한 자산 구조로 이어집니다. 반면, 영(Why: 사명·비전·가치)이 의사결정을 선도하면, 모든 혼(How/What: 제품, 행동, 조직, 자산)이 하나의 나선처럼 정렬되어 지속가능한 성장 엔진을 만듭니다. 파타고니아 사례처럼 영이 먼저 서는 순간, 제품·조직·마케팅·브랜드·네트워크가 모두 하나의 방향으로 흐르고, 성과는 자연스럽게 뒤따릅니다.

### 2) 영(비전) 기반 네트워킹 구축 전략

성공하는 네트워크는 단순한 수의 확장이 아니라, 가치의 정렬에서 시작됩니다.

첫째, '영의 선언'이 네트워크의 기준을 만듭니다. 파타고니아의 "우리는 지구를 구하기 위해 사업한다"는 선언처럼, 분명한 Why는 사람, 파트너, 고객을 끌어당기는 자석이 됩니다.

둘째, 동일한 영을 가진 사람들과 연결될 때 비로소 진정한 '생태계'가 형성됩니다. 단순한 거래 관계를 넘어 공동 프로젝트, 자산 공유, 공간 협업으로 확장되는 것입니다.

셋째, 영 기반 네트워크는 가치 중심으로 묶여 있기 때문에 위기 속에서도 무너지지 않고 지속됩니다. 즉, 영 중심 네트워크 = 신뢰 중심 생태계 = 사업 성공의 기반 자산이라는 공식이 성립합니다.

### 3) 영혼 이중나선 모델의 실천 원리

영이 방향을 정하면, 혼이 그에 맞는 구조를 만듭니다. 영(Why)이 분명해야 제품, 콘텐츠, 마케팅, 조직, 서비스(혼)가 흩어지지 않습니다. 영은 "나의 비전이 어디를 향하는가?"를 결정하고, 혼은 "그 비전을 어떻게 현실로 만들 것인가?"를 실행합니다. 혼은 영의 사명에 복무하도록 재설계되어야 합니다.

제품은 환경을 돕는 소재를 사용하고, 마케팅은 의미 기반 메시지를 전달하며, 조직은 사명을 실천하는 시스템으로 구성합니다. 개인도 동일합니다. 혼(기술, 경험, 노하우)이 영(비전)에 맞춰 재해석될 때, 그것은 비로소 브랜드, 사업, 자산으로 변환됩니다. 공간과 자산 또한 영의 표현 방식이 되어야 합니다. 비즈니스 공간은 곧 철학의 시각화입니다. 자산 구축 또한 단순한 "축적의 목적"보다 "어떤 영을 실천하기 위한 기반인가?"를 기준으로 설계할 때 지속성과 확장성이 생깁니다.

### 4) 피드백 루프와 영·혼의 동시 상승

① 영의 명확화 → 올바른 행동(혼)의 정렬

비전이 선명하면 제품, 사람 연결, 공간, 자산 사용 방식이 하나로 정렬됩니다.

② 혼의 실행 시장의 신뢰 → 영향력 확대(혼의 성장)

가치에 맞는 실행은 고객과 파트너의 신뢰를 불러오고, 네트워크는 기하급수적으로 확장됩니다.

③ 신뢰와 성과(혼) 영의 확대 실천 더 큰 비전(영)으로 연결

성과가 다시 비전을 확장시키는 동력이 되어, 영과 혼이 동시에 상승하는 이중나선이 완성됩니다.

이것이 바로 '시너의 플라이휠'이자 파타고니아가 실증한 성공 원리입니다.

### 5) 성공을 위한 실천 해법

- 네트워킹-비즈니스-공간-자산의 전체 시스템을 영이 선도하고 혼이 실행하는 구조로 전환하십시오. 그 방법으로, 우선 나의 Why(영)를 매일 명문화하십시오.
- "나는 누구에게 어떤 변화를 만들기 위해 존재하는가?"라는 질문을 네트워크, 브랜드, 사업의 모든 기준점으로 삼으십시오.
- 오늘의 미팅, 콘텐츠, 협업, 파트너 선정이 나의 영과 일치하는지 점검하고, 일치하지 않는다면 과감히 방향을 조정하십시오. 네트워킹을 가치 중심으로 재편하

십시오.

- "무엇을 얻을까?"가 아닌 "무엇을 함께 만들 수 있는가?"를 기준으로 사람을 선택
하십시오.



## 실천 사례 연구 2: 마이크로소프트(MS)의 부활: '혼'의 제국에서 '영'의 리더로

### 1. 잃어버린 10년, 되찾은 영혼

#### 1) '혼'에 갇힌 과거(스티브 발머 시대)

2000년대 마이크로소프트는 '혼'(윈도우, 오피스 독점)의 성공에 취해 '영'을 잃어
버린 '영혼 없는 기술자'였습니다. 그 결과 '모바일'이라는 흐름을 놓치고 "잃어버린
10년"을 보냈습니다. 당시 MS의 목표는 불명확했습니다. 오직 '혼'(윈도우와 오피스
점유율)을 지키는 것만이 유일한 목표였습니다. 내부 경쟁(Stack Ranking), 폐쇄적
인 기술 정책, 타 부서와의 불협화음 등이 발생했습니다. 이처럼 '혼'들이 서로 싸우
며 궁극적인 '영'을 상실했습니다.

#### 2) '영'의 재정립(사티아 나델라 시대, 2014년~)

나델라는 취임 직후, MS의 '영'을 "지구상의 모든 개인과 조직이 더 많은 것을 성
취하도록 힘을 실어 준다(Empower every person and every organization on the
planet to achieve more)"라고 새롭게 정의했습니다.

### 3) '영'이 이끄는 '혼'의 혁신

'모든 것을 아는(Know-it-all)' 문화에서 '모든 것을 배우는(Learn-it-all)' 문화로 전환했습니다. 이 과정에서 '공감(Empathy)'을 핵심 가치('영')로 삼았습니다. 기존의 '윈도우'('혼')에 집착하던 것에서 벗어나, '클라우드(Azure)'('새로운 혼')를 중심으로 사업을 전면 재편했습니다. 과거 적이었던 리눅스, 애플과 협력했습니다. "MS Loves Linux"라는 슬로건은 '영'(모두를 돕는다)이 '혼'(폐쇄성)을 이긴 상징적인 결과입니다.

### 4) '영혼' 통합의 결과

'영'을 되찾은 MS는 '혼'(클라우드 사업)에서 폭발적인 성장을 이루며, 마침내 애플을 넘어 시가총액 1위 기업으로 화려하게 부활했습니다.

결과적으로 '영'은 '혼'의 방향을 결정하는 나침반이다 '영'이 없는 '혼'은 질주하는 기차와 같아서 결국 탈선합니다. 반대로 '혼'이 약한 '영'은 멈춰 있는 엔진과 같습니다. 파타고니아와 MS의 사례는, '영'(Why)이라는 강력한 나침반이 '혼'(How/What)이라는 엔진을 올바른 방향으로 이끌 때, 개인과 기업 모두 가장 강력한 통합 성장을 이룰 수 있음을 보여줍니다.

## 2. 영혼 이중나선 모델 분석 프레임: 네트워킹 비즈니스 성장 전략

### 1) 이중 나선 모델의 필요성

과거 마이크로소프트는 '윈도우·오피스'라는 혼(성과)에만 갇혀, '왜 존재하는가?'라는 본질적인 영(비전)을 상실했습니다. 당시 MS는 실행의 속도는 있었지만 나아갈 방향이 틀렸고, 그 결과 이른바 "잃어버린 10년"을 겪어야 했습니다.

네트워킹 비즈니스 역시 동일한 원리가 적용됩니다. 고객, 공간, 자산, 제품이 아무리 많아도 이를 관통하는 '영'이 없다면 시스템은 분열되고 사업자는 지속 가능한 성장에 실패합니다. 문제는 단순히 '혼(실행)'의 부족이 아니라, 사업의 중심이 되는 '영(비전)'의 부재에 있습니다.

결국 중요한 것은 성공이 아닌 의미이며, 성과보다 올바른 방향을 먼저 정립하는 것입니다.


### 2) 영(비전) 기반 네트워크 구축 전략

사티아 나델라 회장은 MS의 첫 번째 혁신을 '영의 재정의'로부터 시작했습니다. "모든 개인과 조직이 더 많은 것을 이루도록 돕는다"라는 명확한 문장이 네트워크의 방향을 완전히 바꿔놓았습니다.

네트워크 중심축을 '영'으로 통일하기 위해 다음의 질문을 던져야 합니다.


"내 사업은 구체적으로 누구를 돕는가?"
"왜 사람과 자원이 필연적으로 나에게 모여야 하는가?"
"내 공간·자산·제품은 세상에 어떤 변화를 만들어내는가?"


경쟁이 아닌 기여 중심의 네트워크로 전환해야 합니다. 고객·파트너·동료를 '성과를 위한 대상'이 아니라 '함께 성장하는 동반자'로 인식해야 합니다. 도움을 주고받는 상생의 구조는 시간이 지날수록 복리처럼 강력하게 확장됩니다. 폐쇄가 아닌 개방 생태계 전략을 취해야 합니다.

MS가 "MS Loves Linux"를 선언했듯이, 네트워킹 비즈니스도 타 업종·브랜드·로컬 커뮤니티와 적극적으로 연결될 때 보유한 자산과 공간이 살아납니다.


### 3) 영혼 이중나선 모델의 실천 원리

영혼 이중나선은 "'영'이 방향을 잡고, '혼'이 실행을 채운다"는 핵심 원리입니다. 영과 혼이 번갈아 상호작용하며 상승할 때, 사업의 전체 구조가 폭발적으로 끌어올려집니다. 비전(영)이 바뀌면 실행(혼)의 전부가 다음과 같이 다시 설계됩니다.


- 문화: "모든 것을 아는 사람" "모든 것을 배우는 사람(Learn-it-all)"으로 변화
- 기술: 윈도우 중심 → 클라우드 중심으로 재편
- 관계: 폐쇄적 독점 → 개방과 협업으로 전환


결과적으로 '혼'이 '영'을 증명하게 되며, 이는 Azure의 성장, 조직문화 개선, 생태계 확장으로 이어졌습니다.


### 4) 피드백 루프와 영·혼의 동시 상승

MS의 강점은 발생한 실패조차 '영의 학습'으로 전환하는 선순환 구조에 있습니다. Learn-it-all 정신은 다음과 같은 '피드백 성장 엔진'이 됩니다.


실패 → 새로운 학습

비판 → 깊은 통찰

변화 → 새로운 기회


이 루프가 영혼의 이중나선을 지속적으로 회전시키며 비즈니스를 진화시킵니다. 고객 반응, 파트너 의견, 운영 데이터를 '혼에 대한 비난'이 아니라 '영의 성장 신호'로 읽으면 사업 전체가 끊임없이 발전할 수 있습니다.


### 5) 성공을 위한 실천 해법

- 본질을 탐구하는 영의 호기심을 회복하십시오.
- "나는 안다"라는 자만에서 "나는 배우는 중이다"라는 겸손으로 전환하십시오.
- 내 일을 단순한 노동이 아닌 '가치 창조자'의 역할로 재정의하십시오. 제품·공

간·네트워크는 '사람을 성장시키는 플랫폼'이 되어야 합니다.

- 고립된 경쟁보다 연대하는 연결을 택하십시오. 네트워크는 '개인의 성과'가 아니라 '공동의 성장'을 목표로 할 때 비로소 확장됩니다.

**최종 메시지**

"영이 깨어나면 네트워크가 움직이고, 혼이 움직이면 영이 성장한다." 비전(영)을 확고히 세우면 사람·공간·자산·파트너십(혼)은 자연스럽게 정렬될 것입니다. 네트워킹 비즈니스는 이 순간부터 폭발적인 확장을 시작합니다.

## 2.3 불협화음의 증상: 성장이 멈추는 네 가지 유형

'영'과 '혼'의 이중나선이 균형을 잃고 불협화음을 내기 시작할 때, 우리의 삶은 성장 동력을 잃고 정체되거나 잘못된 방향으로 나아가게 됩니다. 이러한 불균형의 상태는 크게 네 가지의 원형적인 모습으로 나타납니다. 이 유형들을 통해 당신은 현재 자신의 삶이 어떤 불균형 상태에 있는지 진단하고, 회복을 위한 첫걸음을 내디딜 수 있을 것입니다.

① **영혼 없는 기술자(The Soulless Technician)**: 이 유형은 '혼'의 나선은 극도로 발달했지만 '영'의 나선은 거의 발달하지 못한 상태입니다. 그는 사회가 요구하는 역할을 완벽하게 수행하는 유능한 전문가입니다. 하지만 자신의 일에서 아무런 의미나 즐거움을 찾지 못합니다. 그는 "어떻게?(How)"에 대해서는 전문가이지만, "왜?(Why)"에 대해서는 답하지 못합니다.

- **증상**: 만성적인 번아웃, 냉소주의, 공허함, 자신의 일이 기계 부속품처럼 느껴

짐, 더 높은 보상에도 불구하고 만족하지 못함.

- **위험**: AI 기술의 발전으로 그가 가진 기술(혼)의 가치가 하락할 경우, 자신의 정체성 전체가 흔들리는 실존적 위기에 직면할 수 있습니다.

② **무기력한 몽상가(The Powerless Dreamer)**: 이 유형은 '영'의 나선은 강하지만 '혼'의 나선이 매우 취약한 상태입니다. 그는 세상을 바꿀 위대한 꿈과 이상을 가지고 있습니다. 하지만 그것을 현실로 만들어낼 구체적인 계획, 기술, 실행력이 부족합니다. 그는 늘 "언젠가는…"이라고 말하지만, 정작 오늘 무엇을 해야 할지는 모릅니다.

- **증상**: 현실 도피, 잦은 계획 변경, 시작만 하고 끝을 맺지 못함, 자신의 무능함에 대한 자책감과 우울감.

- **위험**: 반복되는 실패와 좌절 속에서 자신의 꿈 자체를 포기하게 되거나, 현실과 타협하여 평범한 삶에 안주하게 될 수 있습니다.

③ **불안한 완벽주의자(The Anxious Perfectionist)**: 이 유형은 '영'과 '혼'이 모두 일정 수준 이상 발달했지만, 두 나선이 서로를 신뢰하고 협력하는 대신, 끊임없이 서로를 감시하고 비판하는 긴장 관계에 있는 상태입니다. 그는 높은 이상(영)을 가지고 있으며, 그것을 실현할 능력(혼)도 갖추고 있습니다. 하지만 실패에 대한 극심한 두려움 때문에, 완벽한 준비가 되기 전까지는 아무것도 시작하지 못합니다.

- **증상**: 결정 장애, 과도한 계획과 분석, 시작에 대한 두려움, 작은 실수에도 쉽게 좌절함, 과정의 즐거움을 느끼지 못함.

- **위험**: 너무 많은 에너지를 내부적인 갈등에 소모한 나머지, 정작 중요한 기회가 왔을 때 아무것도 하지 못하고 놓쳐 버릴 수 있습니다.

④ **길 잃은 방랑자(The Lost Wanderer)**: 가장 위험한 유형으로, '영'과 '혼'의 두 나선이 모두 약하고 발달하지 못한 상태입니다. 그는 자신이 무엇을 원하는지도 모르고(영의 부재), 무엇을 할 수 있는지도 모릅니다(혼의 부재). 그는 외부 환

경의 자극에 수동적으로 반응하며, 일시적인 쾌락이나 즉각적인 만족을 좇아
이리저리 떠도는 삶을 삽니다.

- **증상**: 무기력, 방향성 상실, 만성적인 권태감, 중독(게임, 쇼핑, 알코올 등)에 쉽게 빠짐, 피상적인 인간관계.
- **위험**: 자신의 삶에 대한 통제력을 완전히 상실하고, 자신의 잠재력을 전혀 발휘하지 못한 채 무의미하게 삶을 마감할 수 있습니다.

---

### 핵심 투자 명언

'영과 혼' 균형 잡고, 약점 진단해 성장하라!

- **성장 정체의 원인**: 성장의 정체는 능력 부족이 아니라 '영'과 '혼'의 불균형에서 비롯된다.
- **네 가지 불균형 유형**: ① 영혼 없는 기술자(혼 > 영), ② 무기력한 몽상가(영 > 혼), ③ 불안한 완벽주의자(영 vs 혼), ④ 길 잃은 방랑자(영, 혼 모두 약함)로 진단할 수 있다.
- **자기 진단의 중요성**: 자신의 현재 상태가 어떤 유형에 가까운지 객관적으로 진단하는 것이, 균형을 회복하고 성장을 다시 시작하기 위한 첫걸음이다.

---

## 영혼 이중나선 모델의 적용: '영혼'의 불균형이 초래한 4가지 위기 유형

'영'과 '혼'의 이중나선이 조화롭게 춤추지 못할 때, 우리는 '성장의 정체'라는 증상을 겪습니다. 이 불협화음은 4가지 특정 유형으로 나타나며, 이는 역사 속 위대한 기업과 개인의 실패 사례에서 명확히 드러납니다.

## 실천 사례 연구 1: '영혼 없는 기술자'(Soulless Technician) -(High '혼'/Low '영')

### 1. 세계 최초 디지털 카메라를 발명했지만, 망한 회사

### 1) '혼'은 있으나 '영'이 낮은 유형

이 유형은 '혼'(기술, 성과)은 압도적으로 뛰어나지만, 그 기술을 어디에 써야 할지 고민하는 '영'(가치, 의미, 방향성)을 상실한 상태입니다. 결국 목적지를 잃어버려 더 이상의 성장의 길을 찾지 못하는 유형입니다.

### 2) 사례 분석: 코닥(Kodak)의 몰락

코닥은 '필름' 시대의 절대 강자였습니다. 1975년, 코닥의 엔지니어 스티브 새슨은 세계 최초의 '디지털 카메라'(혼) 기술을 발명해 냈습니다. 하지만 코닥 경영진은 이 위대한 '혼'의 발명을 보고도 "귀엽지만, 아무에게도 알리지 말라"고 말하며 그 가치를 묵살했습니다. 그들의 '영'(Why)은 "사람들이 추억을 기록하게 돕는다"가 아니라, 오로지 "필름을 판다"(혼)는 것에 매몰되어 있었습니다. 그 결과, 그들은 '디지털'이라는 새로운 '혼'을 실행할 '영'이 없었습니다. 그들은 '필름 판매'라는 과거의 '혼'에만 집착하는 '영혼 없는 기술자'로 남았고, 결과적으로 자신이 직접 발명한 기술(디지털)의 흐름에 뒤처져 파산했습니다.

## 2. 영혼 이중나선 모델 분석 프레임: 네트워킹 비즈니스와 공간·자산 사업자가 반드시 갖춰야 할 '영혼 통합' 성장 전략

### 1) 이중 나선 모델의 필요성

네트워킹 비즈니스와 공간·자산 기반 사업은 단순히 상품을 파는 구조가 아니라, 사람·공간·자원·가치를 연결하여 새로운 시장을 창조하는 구조입니다. 그러나 많은 사업자가 '혼(기술·실행)'은 빠르게 확장하면서도 '영(비전·의미·방향성)'은 정교하게 설계하지 못해 다음과 같은 성장의 정체를 겪게 되므로 이 모델이 반드시 필요합니다.

- 왜 사업을 해야 하는지 명확하지 않음
- 네트워크가 '판매조직'으로만 축소됨

- 공간과 자산이 '비전의 플랫폼'이 아니라 단순 수익시설로 머무름
- 사업 초기에는 확장되지만 일정 단계에서 급격히 무너짐

이는 영과 혼의 불균형에서 비롯된 구조적 위기이며, 대표적 사례가 바로 '영혼 없는 기술자(코닥)'의 실패입니다.


## 2) 영(비전) 기반 네트워크 구축 전략

사업의 성공은 네트워크의 크기보다 네트워크가 공유하는 비전의 선명도가 결정합니다. 네트워크가 살아 움직이는 조건은 단 하나, "영이 중심이 되는가?" 이며 이에 따른 비전 기반 네트워크의 흐름은 다음과 같습니다.


- 내가 세상에 만들 변화(영)를 명확히 선언합니다.
- 그 비전에 공명하는 사람·기업·공간이 자연스럽게 연결되도록 합니다.
- 자산·기술·상품(혼)이 비전을 실현하는 도구로 정렬되어야 합니다.
- 네트워크가 '판매조직'이 아니라 '가치생산 생태계'로 성장하게 됩니다.


사례 비교:
- 코닥: 기술(혼)은 있었지만 비전(영)이 죽어 있었음.
- 파타고니아: '지구를 지킨다'는 영이 기술·사업을 이끌었음.


## 3) 영혼 이중나선 모델의 실천 원리

영혼 이중나선은 사업자가 비전(영)이 실행(혼)을 지시하고, 실행이 다시 비전을 강화하는 구조를 만드는 원리입니다.

① 혼의 기능을 영의 의미에 종속시켜라.

기술, 제품, 공간, 자산은 목적이 아니라 비전을 실행하는 도구입니다. "매출 상승"이 아니라 "사람·공간·시장에 일으킬 변화"가 우선입니다.

② 영을 기록하고 정교화하라.

매일 결과(혼)만 적는 것이 아니라 오늘의 실행이 나의 비전과 어떻게 연결되었는지(영)를 기록합니다. 이것이 '영의 나선'을 다시 돌리는 핵심 훈련입니다.

③ 비전-행동-결과가 한 흐름으로 이어지는 구조를 만들어라.

영(Why) → 혼(How·What) → 피드백(조정) → 영 강화]의 선순환을 구축해야 합니다.

이 구조를 가진 사업자는 외부 변화에도 쉽게 흔들리지 않습니다.

## 4) 피드백 루프와 영·혼의 동시 상승

지속 성장하는 조직은 실행(혼)의 데이터를 의미(영)의 언어로 다시 해석하는 피드백 시스템을 가지고 있습니다.

① 실패사례

코닥은 이 루프를 잃었기 때문입니다. 디지털 기술(혼)의 데이터가 "미래 기회"가 아니라 "필름 매출 감소 위험"으로만 해석됨. 이로 인해 영의 갱신이 중단되었습니다. 결과적으로 혼만 커졌고, 영은 사라졌으며 기업은 붕괴되었습니다.

② 성공사례

반대로 영과 혼이 동시에 상승하는 조직은 다음과 같은 특징을 보입니다. 실행 데이터가 비전을 정교화하고, 정교해진 비전이 새로운 실행을 이끌며 강력한 '가치 플라이휠'이 형성됩니다.

## 5) 성공을 위한 실천 해법

성공은 "혼의 확대"가 아니라 "영이 이끄는 혼의 확장"에서 나옵니다.

- 비전을 선언하라. "나는 무엇을 팔고 있는가?"가 아니라 "나는 어떤 변화를 만드는가?"로 새롭게 정의하라.
- 의미 일지를 써라. 오늘의 실행이 비전과 어떻게 연결되었는지를 매일 기록하십시오.
- 네트워크를 비전 중심으로 재설계하라. "내 물건을 사라"가 아닌 "우리의 비전을 함께 실현하자"로 구조를 바꾸십시오.
- 공간·자산을 '비전의 플랫폼'으로 사용하라. 매장, 사무실 등을 단순 기능이 아닌 가치 확산의 무대로 재해석하십시오.
- 성공의 기준을 양적성과에서 질적기여로 재정의하라. 매출보다 영향력, 판매보다 가치 확산에 집중하십시오.

**최종 메시지**

결국 기술보다 비전의 진화가 장기적 성공을 만듭니다. 영이 방향을 주고 혼이 실행을 만들 때, 네트워킹 비즈니스와 공간·자산 사업은 비로소 지속 가능한 성장 궤도에 오릅니다. 코닥은 혼만 있었고 사라졌지만, 우리는 영혼의 결합으로 생존을 넘어 번영으로 나아가야 합니다.

'영'(비전, 꿈)은 원대하고 거대하지만, 그것을 현실로 구현할 구체적인 '혼'(실행력, 기술, 전략)이 결여된 유형입니다.

## 1. 테라노스(Theranos) 사례를 통한 분석

### 1) 거대한 '영'(비전)의 제시

엘리자베스 홈즈는 "피 한 방울로 모든 질병을 진단한다"는 인류애적인 메시지의 '영'(비전)을 제시하며 세간의 주목을 받았습니다.

### 2) '혼'(실행)의 부재

하지만 그녀는 이 거대한 '영'을 실현할 뒷받침되는 '혼'(기술)을 개발하는 데 결국 실패했습니다.

### 3) '영'의 폭주와 현실 도피

기술적 토대인 '혼'이 없다는 본질적인 '그림자'(3.3절)를 인정하는 대신, 그녀는 '영'(비전)이 모든 것을 해결해 줄 것이라 믿으며 비현실적인 '몽상' 속으로 도피했습니다. 이러한 맹신은 최종적으로 조직적인 사기 행각으로 이어졌습니다.

결과적으로 비전과 실행의 불균형이 낳은 비극으로서, '혼'이 뒷받침되지 않는 '영'은 '몽상'이며, 최악의 경우 '사기'가 됩니다. '무기력한 몽상가'는 '영'의 크기만큼 '혼'의 실행력이 따르지 않을 때 발생하는 비극입니다.

## 2. 영혼 이중나선 모델 분석 프레임: 비전과 실행의 조화로 완성하는 지속가능한 성장 생태계

### 1) 이중 나선 모델의 필요성

네트워킹 기반 비즈니스와 공간자산 사업은 "사람-공간-콘텐츠-비전"이 맞물릴 때 폭발적인 성장이 일어납니다. 그러나 대부분의 사업자는 '영(비전)'과 '혼(실행)'의 불균형 때문에 멈추거나 방향을 잃습니다. 실천 사례에서 드러난 세 가지 위기는 이를 명확히 보여 줍니다.

- 무기력한 몽상가(High 영/Low 혼): 비전은 거대하지만, 이를 현실로 바꿀 실행·기술·전략이 없어 결국 몽상으로 끝납니다. (예: 테라노스)
- 불안한 완벽주의자(Paralyzed 영 & 혼): 능력도 비전도 있으나, 실패의 두려움 때문에 실행이 멈춥니다. (예: NeXT 시절 스티브 잡스)
- 길 잃은 방랑자(Low 영/Low 혼): 핵심 가치와 역량이 모두 모호해 수많은 시도를 하다 방향을 잃습니다. (예: 야후)
- 진단: 이 문제들은 사업자의 능력 부족이 아니라 '영혼 구조의 불협화음'에서 비롯됩니다. 따라서 첫 단계는 "나는 지금 어느 나선이 끊겨 있는가?"를 진단하는 것입니다.

## 2) 영(비전) 기반 네트워크 구축 전략

성공하는 네트워크는 단순히 사람을 모으는 구조가 아니라, 비전에 공명하는 사람들을 연결하는 생태계입니다.

- 비전의 재정의: "큰 꿈"이 아니라 "어떤 사람에게 어떤 변화를 만드는 네트워크인가?"라는 한 문장이 네트워크의 중심축(영)이 되어야 합니다.
- 의도적인 연결: 네트워킹은 숫자 게임이 아니라 공명 게임입니다. "비전-문제인식-제안"이 담긴 짧은 메시지를 먼저 제시하고, 이에 반응하는 소수의 핵심 파트너부터 연결하십시오.
- 공간자산의 활용: 공간을 완성된 결과물로 보지 말고 '비전 실험실'로 활용하십

시오. 작은 실험(파일럿, MVP 공간)을 반복하는 방식이 네트워크 신뢰를 가장 빨리 키웁니다.

### 3) 영혼 이중나선 모델의 3대 실천 원리

영과 혼이 동시에 상승하도록 만드는 실천 원리는 다음과 같습니다.

- 완벽 대신 "작은 실험"으로 혼(실행)을 깨우기

  "완벽해야 한다"는 집착은 혼을 마비시킵니다.

  핵심 원리: "큰 비전(영)은 그대로 두되, 실행(혼)은 작게 쪼개라." 실행력은 작은 실패와 빠른 학습의 주기로 살아납니다.
- 실패를 그림자가 아니라 "데이터"로 전환하기

  실패를 두려워하면 영혼의 연결이 끊어집니다.

  매일 또는 매주 "오늘 얻은 통찰 1가지"를 기록하는 루틴을 만드십시오. 실패는 손실이 아니라 정밀한 조율 신호가 됩니다.
- 방향성을 잃지 않는 "선택과 집중"

  방랑자는 모든 것(Everything)을 시도하다 결국 아무것도(Nothing) 얻지 못합니다.

  핵심 원리: "하나의 영이 정해지면, 모든 혼은 그 영을 돕는 방식으로 정렬해야 합니다."

### 4) 피드백 루프와 영혼의 동시 상승

지속적으로 성장하는 네트워크는 영과 혼이 동시에 강화되는 피드백 구조를 갖추고 있습니다. 30일 단위의 '영혼 회전 루프'를 통해 다음 세 가지를 점검하십시오.

- 영 피드백: "이 네트워크/공간이 내가 원하는 가치를 실제로 드러내고 있는가?"
- 혼 피드백: 참여자 수, 재방문율, 협업 건수, 매출 등 구체적 수치 변화를 확인하

십시오.

- 그림자 피드백: "지금 나를 멈추게 하는 감정은 무엇인가?(두려움, 혼란, 무기력 등)"
- 성장 방식: 파트너와 고객으로부터 정기적인 피드백을 받아 영혼 조율의 실시간 내비게이션을 만드십시오. 30일 스프린트가 끝날 때마다 "계속할 것/보완할 것/버릴 것"을 결정하면 네트워크는 스스로 진화합니다.

## 5) 성공을 위한 최종 실천 해법

비전(영)과 실행(혼)을 함께 살리는 핵심 해법을 네 문장으로 압축합니다.

- 나의 불협화음을 먼저 진단하라: 지금 나는 무기력한 몽상가인가, 불안한 완벽주의자인가, 길 잃은 방랑자인가? 정확한 진단이 곧 변화의 시작입니다.
- 비전을 한 줄로 재정의하라: "나는 어떤 사람에게 어떤 변화를 만드는가?" 이 문장이 네트워크의 흔들리지 않는 중심축입니다.
- 실행은 '작은 실험'으로 설계하라: 완벽이 아니라 '빠른 시도-빠른 학습'이 네트워크의 속도와 신뢰를 높입니다.
- 피드백 루프를 시스템으로 고정하라: 영혼-그림자를 매 30일마다 점검하면 사업은 우연이 아니라 예측 가능한 성장 곡선을 그리기 시작합니다.

---

### 최종 메시지

영은 방향을 주고, 혼은 추진력을 줍니다. 방향 없는 속도는 공허하고, 속도 없는 방향은 몽상일 뿐입니다. 네트워킹 비즈니스와 공간자산 위에 당신의 영혼 이중나선을 올바르게 설계하는 순간, 당신의 사업은 사람이 모이고 기회가 모이며 신뢰가 쌓이는 생태계로 진화합니다.

## 2.4 영혼의 자산 설계

### 1. 제2장 핵심 개념 요약

| 절(Section) | 핵심 개념(Core Concept) | 핵심 질문(Key Question) |
|---|---|---|
| 성공의 역설 | **성공 ≠ 행복**: 외부적 성공이 내면의 공허함으로 이어지는 현상 | 나는 지금의 성공에 진정으로 만족하는가? |
| 영혼 이중나선 | **'영'과 '혼'**: 삶을 구성하는 의미의 축(영)과 성취의 축(혼) | 나의 '영'과 '혼'은 균형을 이루고 있는가?" |
| 불협화음의 증상 | **네 가지 불균형 유형**: 기술자, 몽상가, 완벽주의자, 방랑자. | 나는 현재 어떤 유형의 불균형에 빠져 있는가? |

### 2. 설계지침(실천방안)

본 장의 내용을 삶에 효과적으로 적용하기 위해 다음의 세 가지 지침을 따를 것을 제안한다.

① 성공 만족도'를 점검하라.

조용한 시간을 내어, 당신이 현재 이룬 사회적 성공(직위, 소득, 평판 등)에 대해 10점 만점으로 점수를 매겨보라. 그리고 바로 옆에, 그 성공으로 인해 느끼는 '내면적 만족도'를 10점 만점으로 매겨보라. 두 점수 사이에 큰 차이가 있다면, 당신은 '성공의 역설'에 빠져 있다는 강력한 신호다. 그 격차의 원인이 무엇인지 깊이 성찰해 보라.

② 당신의 '나선 모양'을 그려보라.

종이 위에 당신의 '영' 나선과 '혼' 나선을 직접 그려보라. 당신의 '혼' 나선은 얼마나 굵고 튼튼한가? 당신의 '영' 나선은 그에 비해 어떤 모습인가? 두 나선은 서로 조화롭게 감싸고 있는가, 아니면 한쪽이 다른 쪽을 압도하거나 서로 멀리 떨어져 있는가? 이 시각화 과정은 당신의 현재 상태를 직관적으로 파악하는 데 도움을 줄 것이다.

③ 자신에게 '유형 진단'을 내려보라.

2.3절에서 제시된 네 가지 유형 중, 현재 당신의 모습과 가장 가까운 유형은 무엇인가? 그 유형의 특징과 증상들이 당신의 일상에서 어떻게 나타나고 있는지 구체적인 사례를 적어 보라. 자신의 문제를 객관적으로 명명하고 진단하는 것만으로도, 문제 해결을 위한 심리적 공간이 확보되는 효과를 얻을 수 있다.

# 제3장

# 내면 진단의 기술: 모든 성장의 시작점

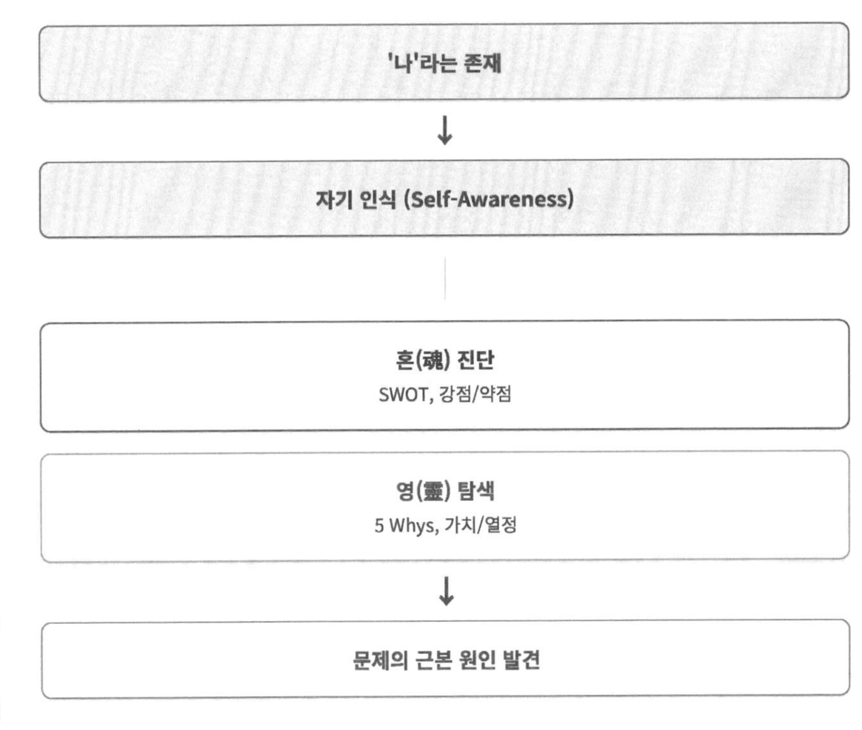


**내면 진단 기반의 자기 성장 모델(A self-growth model based on inner diagnosis)**

**개념도 설명**: 모든 성장은 '나는 누구인가?'를 아는 자기 인식에서 시작됩니다. 이는 외부 역량인 '혼'을 객관적으로 진단하고, 내면의 동기인 '영'을 깊이 탐색하는 두 가지 과정으로 이루어집니다. 이 두 진단이 교차하는 지점에서 비로소 문제의근본 원인을 발견하고 올바른 해결의 길로 나아갈 수 있습니다.

## 3.1 첫 번째 질문: 나는 누구인가?

길을 잃었을 때 우리가 가장 먼저 해야 할 일은, 무작정 앞으로 달려가는 것이 아니라 잠시 멈춰서 '나의 현재 위치'를 파악하는 것입니다. 영혼의 불협화음을 진단하고 균형을 회복하는 여정 또한 마찬가지입니다. 그 첫걸음은 인류 역사상 가장 오래되고 가장 심오한 질문, 바로 "나는 누구인가(Who am I)?"라는 질문과 마주하는 것에서 시작됩니다.

이 질문은 너무나 거대하고 막연하게 들릴 수 있습니다. 하지만 이것은 철학자들만의 질문이 아닙니다. 당신이 어떤 커리어를 선택할지, 누구와 관계를 맺을지, 위기 앞에서 어떻게 행동할지에 대한 모든 해답이 바로 이 질문 속에 담겨 있기 때문입니다. '나'라는 존재를 깊이 이해하지 못하면, 당신은 세상이 정해준 기준이나 타인의 기대에 맞춰 살아가는 '가짜 나'의 삶을 살게 될 수밖에 없습니다.

'나'를 이해하는 것은 크게 두 가지 차원에서 이루어집니다. 하나는 당신의 '혼(魂)'을 이해하는 것, 즉 당신이 가진 객관적인 능력과 자원을 파악하는 것입니다. 다른 하나는 당신의 '영(靈)'을 이해하는 것, 즉 당신의 내면 깊은 곳에 있는 본성과 가치를 발견하는 것입니다.

먼저, 당신의 '혼'을 진단하기 위해, 당신의 인생을 하나의 '재무상태표'처럼 작성해 보십시오.


- **자산(Assets)**: 당신이 가진 모든 유무형의 자원을 나열해 보십시오. 여기에는 당신의 학위, 자격증, 경력, 기술과 같은 '인적 자본'뿐만 아니라, 당신의 재산, 인맥, 건강, 그리고 당신만이 가진 독특한 경험까지 포함됩니다.
- **부채(Liabilities)**: 당신의 성장을 가로막는 모든 내외적 제약 요소를 적어 보십시오. 당신의 나쁜 습관, 심리적 트라우마, 부족한 지식이나 기술, 그리고 당신을 지치게 하는 부정적인 인간관계 등이 여기에 해당할 수 있습니다.

이 '혼의 재무상태표'는 당신의 현재 상황을 객관적으로 파악하고, 당신이 가진 강점을 극대화하고 약점을 보완하기 위한 전략을 세우는 데 도움을 줄 것입니다.

다음으로, 당신의 '영'을 탐색하기 위해, 당신의 마음속 깊은 곳으로 여행을 떠나야 합니다. 다음 질문들은 당신의 진짜 모습을 비추는 거울이 되어 줄 것입니다.

- **열정(Passion)**: 시간 가는 줄 모르고 몰입하게 되는 활동은 무엇인가요? 돈을 받지 않아도 기꺼이 하고 싶은 일은 무엇인가요?
- **재능(Talent)**: 당신이 다른 사람들보다 별다른 노력 없이도 쉽게 잘 해내는 것은 무엇인가요? 남들이 당신에게 자주 칭찬하거나 도움을 요청하는 분야는 무엇인가요?
- **가치(Values)**: 당신이 인생에서 결코 타협할 수 없는 가장 중요한 원칙은 무엇인가요? 당신을 가장 분노하게 만드는 불의는 무엇인가요?

이 질문들에 대한 답을 찾아가는 과정은 결코 쉽지 않습니다. 때로는 당신이 외면하고 싶었던 당신의 모습과 마주해야 할 수도 있습니다. 하지만 이 과정을 거치지 않고서는 결코 당신만의 고유한 길을 찾을 수 없습니다.

피터 드러커의 **자기 성찰: 강점에 집중하라** '현대 경영학의 아버지'로 불리는 피터 드러커는 젊은 시절, 자신이 뛰어난 언론인이 될 수 있을지, 아니면 학자의 길을 걸어야 할지 깊은 고민에 빠졌습니다. 그는 막연히 고민하는 대신, 스스로를 냉철하게 분석하는 '자기 성찰 프로젝트'를 시작했습니다. 그는 자신이 어떤 방식으로 일을 배우고 성과를 내는지, 자신의 강점과 약점은 무엇인지, 그리고 가장 중요하게는 자신의 핵심 가치가 무엇인지 기록하고 관찰했습니다. 그 결과, 그는 자신이 단기적인 성과를 내는 것보다 장기적인 관점에서 시스템을 분석하고 본질을 탐구하는 데 더 큰 재능과 열정을 가지고 있음을 발견했습니다. 또한, 그는 '사람들의 잠재력을 이

끌어내고 사회에 기여하는 것'을 자신의 핵심 가치로 삼고 있음을 깨달았습니다. 이 자기 분석을 통해 그는 언론인의 길을 과감히 포기하고, 경영 컨설턴트이자 학자라는 자신만의 길을 개척할 수 있었습니다. 그는 훗날 "자신의 강점을 아는 것, 이것이 모든 성공의 출발점이다"라고 말하며, 자기 인식의 중요성을 평생에 걸쳐 강조했습니다.



## 영혼 이중나선 모델의 적용: '나는 누구인가?'라는 질문의 힘

"나는 누구인가?"라는 질문은 개인뿐만 아니라, 거대한 조직의 운명을 가르는 가장 근본적이고 전략적인 질문입니다. 이 질문에 대한 답, 즉 '정체성('영')'이 명확할 때, 조직은 강력한 실행력('혼')을 발휘합니다. 반대로 이 답을 잃어버렸을 때, 아무리 거대한 기업도 '길 잃은 방랑자'처럼 표류하게 됩니다. 이 과정을 가장 극적으로 보여 준 사례가 바로 '레고(LEGO)'입니다.

## 1. '영'의 상실과 '혼'의 분열(1998-2003)

1990년대 후반, 레고는 비디오 게임과 디지털 기기의 등장으로 전통적인 장난감 시장이 위축되자 창사 이래 최악의 위기에 직면했습니다. 당시 경영진은 "아이들이 더 이상 브릭(brick)을 원하지 않는다"고 단정하며, 레고의 본질('영')인 '창의적인 조립 시스템'을 스스로 부정했습니다.

- '혼'의 난개발: 정체성을 잃은 채 시대에 뒤처지지 않으려고 레고랜드, TV 프로그램, 의류 사업 등 핵심인 '브릭'과 관련 없는 사업에 무분별하게 진출했습니다.
- 핵심 역량의 붕괴: 이 과정에서 브릭의 디자인은 단순화되고 품질은 조악해졌으며, 원가 절감을 위해 부품 수를 줄이면서 조립의 즐거움('영')마저 사라졌습니다.
- 결과: 결국 2003년, 레고는 약 3억 달러의 적자를 기록하며 파산 직전의 '길 잃은 방랑자'가 되었습니다.

### 1) "나는 누구인가?"라는 근본적인 질문(2004년 이후)

2004년 취임한 신임 CEO 외르겐 비그 크누스토르프는 '혼(실행)'의 구조조정보다 '영(정체성)'의 재정립을 최우선 과제로 삼았습니다. 치열한 토론 끝에 레고는 "우리의 본질은 브릭 그 자체이며, '체계적인 창의적 놀이'를 제공하는 회사"라는 해답을 찾았습니다. 레고는 더 이상 '어린이를 위한 모든 것'을 만드는 회사가 아니라, '브릭을 통해 상상력을 구현하는' 회사임을 대내외에 선포했습니다.

### 2) '영'에 기반한 '혼'의 재정렬

새롭게 확립된 '영'을 나침반 삼아, 레고랜드 지분을 매각하고 비디오 게임 및 의류 사업을 과감히 정리하는 등 '브릭'과 관련 없는 모든 사업 요소를 제거했습니다. R&D 역량을 다시 '브릭'에 집중시켜 '레고 스타워즈', '레고 시티', '바이오니클' 등 브릭의 창의성을 극대화한 제품군을 성공시켰습니다.

'영(정체성)'과 '혼(실행력)'이 통합되자 폭발적인 시너지가 발생했습니다. 레고는 10년 만에 매출 5배 성장을 이루며 세계 1위의 장난감 회사로 화려하게 부활했습니다.

결과적으로 '나'를 아는 것이 최고의 전략이다.

레고의 사례는 "나는 누구인가?"라는 질문이 단순한 철학적 사유를 넘어, 생존을 위한 가장 강력한 '전략적 도구'임을 증명합니다. 내가 누구인지('영') 정확히 알 때, 비로소 무엇을 하고 무엇을 하지 말아야 할지('혼') 명확해지기 때문입니다.

## 2. 영혼 이중나선 모델 분석 프레임: 네트워킹 · 공간자산 비즈니스의 체계적 해석

### 1) 이중 나선 모델의 필요성

비즈니스가 성장하지 못하는 가장 큰 이유는 실행력 부족이 아니라 정체성(영)의 부재에 있습니다. 정체성을 잃은 기업과 개인은 레고처럼 방향을 잃고, '무언가를 계속 하고는 있지만 어디로 가는지 모르는 상태'에 빠지게 됩니다. 네트워킹 및 공간자산 사업도 동일합니다. "나는 누구인가?", "우리는 어떤 가치를 위한 네트워크인가?"라는 이 질문이 명확하지 않으면 관계와 공간, 사업은 모두 흩어지고 효율을 잃습니다. 따라서 성공적인전략의 시작은 비전(영)의 재정립에서 시작하여 실행(혼)의 재정렬로 완성되어야 합니다.

### 2) 영(비전) 기반 네트워크 구축 전략

정체성(영)이 명확해지면 네트워크는 단순한 인맥이 아니라 같은 비전을 공유하는 생태계(Community of Vision)로 진화하게 됩니다. 정체성 중심의 연결 구조: 비전과 맞는 사람 · 파트너 · 고객만 네트워크에 포함시키고, 결이 맞지 않는 연결은 과감히 정리해야 합니다. (이는 레고가 '브릭 중심'이 아닌 사업을 정리하며 부활한 과정과 동일합니다.) 비전을 담는 공간 설계: 공간 자산은 단순한 시설이 아니라 비전이 물리적 형태로 구현된 플랫폼이어야 합니다. 사람이 모이면 시너지가 나고, 공간에 들어오면 브랜드의 '영'을 느끼게 설계해야 합니다. 가치 교환의 기준은 항상 '영': 네트워크 안에서 무엇을 만들고 교환하든 정체성과 맞는 가치만 허용합니다. '무엇을 더 할까?'보다 '무엇을 하지 않을 것인가?'가 네트워크를 더 강하게 만듭니다.

### 3) 영혼 이중나선 모델의 실천 원리

이중나선 구조는 영이 방향을, 혼이 추진력을 제공하며 둘이 맞물릴 때 폭발적 상승이 일어납니다. 영은 나침반이다: 정체성이 명확할수록 선택과 판단이 빨라지고, 사업자는 흔들리지 않습니다. 혼은 영의 증명이다: 실행의 목적은 단순한 '많음'이 아니라 '영을 실천하는 것'에 있습니다. 불필요한 실행은 제거될수록 오히려 실행의 힘이 집중됩니다.

영과 혼의 통일이 지속 성장의 조건: 비전 → 실행 → 성과 → 비전 재강화의 선순환이 구축될 때, 네트워크와 공간 자산은 자연스럽게 확장됩니다.

### 4) 피드백 루프와 영·혼의 동시 상승

레고의 부활처럼 성장의 핵심은 정체성 검증 → 실행 조정 → 성과 피드백 → 정체성 강화의 루프가 끊임없이 반복되는 것입니다. 네트워킹 비즈니스에서는 다음의 요소들이 피드백의 핵심이 됩니다. 네트워크 반응 및 공간의 이용 패턴, 파트너십 성과. 이 모든 것이 피드백이 되어 비전(영)을 다시 선명하게 하고, 실행(혼)을 더 정교하게 만듭니다. 이 루프가 활성화되면 비전과 실행이 동시에 상승하는 이중나선 상승 구조가 형성됩니다.

### 5) 성공을 위한 실천 해법

성공하는 비즈니스 사업자·네트워크·공간 운영자들은 공통적으로 정체성 중심의 전략을 씁니다.

- 먼저 '나는 누구인가?'를 재정립하라: 나의 핵심 가치, 반복될수록 기쁨이 되는 일, 사업의 존재 이유를 정리하면 영(비전)의 기반이 완성됩니다.
- 비전과 맞지 않는 실행을 정리하라: 레고처럼 '하지 않을 일'을 명확히 할 때 실행(혼)은 압축되고 집중됩니다. 이 순간부터 네트워크와 공간은 빠르게 살아나기 시작합니다.
- 비전 중심 네트워크·공간을 지속적으로 조율하라: 모든 관계·프로젝트·공간 활용은 정체성에 맞춰 끊임없이 재배열해야 합니다.

---

**최종 메시지**

"혼이 성과를 만든다. 그러나 영이 방향을 정한다." 비즈니스가 막힐 때 필요한 것은 더 많은 인맥이나 큰 공간이 아니라, 단 하나의 질문입니다.
"나는 누구인가? 우리는 무엇을 위해 존재하는가?"
이 질문에 대한 답을 회복하는 순간, 당신의 네트워크는 의미 있는 생태계가 되고, 공간 자산은 '비전의 허브'가 되며, 비즈니스는 다시 성장하는 이중나선을 타기 시작할 것입니다.

---

## 3.2 문제 정의의 기술: 6하 원칙과 5 Whys

"나는 누구인가?"라는 질문을 통해 자신의 모습을 어렴풋이 파악했다면, 다음 단계는 현재 당신이 직면한 '문제'를 명확하게 정의하는 것입니다. 우리는 종종 문제의 '증상'을 문제의 '본질'로 착각하는 실수를 저지릅니다. "요즘 의욕이 없다"거나 "회사 가기 싫다"는 것은 증상일 뿐, 진짜 문제가 아닐 수 있습니다. 진짜 문제는 "현재 나의 일이 나의 핵심 가치와 충돌하고 있다"거나 "나는 이 조직에서 더 이상 성장할 수 없다는 무력감을 느끼고 있다"일 수 있습니다. 아인슈타인이 말했듯, "만약 나에게 문제를 해결할 시간이 한 시간 주어진다면, 나는 55분을 문제를 정의하는 데 쓰고, 나머지 5분을 해결책을 찾는 데 쓰겠다."

문제를 정확하게 정의하는 가장 기본적인 도구는 우리에게 익숙한 '6하 원칙(5W1H)'입니다. 당신이 겪고 있는 문제를 이 여섯 가지 질문의 틀에 맞추어 구체적으로 기술해 보십시오.

- **언제(When)?** 그 문제는 주로 언제 발생하는가?(예: 월요일 아침, 중요한 발표 직전)
- **어디서(Where)?** 그 문제는 주로 어디서 나타나는가?(예: 회사, 특정 사람과의 관계에서)
- **누가(Who)?** 그 문제와 관련된 핵심 인물은 누구인가?(나 자신, 상사, 가족)
- **무엇을(What)?** 문제의 구체적인 현상은 무엇인가?(회의 시간에 침묵하게 됨, 퇴근 후 무기력하게 누워만 있음)
- **어떻게(How)?** 그 문제는 나에게 어떤 영향을 미치는가?(자존감이 떨어짐, 미래가 불안하게 느껴짐)
- **왜(Why)?** 이 문제가 발생한 근본적인 원인은 무엇이라고 생각하는가?

마지막 '왜(Why)?'라는 질문이 가장 중요하며, 문제의 본질로 파고드는 열쇠입니다. 도요타 생산 시스템에서 유래한 '5 Whys' 기법은 이 질문을 통해 문제의 근본 원인을 찾아내는 강력한 도구입니다. 표면적인 문제에 대해 "왜?"라는 질문을 다섯 번 연속으로 던져보면, 숨겨져 있던 진짜 원인이 드러납니다.

5 Whys를 통한 번아웃의 근본 원인 찾기 한 개발팀의 팀장인 박 과장은 최근 팀원들의 잦은 야근과 낮은 사기로 고민하고 있었습니다. 그는 '5 Whys'를 통해 문제

의 근본 원인을 파헤치기로 했습니다.

- **문제**: 팀원들이 번아웃을 겪고 있다.
1. **Why?** → 잦은 야근과 빠듯한 마감 시간 때문이다.
2. **Why?** → 프로젝트 중간에 기획이 너무 자주 바뀌기 때문이다.
3. **Why?** → 영업팀에서 고객의 요구를 명확히 파악하지 않고 무리하게 계약을 하기 때문이다.
4. **Why?** → 영업팀이 제품의 기술적 한계에 대해 충분히 교육받지 못했기 때문이다.
5. **Why?** → **개발팀과 영업팀 간의 소통 채널과 정보 공유 시스템이 부재하기 때문이다.**

이 분석을 통해 박 과장은 문제의 진짜 원인이 개발팀 내부가 아닌, 조직 전체의 '소통 시스템 부재'에 있음을 발견했습니다. 그는 이제 팀원들을 다그치는 대신, 영업팀과의 정기적인 교류회를 만들고 제품 정보를 공유하는 시스템을 구축하는 '근본적인 해결책'에 집중할 수 있게 되었습니다. 이처럼 문제 정의의 기술은 우리가 엉뚱한 곳에 에너지를 낭비하지 않고, 가장 효과적인 해결책을 찾도록 돕는 가장 중요한 첫 단계입니다.

**핵심 투자 명언**
'증상' 아닌 '본질' 파악, '왜'를 반복해 근본 원인에 투자하라.

- **문제 정의의 중요성**: 문제의 '증상'이 아닌 '본질'을 파악하는 것이 효과적인 해결의 전제 조건이다.
- **육하 원칙(5W1H)**: 문제를 구체적이고 다각적으로 기술하여 명확하게 만드는 기본적인 도구다.

- **5 Whys**: "왜?"라는 질문을 반복하여 문제의 표면적인 원인에서 근본적인 원인으로 파고드는 강력한 분석 기법이다.



'5 Whys' 기법은 단순히 개인의 내면을 성찰하는 도구가 아닙니다. 이는 세계 초일류 기업들이 수십 년간 현장에서 사용해 온 가장 강력한 '문제 해결 운영체제(OS)'입니다. 그들은 '증상'에 반응하는 대신 '근본 원인'을 제거함으로써 지속적인 성장을 이뤄냈습니다.



## 1. 배경 및 문제 의식

'5 Whys'는 도요타 생산 시스템(TPS)의 창시자인 오노 다이이치(Taiichi Ohno)에 의해 체계화되었습니다. 그는 생산 라인에서 문제가 발생했을 때, 관리자들이 즉각적인 '땜질 처방'만 하고 넘어가는 것을 경계하고 방지하고자 했습니다.

### 1) 문제 현상 및 일반적 처방(증상 해결)

- 문제 현상(증상): "용접 로봇이 멈췄다."(What)
- 일반적인 처방: 즉시 퓨즈를 교체하고 라인을 재가동한다.
- 한계: 이러한 단편적인 조치는 며칠 뒤 같은 문제가 반복되는 결과를 초래합니다.

### 2) '5 Whys'를 통한 근본 원인 도출 과정

오노 다이이치는 단순한 증상 처방이 아니라 다음과 같이 질문을 던져 '근본 원인'을 찾도록 했습니다.

- Why 1: 왜 로봇이 멈췄는가?

A1: 과부하가 걸려 퓨즈가 끊어졌기 때문입니다.

- Why 2: 왜 과부하가 걸렸는가?

A2: 베어링의 윤활이 제대로 되지 않았기 때문입니다.

- Why 3: 왜 윤활이 제대로 되지 않았는가?

A3: 윤활 펌프가 제대로 작동하지 않았기 때문입니다.

- Why 4: 왜 펌프가 제대로 작동하지 않았는가?

A4: 펌프 축이 마모되었기 때문입니다.

- Why 5: 왜 축이 마모되었는가?

A5: 펌프 필터에 쇳가루가 끼어들어 가는 것을 막지 못했기 때문입니다.


### 3) 근본 원인 분석 및 영구적 해결책

도요타는 '퓨즈 교체'라는 단순 증상 해결에 머무르지 않고, '필터가 없다'는 시스템의 부재를 근본 원인으로 찾아냈습니다. 그 결과, '용접 로봇에 필터를 설치한다'는 영구적인 해결책을 도입했습니다.


### 4) 시스템적 확장(Why 6)

더 나아가 관리자들은 "왜 애초에 필터가 설치되지 않았는가?"(Why 6)라고 질문하며, '설계 표준 누락'이라는 더 깊은 시스템적 문제까지 파고들었습니다. 결과적으로 이것이 바로 도요타가 현장의 기술을 원칙으로 정립하며 끊임없이 개선해 나가는 방식입니다.


## 2. 영혼 이중나선 모델 분석 프레임: 비전 재정립 전략

### 1) 이중 나선 모델의 필요성

대부분의 비즈니스 실패는 단순히 "문제 해결 능력의 부족" 때문이 아니라, 문제를 잘못 정의했기 때문에 발생합니다. 사람들은 눈에 보이는 증상(혼)에만 반응하지만, 성공하는 기업과 리더는 그 이면의 근본 원인(영)을 찾습니다. 도요타의 '5 Whys'는 단순한 분석법을 넘어, 본질적 원칙(영)과 실행 시스템(혼)을 연결하는 문제 해결의 운영체제(OS)입니다. '사람이 모이지 않는다', '자산이 수익을 내지 못한다'와 같은 현상들은 모두 겉으로 드러나는 증상일 뿐임을 인지해야 합니다.

### 2) 영(비전) 기반 네트워크 구축 전략

도요타는 "로봇이 멈춘다"는 문제를 기술적 고장(혼)이 아닌, "설계 기준의 부재(영)"라는 본질적 문제로 재정의했습니다. 네트워크 비즈니스에도 이와 같은 원리가 동일하게 적용됩니다. 사람이 모이지 않는 이유는 기술 부족이 아니라 비전의 부재 때문일 수 있습니다. 파트너가 오래가지 못하는 이유는 조건의 미흡이 아니라 가치의 불일치 때문일 수 있습니다. 공간 자산이 활성화되지 않는 이유는 홍보 부족이 아니라 공간의 의미가 불명확하기 때문일 수 있습니다. 즉, 네트워크는 기술로 구축되는 것이 아니라 비전이라는 중력장을 중심으로 형성됩니다. 명확한 '영(Why)'이 존재할 때, 사람·자산·기회(혼)는 자연스럽게 그 중심으로 모여들게 됩니다.

### 3) 영혼 이중나선 모델의 실천 원리

영과 혼은 항상 한 쌍으로 움직입니다. 영은 방향을 제시하고, 혼은 실행을 통해 실체를 만듭니다. 도요타 '5 Whys'의 핵심은 혼의 문제는 결코 혼의 노력만으로는 해결되지 않는다는 점에 있습니다. 문제는 오직 영적인 질문(본질적 Why)을 통해서만 해결됩니다. 단순한 부품 교체(혼)는 임시방편일 뿐이지만, "왜 설계 원칙이 없었는가?"라는 질문(영)이 전체 시스템을 바꿉니다. 이것이 바로 영혼 이중나선의 원리입니다. 영이 문제의 본질을 규정하면, 혼은 그 원칙을 현실 시스템으로 구현하여 둘이 함께 상승하는 구조를 만듭니다. 마케팅이나 운영(혼)을 아무리 강화해도, 비전과 철학(영)이 불명확하면 비즈니스는 결코 성장하지 않습니다.

## 4) 피드백 루프와 영·혼의 동시 상승

'5 Whys'는 단순한 분석 도구가 아니라, 영과 혼이 서로 보완하며 성장하는 선순환 피드백 루프(Feedback Loop)입니다. 이 루프는 다음과 같은 단계로 비즈니스 엔진을 가동합니다.


① 문제가 발생한다 → 혼이 보내는 신호를 감지함

② Why를 반복해 근본 원인에 도달한다 → 영적인 통찰을 얻음

③ 원칙을 재설정한다 → 영의 정렬

④ 실행 시스템을 재구축한다 → 혼의 강화

⑤ 개선된 실행이 새로운 데이터로 돌아온다 → 루프의 강화


이 루프가 반복될 때 비즈니스는 에너지가 소모되는 '엔트로피' 상태를 벗어나, 확장성과 자기 증식 구조를 갖춘 성장 엔진으로 진화합니다.


## 5) 성공을 위한 실천 해법

- 증상이 아닌 본질을 다뤄라: 문제를 5번 더 깊이 물어야 합니다. 예를 들어 '파트너 이탈'은 표면적인 문제일 뿐, 근본 원인은 "비전 공유의 부재"에 있을 수 있습니다.

- 네트워크의 크기는 비전이 결정한다: 영(Why)이 명확하면 사람은 스스로 모이고 시스템(혼)은 자연스럽게 확장됩니다.

- 공간 자산은 '의미'를 먼저 설계하라: 사람들이 공간에 모이는 이유는 편리함 때문이 아니라 그 공간이 전달하는 철학과 정체성 때문입니다. 비전을 재정의하는 순간, 네트워크·자산·사업은 자연스럽게 성공 구조로 정렬되며 전혀 다른 수준의 확장성과 지속성을 갖게 됩니다.

## 1. 제프 베조스의 경영 철학 이식

아마존의 창업자 제프 베조스는 도요타의 '5 Whys' 방법론을 고객 서비스의 영역에 완벽하게 이식했습니다. 특히, 아마존에는 '안돈 코드(Andon Cord)'라는 시스템이 도입되어 있습니다. 이는 본래 도요타 생산 라인에서 작업자가 문제를 발견하면 즉시 전체 라인을 세울 수 있게 한 '긴급 정지 줄'에서 유래한 것입니다.

### 1) 고객 서비스 현장에서의 안돈 코드 발동

아마존의 고객 서비스 담당자는 특정 상품에 대한 불만이 반복적으로 접수되면 (예: "제품이 계속 파손되어 배송됩니다"), 가상의 '안돈 코드'를 당깁니다. 문제 현상 (증상)은 "고객이 파손된 제품을 받았다"는 사실입니다. 단순한 처방은 즉시 새 제품으로 교환해 주고 사과하는 것이지만, 이러한 임시방편만으로는 다른 고객에게 또 파손된 제품이 배송되는 문제를 막지 못합니다.

### 2) 근본 원인 해결을 위한 '5 Whys' 프로세스

아마존은 단순 '교환'이라는 증상 해결을 넘어, '안돈 코드'와 '5 Whys'를 결합하여 다음과 같이 작동시킵니다.

- Why 1: 왜 제품이 파손되었는가? → A1: 배송 중 충격을 받았다.
- Why 2: 왜 충격을 견디지 못했는가? → A2: 내부 완충 포장이 미흡했다.
- Why 3: 왜 완충 포장이 미흡했는가? → A3: 해당 제품의 포장 매뉴얼(프로세스) 이 부실했다.
- Why 4: 왜 매뉴얼이 부실했는가? → A4: 제품 공급사가 제공한 가이드라인을 아마존 물류팀이 그대로 사용했기 때문이다.
- Why 5: 왜 아마존 자체 기준 없이 공급사 가이드를 그대로 썼는가? → A5: 신규

카테고리 상품이라 아마존의 자체 포장 표준(원칙)이 아직 수립되지 않았었다.

### 3) 시스템 개선과 진정한 해결책

아마존이 찾아낸 근본 원인은 '새 제품 교환'이라는 임시 응급처치가 아니라, '신규 상품 카테고리에 대한 포장 표준 부재'였습니다. 이에 따라 그들은 즉시 해당 상품 판매를 '중단'시키고(안돈 코드), 포장 표준을 재수립하여 시스템 자체를 개선합니다.

### 4) 개인의 성장을 위한 시사점

'왜'라고 묻는 용기가 불필요한 낭비를 막습니다. 도요타와 아마존의 사례는 '5 Whys'가 어떻게 낭비를 막고 품질과 고객 만족의 가치를 극대화하는지 보여줍니다. 개인의 삶도 마찬가지입니다. "나는 왜 항상 시간이 없는가?", "나는 왜 늘 같은 실수를 반복하는가?"라는 질문을 피하지 않아야 합니다. 5단계 더 깊이 파고들 용기가 있을 때, 당신은 비로소 문제의 증상이 아닌 근본 원인을 해결하는 '진짜 성장'을 시작할 수 있습니다.

## 2. 영혼 이중나선 모델 분석 프레임: 비즈니스 진화론

### 1) 이중나선 모델의 필요성

대부분의 비즈니스 문제는 '보이는 증상'이 아니라, 보이지 않는 원칙(영)의 부재에서 시작됩니다. 아마존 고객센터에 반복적으로 들어온 "파손 상품" 문제는 단순히 '교환 처리'로 해결할 수 있는 문제가 아니었습니다. 아마존은 실행을 멈추고(Stop), "왜?"를 다섯 번 물었으며, 문제의 핵심이 "포장 기준(혼)"의 문제가 아니라 "신규 카테고리에 대한 원칙(영)의 결핍"임을 발견했습니다. 이 관점은 네트워킹 비즈니스와 공간자산 사업에도 그대로 적용됩니다. 매출 부진, 파트너 이탈, 자산 활용 저조, 관계 단절의 문제는 대부분 행동(혼)의 개선이 아니라 비전·원칙(영)의 재설계가 필요하다는 신호입니다. 당신이 겪는 반복 문제는 시스템이 아니라, 비전의 부재에서 비롯될 수 있습니다.

## 2) 영(비전) 기반 네트워크 구축 전략

아마존이 '고객 집착'이라는 영을 기준으로 시스템을 재정의하듯이, 네트워킹 비즈니스 성공도 '판매 중심 네트워크'에서 '비전 중심 네트워크'로 변화해야 합니다.

- 비전 선언(영) 먼저 세우기: "우리는 고객과 파트너가 실패하지 않도록 보호하는 네트워크다."라는 원칙은 매출보다 우선되는 영적 원칙입니다.
- 안돈 코드 네트워크화: 문제가 반복되면 누구라도 "멈출 권한"을 갖게 하며, 파트너, 공간운영자, 고객의 피드백이 즉시 공유되는 구조를 만듭니다.
- 카테고리별 비전 기준(영 Standard) 설계: 건강식품, 공간대관, 교육, 유통 등 각 분야마다 "절대 양보하지 않는 고객/파트너 보호 원칙"을 문서화해야 합니다.

## 3) 관계 중심 네트워킹과 실천 원리

사람을 영업 채널로 보지 않고, "문제를 함께 정의하고 해결하는 비전 동맹"으로 바라봅니다. 비전이 먼저 세워질 때 네트워크는 매출 조직이 아니라 신뢰 자산을 창출하는 생태계로 진화합니다.

- 영혼 이중나선 모델의 실천 원리: '영'은 방향을 정하고, '혼'은 실행을 수행합니다. 아마존은 이 두 축을 안돈 코드와 5 Whys 시스템으로 연결했으며, 네트워킹 비즈니스에서도 동일한 원리가 적용됩니다.
- 증상(혼)을 즉시 해결하려 하지 말 것: 할인, 교환, 사과, 이벤트 등은 혼의 처방일 뿐입니다. 먼저 "왜?"를 묻고 영의 층위까지 내려가야 합니다.
- 영의 해석이 혼의 행동을 재설계함: "고객이 떠났다"는 현상에 대해 "왜?"라고 4~5단계 질문하며 내려가면, 제품이나 시간의 문제가 아니라 신뢰·관계·비전

부재 같은 영의 답이 드러납니다.

### 4) 피드백 루프와 영혼의 동시 상승

영이 기준이 되고 혼은 그 기준을 구현하는 구조를 갖춰야 합니다. 원칙·철학(영)이 먼저 세워지면, 매뉴얼·시스템·공간 운영·교육(혼)이 자연스럽게 수정됩니다. 결국 영혼 이중나선은 "비전이 행동을 이끌고, 행동이 다시 비전을 강화하는 선순환 구조"를 만드는 원리입니다. 아마존이 안돈 코드를 통해 문제 발견 → 판매 중단 → 원칙 재설계 → 시스템 강화라는 루프를 반복했듯이, 네트워킹 비즈니스도 문제를 성장의 연료로 바꾸는 루프를 구축해야 합니다.

### 5) 6 Whys 기반 피드백 루프

① 멈춰라: 문제를 회피하거나 덮지 않습니다.

② 기록하라: 누구에게, 어떤 상황에서 문제가 발생했는지 데이터화합니다.

③ 왜?를 5~6번 묻는다: 감정·가치·패턴까지 도달할 때까지 질문합니다.

④ 영의 관점에서 해석한다: "이 문제는 무엇을 말해 주는가?"를 통해 의미를 찾습니다.

⑤ 혼의 시스템을 재설계한다: 매뉴얼, 공간 운영, 파트너 기준을 수정합니다.

⑥ 루프를 반복한다: 네트워크 전체가 개선을 체화하도록 합니다.

### 6) 성공을 위한 최종 실천 해법

문제를 "고객 불만"이 아니라 "조직 원칙을 재정립할 기회"로 본 아마존처럼, 네트워킹 비즈니스 사업자도 문제를 성장 엔진으로 전환해야 합니다.

- 문제를 해결하기 전에 먼저 정의하십시오.
- 문제가 반복되면 "행동"이 아니라 "비전"을 먼저 점검하십시오.

- 비전 선언문을 명확히 하고, 카테고리별 비전 기준을 문서화하여 네트워크를 하나로 묶는 '영의 중심축'을 만드십시오.
- 누구라도 문제를 멈출 수 있는 안돈 코드 조직을 만들어 네트워크의 신뢰를 강화하십시오.
- 클레임, 이탈, 실패 사례를 숨기지 말고 시스템 개선을 위한 표준 정보로 삼으십시오.
- 영혼 이중나선을 네트워크 전체의 운영 철학으로 내재화하십시오.

**최종 메시지**

"문제를 빨리 고치는 사람이 아니라, 문제의 본질을 재정의하여 네트워크의 비전과 시스템을 동시에 성장시키는 리더가 되십시오."


## 3.3 내 안의 어둠 마주하기: 칼 융의 그림자 이론

문제를 정의하는 과정에서, 우리는 종종 그 원인이 외부 환경이나 다른 사람에게 있다고 생각하기 쉽습니다. "상사가 나를 인정해 주지 않아서", "회사가 비전이 없어서"와 같이 말입니다. 물론 외부 요인도 중요하지만, 많은 경우 문제의 가장 깊은 뿌리는 바로 '나 자신'의 내면에, 특히 내가 인정하고 싶지 않은 나의 어두운 부분에 있습니다.

20세기 심리학의 거장 칼 융(Carl Jung)은 인간의 무의식 속에 있는, 우리가 의식적으로 억압하고 외면하는 자신의 부정적인 측면들을 '그림자(Shadow)'라고 불렀습니다. 그림자는 우리의 열등감, 이기심, 질투, 분노, 두려움 등 사회적으로나 개인적으로 '나쁘다'고 규정된 모든 특성들의 집합체입니다. 우리는 '좋은 사람'이 되기 위해 이 그림자를 필사적으로 무의식의 지하실에 가두어두려 하지만, 그림자는 결코 사라지지 않습니다. 오히려 우리가 그것을 외면할수록, 그림자는 더 강력하고 파괴적인 방식으로 우리의 삶에 불쑥 나타나 우리를 지배하려 합니다.

예를 들어, 자신의 공격성을 억압하고 늘 친절한 사람으로만 살아온 사람은, 어느 날 사소한 일에 통제할 수 없는 분노를 폭발시켜 관계를 망치거나, 혹은 다른 사람의 공격적인 행동을 볼 때마다 비정상적으로 강한 혐오감을 느끼게 됩니다. 이는 내가 억압한 나의 그림자를 다른 사람에게 '투사(Projection)'하는 것입니다. 우리가 특정 유형의 사람을 유난히 싫어한다면, 그것은 바로 그 사람이 내가 외면하고 있는 나의 그림자를 건드리고 있기 때문일 가능성이 높습니다.

그렇다면 이 골치 아픈 그림자를 어떻게 해야 할까요? 융의 해답은 그림자를 없애려고 싸우는 것이 아니라, 오히려 그것의 존재를 인정하고 '통합(Integration)'하는 것입니다. 그림자는 우리의 적이 아니라, 우리가 잃어버린 반쪽의 자아이며, 그 안에는 엄청난 생명력과 창조적인 에너지가 잠들어 있습니다.

그림자를 통합하는 여정은 다음과 같은 단계로 이루어집니다.

1. **그림자 인식하기**: 당신이 강하게 부정적인 감정(분노, 질투, 혐오)을 느끼는 대상(사람, 상황)을 관찰하십시오. 그리고 그 감정의 원인을 외부로 돌리는 대신, "저 모습이 혹시 내가 억압하고 있는 나의 일부는 아닐까?"라고 스스로에게 정직하게 질문해 보십시오.

2. **그림자와 대화하기**: 당신의 그림자를 하나의 인격체로 상상하고, 그와 대화를 나누어 보십시오. (글쓰기나 상담이 도움이 될 수 있습니다.) "너는 왜 그렇게 화가 났니? 네가 진정으로 원하는 것은 무엇이니?" 그림자의 파괴적인 행동 이면에 숨겨진 순수한 욕구와 상처를 이해하려고 노력해야 합니다.

3. **그림자의 에너지 통합하기**: 그림자의 긍정적인 측면을 발견하고, 그것을 당신의 의식적인 삶 속으로 가져와 건설적인 방식으로 사용하는 법을 배우십시

오. 예를 들어, 당신의 '공격성'이라는 그림자는, 불의에 맞서 싸우는 '용기'나 자신의 목표를 향해 나아가는 '추진력'이라는 긍정적인 에너지로 전환될 수 있습니다.

내 안의 어둠을 마주하는 것은 고통스럽고 두려운 과정입니다. 하지만 이 과정을 거치지 않고서는 결코 온전한 인간으로 성장할 수 없습니다. 당신의 그림자를 끌어 안을 때, 당신은 비로소 위선적인 '반쪽짜리 성인'이 아니라, 빛과 어둠을 모두 품은 '온전한 인간'으로 거듭나게 될 것입니다.

### 핵심 투자 명언

내면의 그림자 인정, 성장 동력으로 삼으라.

- **그림자(Shadow)의 정의**: 의식적으로 억압하고 외면하는 자신의 부정적인 측면들(열등감, 이기심, 분노 등)의 집합체다.
- **투사(Projection)**: 자신의 그림자를 인정하지 않을 때, 우리는 그것을 다른 사람에게 투영하여 비난하거나 혐오하게 된다.
- **통합(Integration)**: 그림자를 없애려 싸우는 대신, 그것의 존재를 인정하고 그 안에 담긴 긍정적인 에너지를 의식적인 삶으로 가져오는 것이 진정한 성장이다.

## 영혼 이중나선 모델의 적용: 그림자 통합과 리더십의 완성

칼 융의 '그림자' 이론은 개인의 심리 치유를 넘어, 한 리더와 조직의 성패를 가르는 핵심적인 열쇠입니다. 리더가 자신의 '그림자'를 인식하지 못하고 휘둘릴 때, 그 그림자는 조직 전체를 파괴하는 독이 됩니다. 반대로, 리더가 자신의 그림자를 직시하고 '통합'할 때, 그 그림자는 조직을 위대하게 만드는 가장 강력한 '황금'이 됩니다.

이 극적인 과정을 보여 주는 인물이 바로 애플의 스티브 잡스(Steve Jobs)입니다.



### 1. 그림자를 직시할 때, 약점은 황금이 된다

#### 1) '그림자'에 휘둘린 리더(애플 1.0/1976-1985)

초기 애플 시절, 잡스는 천재적인 '혼'(비전, 디자인)을 가졌지만, 그의 '무의식적인 그림자'에 의해 완전히 지배당했습니다. 그는 버려진 경험에서 비롯된 '통제광적인 집착', '인정받고 싶은 욕구', '타인을 향한 잔인한 완벽주의'를 보였습니다. 그는 자신의 '그림자'를 직원들에게 무차별적으로 투사했습니다. 그는 직원들에게 "당신이 만든 건 쓰레기야"라고 소리치며 자신의 불안감(그림자)을 상대에게 전가했습니다.

매킨토시 팀과 애플 II 팀을 의도적으로 구분하며 "해적"과 "해군"으로 나누었고, 이로 인해 조직 내부에 극심한 갈등('혼'의 붕괴)을 조장했습니다. 그의 천재성('혼')에도 불구하고, 결국 '통제되지 않는 그림자'는 이사회의 신뢰를 잃게 만들었으며 자신이 만든 회사에서 쫓겨나는 비극을 맞이합니다. 이는 '영'의 통합(자기인식)이 없는 '혼'의 천재성이 얼마나 파괴적인지를 보여줍니다.

#### 2) '그림자'를 직시한 12년(NeXT, Pixar/1985-1997)

애플에서 쫓겨난 12년은 잡스에게 '그림자'를 직시하는 고통스러운 시간이었습니다. 넥스트(NeXT)에서의 처절한 실패는 잡스에게 '자신의 천재성만으로는 안 된다'는 것을 가르쳤습니다. 특히 픽사(Pixar)에서의 경험은 결정적이었습니다. 그는 에드 캣멀, 존 래스터 등 자신만큼이나 고집이 세지만 '창의적 협업'을 중시하는 리더들과 일해야 했습니다.

그 과정에서 그는 자신의 '그림자'(독선, 완벽주의)가 창의성을 어떻게 파괴하는지 객관적으로 보게 되었고, '경청'과 '신뢰'라는 새로운 '혼'을 배우기 시작했습니다.

### 3) '그림자'를 통합한 리더(애플 2.0/1997-2011)

1997년 애플에 복귀한 잡스는 예전의 잡스가 아니었습니다. 그의 '그림자'가 완전히 사라진 것은 아니었지만, 거기에는 결정적인 차이가 생겼습니다. 그는 더 이상 '그림자'에 휘둘리지 않고, 그것을 '의식적으로 통제'하며 '영'의 목적을 위해 활용했습니다.

기존의 독선적 완벽주의를 '제품'을 향한 집착으로 승화시켰습니다. 그는 더 이상 사람을 모욕하는 데 에너지를 쓰지 않고, 그 에너지를 '불가능한 수준의 제품 완성도'를 높이는 데 쏟았습니다. 그 결과 그의 '그림자'는 아이팟, 아이폰, 아이패드라는 혁신의 '황금'이 되었습니다.

그는 과거와 달리 자신이 모든 것을 통제할 수 없음(그림자 수용)을 인정했습니다. 대신 팀 쿡(운영), 조너선 아이브(디자인) 등 핵심 인재를 '신뢰'하고 권한을 위임하는 '혼'의 기술을 발휘했습니다.

결과적으로, 잡스는 자신의 가장 큰 약점이었던 '그림자'를 인정하고 통합함으로써, 그것을 가장 강력한 리더십의 '황금'으로 승화시켰습니다.

## 2. 영혼 이중나선 모델 분석 프레임: 당신의 그림자가 곧 비즈니스의 비전이 된다.

### 1) 이중나선 모델의 필요성

보이지 않는 '그림자'가 비즈니스의 성패를 결정합니다. 리더는 흔히 능력·전략·자본(혼)을 강화하려 하지만, 실제로 조직을 무너뜨리거나 성장시키는 요인은 성과가 아니라 리더의 그림자입니다. 억눌린 불안, 통제욕, 인정욕구, 완벽주의는 네트워크를 단절시키고 인재를 떠나게 하며 비전을 흐리게 만드는 '내부 리스크'가 됩니다. 하지만 그림자를 직면하고 통합하는 순간, 그림자는 비전의 밀도, 리더십의 깊이, 네트워크의 신뢰도를 폭발적으로 높이는 가장 강력한 성장 엔진이 됩니다. (예: 스티브 잡스의 애플 1.0에서 2.0으로의 변화)

## 2) 영(비전) 기반 네트워크 구축 전략

"그림자를 통합한 리더는 '사람·공간·자산'을 끌어당기는 중심축이 된다."

① 그림자 인식 → 신뢰의 기반 생성: 리더가 자신의 약점과 감정 패턴을 숨기지 않고 인식할 때, 일관성과 진정성을 갖춘 사람으로 보여 강한 신뢰가 형성됩니다.

② 그림자의 전환 → 리더십 브랜드 형성: 리더의 부정적 에너지를 긍정적 가치로 전환하면 리더 개인이 하나의 브랜드가 됩니다.

   - 통제욕 → 책임감

   - 완벽주의 → 품질 집착

   - 불안 → 철저한 준비성

③ 비전 중심의 네트워크 → 자산 확장의 원동력: 그림자를 정화한 리더의 비전(영)은 사람을 모으고 협력을 촉진하며, 자산·공간·사업 파트너십을 빠르게 확장시킵니다.

## 3) 영혼 이중나선 모델의 실천 원리

① 핵심 기술: '그림자 → 황금'으로 바꾸어 영(비전)과 혼(실행력)을 동시에 상승시키는 기술입니다.

② 구조: 영(비전)과 혼(실행력)이 상호 상승하는 구조이며, '그림자 통합'은 이 두 나선을 동시에 강화하는 실천 핵심입니다.

## 4) 피드백 루프와 영혼의 동시 상승

① 리더의 자기인식 → 조직 투명성 증가: 리더가 자신의 그림자를 드러내고 관리하는 문화를 만들면, 구성원들은 문제·실수·감정을 숨기지 않게 되어 조직 효율이 높아집니다.

② 안전감 → 협업 극대화: 픽사처럼 훌륭한 아이디어가 자유롭게 흐르고 정직한

피드백이 가능한 심리적 안전 구조가 탄생합니다.

③ 피드백 순환 → 영과 혼의 진화: 비전(영)은 명확해지고 전략·실행(혼)은 정교해지며, 그 결과 조직·공간·사업 구조가 자연스럽게 성장합니다. 이것이 지속 가능한 비즈니스 플라이휠의 메커니즘입니다.


## 5) 성공을 위한 실천 해법

- 인식: 반복되는 감정 반응을 관찰하여 그림자가 보낸 메시지(비전과 실행의 불균형)를 파악하십시오.
- 수용: 그림자는 적이 아니라 과거의 보호본능임을 받아들여야 합니다. 수용하는 순간 그림자는 내가 선택적으로 사용하는 에너지가 됩니다.
- 전환: 감정의 에너지를 창조로 돌려야 합니다.
- 분노는 결단력으로, 두려움은 준비성으로, 인정욕구는 비전 몰입으로 승화시키십시오.


> **최종 핵심 메시지**
>
> "당신의 그림자가 곧 당신의 황금이다." 그림자를 통합한 리더는 비전이 강해지고, 신뢰 네트워크가 형성되며, 조직·자산·공간이 스스로 모이게 됩니다. 이 황금을 인정할 때 당신의 비즈니스는 명확한 방향을 갖고 공간자산은 성장할 것입니다.

## 3.4 영혼의 자산 설계

### 1. 제3장 핵심 개념 요약

| 절(Section) | 핵심 개념(Core Concept) | 성장 전략(Growth Strategy) |
|---|---|---|
| 나는 누구인가? | **자기 인식**: '영'과 '혼'의 차원에서 자신의 강점과 약점, 가치를 파악하는 것 | '혼의 재무상태표'를 작성하여 객관적 자원을 파악하고, '열정, 재능, 가치'에 대한 질문으로 내면을 탐색한다. |
| 문제 정의의 기술 | **근본 원인 분석**: 문제의 '증상'이 아닌 '본질'을 파악하여, 효과적인 해결책을 찾는 기술 | '6하 원칙'으로 문제를 구체화하고, '5 Whys' 기법으로 표면적 원인에서 근본적 원인으로 파고든다. |
| 그림자 이론 | **그림자 통합**: 억압된 자신의 어두운 측면을 인정하고, 그 에너지를 건설적으로 활용하는 것. | 부정적 감정을 일으키는 대상을 통해 자신의 '그림자'를 인식하고, 그 이면의 욕구를 이해하여 의식적인 삶으로 통합한다. |

### 2. 설계지침(실천방안)

본 장의 내용을 삶에 효과적으로 적용하기 위해 다음의 세 가지 지침을 따를 것을 제안한다.

① '자기 분석 보고서'를 정기적으로 작성하라.

분기별, 혹은 최소 1년에 한 번은 시간을 내어 당신 자신에 대한 '분석 보고서'를 작성하라. 3.1에서 제시된 '혼의 재무상태표'와 '영의 탐색 질문'을 바탕으로, 지난 기간 동안 당신의 자산과 부채는 어떻게 변했는지, 당신의 열정과 가치는 여전히 유효한지 점검하라. 이 과정은 당신이 방향을 잃지 않고 꾸준히 성장하고 있는지 확인하는 중요한 의식이 될 것이다.

② 모든 문제를 '5 Whys'로 질문하는 습관을 들여라.

업무에서든 개인적인 관계에서든, 문제가 발생했을 때 섣불리 해결책을 찾으려

하거나 감정적으로 대응하지 마라. 대신, 종이를 꺼내 "왜 이런 문제가 발생했을까?"라는 질문을 다섯 번 던져보는 습관을 들여라. 이 간단한 훈련은 당신을 피상적인 문제 해결사에서, 시스템의 본질을 꿰뚫는 지혜로운 전략가로 바꾸어 줄 것이다.

③'그림자 일기'를 써보라.

당신을 유난히 화나게 하거나 불편하게 만드는 사람이나 상황이 있을 때, 그 감정을 일기에 적어 보라. 그리고 그 감정이 당신의 어떤 '그림자'를 건드렸기 때문인지 탐색해 보라. "나는 왜 저 사람의 저런 행동에 이토록 격렬하게 반응하는가?", "저 사람이 가진 특성 중 내가 부러워하거나 두려워하는 것은 무엇인가?" 이 글쓰기 과정은 당신이 자신을 더 깊이 이해하고, 감정의 노예에서 주인으로 거듭나도록 도울 것이다.

# 제4장

# 영(靈) 나선을 찾아서: 내면의 나침반을 세우다

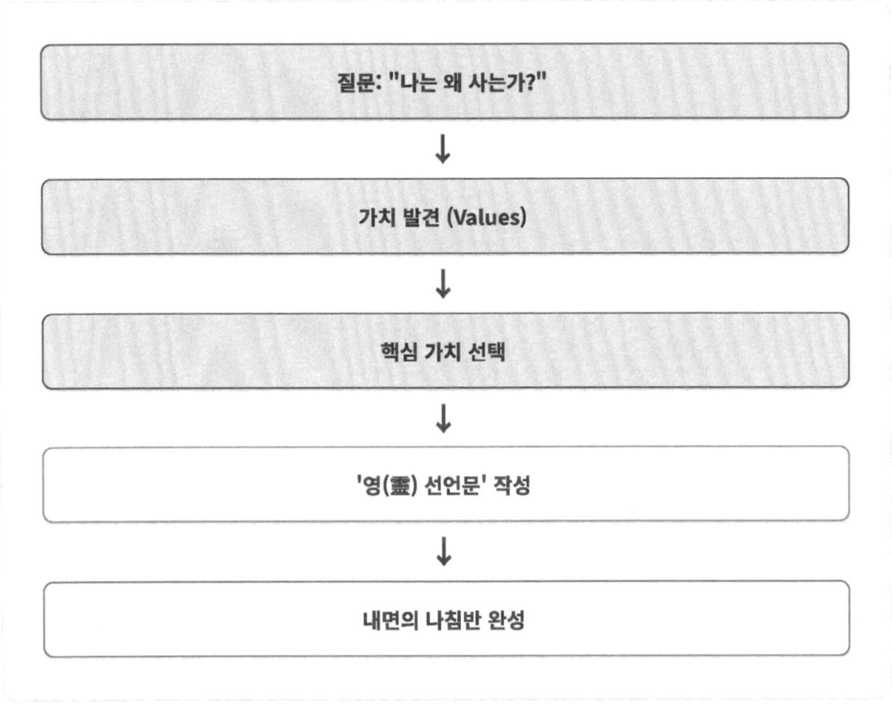


**가치 중심의 삶: 내면의 나침반을 세우는 5단계 방법론**

**(A Values-Centered Life: A 5-Step Methodology for Establishing Your Inner Compass)**

**개념도 설명:** 흔들리는 세상 속에서 길을 잃지 않기 위해서는 내면의 나침반, 즉 '영'을 세워야 합니다. 그 과정은 "나는 왜 사는가?"라는 근본적인 질문에서 시작하여, 자신의 경험 속에서 핵심 '가치'를 발견하고, 이를 구체적인 문장으로 명문화한 '영 선언문'을 작성함으로써 완성됩니다.

## 4.1 존재의 이유를 묻다: '왜'라는 질문의 힘

제3장의 여정을 통해 우리는 현재 마주한 문제의 뿌리가 우리 내면에 있음을 알게 되었습니다. 그렇다면 이제 우리는 당연한 다음 단계로 나아가야 합니다. 바로 잃어 버렸거나 혹은 한 번도 가져본 적 없었던 내 안의 '영(靈)'을 깨우는 것입니다. 그 위 대한 여정의 첫걸음은 인류의 역사를 관통하는 가장 단순하면서도 가장 강력한 한 단어의 질문에서 시작됩니다. 바로 '왜(Why)?'라는 질문입니다.

세계적인 리더십 전문가 사이먼 시넥(Simon Sinek)은 그의 저서 《나는 왜 이 일을 하는가(Start with Why)?》에서 위대한 리더와 조직들은 모두 '골든 서클(Golden Circle)'의 안쪽, 즉 '왜(Why)'에서부터 시작한다고 역설했습니다. 대부분의 사람들과 조직들은 자신이 '무엇을(What)' 하는지 알고, '어떻게(How)' 하는지도 압니다. 하지만 오직 소수만이 자신이 '왜' 그 일을 하는지 명확하게 설명할 수 있습니다. 애 플이 단순히 '훌륭한 컴퓨터를 만드는(What)' 회사가 아니라, '현상에 도전하고 다르게 생각하는(Why)' 회사라고 스스로를 정의했기에 세상을 바꿀 수 있었던 것처럼 말입니다.

이 강력한 통찰은 비단 비즈니스에만 국한되지 않습니다. 오히려 우리 개개인의 삶에 적용될 때, 그 힘은 상상을 초월할 정도로 증폭됩니다. 당신의 삶을 하나의 거 대한 나무에 비유해 봅시다. 당신이 하는 일, 당신의 성취, 당신이 맺는 관계 등 눈 에 보이는 모든 것은 '무엇을(What)'에 해당하는 잎과 열매입니다. 당신의 기술, 지 식, 경험, 노하우는 '어떻게(How)'에 해당하는 줄기와 가지입니다. 이 둘은 모두 '혼 (魂)'의 영역에 속하며, 우리의 성장에서 매우 중요한 부분입니다.

하지만 이 모든 것을 지탱하고, 보이지 않는 땅속 깊은 곳에서부터 모든 영양분을 끌어올리는 존재는 무엇일까요? 바로 '뿌리'입니다. 이 뿌리가 바로 당신의 '왜(Why)', 즉 당신의 '영(靈)'입니다. 뿌리가 튼튼하지 않으면 아무리 가지가 무성하고 열매가 화려해도 작은 비바람에도도 쉽게 쓰러지고 맙니다. 뿌리가 썩어 있다면, 결국 나무 전체가 말라 죽게 됩니다. 당신의 삶이 흔들리고 공허하게 느껴졌다면, 그것은 당신의 '혼'이 부족해서가 아니라, '영'이라는 뿌리가 약하거나 썩어 있었기 때문입니다.

'왜'라는 질문은 우리를 혼의 피상적인 세계에서 영의 본질적인 세계로 인도하는 문입니다. "나는 무엇을 해야 먹고 살 수 있을까?"라는 질문은 우리를 생존의 영역에 머무르게 합니다. "나는 어떻게 해야 성공할 수 있을까?"라는 질문은 우리를 경쟁의 영역으로 이끕니다. 하지만 "나는 왜 사는가?", "나는 왜 이 일을 하는가?"라는 질문은 우리를 '존재의 이유'라는 가장 깊은 성찰의 영역으로 안내합니다.

이 질문에 답하는 것은 결코 쉽지 않습니다. 아마 당신은 한 번도 이 질문을 진지하게 스스로에게 던져본 적이 없을지도 모릅니다. 괜찮습니다. 중요한 것은 완벽한 답을 찾는 것이 아니라, 그 질문을 가슴에 품고 살아가는 '태도' 그 자체입니다. '왜'라는 질문은 당신의 뇌에 새로운 항로를 개척하라는 명령을 내리는 것과 같습니다. 처음에는 길이 보이지 않아 막막하겠지만, 계속해서 질문하고 탐색하다 보면 어느새 당신만의 길이 희미하게나마 보이기 시작할 것입니다.

## 파타고니아의 '왜': 비즈니스를 넘어선 사명

아웃도어 의류 브랜드 '파타고니아(Patagonia)'는 단순한 의류 회사가 아니다. 그들의 '왜'는 "우리는 우리의 터전, 지구를 되살리기 위해 사업을 합니다(We're in business to save our home planet)"라는 명확한 사명 선언문에 담겨 있다. 이 강력한 '영'은 그들의 모든 비즈니스 활동('혼')을 이끄는 나침반 역할을 한다.

그들은 '무엇을(What)' 하는가? 고품질의 아웃도어 의류를 만든다. '어떻게(How)' 하는가? 100% 유기농 목화와 재활용 소재를 사용하고, 매출의 1%를 환경 단체에 기부하며, 심지어 블랙 프라이데이에는 "이 재킷을 사지 마세요(Don't Buy This Jacket)"라는 광고를 통해 과소비를 경계하라고 외친다.

만약 파타고니아가 '왜' 없이 '어떻게'와 '무엇을'만 추구했다면, 그들은 그저 수많은 아웃도어 브랜드 중 하나에 머물렀을 것이다. 하지만 그들의 확고한 '영'은 열정적인 직원들을 모으고, 충성스러운 고객 커뮤니티를 형성하며, 비즈니스를 통해 세상을 바꾸는 가장 존경받는 기업 중 하나로 만들었다. 이는 개인의 삶뿐만 아니라, 조직의 운명 또한 '왜'라는 질문에 어떻게 답하느냐에 달려 있음을 보여 주는 강력한 사례다.

---

**핵심 투자 명언**

'왜(Why)'를 알아야 흔들림 없이 투자한다.


- **골든 서클**: 위대한 개인과 조직은 '무엇을(What)'이나 '어떻게(How)'가 아닌 '왜(Why)'에서부터 시작한다.
- **삶의 뿌리로서의 '왜'**: '왜(영)'는 삶의 모든 활동('혼')을 지탱하고 의미를 부여하는 보이지 않는 뿌리와 같다.
- **질문의 힘**: 완벽한 답을 찾는 것보다, "나는 왜 사는가?"라는 근본적인 질문을 가슴에 품고 살아가는 태도 자체가 성장의 시작이다.

---

### 영혼 이중나선 모델의 적용: 'Golden Circle' - 'Why'로 세상을 움직이다

영(靈)' 나선을 세우는 핵심은 "나는 왜 이 일을 하는가?"라는 질문에 답하는 것입니다. 리더십 이론가 사이먼 시넥은'골든 서클(Golden Circle)'이라는 강력한 모델을 통해 'Why'('영')가 모든 'How'와 'What'('혼')을 이끄는 힘임을 증명했습니다.

### 실천 사례 연구 1: 사이먼 시넥의 '골든 서클': Apple vs Microsoft

성공 비결은 기술이 아닌 왜(why)라는 신념에서 시작되며, 이것이 사람의 마음을 움직이는 핵심 동력입니다.

## 1. 혼은 기능을 팔고, 영은 신념을 움직인다

### 1) 골든 서클의 핵심 원리

- 성공하는 소통 방식(Inside-Out): 사이먼 시넥은 성공하는 리더와 기업은 모두 '골든 서클'의 안쪽('Why')에서 바깥쪽('What')으로 소통한다고 말합니다.

- 실패하는 소통 방식(Outside-In): 반면, 대부분의 기업들 즉, '영혼 없는 기술자들'은 'What'에서 'Why'로 나아가는 방식을 택하며 다음과 같이 말합니다.

  "우리는 훌륭한 컴퓨터를 만듭니다. (What)"

  "디자인이 아름답고 사용하기 쉽습니다. (How)"

  "그러니 우리 제품을 사시겠습니까?(Why-불명확)"

- 한계점: 이 방식은 '혼'(제품)의 기능만 나열할 뿐, 고객의 '영'(신념)을 움직이지 못합니다.


### 2) Apple의 소통 방식(Why → How → What)

Apple은 정반대의 순서로 자신의 가치를 전달합니다.


- Why(영): "우리가 하는 모든 일은 '현상에 도전하고, 다르게 생각한다'는 신념을 기반으로 합니다."

- How(혼의 원칙): "우리가 현상에 도전하는 방식은 제품을 '아름답게 디자인'하고 '사용하기 쉽게' 만드는 것입니다."

- What(혼의 결과): "그렇게 해서 우리는 '훌륭한 컴퓨터'를 만들었습니다."

- 결과(영의 공명): 고객은 단순히 Apple의 '혼'(컴퓨터)을 사는 것이 아니라, 그들의 '영'(신념)을 삽니다. 즉, "나도 현상에 도전하는 사람이야"라는 '영'의 공명이 일어나는 것입니다.

### 3) 'Why'가 없는 '혼'의 실패: Microsoft의 Zune

시넥은 MS가 2006년 출시한 MP3 플레이어 '준(Zune)'의 실패를 'Why'의 부재로 설명합니다.

- '혼'의 모방(What/How): MS는 Apple의 아이팟('혼')을 완벽하게 분석하고 더 나은 기능('혼')을 탑재하여 '준'을 만들었습니다.
- '영'의 부재(Why): 하지만 MS는 '왜' 준을 만드는지('영') 제대로 설명하지 못했습니다. 그들의 'Why'는 단지 "Apple의 시장을 뺏기 위해서"라는 기업 중심적인 '혼'의 목표뿐이었습니다.
- 시장의 반응: 시장은 반응하지 않았습니다. 고객들은 더 나은 '기능'('혼')이 아니라, Apple의 '신념'('영')을 구매하고 있었기 때문입니다. '영'이 없는 '혼'의 기술력은 공허한 메아리일 뿐이었습니다.

### 4) 당신의 'Why'는 무엇입니까?

- '영'의 인도: 당신의 'Why'가 당신의 '혼'을 이끕니다. '영'의 나선을 찾는다는 것은 골든 서클의 중심에 있는 당신의 'Why'를 찾는 것입니다.
- 근본적인 질문: "나는 왜 존재하는가? 나는 무엇을 믿는가?" 와 같은 '영'의 질문에 답할 수 있을 때, 당신의 모든 '혼'(일, 행동, 제품)은 그 'Why'를 중심으로 강력하게 정렬되기 시작합니다.
- 마치는 질문: 이제 스스로에게 물어보십시오. "당신의 'Why'는 무엇입니까?"

## 2. 영혼 이중나선 모델: 비즈니스와 공간의 본질

### 1) 모델의 필요성: 성장의 한계를 넘어서는 법

현대의 사업자와 리더들이 성장의 한계를 느끼는 이유는 대부분 '혼(What/How)' 중심의 네트워킹에 갇혀 있기 때문입니다. "무엇을 파는가?(What)"와 "어떻게 더 잘 만들 것인가?(How)”에만 매몰되면 가격 경쟁, 기능 경쟁, 성과 스트레스가 끝없이 이어집니다. 반면, 지속적으로 성장하는 비즈니스와 공간 자산 브랜드는 모두 ‘영(Why)’ 중심의 구조로 사람과 사람을 연결합니다.

### 2) 영(비전) 기반 네트워크 구축 전략

사람은 기능(혼)이 아니라 신념(영)에 모입니다.

- 애플의 사례: 고객은 컴퓨터의 기능을 사는 것이 아니라, “나는 다르게 생각한다”는 자기 정체성(영)에 공명하여 브랜드를 선택합니다. 즉, Why는 사람을 끌어당기는 네트워크의 중심 자기장입니다.
- MS Zune의 실패: 기능은 뛰어났지만 Why가 없었으며, 단지 “시장 점유율을 빼앗기 위해”라는 혼의 목적만 존재했기에 네트워크 형성에 실패했습니다.
- 네트워킹 비즈니스 적용 원리: 네트워크는 정보나 상품의 교환보다 신념, 미션, 가치의 공명에 의해 확장됩니다. 공간 자산 또한 마찬가지입니다. “왜 이 공간이 존재하는가?”라는 Why가 바로 서야 그 공간은 비로소 사람이 모이는 플랫폼 자산으로 성장합니다.

### 3) 영혼 이중나선 모델의 3가지 실천 원리

- 영은 정체성이다(나는 왜 하는가?): 비전과 존재 이유를 명확히 하는 순간, 나아가야 할 방향이 선명해집니다.
- 혼은 실행 원칙이다(나는 어떻게 하는가?): 정직, 편리, 아름다움, 신뢰와 같은 원칙들이 고객 경험에 녹아들어야 합니다.
- 영혼→혼→영의 순환이 성장의 힘이다: 비전이 실행을 이끌고, 실행의 성과가 다시 비전의 확신을 강화하는 것이 영혼의 이중나선 상승 구조입니다.

## 4) 피드백 루프와 영혼의 동시 상승

- 브랜드 및 공간 자산의 상승 루프: 영(비전 설정) → 혼(실행 전략·공간 설계·브랜딩) → 혼의 결과(고객 경험·네트워크 형성) → 다시 영(비전 강화·확신 확립) 순으로 순환합니다.
- 네트워크의 상승 루프: Why를 중심으로 둔 네트워킹은 사람들로 하여금 "나도 그 Why를 믿는다"는 공명을 일으켜 자발적이고 기하급수적인 성장을 만듭니다.
- 개인 성장 루프: 매일 Why를 점검하고 행동이 그 Why에 맞는지를 확인하면 영과 혼이 동시에 상승합니다.

## 5) 성공을 위한 구체적 실천 해법

- 사례 A(직장인): "왜 이 일을 하는가?"라는 질문을 통해 "사람들이 더 쉽게 일하는 시스템을 만들고 싶다"는 Why를 발견했고, 이 한 문장이 협업과 업무의 기준을 완전히 바꿨습니다.
- 사례 B(창업가): 단순 쇼핑몰 사업자에서 "지역 농부의 정직한 제품을 세상에 연결하고 싶다"는 철학을 세우자, 고객과 협력자가 신념 기반의 네트워크로 묶이기 시작했습니다.
- 데일리 루틴: 매일 아침 3분 동안 "오늘 하는 일의 Why"를 적으십시오. 이 습관이 영이 혼을 이끄는 하루를 만듭니다.

---

### 최종 메시지

"혼은 수단이고, 영은 방향이다." 네트워킹 비즈니스와 공간 자산의 성패는 '얼마나 잘 만드느냐(혼)'가 아니라 '왜 존재하느냐(영)'에서 결정됩니다. 영(Why)이 선명한 사업가는 사람을 잃지 않고, 공간은 비전 플랫폼으로 성장합니다.

## 4.2 가치, 가장 강력한 생존 무기

'왜(Why)'라는 질문의 문을 열고 들어섰다면, 우리는 그 안에서 빛나는 보석들을 발견하게 됩니다. 바로 '가치(Values)'입니다. '가치'란 당신의 '왜'를 구성하는 구체적인 신념이자 원칙이며, 당신이 인생이라는 바다를 항해할 때 따라야 할 내면의 별자리입니다. 만약 '왜'가 당신이 가야 할 목적지라면, '가치'는 그 목적지로 가는 길을 밝혀 주는 등대와 같습니다.

많은 사람들이 가치를 그저 벽에 걸어놓는 멋진 문구나 도덕 교과서에 나오는 추상적인 단어쯤으로 생각합니다. '정직', '성장', '사랑', '자유', '기여'. 하지만 진정한 가치는 그런 박제된 단어가 아닙니다. 그것은 당신의 심장 속에서 살아 숨 쉬며, 매 순간 당신의 선택과 행동을 이끄는 강력한 에너지입니다. 가치는 당신이 위기에 처했을 때, 무엇을 포기하고 무엇을 지켜야 할지 알려 주는 가장 확실한 기준점이 됩니다.

가치에 기반한 선택은 우리에게 두 가지 강력한 선물을 줍니다. 첫째는 '후회 없는 삶'입니다. 비록 그 선택의 결과가 실패로 돌아갈지라도, 나의 신념에 따라 내린 결정이기에 우리는 그 결과를 기꺼이 받아들이고 책임질 수 있습니다. 둘째는 '내적 일관성'에서 오는 강력한 힘입니다. 생각과 말, 행동이 하나의 가치를 중심으로 정렬된 사람은 다른 사람에게 깊은 신뢰감을 주며, 스스로도 내면의 분열 없이 온전한 에너지를 발산할 수 있습니다.

그렇다면 어떻게 나의 핵심 가치를 발견할 수 있을까요? 가치는 머리로 분석해서 찾는 것이 아니라, 가슴으로 느끼고 경험 속에서 발견하는 것입니다. 다음 세 가지 질문이 당신의 가치를 찾는 데 도움이 될 것입니다.

- **당신의 인생에서 가장 충만하고 행복했던 순간은 언제였나요?**(절정의 경험)
- **당신이 참을 수 없을 정도로 분노하거나 슬펐던 순간은 언제였나요?**(가치의 침해)
- **당신이 진심으로 존경하는 사람은 누구이며, 그 이유는 무엇인가요?**(가치의 구현)

이 질문들을 통해 여러 가지 가치 단어들을 나열했다면, 그중에서 당신의 심장을 가장 강하게 울리는 3~5개의 '핵심 가치'를 선택해 보세요. 그리고 그 가치들을 당신만의 언어로 구체적으로 정의해 보는 것이 중요합니다. 이렇게 발견되고 정의된 가치는 더 이상 추상적인 단어가 아닙니다. 그것은 AI 시대의 불확실성과 혼돈 속에서 당신을 지켜줄 가장 강력한 생존 무기이자, 당신의 '영' 나선을 구성하는 가장 단단한 뼈대가 될 것입니다.

---

**핵심 투자 명언**

후회 없는 투자는 내 가치에 맞는 선택과 일관성에서 온다.

- **가치의 정의**: 가치는 '왜'를 구성하는 구체적인 신념이자, 선택의 기준이 되는 내면의 나침반이다.
- **가치 기반 선택의 힘**: 가치에 기반한 선택은 '후회 없는 삶'과 '내적 일관성'이라는 강력한 힘을 제공한다.
- **가치 발견법**: 자신의 '절정의 경험', '부정적 감정', 그리고 '존경하는 인물'을 통해 자신의 핵심 가치를 발견할 수 있다.

---

## 영혼 이중나선 모델의 적용: '가치'가 '비용'을 이긴 순간

'가치'('영')는 평온할 때 빛나지 않습니다. '가치'는 위기의 순간, '이익'('혼')과 정면으로 충돌할 때 그 진가를 발휘합니다. '가치'('영')를 지키기 위해 단기적인 '혼'(비용, 이익)을 기꺼이 희생할 수 있는가? 이것이 '영'이 있는 리더십과 '혼'만 있는 경영을 가르는 기준입니다.

## 1. '혼'의 계산: 단기 이익의 관점

사건의 발단은 1982년 미국 시카고에서 누군가 타이레놀 캡슐에 청산가리를 주입하는 끔찍한 사건이 발생했습니다. 이로 인해 7명이 사망했으며, J&J는 창사 이래 최대의 위기인 '혼'의 붕괴를 맞았습니다. 당시 J&J의 고문들은 "범인이 시카고에 한정되어 있으니, 시카고 지역의 제품만 리콜하라"고 조언했습니다. '혼'의 관점(비용 최소화)에서 보면 이러한 부분 리콜 방식이 합리적이었습니다. 타이레놀은 J&J 전체 수익의 17%를 차지하는 핵심 '혼'이었으며, 전량 리콜은 1억 달러(현재 가치 수천억 원)의 손실을 의미했기 때문입니다.

### 1) '영'의 결단: 가치 수호의 관점

당시 CEO 제임스 버크(James Burke)는 '혼'의 계산이 아니라 '영'의 가치를 따랐습니다. J&J의 '신조(영 선언문)' 제1항은 "우리의 첫 번째 책임은 환자, 의사, 간호사, 그리고 우리 제품을 사용하는 모든 어머니와 아버지들에게 있다"는 것이었습니다. 버크는 "이 '신조'가 단지 벽에 걸린 장식품이 아니라면, 우리는 마땅히 '가치'를 따라야 한다"고 강력하게 결단했습니다.

### 2) '영'이 이끄는 '혼'의 실행

J&J는 '혼(비용)'의 막대한 손실을 감수하고, 미국 전역의 타이레놀 3,100만 병을 전량 회수하여 리콜했습니다. CEO가 직접 방송에 출연해 모든 사실을 '투명하게' 공개하고, 소비자들에게 "즉시 복용을 중단하라"고 호소했습니다. J&J는 이 사건을 계기로 세계 최초로 '3중 안전 포장(Tamper-Proof)'이라는 새로운 '혼(기술)'을 발명하여 시장의 '표준'을 만들었습니다.

### 3) '영'이 '혼'을 구원하다

언론과 대중은 J&J가 '이익(혼)'보다 '생명(영)'을 우선시했다며 찬사를 보냈습니다. 사건 발생 1년 만에 타이레놀의 시장 점유율은 35%에서 30%로 잠시 하락했다가, 위기 이전 수준으로 완벽하게 회복되었습니다. J&J는 단기적인 '혼(1억 달러)'을 잃었지만, '신뢰'라는 가장 강력한 '영'을 얻었고, 그 '영'이 '혼(시장 점유율)'을 완벽하게 구원했습니다.

결과적으로 신의 가치가 위기 속 당신의 '답'이다


- 나침반으로서의 가치: '가치(영)'는 당신이 누구인지 알려 주는 나침반이자, 위기 속에서 무엇을 선택해야 할지 알려 주는 유일한 지도입니다.
- 실행의 근거: J&J는 '신조(영)'가 있었기에 '혼'의 위기 속에서 방황하지 않고 가장 올바른 '혼(전략적 리콜)'을 실행할 수 있었습니다.
- 최종 질문: 당신의 삶에서 '이익(혼)'과 '가치(영)'가 충돌하는 순간, 당신은 무엇을 선택하겠습니까?


## 2. 영혼 이중나선 모델: 가치 중심 비즈니스 전략

### 1) 영혼 이중나선 모델의 분석 프레임과 필요성

이 모델의 핵심은 가치(영)가 이익(혼)을 이기는 순간, 네트워크는 비전의 생태계가 된다는 것입니다. 비즈니스의 위기 순간에 우리는 두 갈래 길 앞에 서게 됩니다. 하나는 혼(이익·성과)의 계산이고, 다른 하나는 영(가치·정체성)의 소명입니다.

조직, 사업, 네트워크는 평온할 때가 아니라 오직 위기 속에서 진짜 정체성이 드러납니다. 존슨앤드존슨(J&J)의 '전략적 리콜' 결단처럼, 가치를 지키기 위해 단기 이익을 내려놓을 수 있는가는 매우 중요한 문제입니다. 이 질문은 네트워킹 비즈니스와 공간 자산 사업자가 가져야 할 근본적인 전략 문제입니다. 비전이 없는 네트워크는 연결이 아니라 소음이 되고, 가치가 없는 공간은 장소가 아니라 비용이 될 뿐입니다. 따라서 영혼 이중나선 모델은 "당신의 사업은 무엇을 위해 존재하는가?"라고 묻습니다. 이 답이 명확해야 지속 가능한 네트워크가 세워집니다.

## 2) 영(비전) 기반 네트워크 구축 전략

'영'은 단순한 신념이 아니라 네트워크 전체를 움직이는 중심 자기장입니다. J&J가 "고객 생명 보호"라는 영(신조)을 기준으로 행동했기 때문에 전 세계는 그들의 결정을 신뢰했고, 그 신뢰는 다시 시장을 회복시켰습니다. 비즈니스 네트워크도 동일하게 작동하며, 비전이 명확할수록 사람·공간·파트너가 '의미'로 연결됩니다.

① 영 기반 네트워크 전략의 3가지 요소
- 가치 선언 중심의 네트워크: 모든 파트너와 고객이 "우리는 무엇을 지키는가?"를 공유할 때, 네트워크는 단기 이익이 아닌 장기 신뢰 생태계로 변합니다.
- 공간 자산의 비전 체화: 공간은 단순한 임대·매장이 아니라 비전을 체험하게 하는 '물리적 신조(Credo)'가 되어야 합니다. 가치가 분명한 공간은 사람을 모으고 네트워크를 확장시킵니다.
- 영이 명확한 사업자와의 협력: 가치는 파트너를 필터링합니다. 가치가 맞는 사람만 남고, 그 연결이 고품질 네트워크를 만듭니다.

## 3) 영혼 이중나선 모델의 실천 원리 및 피드백 루프

이 모델은 '영'이 방향을 세우고, '혼'이 실행을 밀어주는 구조입니다. 둘이 충돌할 때 영(가치)이 혼(이익)을 우선한다는 원리가 실천의 핵심입니다. J&J 사례의 실천 원리를 보면, 영의 기준 고객 보호를 제시하자,

혼의 실행(전략 리콜, 투명 공표 등)으로 전환되었고, 이는 다시 영과 혼의 재상승 신뢰 및 시장 회복으로 이어졌습니다.

① 비즈니스 실천 원리 3가지:

- 영이 결정 기준이 된다: "이익을 잃더라도 가치를 지킬 것인가?"라는 질문이 조직의 중심을 잡습니다.
- 혼은 영의 결정을 실행하는 도구다: 네트워크 구축, 공간 운영, 마케팅 전략은 영(가치)을 실현하는 '혼의 기술'입니다.
- 영과 혼은 교대로 상승하며 성장 구조를 만든다: 가치를 지키면 신뢰가 쌓이고, 신뢰는 사업 기회를 만들며, 성과는 다시 비전을 확장시키는 선순환이 일어납니다.

② 특히 영혼 이중나선에서 가장 강력한 힘은 '피드백 루프'입니다.

가치(영)를 기준으로 선택하고, 실행(혼)에서 손해를 보는 듯해도, 결국 신뢰(영)가 상승하여 더 큰 성과(혼)를 회복시키는 '영→혼→영'의 루프가 작동해야 합니다.

### 4) 성공을 위한 실천 해법

성공은 '혼(이익)'의 결과가 아니라 '영(가치)'을 지키는 선택의 누적으로 만들어집니다.

① 비즈니스 네트워킹 & 공간 자산 적용 해법:

- 가치 선언문 만들기(영): 사업·공간·네트워크가 절대 타협하지 않을 3가지 가치를 명확한 문장으로 적으십시오. (예: 신뢰를 비용으로 보지 않는다 등)
- 선택 기준을 일원화하기(혼): 모든 결정의 순간 "이 결정은 우리의 가치와 일치하는가?"를 루틴으로 만들면 네트워크 품질이 자동 정제됩니다.
- 공간을 '가치의 체험장'으로 설계하기: 가치가 공간에서 체험되면 고객과 파트너의 신뢰 속도가 폭발적으로 증가합니다.
- 작은 결정에서 가치를 훈련하기: 정직한 보고서, 약속 준수 등 작은 실천이 '가치 근육'을 만듭니다.

- 영혼 이중나선 루틴으로 지속 성장: 영(가치 세우기), 혼(실행하기), 영혼 통합
  (기록과 피드백)의 루틴이 사업 전체를 가치 중심 성장 구조로 만듭니다.



## 4.3 [워크시트] 나의 영(靈) 선언문 작성하기

지금까지의 탐구를 통해 당신은 자신의 '왜'와 '가치'에 대해 깊이 성찰하는 시간을 가졌습니다. 이제 흩어져 있던 구슬들을 하나의 실로 꿰어, 당신의 삶을 이끌어갈 강력한 나침반을 완성할 시간입니다.

'나의 영(靈) 선언문'은 당신의 존재 이유와 핵심 가치, 삶의 원칙을 담은 당신만의 헌법과 같습니다. 이것은 한번 쓰고 잊어버리는 문서가 아니라, 당신이 중요한 선택의 기로에 설 때마다, 혹은 길을 잃고 방황할 때마다 꺼내 읽으며 방향을 바로잡는 살아 있는 지침이 될 것입니다.

아래의 단계를 따라, 조용한 종이 위에 당신만의 '영 선언문'을 작성해 보십시오. 정답은 없습니다. 화려한 미사여구도 필요 없습니다. 오직 당신의 가슴을 울리는 진실한 언어로 채워나가면 됩니다.

### Step 1: 나의 존재 이유(My Purpose Statement)

당신은 왜 존재하는가? 당신이 이 세상에 온 고유한 이유는 무엇이라고 생각하는가? 당신의 삶 전체를 통해 궁극적으로 이루고 싶은 것을 한두 문장으로 작성해 보십시오.

**예시:** 나는 사람들의 잠재력을 깨워 그들이 자신만의 위대한 이야기를 써 내려가도록 돕기 위해 존재한다.

**나의 존재 이유:**

_______________________________________________

_______________________________________________

_______________________________________________

### Step 2: 나의 핵심 가치(My Core Values)

당신은 무엇을 믿고, 어떤 원칙을 따르며 살아갈 것인가? 당신이 발견한 핵심 가치 3~5개를 적고, 각 가치가 당신에게 어떤 의미인지 구체적으로 설명해 보십시오.

**예시:**

- 성장: 어제보다 나은 내가 되기 위해 끊임없이 배우고 도전하며, 안주하지 않는다.
- 진정성: 타인의 기대에 맞추기보다, 내면의 목소리에 솔직하게 행동하고 말한다.
- 연결: 경쟁보다는 협력을 통해 함께 성장하며, 깊고 의미 있는 관계를 맺는다.

**나의 핵심 가치:**

---

---

---


## Step 3: 나의 삶의 원칙(My Life Principles)

위에서 정의한 존재 이유와 핵심 가치를 실현하기 위해, 당신의 일상에서 구체적으로 어떤 원칙에 따라 행동할 것인가? 당신만의 행동 강령을 3가지 이상 만들어 보십시오.


**예시:**

결과에 집착하기보다 과정에 온전히 집중한다.

모든 비판 속에는 성장의 기회가 숨어 있다고 믿는다.

모든 선택은 나의 핵심 가치에 부합하는지 먼저 질문한다.


**나의 삶의 원칙:**

---

---

---


이 선언문을 완성했다면, 잘 보이는 곳에 붙여두고 매일 아침 소리 내어 읽어 보십시오. 처음에는 어색할지라도, 이 행위는 당신의 잠재의식에 새로운 삶의 방향을 각인시키는 강력한 의식이 될 것입니다.

목차 3.3의 '워크시트'는 '영(靈) 선언문'을 작성하는 것입니다. 이 선언문이 단순한 문장이 아니라, 어떻게 조직의 운명을 가르는 '실행 지침'이 되는지, 머크(Merck)사의 '멕티잔(Mectizan)' 사례를 통해 분석합니다.

## 실천 사례 연구 1: 머크(Merck)와 '강변실명증' 치료제 개발

### 1. '혼'의 계산 시장성 없는 프로젝트의 위기

1970년대 후반, 머크의 과학자 윌리엄 캠벨은 동물 약품 연구 중 특정 기생충에 효과가 있는 '이버멕틴'을 발견했습니다. 그는 이 약물이 아프리카와 중남미 수백만 명을 실명시키는 '강변 실명증(River Blindness)'의 원인 기생충에도 효과가 있을 것이라 직감했습니다. 연구팀이 이 '혼(아이디어)'을 경영진에 보고했을 때, '혼(재무)'의 논리는 명확했습니다. 당시 강변 실명증 환자들은 약값을 지불할 능력이 없는 세계 최빈국 사람들이었습니다. 개발비는 수억 달러가 들지만 수익은 '0'이었기에, '혼(이익)'의 관점에서는 즉각 폐기해야 할 프로젝트였습니다.

#### 1) '영'의 결단: 선언문의 강력한 힘

과거 CEO였던 조지 W. 머크의 아들, 조지 머크 2세는 "약은 사람을 위한 것이지, 이윤을 위한 것이 아니다."라는 강력한 '영 선언문'을 남겼습니다. 이 '영'은 머크의 핵심 가치였습니다. CEO 로이 바젤로스는 '혼(이익)'이 아닌 이 '영(선언문)'을 따르기로 결정했습니다. 그는 "이 약이 인류에게 필요하다는 것을 안 이상, 우리는 개발을 중단할 수 없다"고 선포했습니다.

#### 2) '영'이 이끄는 '혼'의 실행

머크는 막대한 비용이라는 '혼'을 투자하여 임상시험을 강행했고, 치료제 '멕티잔(Mectizan)' 개발에 성공했습니다. 1987년, 머크는 "필요로 하는 모든 환자에게, 필요한 기간 내내, 무상으로 멕티잔을 공급한다"고 발표했습니다. 이 '영'을 실천하기 위해, 약품 배급 위원회(MDC)라는 새로운 '혼(시스템)'까지 구축했습니다.

### 3) '영'이 '혼'을 초월하여 거둔 성과

- 인류적 성과: 머크의 '영 선언문'은 수억 명의 삶을 구원했습니다. '강변 실명증'은 사실상 퇴치 단계에 이르렀습니다.
- 기업적 성과: 단기적인 '혼(비용)'은 손해였지만, 머크는 '세계에서 가장 존경받는 기업'이라는 막대한 '영(명예)'을 얻었습니다.
- 지속가능성: 이 '영'은 전 세계 최고의 과학자들을 끌어당기는 강력한 '혼(인재 유치)'의 동력이 되었고, 결과적으로 '지속 가능한 성장의 토대'를 마련했습니다.

결과적으로 당신의 '선언문'이 '선택'을 결정한다.

당신의 '영 선언문'은 단순한 문구가 아닙니다. 삶에서 '혼(이익)'과 '영(가치)'이 충돌하는 결정적인 순간, 당신이 방황하지 않고 올바른 '선택'을 할 수 있게 만드는 당신만의 헌법입니다.

## 2. 영혼 이중나선 모델 분석 프레임: 비전 실현을 위한 체계적 해석

### 1) 이중 나선 모델의 필요성

비즈니스의 혼란은 "어떻게(혼)"가 아니라 "왜(영)"를 잃어버리는 순간 발생합니다. 이익, 속도, 경쟁(혼)이 중심이 되면 비즈니스의 방향은 길을 잃고 네트워크와 조직은 흔들리게 됩니다. 따라서 사업자에게 가장 필요한 것은 정체성의 중심축인 '영(靈)의 선언문(Manifesto)'을 확립하는 것입니다. 이 선언문은 단순한 문구가 아니라, 이익과 가치가 충돌할 때 흔들림 없는 선택을 가능하게 하는 '내부 헌법' 역할을 수행합니다.

## 2) 영(비전) 기반 네트워크 구축 전략

네트워킹은 단순한 정보 교환이 아니라 본질적인 '가치 교환'의 과정입니다. 당신의 비전(영)이 분명할수록 네트워크의 질과 깊이는 비례하여 높아집니다. 영의 선언문은 사람을 끌어당기는 힘이 있습니다: 가치가 명확한 사람에게는 철학(영)을 공유하는 파트너와 투자자가 모여들며, 이는 비전 중심의 강력한 네트워크로 진화합니다. 공간자산에도 '비전'이 투영되어야 합니다: 공간은 단순한 장소가 아니라 하나의 메시지입니다. "이 공간이 무엇을 위해 존재하는가?"라는 영적 가치를 설정할 때, 그 공간은 고객을 끌어당기는 비전 플랫폼이 됩니다. 영 기반 네트워크는 자연스럽게 성과(혼)를 창출합니다: 가치로 연결된 네트워크는 거래 비용을 줄이고 협업의 속도를 높여 비즈니스 확장성을 비약적으로 키웁니다.

## 3) 영혼 이중나선 모델의 실천 원리

영(Why)이 중심을 잡고 혼(How/What)이 이를 뒷받침한다면, 비즈니스는 결코 흔들리지 않습니다. 머크(Merck)의 '멕티잔' 프로젝트는 이 원리를 완벽히 증명하는 사례입니다.

- 혼의 계산(이익이 없는 프로젝트): 시장과 구매력이 없고 개발비만 막대한 프로젝트는 일반 기업이라면 반드시 폐기했을 것입니다.
- 영의 결단(선언문이 기준이 됨): "약은 사람을 위한 것이지, 이윤을 위한 것이 아니다"라는 영의 문장이 CEO의 최종 판단을 이끌었습니다.
- 영이 이끄는 혼의 실행: 막대한 비용을 감수하며 임상에 성공했고, 전 세계 환자에게 평생 무료 공급을 선언하며 직접 공급 시스템까지 구축했습니다.
- 결과(영이 혼을 초월하여 되살리다): 질병 퇴치를 통해 세계적인 존경과 브랜드 가치가 폭발했으며, 이는 인재 유입과 지속 가능한 비즈니스 기반으로 이어졌습니다.

## 4) 피드백 루프와 영·혼의 동시 상승

- 영 → 혼: 비전이 행동을 결정합니다. "이 행동이 내 선언문과 일치하는가?"라는 질문이 전략과 시간, 관계를 일렬로 정렬시킵니다.
- 혼 → 영: 실행의 경험은 가치(영)를 더욱 깊고 명확하게 만들며, 비즈니스와 네트워크를 고도화합니다.
- 상승 나선: 영(가치)과 혼(실행)이 서로를 끌어올림으로써, 비즈니스와 공간자산은 지속 가능한 성장 궤도에 진입합니다.

## 5) 성공을 위한 실천 해법

성공은 기술이나 자본이 아니라 단 한 문장의 '영 선언문'에서 시작됩니다.

- 당신만의 영 선언문을 작성하십시오:(예: "나는 이익보다 진실을 선택한다.") 이 문장은 위기의 순간에 당신을 대신해 결정을 내리는 내부 헌법이 됩니다.
- 선언문에 맞춰 네트워크, 공간, 비즈니스를 재배치하십시오: 어떤 관계를 유지하고 어떤 고객을 선택할 것인지에 대한 모든 구조적 설계는 선언문에서 출발해야 합니다.
- 매달 스스로를 점검하십시오: "나는 내 선언문대로 살고 있는가?"라는 질문을 통해 영혼의 나선 구조를 더욱 단단하게 강화하십시오.

---

**최종 메시지**

당신의 영 선언문은 비즈니스 전체의 방향을 결정하는 원천 코드입니다. 머크가 문장 하나로 존경을 얻었듯, 당신도 영으로 혼을 이끌어 지속 가능한 성공 구조를 만들 수 있습니다.

## 4.4 영혼의 자산 설계

### 1. 제4장 핵심 개념 요약

| 절(Section) | 핵심 개념(Core Concept) | 성장 전략(Growth Strategy) |
| --- | --- | --- |
| 존재의 이유 | **골든 서클(Why-How-What)**:'왜'라는 질문에서 시작하여 삶의 근원적 동기를 찾는 것. | 자신의 삶을 '나무'에 비유하고, 보이지 않는 '뿌리(영)'의 중요성을 인식하며, "나는 왜 사는가?"를 질문한다. |
| 가치 | **내면의 나침반**: 불확실성 속에서 선택의 기준이 되는 핵심 신념과 원칙. | 자신의 경험(절정, 분노, 존경)을 통해 핵심 가치를 발견하고, 자신만의 언어로 명확하게 정의한다. |
| 영 선언문 | **삶의 헌법**: 존재 이유, 핵심 가치, 삶의 원칙을 명문화한 개인의 비전 선언문. | 워크시트를 통해 자신의 '영'을 구체적인 문장으로 작성하고, 이를 삶의 지침으로 삼아 꾸준히 상기한다. |

### 2. 설계지침(실천방안)

본 장의 내용을 삶에 효과적으로 적용하기 위해 다음의 세 가지 지침을 따를 것을 제안한다.

① '왜' 인터뷰를 진행하라.

당신이 신뢰하는 친구나 가족에게 당신을 인터뷰해 달라고 부탁하라. 당신이 현재 하고 있는 일에 대해, 그가 "왜 그 일을 해?"라고 물으면 답하고, 당신의 답에 대해 또다시 "왜 그것이 중요한데?"라고 묻는 '5 Whys' 방식의 인터뷰를 진행해 보라. 이 과정을 통해 당신은 표면적인 이유를 넘어, 당신도 몰랐던 더 깊은 동기를 발견하게 될 수 있다.

② '가치 카드'를 만들어 활용하라.

당신이 찾은 핵심 가치들을 작은 카드에 하나씩 적어 지갑이나 책상 위에 두어라. 그리고 중요한 결정을 내리기 전에, 이 카드들을 보며 "이 결정이 나의 '성장'이라는

가치에 부합하는가?", "이 선택이 나의 '진정성'을 지키는 길인가?"라고 스스로에게
질문하는 습관을 들여라. 이 간단한 도구는 당신의 선택이 내면의 나침반과 어긋나
지 않도록 도와줄 것이다.

③ 당신의 '영 선언문'을 시각화하라.

당신이 작성한 '영 선언문'을 단순히 텍스트로만 남겨두지 마라. 그 내용을 상징하
는 이미지나 그림, 혹은 당신에게 영감을 주는 사진들을 모아 '비전 보드'를 만들어
보라. 시각적인 이미지는 우리의 잠재의식에 훨씬 더 강력한 영향을 미친다. 매일
아침 이 비전 보드를 보며, 당신이 살고자 하는 삶의 모습을 생생하게 느끼고 하루
를 시작하라.

| 제2부 |

# 살아 있는 시스템으로서의 삶: 균형과 흐름의 원리

'영혼 이중나선 모델'은 깨달음(뿌리)을 바탕으로 영혼의 성장(줄기)을 통해 현실에 공간 자산(가지)을 창조하며 성장하는 모델이다.

성인(예수): 온 천하를 얻어도 목숨(영혼)을 잃으면 무익하다는 질문을 통해, 외적 성취보다 영혼의 근원을 지키는 것이 본질임을 시사합니다.

공명(共鳴): 외적 성장과 내적 본질의 불협화음을 분석하여, 진정한 풍요를 위한 균형 잡힌 '성공 방정식'을 재설계하는 해법을 제공합니다.

# 제5장

# 균형의 원리: 우주의 법칙을 내 삶으로

**역동적 균형 모델(Dynamic Balance Model)**

**개념도 설명**: 우리의 삶은 행성의 공전처럼 두 가지 힘의 균형으로 유지됩니다. 내면의 중심으로 향하는 '구심력'은 '영'의 힘이며, 외부 세계로 뻗어 나가는 '원심력'은 '혼'의 힘입니다. 이 두 힘이 역동적인 균형을 이룰 때, 우리는 비로소 쓰러지지 않는 안정감 속에서 성장할 수 있습니다.

## 5.1 도덕경에서 배우는 비움의 철학

자신의 핵심 가치(영)를 발견했다면, 우리는 그것을 내면 깊숙이 심고 뿌리내리게 할 비옥한 토양을 만들어야 합니다. 하지만 우리의 마음 밭은 이미 너무 많은 것들로 가득 차 딱딱하게 굳어 있습니다. 세상의 소음, 타인의 기대, 성공에 대한 강박, 과거에 대한 후회, 미래에 대한 불안. 이 잡초들로 무성한 땅에서는 아무리 좋은 가치의 씨앗을 심어도 제대로 싹을 틔울 수 없습니다. 그래서 우리에게 필요한 것이 바로 '비움'의 지혜입니다.

이 '비움'의 철학을 가장 깊이 있게 통찰한 고전이 바로 2,500년 전의 현자 노자(老子)가 남긴 《도덕경(道德經)》입니다. 도덕경은 '무위자연(無爲自然)', 즉 억지로 무언가를 하려 하지 않고 자연의 흐름에 순응하는 삶을 이야기합니다. 이는 현대 사회의 '자기계발' 패러다임과는 정면으로 배치되는 것처럼 보입니다. 우리는 끊임없이 더 많이 배우고(More knowledge), 더 많이 경험하고(More experience), 더 많이 성취하라(More achievement)고 배웠기 때문입니다. 하지만 노자는 역설적으로 말합니다. '채움'이 아니라 '비움'을 통해 진정한 충만에 이를 수 있다고.

도덕경 11장에는 비움의 효용에 대한 유명한 비유가 나옵니다. "서른 개의 바퀴살이 하나의 바퀴통에 모이지만, 그 가운데가 비어 있기에 수레의 쓸모가 있다. 찰흙을 빚어 그릇을 만들지만, 그 안이 비어 있기에 그릇의 쓸모가 있다. 문과 창을 내어 방을 만들지만, 그 안이 비어 있기에 방의 쓸모가 있다." 이처럼 모든 사물의 진정한 가치는 그것이 '가진 것(有)'이 아니라 '비어 있는 것(無)'에서 나온다는 것입니다.

우리의 마음도 마찬가지입니다. 지식과 경험이라는 '혼(魂)'의 요소들로 마음이 꽉 차 있다면, 새로운 지혜나 영감이 들어올 틈이 없습니다. 내 생각과 내 신념만이 옳다는 아집으로 가득 차 있다면, 타인의 목소리나 세상의 변화를 받아들일 수 없습니다. '비운다'는 것은 무기력하게 아무것도 하지 않는다는 뜻이 아닙니다. 오히려 나의 작은 자아(ego)와 고정관념을 내려놓고, 더 큰 지혜와 가능성이 내 안에 들어와 자유롭게 활동할 수 있도록 '공간'을 내어 주는 가장 적극적인 행위입니다.

'비움'을 실천하는 가장 좋은 방법은 '의도적인 멈춤'의 시간을 갖는 것입니다. 하루에 단 10분이라도 좋습니다. 스마트폰을 내려놓고, 조용히 눈을 감고 자신의 호흡에 집중해 보십시오. 명상을 하거나, 아무 생각 없이 자연 속을 걷는 것도 좋습니다. 이 '멈춤'의 시간 동안 당신의 마음속을 채우고 있던 소음들이 서서히 가라앉고, 맑고 고요한 '빈 공간'이 드러나는 것을 느낄 수 있을 것입니다. 그 고요한 빈 공간이야말로 당신의 '영'이 뿌리내릴 토양입니다.

## 스티브 잡스와 선(禪) 사상: 비움으로 혁신을 채우다

애플의 창업자 스티브 잡스는 극도의 미니멀리즘과 단순함의 미학을 추구한 것으로 유명하다. 그의 이러한 철학은 젊은 시절 심취했던 동양의 선(禪) 불교 사상에 깊이 뿌리내리고 있다. 선 사상의 핵심은 복잡한 교리나 지식이 아닌, '비움'을 통해 본질을 직관하는 데 있다.

잡스는 애플에 복귀한 후, 수십 가지에 달하던 복잡한 제품 라인을 단 4개의 핵심 제품으로 단순화시키는 과감한 결정을 내렸다. 그는 "무엇을 포함할지 결정하는 것만큼 무엇을 뺄지 결정하는 것이 중요하다"고 믿었다. 이러한 '비움의 경영'은 회사의 역량을 핵심에 집중시켜 애플의 부활을 이끄는 결정적인 계기가 되었다. 또한, 아이팟의 조그 다이얼, 아이폰의 단 하나의 홈 버튼 등 애플 제품 특유의 직관적인 디자인은 복잡한 기능을 '비워내고' 본질에만 집중한 결과물이다. 이는 비움이 단순히 아무것도 없는 상태가 아니라, 가장 정제된 형태의 '충만함'임을 보여 주는 강력한 사례다.

## 영혼 이중나선 모델의 적용: '비움(無)'이 '채움(有)'을 낳다

도덕경의 핵심은 '비움(無)'의 가치입니다. "서른 개의 바퀴살이 하나의 바퀴통에 모이지만, 그 '비어 있음(無)'이 있어 수레의 쓸모(有)가 생긴다." 즉, '공간'을 비워둬야 '기능'이 생긴다는 철학입니다. 이는 '혼'(일정, 성과)을 100% 채우려는 현대 경영에 정면으로 반하지만, 가장 위대한 혁신은 이 '비움'에서 나왔습니다.

## 실천 사례 연구 1: 구글(Google)의 '20% 타임' 정책

### 1. '혼'의 관점: 채움의 논리

전통적인 경영 방식은 '혼(채움)'을 중심으로 운영됩니다. 이 관점에서 '비는 시간'은 곧 '낭비'이자 '비용'으로 간주됩니다. 모든 직원은 100%의 시간을 '회사가 정해준 과업(혼)'에만 쏟아야 하며, 그에 따라 '비움'은 통제 불가능한 리스크로 인식됩니다.

### 1) '0(영)'의 관점: 비움의 논리

구글의 창업자 래리 페이지와 세르게이 브린은 '0(신뢰)'의 관점을 지향했습니다. 그들은 "최고의 인재(혼)를 뽑았다면 그들을 '통제(혼)'하려 하지 말고, 스스로 창의성을 발휘할 '공간(0의 비움)'을 주어야 한다"라고 믿었습니다. 이는 '아무것도 하지 않음(無爲)'으로써 '모든 것을 이룬다(無不爲)'는 도덕경의 '0(영)'의 철학과 정확히 일맥상통합니다.

### 2) '비움'이 낳은 '채움': 혁신의 '혼'

엔지니어들은 '비워진 20%의 시간(0)' 동안 회사가 시키지 않은 '자신만의 프로젝트(새로운 혼)'를 자율적으로 실험했습니다. 이 '비움' 속에서 비로소 다음과 같은 구글의 핵심 서비스들이 탄생할 수 있었습니다.

- Gmail: 폴 부헤이트가 20% 시간을 활용해 만든 '검색 기반 이메일'이라는 혁신적 '혼'.
- Google 뉴스: 크리슈나 바라트가 9/11 테러를 겪으며 '정보를 모아볼 수 없을까?' 라는 개인적 호기심(0)으로 시작한 프로젝트.
- AdSense: 구글 수익의 핵심 축이 된 애드센스 역시 이 '비움'의 과정에서 얻은 산물이었습니다.

### 3) '무위(無爲)'가 '유위(有爲)'를 압도하다

아이러니하게도 구글의 '0(비움)'이 만들어 낸 '혼(Gmail, AdSense)'은, 회사가 80%의 시간으로 '통제(혼)'하려던 그 어떤 '혼(프로젝트)'보다 더 큰 성공을 거두었습니다. '비움'을 허용하는 '0'의 철학이 '채움'만 강조하는 '혼'의 기술을 압도한 것입니다. (비록 이 정책이 현재는 많이 축소되었지만, 이는 여전히 구글의 혁신 DNA를 만든 핵심 가치입니다.

결과적으로, 당신의 삶에 '여백'을 허하라.

당신의 삶(캘린더)이 100% '혼(일정, 약속, 과업)'으로만 채워져 있다면, 새로운 '0(창의성, 통찰)'이 깃들 '공간'은 존재할 수 없습니다. 도덕경의 '비움'은 단순한 '게으름'이 아닙니다. 그것은 새로운 '채움'을 위해 의도적으로 공간을 확보하는 가장 전략적인 '0(영)'의 기술이라 할 수 있습니다.

## 2. 영혼 이중나선 모델: 비움이 채움을 낳고, 공간이 네트워크를 확장시킨다.

### 1) 이중 나선 모델의 필요성

현대 비즈니스 사업자는 일정(혼)·성과(혼)·관계(혼)로 하루를 가득 채우며 더 많은 성공을 원하지만, 역설적으로 가득 찬 삶에는 새로운 기회가 들어올 공간이 없다. 비움 없는 네트워크는 확장되지 않고, 비전(영) 없는 공간자산은 활력을 잃는다.

구글이 '20%의 비움'에서 혁신을 만들었듯, 비즈니스 사업자의 성공 역시 일정·관계·공간을 '전략적으로 비워낼 때' 비로소 열린다. 영(비전)이 먼저 흐를 수 있는 여백을 확보해야 혼(성과)이 증폭되는 구조가 형성된다. 따라서 우리는 "나는 지금 너무 채워져 있어서, 새로운 가능성이 들어올 자리가 없는가?"라는 질문을 스스로에게 던져야 한다.

### 2) 영(비전) 기반 네트워크 구축 전략

① 관계의 비움: 모든 만남을 유지하려 하면 '혼'의 과부하가 온다. 비전과 결이 맞지 않는 관계를 비워야 핵심 파트너가 보이며, 비전이 맞는 사람만 남기는 정제 네트워크를 구축할 수 있다.

② 일정의 비움: 하루 중 일정 없는 시간 1시간을 확보하여 '인사이트의 입구'로 삼는다. 메시지·전화·미팅을 멈추면 영에서 오는 직관이 네트워크 확장의 방향을 알려 준다.

③ 공간자산의 비움: 공간을 '가득 채운 기능'이 아니라 '비어 있는 가능성'으로 설계하면 사람·이벤트·콘텐츠가 스스로 들어오는 플랫폼 네트워크가 된다.

### 3) 영혼 이중나선 모델의 실천 원리

① 영(비전)이 먼저 흐르면, 혼(성과)이 뒤따른다: 비워진 시간·관계·공간에서는 본질적 질문("나는 왜 이 일을 하는가?")이 살아나며, 이 답변이 명확해질수록 집중해야 할 고객이 자동으로 정렬된다.

② 혼(기술·성과)보다 영(의미·방향)이 먼저 자리를 잡는다: 채움 중심의 사업은 확장되지만 유지되지 않는 반면, 영 중심의 사업은 작게 시작해도 생명력을 가지고 오래 지속된다.

③ 비움 → 정렬 → 실행 → 확장이라는 나선형 성장을 이룬다: 비움을 통해 영이 살아나면 정렬된 비전이 실행력을 깨우고, 그 실행은 다시 비전을 확장하는 구조가 반복된다.

### 4) 피드백 루프와 영혼의 동시 상승

비움은 단발성이 아니라 순환 구조일 때 힘을 갖는다. 다음의 세 가지 루프는 강력한 성장 동력을 만든다.

① 공간 피드백(육체의 루프): 책상·방·매장·SNS 계정까지 정리하라. 공간을 비우면 사고가 정리되고, 정리된 사고가 관계를 정제한다.

② 시간 피드백(정신의 루프): 하루 1시간, 주 1일, 월 1일은 반드시 '비움 시간'으로 확보하라. 이 멈춤에서 비전이 재정렬되고 새로운 네트워크 기회가 생긴다.

③ 감정 피드백(영혼의 루프): 비교심·집착·불안을 적고 버리는 감정 비움 루틴을 실행하라. 감정의 여백이 생기면 새로운 파트너십이 자연스럽게 떠오른다.

### 5) 성공을 위한 5대 실천 해법

- 일정의 20%를 비워라: 새로운 파트너와 아이디어가 스스로 들어올 틈을 만들어야 한다.

- 관계를 비워라: 비전과 맞는 사람만 남을 때 네트워크의 질이 급상승한다.
- 공간을 비워라: '비어 있는 공간'이 이벤트와 협업의 플랫폼이 되도록 설계하라.
- 비전의 질문을 반복하라: "나는 왜 이 일을 하는가?"라는 질문이 방향을 잡고 네트워크를 끌어들인다.
- 비움 루틴을 시스템화하라: 일·관계·공간의 순환이 영과 혼을 함께 상승시킨다.

> **최종 메시지**
>
> 비움을 설계하면 네트워크가 확장되고, 네트워크가 확장되면 비전이 실체가 된다.
> 비전이 실체가 되면 공간자산은 플랫폼이 된다. 결국 비움이 성공의 시작점이다.

## 5.2 원심력과 구심력: 나를 지키며 세상으로 나아가는 법

'비움'을 통해 내면의 공간을 확보하고 가치의 씨앗을 심었다면, 이제 그 가치를 현실 세계 속에서 실현하며 성장해나가야 합니다. 이때 우리는 물리학의 두 가지 상반된 힘, '구심력(Centripetal Force)'과 '원심력(Centrifugal Force)'의 원리를 통해 성장과 삶의 균형에 대한 깊은 통찰을 얻을 수 있습니다.

행성이 태양 주위를 안정적으로 공전할 수 있는 이유는 태양이 행성을 끌어당기는 힘(구심력)과, 행성이 궤도 밖으로 뛰쳐나가려는 힘(원심력)이 절묘한 균형을 이루고 있기 때문입니다. 만약 구심력이 더 강하다면 행성은 태양에 빨려 들어가 타버릴 것이고, 원심력이 더 강하다면 행성은 궤도를 이탈해 우주의 미아가 되고 말 것입니다.

우리의 삶도 이와 똑같습니다. 우리의 영혼 이중나선 모델에서 '구심력'은 바로 당신의 '영(靈)' 나선에 해당합니다. 그것은 당신의 가치, 정체성, 목적의식처럼 당신을 당신 자신의 중심으로 끌어당기는 내면의 힘입니다. 이 힘은 당신이 세상의 소용돌이 속에서 길을 잃지 않고 '나다움'을 지키게 하는 중심축의 역할을 합니다.

반면, '원심력'은 당신의 '혼(魂)' 나선에 해당합니다. 그것은 당신이 외부 세계와 상호작용하고, 새로운 것을 경험하며, 사회에 영향력을 미치기 위해 밖으로 뻗어 나가는 힘입니다. 당신의 일, 학습, 관계, 도전, 성취 등이 모두 원심력의 발현입니다.

문제는 대부분의 사람들이 이 두 힘의 균형을 잃어버린 채 살아가고 있다는 점입니다. 제1부에서 살펴본 '영혼의 불협화음' 유형들은 이 불균형의 대표적인 사례들입니다. '무기력한 몽상가'는 구심력만 강하고 원심력이 약한 사람이며, '영혼 없는 기술자'는 원심력만 강하고 구심력이 약한 사람입니다.

우리가 추구해야 할 이상적인 상태는 구심력과 원심력이 역동적인 평형을 이루는 '조화로운 성장가'의 모습입니다. 이는 마치 팽이가 맹렬하게 회전하면서도 쓰러지지 않고 한 점 위에 바로 서 있는 것과 같습니다. 맹렬한 회전(강한 원심력)은 중심축(강한 구심력)이 굳건할 때만이 가능합니다. 이 균형을 이루기 위해서는 '구심력의 시간(내면 성찰)'과 '원심력의 시간(외부 활동)'을 의식적으로 조율하고, 균형이 깨졌다는 몸과 마음의 신호를 알아차리는 지혜가 필요합니다.

**핵심 투자 명언**

균형 잡힌 힘(구심력/원심력)으로 몽상가와 기술자를 피하고 역동적 평형을 추구하라.

- **구심력과 원심력**: 삶의 균형은 나를 중심으로 모으는 힘(구심력/영)과 세상으로 뻗어 나가는 힘(원심력/혼)의 조화를 통해 이루어진다.
- **불균형의 위험**: 어느 한쪽 힘에만 치우치는 것은 '몽상가'나 '기술자'와 같은 불균형한 성장을 낳는다.
- **역동적 평형**: 팽이가 회전하며 중심을 잡듯, 강한 구심력(내면의 중심)을 바탕으로 강한 원심력(외부 활동)을 발휘하는 역동적 평형 상태를 추구해야 한다.

물리학에서 '원심력'은 밖으로 뻗어 나가려는 힘('혼'의 확장)이고, '구심력'은 중심으로 끌어당기는 힘('영'의 핵심)입니다. '구심력'('영')이 약하면 '원심력'('혼')은 물체를 흩어지게 만듭니다. (1.4.3절 '길 잃은 방랑자' 야후처럼) 위대한 기업은 강력한 '구심력'('영')을 기반으로 '원심력'('혼')을 통제하며 확장합니다.



아마존의 성장은 무작위적인 '혼'의 확장이 아니라, 철저하게 계산된 '구심력(영)'에 기반한 '원심력(혼)'의 전개입니다.

### 1. 강력한 구심력('영'의 핵심): "Customer Obsession(고객 집착)"

아마존의 모든 것을 끌어당기는 단 하나의 '구심력(영)'은 바로 "고객 집착"입니다. 제프 베조스는 "우리는 경쟁자가 아닌 고객으로부터 시작한다"고 선언했습니다. 이 '구심력'은 절대 변하지 않는 '영'의 중심축 역할을 수행합니다.

### 1) 구심력에서 뻗어 나가는 원심력('혼'의 확장)

① 제1의 원심력: E-commerce

'고객 집착(영)'을 실현하기 위해, 아마존은 '더 많은 상품'과 '더 낮은 가격'이라는 '혼'을 제공해야 했습니다. 이것이 '온라인 서점'에서 '모든 것을 파는' 이커머스라는 '혼'으로 뻗어 나간 첫 번째 원심력의 발현입니다.

② 제2의 원심력: Marketplace & Logistics

아마존이 모든 상품을 직접 소유하는 것은 불가능했기에, '고객 집착(영)'을 위해 경쟁자였던 '제3자 판매자'를 플랫폼에 끌어들였습니다(마켓플레이스). 또한 '빠른 배송'이라는 '고객 집착(영)'을 위해, 'Fulfillment by Amazon'이라는 거대한 물류 시스템의 '혼'을 직접 구축했습니다. 결과적으로 이 '원심력'은 '구심력(고객 만족)'을 더욱 강화시키는 계기가 되었습니다.

③ 제3의 원심력: AWS(Amazon Web Services)

이커머스와 마켓플레이스라는 거대한 '혼'을 운영하기 위해, 아마존은 세계 최고 수준의 '서버 인프라(내부 혼)'를 구축해야 했습니다. 이후 그들은 이 '내부 혼'의 남는 용량을 외부에 팔 수 있다는 것을 깨달았습니다. 이는 '고객 집착(영)'과는 다소 거리가 멀어 보이는 '원심력(혼)'이었으나, 결과적으로 막대한 현금(궁극의 혼)을 창출했습니다. 이렇게 창출된 현금은 다시 '이커머스'의 '낮은 가격(영)'을 실현하는 데 재투자되었습니다.

## 2) '영'이 '혼'을 통제하다

아마존은 AWS, 알렉사(AI), 프라임 비디오(미디어) 등 수많은 '원심력(혼)'을 뻗어 나갔지만 결코 '붕괴'하지 않았습니다. 그 이유는 모든 '혼'의 확장이 결국 "고객에게 더 나은 가치를 제공한다"는 강력한 '구심력(영)'에 의해 통제되고, 그 '영'을 강화하는 데 다시 쓰였기 때문입니다.

## 3) 당신의 '구심력(영)'은 무엇인가?

당신이 '혼(커리어, 기술, 부업)'을 확장하려 할 때, 그것들을 하나로 묶어줄 '구심력(영)'은 무엇입니까? 당신의 '가치'나 'Why(3장)'가 바로 그 '구심력'입니다. '영'의 구심력이 명확할 때, 당신은 '혼'의 원심력을 두려워하지 않고 세상으로 힘차게 뻗어 나갈 수 있습니다.

## 2. 영혼 이중나선 모델: 성장의 원리와 실천 해법

### 1) 이중나선 모델의 필요성

모든 사업가의 고민은 결국 하나로 귀결됩니다. "왜 확장할수록 불안하고 흔들릴까?" 그 이유는 간단합니다. 확장은 '원심력(혼)'이지만, 진정한 성장은 '구심력(영)'에서 비롯되기 때문입니다.

- 원심력(혼): 커리어, 관계, 사업, 공간의 확장
- 구심력(영): 비전, 핵심 가치, Why, 존재 이유

구심력이 약하면 원심력은 조직과 네트워크를 흩어지게 만들지만, 구심력이 강하면 원심력은 목표가 있는 방향 있는 확장이 됩니다. 이때 영과 혼은 하나의 이중나선처럼 서로를 끌어올리며 동반 상승합니다. 이것이 모델의 본질입니다.

### 2) 영(비전) 기반 네트워크 구축 전략

네트워크는 단순한 '사람 수'가 아니라 '중심의 힘'으로 확장됩니다. 아마존의 성장 플라이휠은 이 원리를 극적으로 보여 줍니다.

- 구심력: "고객 집착(Customer Obsession)"
- 원심력: 이커머스, 물류(FBA), AWS 등 사업 확장

아마존은 수많은 사업을 전개했지만, 모든 사업이 '고객 집착'이라는 강력한 구심력에서 출발했기에 결속력을 유지할 수 있었습니다. 네트워크는 단순히 넓히는 것이 아니라 자신의 비전과 정렬하는 것입니다. 정렬된 네트워크만이 사업 시너지를 만듭니다.

### 3) 영혼 이중나선 모델의 실천 원리

- 원리 1(중심 우선): 중심이 없으면 확장은 '분산'이 되고, 중심이 있으면 확장은 '성장'이 됩니다.
- 원리 2(선택과 정렬): 새로운 프로젝트나 관계를 시작할 때 반드시 "이것은 내 Why와 연결되는가?"를 스스로에게 질문하십시오. 연결되지 않으면 버리고, 연결되면 키워야 합니다.
- 원리 3(재귀적 순환): 원심력(돈, 공간, 네트워크)이 다시 영(가치, 의미, 영향력)을 강화하는 에너지로 환원되도록 순환시켜야 합니다.
- 원리 4(조화와 속도): 영이 강하면 목표가 명확해지고, 혼이 강하면 실행이 빨라집니다. 이 두 힘이 한 방향으로 정렬될 때 폭발적 상승을 경험합니다.

### 4) 피드백 루프와 영·혼의 동시 상승

성장은 직선이 아니라 '플라이휠(Feedback Loop)'입니다. 구심력이 확장을 만들고, 확장이 다시 구심력을 강화하는 순환 구조입니다.

- 사례(직장인 D씨): "나는 고객의 하루를 편하게 만드는 사람이다"라는 구심력을 설정하자, 업무 우선순위와 집중력이 선명하게 정렬되었습니다.
- 영역별 적용: 네트워크: 의미 있는 사람만 남게 됩니다.
- 공간자산: 장소가 '비전의 플랫폼'으로 기능합니다.
- 사업 확장: 본질을 강화하는 방향으로 성장하게 됩니다.

### 5) 성공을 위한 최종 실천 해법

- 구심력 없는 원심력은 폭발(분산)이지만, 구심력 있는 원심력은 진정한 확장입니다.
- 당신의 구심력을 한 문장으로 정의하십시오. 이 문장이 모든 네트워크와 사업을

묶는 중심이 됩니다.

- 당신의 인생에도 플라이휠을 설계하십시오. [영(Why) → 혼(실행) → 영 강화 → 혼 확장]의 구조를 만들면 번아웃 없이 지속 성장합니다.
- 네트워킹, 비즈니스, 공간자산 모두를 구심력으로 통합하십시오. 그 결과, 흩어지는 삶이 아닌 '방향 있는 성장'의 인생 설계가 가능해집니다.

**최종 메시지**

"구심력이 명확하면 원심력은 두려움이 아니라 성장의 추진력으로 변합니다."

## 5.3 N극과 S극처럼: 끌어당김의 법칙 재정의하기

내면의 중심(구심력)을 세우고 세상으로 나아갈(원심력) 준비가 되었다면, 우리는 자연스럽게 이런 질문을 던지게 됩니다. "어떻게 하면 내가 원하는 기회, 사람, 성공을 내 삶으로 끌어당길 수 있을까?" 이 질문에 대해 지난 수십 년간 세상을 휩쓴 대답은 바로 '끌어당김의 법칙(The Law of Attraction)'이었습니다. 긍정적으로 생각하고 간절히 바라면 우주가 그것을 이루어 준다는 메시지는 많은 사람들에게 희망을 주었지만, 동시에 수많은 오해와 좌절을 낳기도 했습니다.

문제는 기존의 끌어당김의 법칙이 "생각만 하면 이루어진다"는 식의 신비주의나 마법처럼 왜곡되어 전달되었다는 점입니다. 영혼 이중나선 모델의 관점에서 보면, 이는 '영(생각)'의 힘만 강조하고 '혼(행동)'의 역할을 무시한 치명적인 오류입니다.

저는 이 끌어당김의 법칙을 '자석의 원리'를 통해 재정의하고자 합니다. 자석은 N극과 S극이라는 두 개의 극을 가지고 있으며, 이 양극성 때문에 자기장(Magnetic Field)이라는 보이지 않는 힘의 장을 형성합니다. 그리고 이 자기장의 힘에 이끌려 주변의

쇠붙이들을 끌어당깁니다. 중요한 것은 자석이 "쇠붙이야, 이리 오너라!"라고 생각해서 끌어당기는 것이 아니라는 점입니다. 자석은 그저 '자석으로서 존재'할 뿐이며, 그 존재 자체가 형성하는 자기장에 의해 끌어당김이 '자연스럽게' 일어나는 것입니다.

우리의 존재도 이와 같습니다. 당신의 '영(靈)' 나선, 즉 당신의 핵심 가치와 목적의식은 자석의 N극과 S극처럼 당신 존재의 '극성(Polarity)'을 결정합니다. 당신이 '성장'과 '기여'라는 가치를 중심으로 당신의 영을 단련했다면, 당신은 그러한 극성을 띤 강력한 인간 자석이 됩니다. 그 결과, 당신은 당신의 존재가 발산하는 고유한 '자기장(에너지)'에 공명하는 것들, 즉 성장의 기회, 기여할 수 있는 프로젝트, 비슷한 가치를 가진 사람들을 자연스럽게 끌어당기게 됩니다.

우주는 당신이 '원하는 것'을 주는 것이 아니라, '당신이라는 존재'에 조응하는 것을 보내줍니다. "You don't attract what you want. You attract what you are."(당신은 원하는 것을 끌어당기는 게 아니라, 당신 자신과 같은 것을 끌어당긴다.) 이 재정의된 끌어당김의 법칙이 우리에게 주는 교훈은 명확합니다. 내 삶의 결과를 바꾸고 싶다면, 외부의 무언가를 끌어당기려고 애쓰기 전에 먼저 '나'라는 자석 자체를 바꿔야 한다는 것입니다.

**핵심 투자 명언**

'나'를 바꿔 내면의 극성을 높여라. 행동이 따른 가치 설정이 새 현실을 창조한다.

- **끌어당김의 재정의**: 끌어당김은 무언가를 '원하는 것'이 아니라, '나'라는 존재와 같은 것을 끌어당기는 '자석의 원리'와 같다.
- **존재가 본질이다**: 삶의 결과를 바꾸려면, 외부의 것을 끌어당기려 애쓰기 전에 먼저 자신의 내면, 즉 '영'의 극성을 바꾸어야 한다.
- **영과 혼의 협력**: '영'의 변화(가치 설정)는 반드시 그것을 뒷받침하는 '혼'의 변화(구체적인 행동)가 따를 때, 비로소 존재 전체의 '자기장'을 바꾸고 새로운 현실을 끌어당긴다.

'끌어당김의 법칙'은 종종 '같은 것(Like attracts like)'끼리 만난다는 신비주의로 오해됩니다. 하지만 4.3절의 'N극과 S극'의 비유는, '서로 다른 극'이 만나 강력한 '자기장'(시너지)을 만든다는 물리학의 원리입니다. 진정한 '끌어당김'은 '편안한 공감'이 아니라 '창조적 긴장'에서 나옵니다.



픽사는 〈토이 스토리〉, 〈업〉, 〈인사이드 아웃〉 등 30년간 실패 없는 흥행 신화를 쓴 기업입니다. 에드 캣멀(Ed Catmull)은 그 성공의 비결을 '브레인트러스트'라는 독특한 '영혼' 시스템에서 찾고 있습니다.

### 1. 'N극'('영'의 창의성): 감독의 연약한 아이디어

픽사의 모든 영화는 한 '감독'의 독창적이고 개인적인 '영(비전)'에서 시작됩니다. 이 초기 아이디어(예: '노인이 풍선을 달고 모험을 떠난다')는 본래 불완전하고 연약합니다. 이것이 바로 'N극'입니다.

### 1) 'S극'('혼'의 솔직함): 동료들의 '가혹한' 피드백

감독은 이 'N극(아이디어)'을 '브레인트러스트(존 래스터, 앤드류 스탠튼 등 핵심 리더 그룹)'에 공유합니다. '브레인트러스트'의 역할은 스스로 'S극'이 되는 것입니다. 그들의 유일한 규칙은 "절대적으로 솔직할 것(Radical Candor)"입니다. 그들은 'N극(감독)'의 기분을 맞춰 주지 않습니다. "스토리가 말이 안 된다", "캐릭터가 지루하다" 등 'S극'의 냉정한 '혼(피드백)'을 거침없이 던집니다.

### 2) 'N극'과 'S극'의 충돌과 '끌어당김'

- 실패하는 조직 1: 'N극(아이디어)'만 있고 'S극(비판)'이 없으면, 그 아이디어는

'무기력한 몽상가'(1.4.3절)의 아이디어가 됩니다. (예: 테라노스)
- 실패하는 조직 2: 'S극(비판)'만 있고 'N극(아이디어)'이 없으면, 그 조직은 '영혼
  없는 기술자'(1.4.3절)의 관료주의가 됩니다. (예: 코닥)
- 픽사의 방식: 픽사는 'N극(창의성)'과 'S극(솔직함)'이 '서로를 끌어당기게' 만듭니다.


### 3) 강력한 '자기장'(시너지)의 발생

'S극(브레인트러스트)'은 'N극(감독)'을 공격하는 것이 아니라, 'N극'이 더 강력한
'N극'이 되도록 돕는다는 '영(신뢰)'을 공유합니다. 동시에 'N극(감독)'은 'S극(피드
백)'을 '비난'으로 받아들이지 않고, 작품을 완성하기 위한 '필수 에너지'로 받아들입
니다. 이 'N극'과 'S극' 사이의 강력한 '끌어당김(창조적 긴장)' 속에서, 연약했던 '혼
(아이디어)'은 수백 번의 수정을 거쳐 위대한 '혼(걸작)'으로 탄생합니다.


### 4) 'S극'(반대 의견)을 끌어안을 용기

우리는 '끌어당김의 법칙'을 재정의해야 합니다. 당신의 '영(비전, N극)'을 완성시
키는 사람은 당신의 말에 '동의'하는 사람이 아닙니다. 진정으로 당신을 돕는 사람은
당신의 '영'을 믿기에, 기꺼이 'S극'의 '솔직한 피드백(혼)'을 던져주는 사람입니다. 당
신의 '영'이 강하다면, 당신은 그 'S극'을 밀어내는 것이 아니라 기꺼이 '끌어당겨' 더
강력한 '자기장'을 만들 것입니다.


## 2. 영혼 이중나선 모델: 비즈니스 비전 실현을 위한 5단계 체계

### 1) 이중 나선 모델의 필요성

성과가 나지 않는 이유는 "좋은 사람을 못 만나서"가 아니라, 서로 다른 극성이 만
들어내는 창조적 긴장을 설계하지 못했기 때문입니다. 'N극(영, 비전, 창의성)'과 'S
극(혼, 현실, 검증, 솔직함)'은 서로 다르기에 충돌을 일으키지만, 바로 그 충돌이 가
장 강력한 자기장(시너지)을 형성합니다. 픽사의 사례처럼, 성공하는 조직은 '편안

한 공감'에 머무르는 것이 아니라 '창조적 긴장'을 기반으로 움직입니다.

## 2) 영(비전) 기반 네트워크 구축 전략

네트워크의 핵심은 숫자가 아니라 서로 다른 극성의 조합에 있습니다.

- N극(영)의 중심축 세우기: "왜 이 사업을 하는가?", "내 브랜드는 무엇을 위해 존재하는가?"에 대한 명확한 비전이 네트워크의 중심을 잡아야 합니다. 비전이 명확할수록 사람들은 단순한 '공감'이 아니라 '끌림(Attraction)'으로 연결됩니다.
- S극(혼)의 파트너 영입하기: 'YES맨'보다 "솔직하게 말할 수 있는 사람"을 가까이 두어야 합니다. 비전(N극)을 검증하고 현실화하는 힘은 바로 S극에서 나오며, 서로 다른 관점이 부딪히는 순간 전략은 비로소 강력해집니다.
- 네트워크의 목적 재정의: 비슷한 사람을 찾는 것이 아니라, 나와 다른 극성을 가진 사람과 구조적 협업 시스템을 구축할 때 비즈니스 네트워크는 강력한 생명력을 갖게 됩니다.

## 3) 영혼 이중나선 모델의 실천 원리

- 상승 나선(성장 루프)의 원리: 영(비전, N극)과 혼(실행, S극)이 서로를 견인하며 상승 나선을 만드는 것이 핵심 원리입니다.

[픽사의 브레인트러스트 원칙]
- N극: 감독의 연약한 창의성(비전의 씨앗)이며, 불완전한 아이디어라도 "생명력 있는 비전"에서 출발합니다.
- S극: 동료들의 가혹한 솔직함(혼의 검증)이며, 이는 공격이 아니라 작품을 강화하는 성장 피드백입니다.
- 성장의 공식: 충돌이 아니라 '끌어당김'입니다. 서로의 극성이 강할수록 창조적

긴장과 자기장이 커지며, N극(비전) + S극(검증) = 지속 가능한 성장 시스템이라는 공식이 성장을 완성합니다.

### 4) 피드백 루프와 영·혼의 동시 상승

성공하는 리더의 일상: 성공하는 리더와 팀은 '정직한 긴장'을 일상화하여 운영합니다.

[핵심 질문 체계]

- N극 질문(영): "내가 무엇을 만들고 싶은가?", "이 프로젝트의 본질적 이유는 무엇인가?"
- S극 질문(혼): "이 전략은 현실에서 작동하는가?", "고객·시장 기준으로 약점은 무엇인가?"
- 전략의 탄생: 두 질문이 충돌할 때 새로운 아이디어, 보완점, 그리고 실행 전략이 동시에 탄생하게 됩니다.
- 실천 루틴 예시: 매주 1회 "반대 의견 회의", 비판 일기 작성, 매달 1회 "내 계획 뒤집어 보기", 가치관이 다른 사람과 지속적으로 대화하기를 실천해야 합니다. 이 루프가 지속될 때 비전(영)은 깊어지고 실행력(혼)은 정교해집니다.

### 5) 성공을 위한 4대 실천 해법

- '반대'를 성장의 연료로 사용하라. 동의는 편안함을 주지만, 반대는 전략을 강화합니다.
- 강력한 N극을 유지하라. 비전이 명확할수록 솔직한 피드백을 받아들이는 용기가 생깁니다.
- S극을 끌어안는 용기를 가져라. 비판은 공격이 아니라 비전을 현실로 만드는 필수 에너지이며, 불편함이 시작되는 지점이 바로 가장 큰 성장의 문이 열리는 지

점입니다.

- 창조적 끌어당김 루틴을 실천하라. 반대 의견 먼저 듣기, 다른 관점 즐기기, 현실 검증 루틴 만들기, 그리고 조직 내에 '정직한 대화 시스템'을 구축해야 합니다.



## 5.4 영혼의 자산 설계

### 1. 제5장 핵심 개념 요약

| 절(Section) | 핵심 개념(Core Concept) | 성장 전략(Growth Strategy) |
| --- | --- | --- |
| 비움의 철학 | **창조적 공간**: 마음의 아집과 소음을 비워낼 때, 새로운 지혜와 가능성이 들어올 공간이 생긴다. | '의도적인 멈춤'(명상, 산책 등)을 통해 내면의 소음을 가라앉히고, '영'이 뿌리 내릴 토양을 확보한다. |
| 원심력과 구심력 | **역동적 평형**: 내면으로 향하는 힘(구심력/영)과 외부로 향하는 힘(원심력/혼)의 균형. | 내면 성찰의 시간(구심력)과 외부 활동의 시간(원심력)을 의식적으로 조율하고, 균형이 깨졌다는 신호를 알아차린다. |
| 끌어당김의 법칙 | **존재의 자기장**: '나'라는 존재의 극성(영)이 그와 비슷한 현실을 끌어당긴다. | 외부의 것을 갈망하기 전에, 먼저 자신의 '영'을 단련하고 그에 맞는 '혼'의 행동을 실천하여 '나'라는 자석 자체를 바꾼다. |

### 2. 설계지침(실천방안)

본 장의 내용을 삶에 효과적으로 적용하기 위해 다음의 세 가지 지침을 따를 것을 제안한다.


① '디지털 안식일'을 실천하라.

일주일에 하루, 혹은 최소 몇 시간이라도 모든 디지털 기기(스마트폰, 컴퓨터, TV)와의 연결을 끊는 '디지털 안식일'을 가져보라. 처음에는 불안하고 심심할 수 있지만, 이 '강제적 비움'의 시간은 당신의 뇌가 과도한 정보로부터 휴식하고, 당신의 내면의 목소리에 다시 귀 기울일 수 있는 소중한 기회를 제공할 것이다.


② '균형 일지'를 작성하라.

매일 저녁, 하루 동안 당신의 에너지가 주로 '구심력(내면 활동)'과 '원심력(외부 활동)' 중 어디에 더 많이 쓰였는지 간단히 기록해 보라. "오늘은 회의와 미팅으로 원심력에 80%의 에너지를 썼다" 혹은 "오늘은 혼자 책을 읽고 사색하며 구심력에 70%를 썼다" 와 같이. 이 일지를 통해 당신의 에너지 사용 패턴을 파악하고, 균형이 깨졌다고 판단되면 다음 날 의식적으로 반대 활동의 비중을 늘리는 방식으로 삶을 조율할 수 있다.


③ '되고 싶은 나'로서 행동하라.

끌어당김의 법칙을 실천하기 위해, '갖고 싶은 것'의 목록을 적는 대신 '되고 싶은 나'의 모습을 구체적으로 정의해 보라. 그리고 오늘 하루, 이미 '그런 사람'이 된 것처럼 생각하고 말하고 행동해 보는 '역할 연기'를 해 보라. 예를 들어, '자신감 있는 사람'이 되고 싶다면, 오늘 회의에서 불안하더라도 의식적으로 허리를 펴고 당당한 목소리로 당신의 의견을 말해 보는 것이다. 이 '먼저 존재하기(Being before Having)'의 실천이 당신의 자기장을 바꾸는 가장 빠른 길이다.

# 제6장

# 흐름의 원리: 변화의 파도를 타는 법

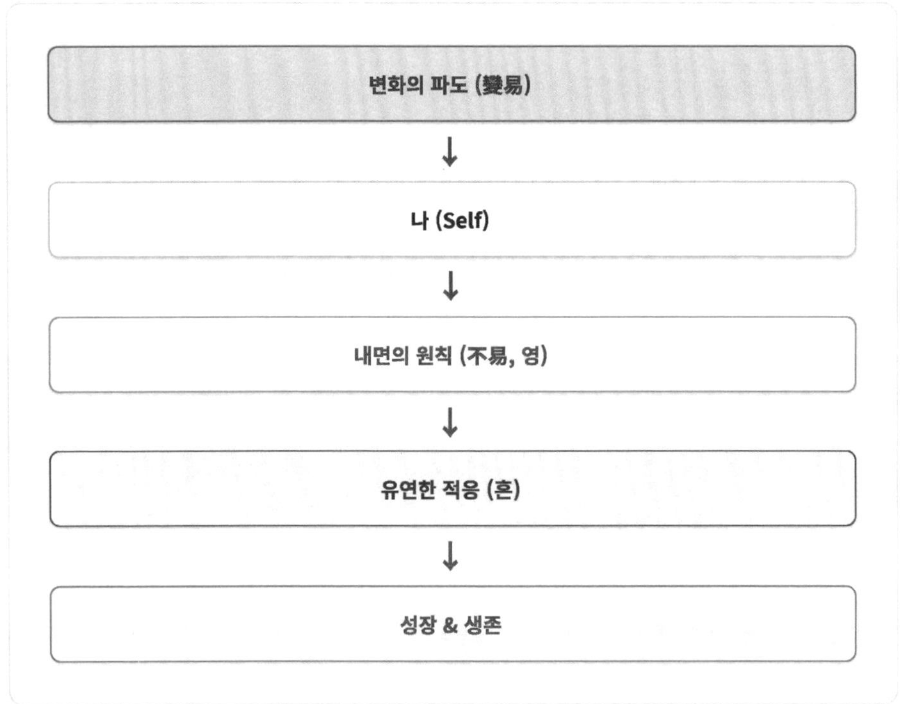


**부동(不動)의 원칙으로 격동의 파도를 넘는 법**

**(How to overcome turbulent waves with the principle of immobility)**

**개념도 설명**: 세상은 끊임없이 변화하는 파도와 같습니다. 이 파도를 타기 위해서는 변하지 않는 내면의 원칙('영')을 서핑보드처럼 단단히 붙잡고, 시시각각 변하는 파도의 모양에 유연하게 몸을 움직여('혼') 적응해야 합니다. 이것이 바로 흐름의 원리입니다.

## 6.1 주역의 지혜: 변화의 흐름을 읽는 눈

삶을 통합하는 나만의 원리(영)를 세웠다 해도, 세상은 결코 우리가 계획한 대로 흘러가지 않습니다. 예상치 못한 위기가 닥치고, 새로운 기회가 나타나며, 모든 것은 끊임없이 변화합니다. 고정불변의 원칙만을 고집하다가는 급변하는 세상의 흐름에 뒤처지거나 부러지고 말 것입니다. 그렇다면 우리는 어떻게 내면의 중심을 지키면서도, 세상의 변화에 유연하게 대응할 수 있을까요?

그 해답의 실마리를 우리는 동양 최고의 지혜서로 꼽히는 《주역(周易)》에서 찾을 수 있습니다. 많은 사람들이 주역을 미래를 점치는 신비한 점술 책으로만 알고 있지만, 그 본질은 '변화(易)'의 원리를 설명하고 그 변화에 대처하는 지혜를 담은 철학서이자 전략서입니다. 주역의 핵심 사상은 단 한 글자, '역(易)'에 담겨 있습니다. '역'은 '변화'를 의미하며, 이 세상에 변하지 않는 것은 '모든 것은 변한다'는 사실뿐이라는 깊은 통찰을 담고 있습니다.

하지만 주역은 변화가 완전히 무질서하고 예측 불가능하다고 말하지 않습니다. 오히려 모든 변화는 음(陰)과 양(陽)이라는 두 기운의 상호작용을 통해 일정한 패턴과 리듬을 가지고 일어난다고 봅니다. 해가 뜨면 달이 지고, 여름이 가면 겨울이 오는 것처럼, 모든 것에는 때가 있습니다. 나아갈 때가 있고, 물러설 때가 있으며, 기다려야 할 때가 있고, 과감히 행동해야 할 때가 있습니다. 지혜로운 사람은 이 변화의 흐름, 즉 '시의(時宜, 때의 마땅함)'를 읽고 그에 맞게 자신의 행동을 조율합니다.

이것은 영혼 이중나선 모델과 정확히 일치합니다. 우리의 '영(靈)' 나선은 주역에서 말하는 '불역(不易)', 즉 변화하는 현상 세계의 이면에 있는 '변하지 않는 원리'와 같습니다. 나의 핵심 가치와 삶의 목적은 외부 상황이 어떻게 변하든 흔들리지 않는 중심축입니다. 반면, 우리의 '혼(魂)' 나선은 '변역(變易)', 즉 끊임없이 변화하는 상황에 적응하고 대처하는 '유연한 행동'과 같습니다. 나의 지식, 기술, 전략은 상황의 변화에 따라 끊임없이 업데이트되고 수정되어야 합니다.

주역의 지혜는 변화를 두려워하거나 저항하는 대신, 그것을 삶의 자연스러운 일부로 받아들이고 그 흐름을 탈 것을 가르칩니다. 마치 뛰어난 서퍼가 거대한 파도를 없애려고 싸우는 대신, 파도의 힘을 이용하여 그 위에서 멋지게 춤을 추는 것과 같습니다. 파도를 타기 위해서는 서핑보드 위에서 균형을 잡는 단단한 코어 근육(영)과, 시시각각 변하는 파도의 모양에 맞춰 몸을 움직이는 유연성(혼)이 모두 필요합니다.

## 넷플릭스의 변신: 주역의 '변화'를 체화하다

오늘날 세계적인 스트리밍 제국이 된 넷플릭스의 역사는 변화의 흐름을 읽고 끊임없이 자신의 비즈니스 모델을 바꾸어 온 '변역(變易)'의 역사 그 자체다.

1997년, 넷플릭스는 '우편 DVD 대여'라는 비즈니스로 시작했다(수산건괘, 水山蹇: 시작의 어려움). 당시 시장의 절대 강자는 '블록버스터'였다. 하지만 2007년, 그들은 인터넷 속도의 발전을 보고 DVD라는 물리적 매체의 시대가 저물고 있음을 직감했다. 그들은 과감하게 자신들의 성공 공식을 버리고 '온라인 스트리밍'으로 사업의 중심을 옮겼다(지천태괘, 地天泰: 조화로운 전환).

이후, 스트리밍 시장의 경쟁이 치열해지자, 그들은 단순히 콘텐츠를 유통하는 플랫폼에 머무르지 않고, 막대한 자본을 투자하여 직접 '오리지널 콘텐츠'를 제작하는 제작사로 또 한 번 변신했다(뇌화풍괘, 雷火豐: 풍요와 확장). 이 모든 과정은 성공에 안주하지 않고, 다가올 변화의 '때'를 읽고 스스로를 파괴하고 재창조해 온 결과다. 만약 넷플릭스가 '변하지 않는 원칙(불역)', 즉 '고객에게 최고의 엔터테인먼트 경험을 제공한다'는 핵심 '영' 없이, 눈앞의 성공(DVD 대여)에만 집착했다면, 그들은 블록버스터와 함께 역사의 뒤안길로 사라졌을 것이다.

## 영혼 이중나선 모델의 적용: '흐름(易)'을 탄 자와 거스른 자

'주역(周易)'의 핵심은 '변화(易)'의 원리를 아는 것입니다. 세상의 모든 '혼'(기술, 시장)은 끊임없이 변합니다. '영'(본질)이 이 '흐름'을 읽지 못하면, 아무리 거대한 '혼'(인프라)을 가진 제국이라도 무너집니다. 이 비극과 성공을 가장 극명하게 보여준 것이 '블록버스터'와 '넷플릭스'입니다.

## 실천 사례 연구 1: '흐름'을 거스른 자, 블록버스터(Blockbuster)

1990년대 블록버스터는 전 세계 9,000개 매장('혼')을 보유했던 비디오 대여 시장의 절대 강자였습니다.

### 1. 비디오 제국의 몰락: 블록버스터가 잃어버린 영혼

### 1) '혼'에 갇혀 버린 '영'

블록버스터의 '영'(본질)은 "고객에게 영화 보는 즐거움을 준다"는 가치가 아니었습니다. 그들의 '영'은 "비디오테이프를 대여하고, '연체료'로 돈을 번다"는 기존의

‘혼’(비즈니스 모델)에 매몰되어 있었습니다.


### 2) ‘흐름’의 가치에 대한 무지

2000년, 넷플릭스 창업자 리드 헤이스팅스는 블록버스터에 “블록버스터가 온라인('새로운 흐름')을 맡고, 우리가 오프라인을 맡자”며 5천만 달러에 넷플릭스 인수를 제안했습니다.


### 3) ‘혼’이 불러온 오만

블록버스터 CEO는 이 제안을 비웃으며 단칼에 거절했습니다. 그들은 ‘인터넷’과 ‘우편 배송’('새로운 혼')이라는 거대한 ‘흐름’을 단지 일시적인 “유행일 뿐”이라고 치부하며 완전히 무시했습니다. 결국 그들은 자신들의 ‘오프라인 매장’('기존 혼')이 영원할 것이라 맹신했습니다.


### 4) 영혼 없는 기술자의 몰락

변화하는 ‘흐름’을 읽어내는 ‘영’이 마비되자, 그들이 가졌던 9,000개의 거대한 ‘혼’(매장)은 더 이상 ‘자산’이 아닌 막대한 ‘부채’가 되었습니다. 끝내 시대의 ‘변화’를 거부한 블록버스터는 2010년 최종 파산에 이르렀습니다.


### 2. 영혼 이중나선 모델: 흐름을 읽는 자의 성장 전략

### 1) 이중나선 모델의 필요성

세상은 기술, 시장, 고객 패턴이라는 끊임없는 흐름(혼)에 의해 움직입니다. 이 변화를 해석하고 나아갈 방향을 제시하는 것은 본질·비전·정체성(영)의 역할입니다. 많은 개인과 기업이 ‘익숙한 방식(혼)’에 갇혀 흐름을 거스르다 도태되곤 합니다.

사례로 블록버스터는 9,000개의 매장이라는 거대 자산을 가졌음에도 흐름을 읽지 못해 몰락했습니다. 반면 넷플릭스는 “고객의 시간과 경험을 혁신한다”는 영(비전)

으로 방향을 세우고 새로운 흐름(온라인 스트리밍)을 수용하여 성장의 궤도에 올랐습니다.

### 2) 영(비전) 기반의 네트워크 구축 전략

네트워크는 단순한 인적 모임이 아니라, 비전에 공명하는 사람·정보·기회를 연결하는 시스템입니다. 영이 중심축이 될 때, 네트워크는 다음과 같이 변화하며 자동 확장됩니다.


- 집착 탈피: 블록버스터가 "연체료 기반 수익"이라는 과거의 혼에 갇혀 있을 때, 넷플릭스는 "고객 경험 혁신"이라는 영을 기준으로 네트워크를 폭발적으로 확장했습니다.
- 공간의 재정의: 비전이 담긴 공간 자산은 단순한 '만남의 장소'가 아니라 '기회가 모이는 허브'가 됩니다.
- 질적 결정: 네트워크의 질은 "내가 무엇을 추구하는가?(영)"에 의해 결정되며, 비전이 분명할 때 '흐름을 읽는 사람들'이 자연스럽게 연결됩니다.


### 3) 영혼 이중나선 모델의 실천 원리

- 영이 방향을 설정합니다: "우리는 왜 존재하는가?"라는 질문이 명확하면 모든 선택 기준이 자동으로 정리됩니다.
- 혼이 실행을 최적화합니다: 혼은 방법과 도구, 전략을 의미합니다. 비전(영)은 고정되지만, 방식(혼)은 시대에 따라 유연하게 진화해야 합니다.
- 핵심 원리: 영은 변하지 않지만, 혼은 반드시 흐름에 맞춰 진화해야 지속적인 성장이 가능합니다.

## 4) 피드백 루프를 통한 영·혼의 동시 상승

지속적인 성장은 영과 혼이 끊임없이 상호작용하며 조정되는 시스템에서 발생합니다.

- 흐름 감지 → 영 점검: 기술 변화와 고객 행동을 감지할 때마다 "이 흐름 속에서 우리의 영은 여전히 유효한가?"를 자문해야 합니다.
- 실행 점검 → 혼 재정렬: 익숙한 방식은 위험 신호입니다. 과거 방식에 머물면 흐름은 곧 장애물이 됩니다.
- 결과 분석 → 영·혼 동시 조정: 넷플릭스가 DVD에서 스트리밍을 거쳐 글로벌 플랫폼으로 확장한 것은 영과 혼을 끊임없이 조정한 피드백 루프의 결과입니다.
- 결과: 흐름을 읽을 때 영은 확장되고, 영이 확장될 때 혼은 강력한 자산으로 변합니다.

## 5) 성공을 위한 5단계 실천 해법

- 영(정체성)을 다시 선언하라: 비전을 잃으면 흐름을 읽을 기준도 사라집니다. 존재 이유를 분명히 하십시오.
- 혼(방식)을 끊임없이 업데이트하라: 비전이 사람을 모으고, 방식이 속도를 결정합니다. 익숙함에 대한 집착을 버리십시오.
- 흐름을 감지하는 감각을 훈련하라: 기술, 콘텐츠, 플랫폼의 변곡점을 읽는 능력이 성장의 결정적 자산이 됩니다.
- 네트워크를 비전 중심으로 재설계하라: 단순한 인맥이 아니라 '같은 비전의 사람과 연결될 때 사업은 폭발합니다.
- 공간 자산을 비전 플랫폼으로 전환하라: 공간을 사람과 콘텐츠가 모여 흐름을 만드는 터전으로 만드십시오.

## 실천 사례 연구2: '흐름'을 창조한 자, 넷플릭스(Netflix)

넷플릭스는 기업의 '영(본질)'이 시대의 '흐름'을 어떻게 읽고, 그에 맞춰 '혼(기술)'을 어떻게 진화시키는지를 보여 주는 완벽한 교과서입니다.

### 1. 명확한 '영(Why)'의 설정

**1) 넷플릭스가 정의한 영의 본질은 "고객이 원하는 콘텐츠를, 가장 편한 방식으로 제공한다"는 것이었습니다**

① '흐름' 1.0 - '우편' 시대(1997년)

- 흐름의 인식: 사람들은 기존 비디오 대여점의 '연체료'를 혐오하며, 직접 매장에 방문하는 것을 번거로워한다는 점을 파악했습니다.
- '혼'의 구현: 이에 따라 '온라인 주문 + 우편 배송 + 월정액' 모델이라는 새로운 혼을 창출했습니다.
- 결과: 고객 만족을 위해 영의 본질에 위배되는 '연체료'를 과감히 없앴습니다.

기술의 발전과 시장의 변화에 따라 넷플릭스는 스스로의 강점을 파괴하며 진화했습니다.

② '흐름' 2.0 - '스트리밍' 시대(2007년)

- 흐름의 인식: 인터넷 속도가 비약적으로 빨라지면서, 이제는 우편을 기다리는

시간마저 제거할 수 있다는 것을 깨달았습니다.
- '혼'의 진화: 과거 핵심 역량이었던 'DVD 우편 배송' 체계를 스스로 파괴하고, '스
트리밍'이라는 새로운 혼으로 전격 전환했습니다. 당시 내부 반발이 거셌으나
결단을 내림

유통을 넘어 생산의 영역으로 영의 범위를 넓혔습니다.

③ '흐름' 3.0 - '오리지널 콘텐츠' 시대(2013년)
- 흐름의 인식: 디즈니 등 대형 콘텐츠 공급사들이 스트리밍의 위력을 깨닫고 자
사의 콘텐츠(기존의 혼)를 회수하려 한다는 위기 신호를 읽었습니다.
- '혼'의 진화: 단순 '유통'만 하던 회사에서 벗어나, 〈하우스 오브 카드〉에 막대한 자
본을 투자하며 직접 '제작'까지 수행하는 종합 엔터테인먼트사로 진화했습니다.

## 2) 변화의 결과

넷플릭스의 성공은 단순히 운이 아니라, 변화를 읽는 통찰력의 결과입니다. 넷플
릭스의 '영(고객 만족)'은 주역의 '변화(易)' 원리를 관통했습니다. 그 '흐름'에 맞춰
'혼(우편 → 스트리밍 → 제작)'을 끊임없이 진화시켰습니다. 그들은 단순히 흐름을
타는 수준을 넘어, 스스로 새로운 흐름을 창조하는 기업이 되었습니다.

결과적으로, 당신의 '영'은 '변화'를 읽고 있습니까? 주역의 지혜는 점을 치는 기술
이 아니라 '흐름'을 읽는 통찰입니다. 당신의 '영'이 어제의 '혼(과거의 성공 경험)'에
갇혀 있다면, 결국 블록버스터처럼 도태될 것입니다. 당신의 '영'이 오늘의 '흐름'을
정밀하게 읽고 내일의 '혼'을 준비한다면, 당신은 제2의 넷플릭스가 될 것입니다.

## 2. 영혼 이중나선 모델: 넷플릭스 사례 기반 비즈니스 전략

### 1) 모델의 필요성 및 핵심 정의

넷플릭스는 '영(본질)'을 중심축으로 삼아 시대의 흐름을 읽고, '혼(기술·모델)'을 세 번이나 과감하게 바꾸며 변화를 주도했습니다. 블록버스터는 어제의 성공 방식(혼)에 집착하여 흐름을 읽지 못한 채 시장에서 사라졌습니다. 비즈니스 네트워크와 공간 자산 운영자는 "내 비전(영)은 살아 있는가, 아니면 오래된 방식(혼)에 갇혀 있는가?"라는 질문을 스스로에게 던져야 합니다.

### 2) 영(비전) 기반 네트워크 구축 전략

넷플릭스의 중심 문장은 "고객이 원하는 콘텐츠를 가장 편한 방식으로 제공하라"는 것이었습니다. 이 명확한 'Why(영)'가 구심력이 되어 수많은 기술, 서비스, 전략(혼)을 자연스럽게 끌어당겼습니다. 비전이 선명할수록 네트워크는 자발적으로 성장하며, 사람은 비전에 모이고/시스템에는 머무르고/공간에서는 성장한다는 원리가 작동합니다.

### 3) 영혼 이중나선 모델의 3단계 실천 원리

넷플릭스는 본질(영)은 고정하되 형태(혼)는 유연하게 변경하며 다음과 같이 진화했습니다.

① 흐름 1.0 - 우편 정액제: 고객은 연체료와 매장 방문을 싫어한다는 점을 파악했습니다.
[진화] 월정액과 우편 배송 모델을 창조하여 혼의 진화를 이룩했습니다.
[본질] 고객 편의를 극대화하는 데 집중했습니다.

② 흐름 2.0 - 스트리밍: 인터넷 속도 향상으로 인해 기다림을 제거할 수 있음을 인

식했습니다.

[자기파괴] 기존의 DVD 우편 모델을 스스로 버리는 과감한 결단을 내렸습니다.

[본질] 즉시성을 확보하고 시간 소요를 제로화하여 본질을 확장했습니다.


③ 흐름 3.0 - 오리지널 제작: 콘텐츠 공급사가 이탈하는 시장의 변화를 읽었습니다.

[확장] 유통 회사에서 콘텐츠 제작 회사로 정체성을 전환했습니다.

[본질] 고객이 원하는 콘텐츠를 직접 만드는 단계로 본질을 심화했습니다.


## 4) 지속적 성장을 위한 비즈니스 피드백 루프

영혼의 동시 상승을 위해 다음의 루프를 주기적으로 반복해야 합니다.


- 매일 1회(흐름 관찰): 시장 변화, 고객 패턴, 기술 흐름, 감정의 변화를 기록합니다.

- 매달 1회(방식 갱신): 낡은 습관과 홍보 방식, 관계를 정리하고 새로운 도구를 도
  입합니다.

- 분기별 1회(혼의 전환): 운영 구조, 고객 서비스, 수익 모델 중 하나를 반드시 변
  경하여 실행합니다.

- 비정기적(영의 재정렬): "왜 이 일을 하는가?"라는 본질을 스스로 다시 확인합니다.


## 5) 성공을 위한 최종 실천 해법

- 영(비전)을 고정하라: 명확한 Why는 사람과 기술을 끌어당기는 핵심 동력입니다.

- 혼(기술·방식)을 교체하라: 어제의 성공 모델을 붙잡는 순간 도태되므로, 자기
  파괴를 통한 자기진화가 필요합니다.

- 흐름의 중심이 되어라: 영이 방향을 제시하고 혼이 길을 만들 때, 비즈니스는 흐
  름을 따르는 것을 넘어 흐름 그 자체가 됩니다.

## 6.2 발산과 수렴: 아이디어를 현실로 만드는 생각의 리듬

내면의 나침반(영)을 세웠다면, 우리는 이제 그 방향에 따라 창의적인 아이디어를 내고, 그것을 현실적인 결과물로 만들어내는 과정을 밟아야 합니다. 이 창조의 과정은 마치 숨을 들이쉬고 내쉬는 것처럼, 두 가지 상반된 생각의 흐름이 리드미컬하게 교차하며 이루어집니다. 바로 '발산(Divergence)'과 '수렴(Convergence)'입니다.

'발산적 사고'는 아이디어를 자유롭게 확장하고 탐색하는 과정입니다. 이때는 비판이나 판단 없이, 가능한 한 많은 가능성을 생성하는 것이 목표입니다. 브레인스토밍이 대표적인 예입니다. "이 문제에 대한 해결책은 무엇일까?"라는 질문에 대해, 우리는 현실성이나 실현 가능성을 따지지 않고 엉뚱하고 기발한 아이디어들을 최대한 많이 쏟아냅니다. 이것은 우리의 '혼(魂)' 나선이 외부 세계를 향해 활짝 열리고, 새로운 경험과 정보를 적극적으로 받아들이는 역동적인 상태입니다.

반면, '수렴적 사고'는 흩어져 있는 아이디어들을 하나의 초점으로 모으고, 논리적인 분석과 평가를 통해 최선의 해결책을 선택하는 과정입니다. 이때는 명확한 기준과 원칙에 따라 아이디어들을 비교하고, 우선순위를 정하며, 구체적인 실행 계획으로 좁혀나가는 것이 목표입니다. 이것은 우리의 '영(靈)' 나선이 작동하여, 우리의 핵심 가치와 목적이라는 기준에 따라 수많은 가능성 중에서 '가장 나다운' 선택을 내리는 과정입니다.

문제는 많은 사람들이 이 두 가지 사고방식 중 한쪽에만 치우쳐 있다는 것입니다. '발산'만 하고 '수렴'을 못 하는 사람은 아이디어는 많지만 어느 것 하나도 제대로 실행에 옮기지 못합니다. 그는 늘 새로운 것에 흥미를 느끼고 여러 가지 일을 벌이지만, 마무리를 짓지 못하고 용두사미로 끝나기 일쑤입니다. 그의 삶은 가능성으로 가득 차 보이지만, 실질적인 결과물이 없어 공허합니다.

반대로, '수렴'만 하고 '발산'을 두려워하는 사람은 지나치게 비판적이고 현실에 안주하려 합니다. 그는 새로운 아이디어를 들으면 "그게 되겠어?"라며 부정적인 측면부터 봅니다. 그는 정해진 규칙과 절차에 따라 안정적으로 일을 처리하는 데는 능하지만, 예상치 못한 문제가 발생하거나 창의적인 해결책이 필요할 때는 속수무책입니다. 그의 삶은 안정적일지는 모르나, 성장과 혁신이 없어 정체되어 있습니다.

진정한 창조성은 이 두 가지 리듬을 자유자재로 넘나들 때 발현됩니다. 아이디어를 낼 때는 어린아이처럼 한계 없이 상상하고(발산), 아이디어를 실행할 때는 냉철한 전략가처럼 현실을 분석하는(수렴) 것입니다. 레오나르도 다빈치나 스티브 잡스 같은 위대한 혁신가들은 모두 이 두 가지 사고의 대가였습니다. 그들은 예술가의 감성으로 세상을 관찰하고(발산), 과학자의 이성으로 그것을 구현해냈습니다(수렴).



- **두 가지 사고**: 창조의 과정은 아이디어를 확장하는 '발산적 사고(혼)'와, 아이디어를 좁혀 선택하는 '수렴적 사고(영)'의 리드미컬한 반복이다.
- **불균형의 문제**:'발산'만 하면 실행 없는 몽상가가 되고, '수렴'만 하면 혁신 없는 관리자가 된다.
- **창조적 리듬**: 진정한 창조성은 두 사고방식을 자유롭게 넘나들며, 상상력과 현실 감각의 균형을 맞출 때 발현된다.

'아이디어'('영')를 '현실'('혼')로 만드는 과정은 '발산(Divergence)'과 '수렴(Convergence)'이라는 두 가지 생각의 리듬이 교차하는 춤입니다. '발산'(창의적 상상)만 있고 '수렴'(냉철한 실행)이 없으면 '무기력한 몽상가'가 되고, '수렴'만 있고 '발산'이 없으면 '영혼 없는 기술자'가 됩니다.

## 실천 사례 연구 1: 픽사(Pixar) - "훌륭한 아이디어는 처음엔 다 형편없다"

### 1. '발산'의 단계(Divergence): "추한 아기의 탄생"

픽사의 창의성('영')은 단순한 천재의 번뜩임('혼')에서 나오는 것이 아니라, '발산'과 '수렴'을 반복하는 체계적인 '시스템'('영혼 통합')에서 나옵니다. 에드 캣멀 사장은 이 반복적인 리듬을 가리켜 "추한 아기(Ugly Baby)를 키우는 과정"이라고 정의했습니다. 인사이드 아웃의 초기 아이디어('영')는 "11살 딸의 머릿속 감정"이라는 단순한 아이디어 스케치에서 시작되었습니다. 이 단계에서 픽사는 비판이나 평가와 같은 '수렴' 행위를 철저하게 금지하고, 오직 '발산'에만 집중합니다. 감독과 팀은 "슬픔이 말고 '자부심'은 어때?", "기쁨이가 아니라 '공포'가 주인공이면?" 등 모든 가능성의 아이디어를 제한 없이 탐색합니다.

### 1) '수렴'의 단계(Convergence): "브레인트러스트와의 연결"

'발산'을 통해 탄생한 '추한 아기'(초기 스토리보드)를 핵심 리더 그룹인 '브레인트러스트'에 공유하며 피드백을 받습니다. 이 단계는 본격적인 '수렴'의 시간으로, 동료들이 '가혹할 정도로 솔직한' 피드백을 가감 없이 던집니다. "스토리가 지루하다", "캐릭터가 공감이 안 간다" 등 기존 아이디어가 가진 문제점들을 냉철하게 분석하여 아이디어를 수렴시킵니다.

## 2) 다시 '발산'으로: "문제 해결을 위한 재도약"

감독은 '수렴' 과정에서 얻은 냉철한 피드백을 바탕으로 다시 '발산'의 단계로 회귀합니다. "왜 공감이 안 갈까?", "슬픔이의 역할이 뭘까?"와 같이 본질적인 문제를 풀기 위해 다시 '발산'적 사고('영')를 가동합니다. 인사이드 아웃은 이 과정을 통해 '슬픔'이 쓸모없는 감정이 아니라, '공감'을 부르는 핵심 감정이라는 위대한 '영'의 주제를 발견해 냈습니다.

## 3) 수백 번의 '발산-수렴' 리듬

픽사의 영화 한 편이 완성되기까지는 4~5년이 걸리며, 그동안 '발산'(아이디어 확장)과 '수렴'(피드백 및 축소)의 리듬이 수백, 수천 번 반복됩니다. '발산'만 하면 '몽상'에 그치고, '수렴'만 하면 '관료주의'에 빠지게 됩니다. '발산'과 '수렴'이 조화롭게 춤을 출 때('영혼'의 리듬), '추한 아기'('영')는 비로소 '걸작'('혼')으로 거듭납니다. 결국 '발산'의 자유로움에서 '영'의 창의성이 나오고, '수렴'의 냉철함에서 '혼'의 실행력이 비롯됩니다.

새로운 프로젝트를 시작할 때, 단계에 맞지 않는 사고를 하고 있지는 않은지 점검해야 합니다. '영'과 '혼'의 리듬을 맞추는 것이 아이디어를 현실로 만드는 가장 강력한 핵심입니다.

## 2. 영혼 이중나선 모델 분석 프레임: 픽사 사례 기반 전략

### 1) 이중 나선 모델의 필요성

비즈니스는 아이디어(영)와 실행(혼)의 균형에 의해 그 성패가 결정된다. 많은 사업가가 이 두 리듬을 구분하지 못해, 발산해야 할 시간에 비판하고 수렴해야 할 시간에 발산하며 비전의 흐림, 실행력 저하, 팀 혼란을 겪는다. 픽사는 '발산-수렴'이라는 듀얼 엔진을 통해 "추한 아기(Ugly Baby)"였던 아이디어를 세계적 걸작으로 성장시켰다. 오늘날 네트워킹·사업 확장·공간자산 전략도 이 영혼 리듬의 작동 여부가 성공과 실패를 가른다.

### 2) 영(비전) 기반 네트워크 구축 전략

강력한 네트워크는 영의 방향성에서 시작된다. 픽사의 발산 단계처럼, 비전이 사람을 모으고 기회를 끌어온다.


- 발산 네트워킹: 비전 중심 확장

"나는 왜 이 길을 가는가?(영)"를 명확히 말하는 사람에게 사람·자원·기회가 자연스럽게 몰린다. 초기엔 비판을 금하고 다양한 의견과 가능성을 적극적으로 모은다. 비전 공감대를 가진 사람들과 느슨한 관계망을 형성한다.
- 수렴 네트워킹: 실행 중심 정렬

'브레인트러스트'처럼 솔직한 피드백을 줄 핵심 그룹을 만든다. 관계를 '확장형 네트워크'와 '실행형 네트워크'로 구분한다. 비전과 어긋나는 관계는 과감히 정리하여 네트워크의 밀도를 높인다.


결과적으로 영이 네트워크를 끌어당기고, 네트워크는 혼의 실행력을 강화하여 비전이 현실로 이동하는 속도를 높인다.


### 3) 영혼 이중나선 모델의 실천 원리

픽사의 '발산-수렴' 시스템은 그대로 영혼 이중나선 구조와 연결된다.


- 영의 확장(발산 단계): 비판 없는 상상, 자유로운 이동, 다양한 가능성 탐색을 통해 본질·주제·가치가 자연스럽게 드러나며 "왜 이것을 하는가?"가 명료해진다.
- 혼의 정렬(수렴 단계): 냉철한 피드백, 구조화, 문제 지적, 선택과 집중을 통해 실행 가능한 전략으로 좁히고, 시스템·자원·조직을 비전에 정렬시킨다.

- 영혼의 반복 리듬: '영의 확장 → 혼의 정렬 → 영의 재구성 → 혼의 완성'으로 이어지는 반복 리듬이 성장 구조를 만들며, 이 상호작용이 아이디어를 시스템과 성과로 변환시킨다.

## 4) 피드백 루프와 영혼의 동시 상승

네트워킹·비즈니스·공간자산의 성공은 얼마나 빠르게 '발산-수렴 피드백 루프'를 돌리느냐에 달려 있다.

① 발산 루프 - 새로운 기회 발견: 기존 시장 정의에서 탈피하고 고객·파트너·공간 활용 방식을 재해석하여 혁신적 가능성을 포착한다.

② 수렴 루프 - 실행 강도 강화: 1~3개의 핵심 전략만 남기고 불필요한 관계·아이디어·비용을 정리하여 실행 속도를 향상시킨다.

③ 루프 반복 - 영혼 동시 상승: 발산은 영을 확장시키고 수렴은 혼을 단단히 만들며, 이둘의 반복은 정체된 사업을 재도약시키는 추진력이 된다.

## 5) 성공을 위한 5가지 실천 해법

비즈니스 성공은 "좋은 아이디어"보다 좋은 리듬에서 나온다. 영과 혼의 리듬을 구분할 줄 아는 사람만이 비전 있는 네트워크를 만들고 사업을 예술처럼 완성할 수 있다.

- 현재 나는 발산 중인가, 수렴 중인가를 항상 체크하라. 리듬을 모르면 생각과 조직은 흐트러진다.
- 발산 단계에서는 비판·판단을 금지하라. 자유로운 상상이 영의 나선을 확장시킨다.
- 수렴 단계에서는 감정·애착을 잠재우고 사실만 보라. 실행력을 높이는 것은 냉

철한 혼이다.

- 네트워크도 발산-수렴 구조로 관리하라. (발산: 다양한 사람과 연결/수렴: 핵심
  파트너만 정밀하게 묶기)
- 발산수렴 루틴을 일정표에 고정하라. (예: 월요일-발산, 수요일-수렴, 금요일-실행)

결과적으로, 생각의 리듬을 통제하는 자가 네트워크의 흐름을 만들고, 그 흐름이
결국 비전 있는 사업가의 성공을 결정한다.

**최종 메시지**

비즈니스는 영(비전)의 발산과 혼(실행)의 수렴이 맞물려 도는 이중나선입니다. 생
각의 리듬을 통제하여 영으로 기회를 끌어당기고, 혼으로 성과를 증명하십시오. 이
리듬이 정체된 사업을 깨우고 당신을 성공으로 이끕니다.

## 6.3 카이로스와 크로노스: 인생의 시간을 지배하는 두 가지 법칙

우리의 모든 활동은 '시간'이라는 무대 위에서 펼쳐집니다. 하지만 우리는 종종 시
간을 단 하나의 차원으로만 이해합니다. 바로 시계가 똑딱거리며 흘러가는 물리적
이고 양적인 시간, 고대 그리스인들이 '크로노스(Chronos)'라고 불렀던 시간입니다.
우리는 이 크로노스의 노예가 되어 살아갑니다. 마감 시간에 쫓기고, 분 단위로 스
케줄을 짜며, 더 짧은 시간에 더 많은 일을 해내려고(효율성) 발버둥 칩니다. '혼(魂)'
의 세계는 바로 이 크로노스의 법칙에 의해 지배됩니다.

하지만 고대 그리스인들에게는 시간을 이해하는 또 다른 차원이 있었습니다. 그
것은 바로 '카이로스(Kairos)'입니다. 카이로스는 시계로 잴 수 없는 질적인 시간, 즉

'의미 있는 순간' 혹은 '결정적인 기회의 때'를 의미합니다. 사랑에 빠지는 순간, 깊은 깨달음을 얻는 순간, 인생의 방향을 바꾸는 운명적인 만남의 순간. 이런 순간들은 1초에 불과할 수도 있지만, 우리의 인생 전체를 바꾸는 강력한 힘을 지니고 있습니다. '영(靈)'의 세계는 바로 이 카이로스의 법칙에 의해 움직입니다.

영과 혼의 시너지를 이룬다는 것은, 바로 이 크로노스와 카이로스라는 두 가지 시간의 흐름 위에서 동시에 살아가는 법을 배우는 것입니다.

'혼'의 시간인 **크로노스**를 지배하는 사람은 효율적이고 생산적입니다.

'영'의 시간인 **카이로스**를 감지하는 사람은 지혜롭고 통찰력이 뛰어납니다.

문제는 대부분의 사람들이 크로노스에만 매몰되어 카이로스를 놓치며 살아간다는 점입니다. 우리는 끊임없이 '다음 할 일(To-do list)'에 쫓기느라, 지금 바로 내 눈앞에서 펼쳐지고 있는 '의미 있는 순간'을 알아차리지 못합니다. 아이의 웃음소리, 창밖의 아름다운 노을, 친구의 따뜻한 위로. 이런 카이로스의 순간들이 주는 깊은 행복과 영감을 우리는 '나중에 시간이 나면' 즐기겠다며 무심코 흘려보냅니다.

영혼이 통합된 사람은 크로노스의 흐름 속에서 부지런히 노를 저으면서도, 동시에 카이로스의 바람이 언제 불어오는지 항상 주시하고 있는 현명한 뱃사공과 같습니다. 진정한 시간의 주인이 된다는 것은, 시간을 더 잘게 쪼개어 관리하는 것을 넘어, 매 순간을 '의미'로 채우는 것입니다.

- **시간의 주인이 되는 법**: 크로노스를 효율적으로 관리하되, 현재에 온전히 존재하며 카이로스의 순간을 알아차리고 붙잡을 때, 우리는 비로소 시간의 진정한 주인이 될 수 있다.



'크로노스(Chronos)'는 시계처럼 흘러가는 물리적, 객관적 시간입니다. ('혼'의 시간) "나는 40살이다", "3년이 지났다." '카이로스(Kairos)'는 의미 있는 순간, 결정적 기회입니다. ('영'의 시간) "지금이 바로 그때다."

우리는 '크로노스'('혼')의 노예가 되어 "나는 너무 늦었어"라고 말합니다. 하지만 위대한 성장은 '크로노스'의 나이와 상관없이, "지금이다"라는 '카이로스'('영')를 잡을 때 시작됩니다.



### 1. '크로노스'의 방황(10대~30대)

줄리아 차일드는 훗날 '미국의 프렌치 셰프'로 전설이 되었지만, 그녀가 '요리'라는 '영'을 만난 것은 '크로노스'의 시간으로 이미 30대 후반이었습니다. 그녀의 20대와 30대는 '요리'와 아무 상관 없는 '혼'의 시간이었습니다. 대학 졸업 후 광고 카피라이터로 일했고, 2차 세계대전 중에는 정보기관 OSS에서 기밀 문서를 다루는 행정가로 일했습니다. 단순히 '크로노스'의 시간으로만 본다면, 그녀는 '요리사'로서의 경력을 쌓는 데 20년 이상을 '낭비'한 셈이었습니다.

### 1) '카이로스'의 순간(36세): "인생이 바뀌다"

1948년, 그녀는 36세의 나이에 외교관 남편을 따라 프랑스 파리로 이주합니다.

그곳의 한 레스토랑에서 '솔 미니에르(Sole Meunière)'라는 생선 요리를 맛보는 순간, 그녀의 '카이로스('영')'가 찾아옵니다. 그녀는 이때를 "내 인생이 바뀐 순간"이라

고 회상했습니다. '프랑스 요리'라는 '영'이 그녀를 사로잡았습니다. '크로노스('혼')'
의 나이는 36세였지만, '카이로스('영')'의 시간은 바로 '지금'이었습니다.

### 2) '카이로스'를 향한 '혼'의 투입(37세~49세)

들었을 때, 그녀는 '늦었다'고 불평하지 않고 즉시 '혼'의 실행을 시작했습니다. "너
무 늦었다"고 포기하는 대신, 그녀는 '카이로스'를 잡기 위해 '혼'을 투입합니다. 37세
에 세계적인 요리 학교 '르 꼬르동 블루'에 입학합니다. (당시 모두가 그녀보다 어렸
습니다.) 이후 10년이 넘는 '크로노스('혼'의 시간)'를 투자하여, 700페이지가 넘는 방
대한 프렌치 요리책 집필에 몰두합니다.

### 3) 제2의 '카이로스'(49세): '혼'이 폭발하다

1961년, 49세의 나이에 그녀의 첫 책『프랑스 요리 기술 마스터하기』가 출간되며
'혼'이 폭발합니다. 50세가 넘어 시작한 TV 요리 쇼 〈The French Chef〉는 그녀를 미
국 전체의 '문화 아이콘('영혼'의 통합)'으로 만들었습니다.


결과적으로, '카이로스'는 '크로노스'의 물리적인 시간이 아닙니다. 줄리아 차일드
의 '크로노스'는 30대 후반에 '멈춘' 듯 보였습니다. 하지만 '영'의 부름('카이로스')을
들었을 때, 그녀는 즉시 '혼'의 실행을 시작했습니다. 당신이 "나는 40대라 늦었어"
또는 "나는 50대라 안 돼"라고 말한다면, 당신은 '크로노스('혼')'의 노예로 사는 것입
니다. 하지만 당신의 '영'이 "지금이다!"라고 외치는 '카이로스'의 순간을 잡는다면,
당신의 '크로노스'가 몇 살이든 당신의 '진짜 삶'은 그 순간 시작됩니다.


### 2. 영혼 이중나선 모델: 비즈니스 및 인생 전략

### 1) 이중나선 모델의 필요성

많은 사업자가 "나이는 많고 이미 늦었다"는 크로노스(혼의 시간)에 매여, 스스로

기회(카이로스)를 놓치고 있습니다. 실제 성공은 시간의 길이에 좌우되는 것이 아니라, '지금이다'라는 순간을 알아보는 영(비즈니스 비전)의 감각에서 시작됩니다. 줄리아 차일드는 36세에 비전(영)이 깨어났고 50세 이후에 실행(혼)이 폭발했습니다. 이 사례는 나이와 배경보다 '카이로스의 순간을 잡는 능력'이 인생과 비즈니스를 바꾼다는 강력한 증거가 됩니다. 따라서 문제는 "너무 늦었는가?"가 아니라, "비전의 신호(영)를 감지하고 그 순간 혼신을 다해 실행하는가?"에 있습니다.

## 2) 영(비전) 기반 네트워크 구축 전략

비즈니스 네트워킹은 단순한 숫자나 인맥의 크기가 아니라, 비전이 연결되는 사람·공간·기회의 네트워크를 만드는 과정입니다.

- [전략 1] '카이로스의 순간'을 말하는 사람들과 연결하십시오. 당신이 이 일을 하는 이유(Why)를 명확히 말할 때, 비전에 공명하는 사람들이 자연스럽게 모여 기회의 증폭 장치가 됩니다.
- [전략 2] 공간자산을 비전의 플랫폼으로 만드십시오. 카페나 교육장 등 당신이 가진 공간은 비전이 사람들과 만나는 무대가 되며, 이를 통해 '장소 중심 플랫폼 사업'으로 확장됩니다.
- [전략 3] 네트워크는 나이를 묻지 않습니다. 비전 기반 네트워크는 크로노스가 아닌 카이로스를 기준으로 성장하므로, 나이와 경력에서 벗어나 '뜻이 맞는 연결'을 만드는 데 집중해야 합니다.

## 3) 영혼 이중나선 모델의 실천 원리

- [원리 1] 영이 방향을 정하고 혼이 길을 만듭니다. "지금이야"라는 영적 신호와 즉각적인 소규모 실행이 결합될 때, 비로소 시장과 사람, 자원이 움직이기 시작합니다.

- [원리 2] 크로노스의 축적이 카이로스를 가능하게 합니다. 과거의 모든 경험은 결코 헛되지 않으며, 쌓아온 경험은 카이로스의 순간에 폭발력을 발휘하는 소중한 자산이 됩니다.
- [원리 3] 전환은 '발견-언어화-실행'의 순환에서 일어납니다. 영이 신호를 보내고 언어화가 명확한 판단을 만들 때, 실행은 비로소 의미를 현실로 바꿀 수 있습니다.

### 4) 피드백 루프와 영혼의 동시 상승 3단계

성공하는 비즈니스는 모두 영혼 피드백 루프를 갖습니다.
다음 3단계를 일상에 설계하십시오.

- 1단계: 느끼기(영의 시간) - 불안, 설렘, 불편함은 카이로스의 신호입니다. 자신의 내면에 매일 10분의 관찰 시간을 부여하십시오.
- 2단계: 기록하기(인식의 시간) - 신호를 언어화하면 비전이 선명해지고, 동시에 구체적으로 실행할 기준이 생깁니다.
- 3단계: 움직이기(혼의 시간) - 작은 행동이라도 시작하면 네트워크가 반응합니다. 이 과정을 통해 공간자산이 활성화되며 비전이 현실로 이동합니다.

결과적으로, 영(비전)의 강화, 혼(실행)의 확장, 네트워크의 심화, 공간자산의 재탄생을 통해 비즈니스는 '두 번째 성장곡선'을 타게 됩니다.

### 5) 성공을 위한 최종 실천 해법

- 지금의 불편함을 무시하지 마십시오. 그 감정은 바로 당신의 비전이 깨어나는 순간입니다.
- 공간·시간·관계를 재해석하십시오. 당신이 가진 모든 자산은 카이로스를 맞이하기 위한 준비 자원입니다.

- 즉시 소규모 실행을 시작하십시오. 작은 혼의 행동 하나가 예상치 못한 큰 기회를 열어줄 것입니다.
- 비전을 말하고 네트워크에 흘리십시오. 사람들은 제품보다 "이유"에 연결됩니다. 네트워크가 비전을 공유하는 사람들로 구성될 때 비즈니스는 폭발합니다.
- 영혼의 상승 루프를 일상에 설계하십시오. '느끼기→기록하기→움직이기'의 루틴은 카이로스의 순간을 반복적으로 생산해낼 것입니다.

> **최종 메시지**
>
> 진짜 성공은 크로노스의 나이가 아니라, 카이로스의 순간을 인식하고 실행하는 사람에게 옵니다. 당신의 영이 "지금이다"라고 말하고 있다면, 그 순간이 바로 두 번째 인생과 사업, 그리고 새로운 도약의 시작점입니다.

## 6.4 영혼의 자산 설계

### 1. 제6장 핵심 개념 요약

| 절(Section) | 핵심 개념(Core Concept) | 성장 전략(Growth Strategy) |
|---|---|---|
| 주역의 지혜 | **변역(變易)과 불역(不易)**: 변하지 않는 원칙(불역/영)을 중심으로, 변화하는 상황에 유연하게 대처(변역/혼)하는 것. | 변화를 두려워하지 않고 자연스러운 흐름으로 받아들이되, 자신의 핵심 가치를 굳건히 지키며 '때'에 맞는 최적의 행동을 선택한다. |
| 발산과 수렴 | **창조적 리듬**: 아이디어를 확장하는 '발산(혼)'과 최선의 것을 선택하는 '수렴(영)'의 균형 잡힌 반복. | 문제 해결 시, 의식적으로 발산의 시간(브레인스토밍 등)과 수렴의 시간(평가, 결정)을 분리하여 각 사고의 효율을 극대화한다. |
| 카이로스와 크로노스 | **두 가지 시간의 조화**: 양적인 시간(크로노스/혼)을 효율적으로 관리하고, 질적인 시간(카이로스/영)을 의미 있게 경험하는 것. | 스케줄 관리(크로노스)와 함께, '현재 순간'에 온전히 집중하는 마음챙김(카이로스)을 훈련하여 삶의 질을 높인다. |

## 2. 설계지침(실천방안)

본 장의 내용을 삶에 효과적으로 적용하기 위해 다음의 세 가지 지침을 따를 것을 제안한다.

① 당신의 '인생 계절'을 진단하라.

주역의 지혜를 빌려, 현재 당신의 삶이나 커리어가 어떤 '계절'에 있는지 진단해 보라. 새로운 시작을 준비하는 '봄(목)'인가? 열정적으로 확장하는 '여름(화)'인가? 결실을 거두고 정리하는 '가을(금)'인가? 아니면 내실을 다지며 다음을 준비하는 '겨울(수)'인가? 자신의 계절을 아는 것은, 지금 무엇에 집중하고 무엇을 경계해야 하는지 알려 주는 가장 확실한 전략 지도다.

② '아이디어 노트'와 '결정 노트'를 분리하라.

발산과 수렴의 사고를 분리하기 위해, 두 종류의 노트를 사용해 보라. '아이디어 노트'에는 어떤 비판이나 판단 없이 떠오르는 모든 생각과 가능성을 자유롭게 적는다. 며칠 후, '결정 노트'를 꺼내 아이디어 노트에 적힌 내용들을 당신의 핵심 가치와 현실적인 기준에 따라 냉철하게 평가하고, 실행할 것과 버릴 것을 결정한다. 이 물리적 분리는 당신의 뇌가 두 가지 모드를 더 효과적으로 사용하도록 돕는다.

③ '카이로스 캘린더'를 만들어라.

당신의 스케줄러(크로노스 캘린더) 옆에, 그날 경험했던 의미 있는 순간들을 기록하는 '카이로스 캘린더'를 만들어 보라. "예상치 못하게 친구에게서 위로의 전화를 받음", "산책길에 아름다운 노을을 보고 잠시 멈춤" 과 같이. 이 기록은 당신이 얼마나 많은 의미 있는 순간들 속에서 살고 있는지 깨닫게 해 주고, 당신의 삶을 숫자와 성과가 아닌, 의미와 감사로 채우는 습관을 길러줄 것이다.

# 제7장

# 혼(魂) 나선을 펼쳐라: 세상과 유쾌하게 상호작용하기

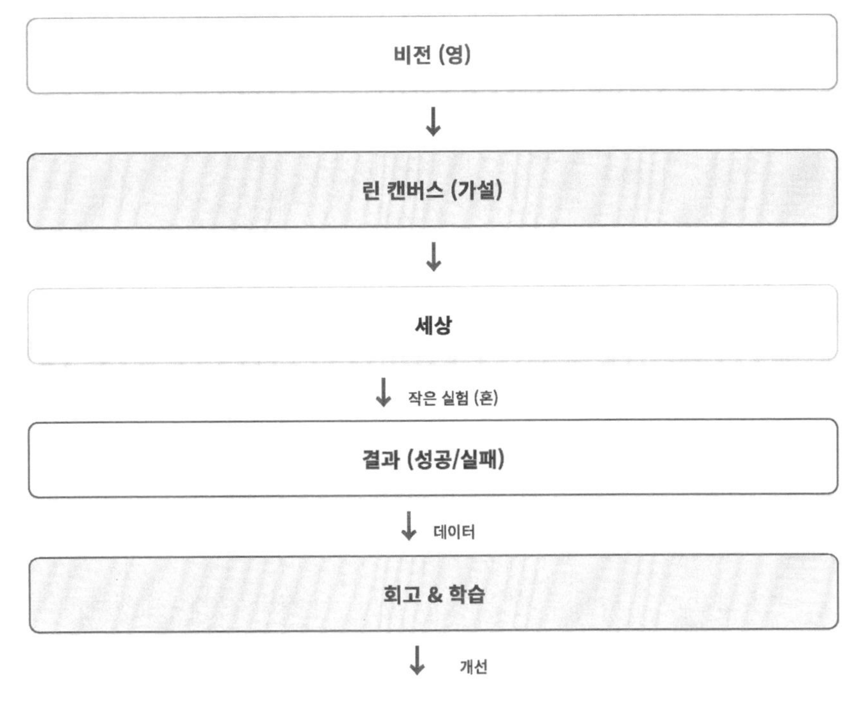


**비전을 실현하는 나선형 실행 모델**

**(A Spiral Execution Model to Realize Your Vision)**

**개념도 설명**: 내면의 나침반('영')을 세웠다면, 이제 세상 속에서 '혼'의 나선을 펼쳐야 합니다. 이는 '린 캔버스'를 통해비전을 구체적인 가설로 만들고, '작은 실험'을 통해 세상과 부딪히며 실패 데이터를 수집하고, '회고'를 통해 배우며 가설을 끊임없이 수정해나가는 순환 과정입니다.

## 7.1 첫걸음의 두려움: '린 캔버스'로 당신의 삶을 그려라

제1부의 마지막에서 당신은 가슴 뛰는 '영(靈) 선언문'을 완성했습니다. 이제 당신의 손에는 인생이라는 배를 이끌어갈 선명한 해도와 견고한 나침반이 들려 있습니다. 하지만 많은 사람들이 바로 이 지점에서 좌초하고 맙니다. 위대한 목적지를 눈앞에 두고도, 항구를 떠나는 첫 뱃고동을 울리기를 두려워하는 것입니다. '과연 내가 할 수 있을까?'라는 의심, '실패하면 어쩌지?'라는 불안, '무엇부터 시작해야 할지 모르겠다'는 막막함. 이 '첫걸음의 두려움'은 가장 뜨거운 열정마저 차갑게 식혀 버리는 강력한 마력을 지니고 있습니다.

이 두려움의 근원은 '불확실성'입니다. 우리는 완벽한 계획을 세우고, 모든 위험을 통제한 뒤에야 안전하게 출발하고 싶어 합니다. 하지만 인생이라는 항해에 '완벽한 계획'이란 존재하지 않습니다. 우리가 항해할 세상은 예측 불가능한 파도와 예기치 못한 폭풍으로 가득한 바다이지, 잔잔한 호수가 아니기 때문입니다. 완벽한 때를 기다리다가는 영원히 항구에 묶인 채 녹슬어가는 배의 신세를 면치 못할 것입니다.

그렇다면 이 두려움을 극복하고 불확실성의 바다로 용감하게 뛰어드는 방법은 무엇일까요? 해답은 '완벽한 계획'을 세우는 것이 아니라, '충분히 좋은 스케치'를 빠르게 그리고 일단 출발하는 데 있습니다. 실리콘밸리의 수많은 스타트업들을 성공으로 이끈 '린 스타트업(Lean Startup)' 방법론의 핵심 도구인 '린 캔버스(Lean Canvas)'는 바로 이럴 때 가장 강력한 무기가 되어줍니다. 린 캔버스는 수십 장짜리 사업계획서 대신, 단 한 장의 종이 위에 비즈니스의 핵심 요소 아홉 가지를 채워 넣어 아이디어를 빠르게 시각화하고 검증하는 도구입니다.

저는 이 강력한 도구를 당신의 '삶'을 위한 계획서로 재해석하고자 합니다. 당신의 '영 선언문'이라는 위대한 비전을, 구체적으로 실행 가능한 '인생 프로젝트'로 전환하는 것입니다. 거대한 꿈에 압도당하는 대신, 한눈에 파악할 수 있는 지도를 손에 쥐게 되는 셈입니다. 린 캔버스를 작성하는 과정은 당신의 머릿속에 있던 추상적인

‘영’의 아이디어를, 손에 잡히는 ‘혼’의 계획으로 물질화하는 첫 번째 단계입니다. 이 캔버스는 결코 한 번에 완벽하게 채울 수 없습니다. 아니, 그래서도 안 됩니다. 이것은 정답을 쓰는 시험지가 아니라, 가설을 적는 실험 노트이기 때문입니다.

## 에어비앤비의 탄생: 린 캔버스로 시작한 공유 경제 신화

2007년, 샌프란시스코의 두 청년 브라이언 체스키와 조 게비아는 비싼 월세를 감당하지 못해 어려움을 겪고 있었다. 마침 도시에서 열리는 디자인 컨퍼런스 때문에 호텔 방이 모두 동이 났다는 사실을 알게 된 그들은, 자신들의 거실에 에어 매트리스 세 개를 놓고 아침 식사를 제공하는 ‘에어 베드 앤 브렉퍼스트(Air Bed & Breakfast)’라는 간단한 아이디어를 떠올렸다.

그들은 거창한 사업 계획서를 쓰지 않았다. 대신, 그들의 아이디어는 린 캔버스의 핵심 요소들을 완벽하게 담고 있었다.


**문제**: 비싼 호텔과 부족한 숙소.

**고객**: 예산이 부족한 컨퍼런스 참가자.

**솔루션**: 현지인의 집 거실에 에어베드와 아침 식사 제공.

**고유 가치 제안**: 저렴한 가격과 현지인과의 교류.


그들은 이 간단한 가설을 검증하기 위해, 즉시 간단한 웹사이트를 만들고 세 명의 손님을 받았다. 이 ‘최소 실행 가능 제품(MVP)’을 통해 그들은 자신들의 아이디어에 시장이 반응한다는 귀중한 데이터를 얻었다. 에어비앤비의 신화는 완벽한 계획이 아닌, 이처럼 작고 빠른 실험에서 시작되었다.

## 영혼 이중나선 모델의 적용: '혼(魂)'의 낭비를 막는 '영(靈)'의 설계도

'혼(魂)' 나선을 펼칠 때 가장 큰 실수는 '영'(가치, 비전)이 검증되기도 전에, '혼'(제품, 실행)에 모든 자원을 쏟아붓는 것입니다. (1.4.3절 '불안한 완벽주의자'의 함정) '린 캔버스(Lean Canvas)'의 핵심은, '혼'을 실행하기 전에 '영'을 먼저 테스트하는 것입니다.

## 실천 사례 연구 1: 드롭박스(Dropbox)의 'MVP' 비디오

### 1. '혼'의 난관: 불안한 완벽주의자의 길

2007년, MIT 학생이었던 드류 하우스턴은 'USB를 잊어버리는' 고통('영'의 문제)을 겪었습니다. 그는 모든 컴퓨터의 파일을 '하나의 폴더'처럼 동기화하자는 아이디어('영'의 솔루션)를 떠올렸습니다. 그는 즉시 실체('혼'의 프로토타입)를 만들기 시작했지만, '파일 동기화' 기술은 상상 이상으로 복잡했습니다. 수개월간 개발 작업('혼'의 코딩)에 매달렸음에도 불구하고 제품은 완성되지 않았고, 시간과 돈 같은 소중한 자원('혼'의 자원)만 소모되었습니다.

### 1) '영'의 질문: 린 캔버스의 핵심

그는 제품('혼')을 무작정 완성하는 대신, 자신의 가설('영'의 가설)을 먼저 검증하기로 결정했습니다. "사람들이 과연 '파일 동기화'라는 개념('영')을 이해하고, 실제로 돈을 낼 의향이 있을까?"라는 질문을 던진 것입니다. 이것이 바로 '린 캔버스'의 '가치 제안(Value Proposition)'과 '고객 세그먼트'를 검증하는 핵심적인 단계입니다.

### 2) '혼'의 낭비를 막는 '영'의 테스트(MVP)

그는 '완벽한 제품'('혼')을 만드는 대신, '최소 기능 제품(MVP)'을 만들기로 합니다. 하지만 드롭박스의 MVP는 실제 구동되는 '제품'('혼')이 아니었습니다. 그것은 서비스의 '가치'('영')를 설명하는 3분짜리 '데모 비디오'였습니다. 그는 마치 제품이 실제로 작동하는 것처럼 보이는 비디오를 찍어, 기술 얼리 어답터 커뮤니티인 '해커 뉴스(Hacker News)'에 올렸습니다.

### 3) '영'이 '혼'을 증명하다

비디오를 통해 전달된 '가치 제안'('영')은 시장에서 폭발적인 반응을 일으켰습니다. 하룻밤 사이에 '대기자 명단'('혼'의 잠재 고객)이 5천 명에서 7만 5천 명으로 폭증했습니다. 드류 하우스턴은 제품의 코드를 단 한 줄도 완성하지 않고, 오직 가치('영')를 설명하는 비디오만으로 성공 가능성('혼'의 성공)을 증명해냈습니다. 그는 이 '검증된 가치'('영')를 가지고 Y-Combinator 등 투자자들로부터 개발 자금('혼')을 유치하는 데 성공했습니다.

### 4) '만들지' 말고 '검증'하라

'린 캔버스'로 삶을 그린다는 것은, 당신의 비전('영')을 위해 자신의 소중한 자원('혼'의 시간, 돈, 노력)을 무작정 쏟아붓지 말라는 뜻입니다. 드롭박스처럼, 당신의 아이디어가('영') '가치가 있다'는 것을 가장 적은 자원('혼')으로 확인(MVP)하는 것부터 시작하십시오. 오직 '검증된 가치'('영')만이 불필요한 노력의('혼') 낭비를 막을 수 있습니다.

## 2. 영혼 이중나선 모델: 비즈니스 성장 전략

### 1) 이중나선 모델의 필요성

사업가는 영(WHY)이 검증되지 않은 상태에서 혼(실행)을 먼저 사용하는 실수를 반복합니다. 검증 없는 제품 생산과 인력 투입은 결국 성장의 방향을 잃은 자원 낭비로 귀결됩니다. 드롭박스의 사례처럼, 코딩(혼) 이전에 3분짜리 영상(MVP)으로 비전(영)을 먼저 검증해야 시장은 폭발적으로 반응합니다. 핵심은 실행 능력이 아니라 비전 검증의 유무이며, 영이 설계하고 혼이 따를 때 비로소 성장의 나선이 상승합니다.

### 2) 영(비전) 기반 네트워크 구축 전략

비전부터 공유하라: 제품이 아니라 "내가 왜 이 일을 하는가?(WHY)"가 네트워크를 결속시키는 구심력이 됩니다.

- 작은 실험으로 연결을 요청하라: 콘텐츠 1개나 샘플 공간 같은 '가벼운 시그널'을 던져 비전에 공명하는 사람들을 스스로 연결되게 만드십시오.
- 공명자(Resonators)를 먼저 찾는다: 숫자의 크기보다 진동수(공감도)가 중요하며, 당신의 비전을 지지하는 '첫 100명'이 사업의 견고한 기반이 됩니다.

### 3) 영혼 이중나선 모델의 실천 원리

이중나선 모델은 영과 혼이 번갈아 상승하며 진화하는 구조를 가집니다.

- 영이 먼저 방향을 그린다: 의미 없는 실행을 사전에 차단하며, "왜 해야 하는가?"가 명확해지면 "무엇을 할 것인가?"는 자연스럽게 도출됩니다.
- 혼이 가장 작은 단위(MVP)로 검증한다: 완성이 아니라 '최소 실행'을 통해 시장의 반응을 확인하고 현장의 진실된 피드백을 수집하십시오.

- 피드백을 영으로 되돌려 정밀도를 높인다: '의미(영) → 실험(혼) → 배움 → 재정
  의(영)'의 반복이 사업가를 실패하는 사람이 아닌, 진화하는 창조자로 만듭니다.

### 4) 성공을 위한 5가지 실천 해법

- WHY 선언부터 하라: 비전 없는 실행은 낭비일 뿐이므로, 한 문장으로 "내가 존
  재하는 이유"를 명확히 정의하십시오.
- 작게 실험하라: 완성보다 검증이 우선입니다. 설명 영상이나 프로토 공간 등 1회
  성 시도부터 즉시 시작하십시오.
- 네트워크 반응을 지표로 삼으라: 문의, 댓글, 공유 등 사람의 감정 반응이 곧 영
  의 '시장 적합성'을 나타내는 척도입니다.
- 피드백으로 비전을 정교화하라: 영은 고정된 것이 아니라 진화하는 것이기에,
  반응의 본질을 추출하여 비전을 끊임없이 재작성하십시오.
- 검증된 영을 기반으로 확장하라: 영이 검증되면 혼은 길을 잃지 않으며, 이때의
  확장은 위험이 아니라 성장의 증폭이 됩니다.

---

**최종 메시지**

"비전(영)이 설계하고, 실행(혼)이 검증할 때 네트워크와 사업은 낭비 없이 상승합니
다. 사업가는 단순 실행자를 넘어, 실험으로 진화하는 창조자가 되어야 합니다.

## 7.2 경험이라는 최고의 스승: 실패 데이터는 어떻게 자산이 되는가?

'인생 린 캔버스'를 통해 당신의 비전을 실행 가능한 가설로 전환했다면, 이제 실
험복을 입고 '세상'이라는 거대한 실험실로 들어설 시간입니다. 많은 사람들이 실패

가 두려워 행동하기를 주저합니다. 하지만 과학의 역사를 보십시오. 모든 위대한 발견은 단 한 번의 성공으로 이루어진 것이 아니라, 수백, 수천 번의 '실패한 실험'들이 쌓인 결과물입니다. 실패는 성공의 반대말이 아니라, 성공으로 가는 과정에서 반드시 수집해야 할 '데이터'일 뿐입니다.

'린 스타트업'의 창시자 에릭 리스는 성공하는 기업들이 따르는 패턴이 '만들기-측정-학습(Build-Measure-Learn)'이라는 피드백 순환 고리를 최대한 빨리 반복하는 것이라고 밝혔습니다. 이 강력한 방법론은 우리의 인생에도 그대로 적용될 수 있습니다. '혼(魂)'의 나선을 성장시키는 가장 효과적인 방법은 바로 이 '삶의 실험'을 끊임없이 반복하는 것입니다.

이때 중요한 것이 바로 'MVP'의 개념입니다. '최소 실행 가능 제품'을 우리 삶에 적용하면 '최소 실행 가능 행동(Minimum Viable Action, MVA)' 혹은 '최소 실행 가능 변화(Minimum Viable Change, MVC)'라고 부를 수 있습니다. 이것은 당신의 가설을 검증하기 위해 최소한의 시간과 노력으로 시도해볼 수 있는 '작은 실험'을 의미합니다.

실패 데이터를 진정한 자산으로 전환하기 위해서는 '회고(Retrospective)'라는 의식적인 과정이 반드시 필요합니다. 회고란, 경험이 끝난 후에 그 과정을 되돌아보며 '무엇이 잘되었고(Keep), 무엇이 문제였으며(Problem), 다음에는 무엇을 다르게 시도할지(Try)'를 분석하는 체계적인 성찰의 과정입니다.

- **사실과 감정을 분리하라**: 실패의 순간, 감정의 안개가 걷히기 전까지는 객관적인 분석이 불가능하다.
- **원인을 분석하고 교훈을 추출하라**:"왜 이런 결과가 나왔을까?"라고 질문하며 근본 원인을 파고들어 일반화된 '교훈'을 정리한다.
- **다음 행동을 설계하라**: 추출된 교훈을 바탕으로, "다음번에 무엇을 다르게 행동할 것인가?"라는 구체적인 행동 계획을 세운다.

기억하십시오. 당신의 '혼'은 성공한 경험을 통해서만 성장하는 것이 아닙니다. 오히려 실패라고 불리는 수많은 데이터 포인트를 연결하고, 그 안에서 패턴과 교훈을 발견해내는 '학습(Learning)'의 과정을 통해 더욱 단단하고 지혜롭게 성장합니다.



## 영혼 이중나선 모델의 적용: '실패'를 '자산'으로 바꾼 연금술사

'혼'의 실행은 필연적으로 '실패'를 동반합니다. 대부분의 사람들은 '실패'('그림자')를 '좌절'('영'의 붕괴)로 받아들입니다. 하지만 '영'이 강한 사람은 '실패'를 '좌절'이 아닌 '데이터'('혼'의 자산)로 받아들입니다.

## 실천 사례 연구 1: 제임스다이슨(James Dyson)의 5,127번째 시도

### 1. '영(Vision)'의 탄생과 '혼'의 반복되는 실패

1978년, 제임스 다이슨은 '먼지 봉투 없는 진공청소기'라는 '영(비전)'을 떠올렸습

니다. 그는 이 비전을 실현하기 위해 '사이클론' 기술('혼')을 청소기에 적용하기 시작
했습니다. 하지만 '영'을 '혼'으로 구현하는 길은 험난했으며, 프로토타입은 계속해서
실패했습니다. 1년, 2년… 그렇게 5년이 지났습니다. 그는 5,126개의 '실패한 프로토
타입'('혼'의 실패)을 만들었습니다.

### 1) '실패'를 '데이터'로 치환하는 '영(Vision)'의 힘

이 과정에서 그는 아내의 교사 월급에 의지하며 파산 직전까지 몰렸습니다. 비록
'혼'은 완전히 무너졌지만, "이것은 반드시 된다"는 그의 '영'은 무너지지 않았습니다.
그는 훗날 "나는 5,126번 실패한 것이 아니라, 작동하지 않는 방식 5,126가지를 성공
적으로 발견한 것"이라고 말했습니다. 그는 '실패'를 종말이 아닌 '데이터'로 재정의
하며 '영'의 힘을 증명했습니다.

### 2) '데이터'가 쌓여 완성된 '혼(Action)'

5,126번의 '실패 데이터'('혼'의 자산)가 쌓인 끝에, 마침내 5,127번째 프로토타입이
성공했습니다. 이것은 그의 '영(비전)'이 5년간의 '혼(실패)'을 견뎌내고 마침내 '현실
(최종 완성된 혼)'이 된 순간입니다.

### 3) '실패 데이터'라는 최고의 진입 장벽

다이슨의 'G-Force' 청소기는 시장에서 폭발적인 성공을 거두었습니다. 후발 주자
들이 '사이클론' 기술을 모방하려 했지만, 다이슨을 따라잡을 수 없었습니다. 다이슨
의 진짜 '자산'은 완성된 제품이 아니라, 경쟁자들이 갖지 못한 '5,126번의 실패 데이
터' 그 자체였기 때문입니다.

### 4) 당신의 '영'을 시험하는 시금석

지금 마주한 상황을 '실패'라고 부를 것인가, '데이터'라고 부를 것인가? '혼'을 실행

할 때 마주하는 '실패'는 당신의 '영'을 시험하는 시금석입니다. 당신의 '영'이 약하면 10번째 '실패' 앞에서 좌절할 것이지만, '영'이 강하다면 5,126번째 '실패'를 '데이터'라 부르며 5,127번째 '혼'을 실행할 것입니다. 당신이 쌓아온 '실패 데이터'가 곧 당신의 가장 강력한 '자산'입니다.

## 2. 영혼 이중나선 모델 분석 프레임: 실패 데이터를 비전 자산으로 전환하는 전략

### 1) 이중 나선 모델의 필요성

모든 비즈니스는 '혼(실행)'의 과정에서 필연적으로 실패를 경험하며, 대부분은 실패를 감정적 좌절로 받아들여 성장의 흐름을 끊어 버립니다. 그러나 영혼 이중나선 모델은 실패를 혼의 붕괴가 아니라, 영의 재탄생을 위한 기회로 정의합니다. 문제의 본질은 실패 그 자체가 아니라, '나는 실패를 어떻게 해석하느냐'에 달려 있습니다. 실패를 '종말'로 볼 것인가, 아니면 '데이터'로 재정의하여 다음 실행의 설계도로 만들 것인가 하는 관점의 차이가 비전을 잃는 사람과 비전을 확장하는 사업가를 결정짓습니다.

### 2) 영(비전) 기반 네트워크 구축 전략

네트워킹은 단순히 숫자를 모으는 활동이 아니라, 비전이 사람을 끌어당기는 '자기장'을 형성하는 과정입니다. 제임스 다이슨이 5,126번의 실패 속에서도 "이것은 반드시 된다"는 비전을 놓지 않았기에, 그의 주변에는 결국 협력자, 고객, 투자자가 모여들었습니다. 비전은 네트워크의 출발점이며, 실패 데이터는 그 비전을 신뢰하게 만드는 강력한 증거가 됩니다. 이에 따라 비전 기반 네트워크 전략 3가지를 다음과 같이 제시합니다.

첫째, 실패 데이터를 공유할 때 신뢰가 형성됩니다. 숨긴 성공보다 공개된 실패가 사람을 더 강하게 움직입니다.

둘째, 비전과 실행의 반복 스토리가 '브랜드 자기장'을 구축합니다. 공간(카페, 교육장 등)에 스토리를 담을 때 비로소 네트워킹 허브가 됩니다.

셋째, 비전을 중심으로 한 관계는 단기 거래를 넘어 '동반 성장 집단'으로 진화합니다. 같은 방향을 보고 걷는 사람들은 자연스럽게 협력 생태계를 구축하게 됩니다.

### 3) 영혼 이중나선 모델의 실천 원리

영과 혼은 실패를 중심으로 다음과 같은 '나선형 진화 구조'를 형성합니다.

- 혼 → 실행 → 실패 → 데이터 생성: 혼은 시도하고 부딪히며 실패 데이터를 축적합니다. (예: 청년 창업가는 73개의 실패 속에서 패턴을 발견했습니다.)
- 영 → 실패 재정의 → 의미 발견 → 방향 재설정: 영은 실패를 종말이 아니라 '정보·패턴·통찰'로 재해석하며, 이 과정이 새로운 전략을 만드는 본질적 힘이 됩니다.
- 혼 → 새로운 실행 → 정교한 시스템 완성: 영이 부여한 의미로 혼이 다시 움직이며, 경쟁자가 따라올 수 없는 정교한 실행 시스템(자산)이 구축됩니다.

결과적으로 영이 실패를 해석하고 혼이 다시 시도하며, 둘이 함께 상승하는 구조가 바로 성공의 핵심 엔진입니다.

### 4) 피드백 루프와 영혼의 동시 상승

비즈니스의 진정한 차이는 성공 횟수가 아니라 '피드백 속도'에 있습니다. 다이슨의 수많은 실패는 시간 낭비가 아니라 후발 주자가 넘을 수 없는 '진입 장벽'이 되었고, 청년 창업가의 실패 기록은 그를 실패자가 아닌 '패턴 발견자'로 성장시켰습니다. 영혼 이중나선의 피드백 루프는 다음 6단계로 전개됩니다. ① 실패 발생 → ② 실패 기록 및 구조화 → ③ 패턴 발견 → ④ 영의 통찰 형성 → ⑤ 실행 시스템(혼)의 정교화 → ⑥ 더 큰 시도

이 루프가 반복될수록 영(비전)은 선명해지고 혼(전략·구조)은 정밀해져, 사업 전체가 위기에 흔들리지 않는 '성장 나선'으로 전환됩니다.

## 5) 성공을 위한 5가지 실천 해법

비즈니스 성공은 잘하는 사람이 아니라 실패를 해석할 줄 아는 사람에게 허락됩니다. 실패는 혼의 파괴가 아니라 영의 확장임을 명심해야 합니다.

- 실패 언어를 바꾸십시오: "실패했다"를 "데이터를 얻었다"로 전환하십시오. 언어의 변화가 뇌의 작동 방식을 혁신합니다.
- 실패 기록 시스템을 만드십시오: "무엇이, 왜 실패했나? 무엇을 배웠나?"를 단 3문장으로 기록하십시오.
- 작은 실험을 끊임없이 반복하십시오: 모든 운영에서 "작은 테스트-빠른 피드백-즉시 수정"을 성장의 핵심 원칙으로 삼으십시오.
- 실패 데이터를 공개해 네트워크 신뢰를 구축하십시오: 사람들은 성공담보다 진실한 '실험자'의 모습에 더 큰 매력을 느낍니다.
- 공간 자산을 '성장 경험 플랫폼'으로 설계하십시오: 공간이 실패와 성장의 스토리가 공유되는 장이 될 때, 비전 공동체가 형성됩니다.

**최종 메시지**

실패는 혼의 부서짐이 아니라, 영이 현실을 다시 설계하는 결정적인 순간입니다. 실패 데이터가 많을수록 비전은 강해지고 네트워크는 깊어지며 공간 자산은 의미를 획득합니다. 비전 있는 사업가는 실패를 두려워하지 않고, 그 실패를 자산으로 바꾸는 연금술사가 되어야 합니다.

## 7.3 [워크시트] 나의 혼(魂) 실행 계획서: 첫 30일 스프린트

지금까지 제1부의 긴 항해를 통해, 우리는 내면의 나침반을 따라 세상이라는 바다와 상호작용하는 구체적인 항해술을 익혔습니다. 린 캔버스로 지도를 그리고, 작은 실험으로 항로를 탐색했습니다. 이제 이론을 넘어, 당신의 배를 움직일 실제 '행동' 계획을 세울 차례입니다.

'나의 혼(魂) 실행 계획서'는 제4장에서 작성한 '영 선언문'을 현실로 만들기 위한 첫 번째 구체적인 액션 플랜입니다. 우리는 애자일의 원칙에 따라, 거창한 1년 계획 대신, 앞으로 '30일' 동안 집중할 단 하나의 '스프린트'를 설계할 것입니다. 이 30일의 여정은 당신의 '혼' 나선에 시동을 걸고, 성장의 관성을 만들어낼 가장 중요한 첫걸음이 될 것입니다.

아래 워크시트를 통해, 당신의 첫 30일 스프린트를 명확하고 실행 가능하게 설계해 보십시오. 가능한 한 구체적으로 작성할수록, 당신의 성공 확률은 높아집니다.

### 나의 혼(魂) 실행 계획서: 첫 30일 스프린트

### Step 1: 이번 스프린트의 핵심 목표(Sprint Goal)

당신의 '영 선언문'과 '인생 린 캔버스'를 다시 읽어 보십시오. 그것을 실현하기 위해, 앞으로 30일 동안 달성하고 싶은 가장 중요하고 구체적인 목표 하나를 설정하십시오. SMART(Specific, Measurable, Achievable, Relevant, Time-bound) 원칙에 따라 작성하면 좋습니다.

**예시**: 30일 동안 글쓰기 습관을 형성하여, 나의 '자기 발견 워크숍' 홍보를 위한 블로그 콘텐츠 4개를 완성하고 발행한다.

**나의 30일 스프린트 목표:**

---

## Step 2: 핵심 결과 지표(Key Results)

위의 목표가 달성되었는지 객관적으로 측정할 수 있는 2~3개의 결과 지표를 설정하십시오. 이 지표들은 당신의 노력이 올바른 방향으로 가고 있는지 알려 주는 세상의 피드백입니다.

**예시:**

블로그에 4개 이상의 글 발행 완료.

총 블로그 방문자 수 100명 달성.

워크숍 사전 신청 문의 1건 이상 받기.

**나의 핵심 결과 지표:**

---

## Step 3: 주간 실행 계획(Weekly Action Plan)

30일의 목표를 4개의 '주간 단위' 과업으로 잘게 나누십시오. 각 주마다 무엇에 집중해야 목표를 달성할 수 있을지 구체적인 행동을 계획합니다.

**예시:**

- 1주차: 블로그 개설 및 디자인 완료. 1주차 콘텐츠 주제 선정 및 자료 조사.
- 2주차: 1, 2주차 콘텐츠 초안 작성 및 발행.

- 3주차: 3, 4주차 콘텐츠 초안 작성 및 발행.

- 4주차: 발행된 글들을 SNS에 홍보. 전체 과정 회고 및 다음 스프린트 계획.

**나의 주간 실행 계획**:

- 1주차: ______________________________________________

- 2주차: ______________________________________________

- 3주차: ______________________________________________

- 4주차: ______________________________________________


### Step 4: 예상 장애물 및 해결 전략(Potential Obstacles & Solutions)

이 스프린트를 진행하면서 마주할 것으로 예상되는 장애물(내부적, 외부적)은 무엇인가요? 그리고 그 장애물을 어떻게 극복할 것인지 미리 전략을 세워보십시오.


**예시**:

- 장애물: 야근 때문에 글 쓸 시간이 부족할 것이다.

- 해결 전략: 매일 아침 출근 전 30분, 점심시간 20분을 글쓰기 시간으로 미리 확보한다.

- 장애물: 무엇을 써야 할지 막막해서 시작을 못 할 수 있다.

- 해결 전략: 글이 막힐 때는 AI에게 아이디어 브레인스토밍을 요청한다. 완벽한 글보다 '완성'을 목표로 한다.


**나의 예상 장애물 및 해결 전략**:

- 장애물 1: ______________________________________________

- 해결 전략 1: ______________________________________________

- 장애물 2: ______________________________________________

• 해결 전략 2: ______________________________________________

이 계획서를 작성한 당신은 더 이상 막연한 꿈을 꾸는 몽상가가 아닙니다. 당신은 자신의 삶을 주도적으로 설계하고, 세상 속에서 가치를 창조하는 '실행가'입니다. 물론 이 계획대로 모든 것이 진행되지는 않을 것입니다. 괜찮습니다. 중요한 것은 계획을 완벽하게 지키는 것이 아니라, 매주 '회고'를 통해 배우고, 다음 계획을 수정하며, 멈추지 않고 앞으로 나아가는 '애자일한 태도'입니다.

## 영혼 이중나선 모델의 적용: '완벽한 계획'을 이기는 '빠른 실행'

6.3절의 '30일 스프린트' 워크시트는 '애자일(Agile)' 철학('영')을 '혼'(실행)으로 옮기는 도구입니다. '완벽한 1년 계획'('혼'의 환상)을 세우는 대신, '불완전한 30일 실행'('혼'의 현실)을 반복하는 것이 어떻게 거대한 성공을 만드는지 스포티파이가 증명합니다.

## 실천 사례 연구 1: 스포티파이(Spotify)의 '스쿼드(Squad)'와 '스프린트'

1. 스포티파이는 '영'(음악을 즐기는 최고의 경험)을 구현하기 위해, 전통적인 '혼'(관료제, 폭포수 방식)을 파괴했습니다

### 1) '영'의 공유(Alignment)

스포티파이는 '무엇을(What)' 할지 지시하지 않고, '왜(Why)' 하는지인 '영'을 공유합니다. 예를 들어, '스쿼드'(작은 자율팀)에게 "이번 분기 '플레이리스트 발견' 경험을 3% 향상시키세요"라는 '영'(미션)을 부여합니다.

### 2) '혼'의 자율(Autonomy)

'어떻게(How)' 그 '영'을 달성할지는 '스쿼드'('혼'의 실행 주체)가 자율적으로 결정합니다. 이들은 1년짜리 '완벽한 계획'('혼')을 세우는 것에 집착하지 않습니다.

### 3) 짧은 '스프린트'('혼'의 리듬)

'스쿼드'는 1~2주의 짧은 '스프린트'를 통해 '작은 혼'(프로토타입, A/B 테스트)을 만듭니다. 이는 "가설 수립 → 최소 실행 → 데이터 측정 → 학습"의 사이클을 빠르게 반복하는 과정입니다.

### 4) 실행과 학습의 반복

'플레이리스트 발견'이라는 '영'을 위해, A팀은 'AI 추천'('혼' 1)을 테스트하고 B팀은 '친구 추천'('혼' 2)을 테스트합니다. 2주 뒤 '데이터'('혼'의 결과)를 확인하여, 'AI 추천'의 반응이 좋으면 그 방향으로 '혼'을 더 발전시키고, '친구 추천'의 반응이 나쁘면 즉시 '폐기'(실패 데이터화)합니다.

### 5) '계획'이 아닌 '진화'

스포티파이는 '완벽한 계획'('혼')을 따르는 조직이 아니라, '빠른 스프린트'('혼')를 통해 '진화'하는 유기체('영')입니다. 그들은 1년 뒤 '무엇'이 될지 정확히 모르지만, '영'(미션)을 향해 30일(혹은 1~2주) 단위로 '최선의 혼'을 실행하며 지속적으로 성장합니다.

### 6) 60일 계획이 아니라 '30일 실행'을 하라

'30일 스프린트' 워크시트의 핵심은 '30일치 계획'을 세우는 것이 아닙니다. 그것은 "30일 안에 무엇이든 실행하고 배우겠다"는 '영'의 선언입니다. 당신의 '영'(비전)을 위해 1년을 계획하는 '불안한 완벽주의자'가 되지 마십시오. 단 30일(혹은 1주)을 '실행'('혼')하고 '데이터'를 얻는 것이, '혼'의 나선을 펼치는 가장 빠르고 유일한 길입니다.

### 2. 영혼 이중나선 모델 분석 프레임

완벽보다 실행, 네트워킹 비즈니스와 공간자산을 진화시키는 30일 스프린트 전략

## 1) 이중 나선 모델의 필요성

많은 사업가들이 완벽한 계획을 세우느라 소중한 시간을 낭비하곤 합니다. 그러나 오늘날의 시장과 네트워크는 '예측'이 아니라 '실행 속도'와 '반복 학습'을 통해 성장한다는 점을 명심해야 합니다.

- 영(靈): 왜 존재하는가? 어떤 가치를 만들 것인가?(비전)
- 혼(魂): 무엇을, 어떻게 실행해 검증할 것인가?(실행)

사업의 문제는 대부분의 사람이 '영'을 잃지 않았지만, 오히려 '혼'의 실행이 느리거나 멈춰 있다는 점에 있습니다. 따라서 비즈니스 네트워킹과 공간자산 전략의 핵심도 "완벽한 설계"가 아니라 "빠르게 반복되는 실험의 축적"에 있습니다. 우리는 스포티파이처럼 30일 단위의 진화 모델을 적극적으로 채택해야 합니다.

## 2) 영(비전) 기반 네트워크 구축 전략

스포티파이는 "사용자가 음악을 더 잘 발견하도록 돕는다"는 단 하나의 영(Why)을 기준으로 모든 팀을 정렬했습니다. 이 방식은 비즈니스 네트워킹에도 그대로 적용됩니다.

비전 중심 네트워크(Why-Network): "내가 만들고 싶은 변화는 무엇인가?", "이 변화에 어떤 사람과 연결되어야 하는가?"를 스스로 질문해야 합니다.

네트워크는 단순한 숫자가 아니라, 비전에 반응하는 사람들의 구조로 설계되어야 합니다. 카페, 교육원, 스마트팜 등 모든 공간자산의 영을 설정할 때, '왜 이 공간이 존재해야 하는가?'가 먼저 결정되면 사람·콘텐츠·수익 모델이 자연스럽게 정렬됩니다.

사업가는 파트너와 고객에게 "무엇을 할지"가 아니라 "왜 하는지"를 명확히 알려야 하며, 그 순간 네트워크는 '거래 관계'에서 '미래 공동 창조 관계'로 격상됩니다

## 3) 영혼 이중나선 모델의 실천 원리

영은 방향을 만들고, 혼은 실험을 만듭니다: 스포티파이는 정해진 실행 계획 없이 스쿼드가 스스로 가설을 세우고 실행하게 함으로써 조직을 혁신했습니다.


① 계획보다 리듬 - 30일 스프린트: 1년 계획이라는 환상에서 벗어나, 30일 스프린트를 통해 혼의 나선을 눈에 보이게 회전시켜야 합니다.
② 실패는 폐기가 아닌 진화의 연료: 스포티파이처럼 "효과 없는 실행 = 데이터", "효과 있는 실행 = 확장"으로 구분할 때, 모든 시도는 영혼 나선의 성장에 기여합니다.
③ 피드백 루프와 영혼의 동시 상승: 영(비전)과 혼(실행)이 빠르게 교차할수록 사업과 네트워크는 유기체처럼 스스로 진화합니다.


## 4) 두 루프의 시너지와 비즈니스 핵심 기제

- 혼의 피드백 루프(Execution Loop): 실행 → 측정 → 조정/발산 → 수렴 → 개선의 과정을 반복합니다.
- 영의 피드백 루프(Meaning Loop): "이 방향이 나를 움직이게 하는가?", "이 실험은 내 비전과 일치하는가?", "에너지가 상승하는가?"를 지속적으로 점검합니다. 영의 명확성과 혼의 실행력이라는 최강 조합이 형성될 때, 이 피드백 구조는 다음과 같은 핵심 기제가 됩니다. 네트워크가 살아 움직이고, 공간자산이 지속적으로 개선되며, 사업모델이 점진적으로 정확해지는 결과를 초래합니다.


## 5) 성공을 위한 실천 해법

스포티파이는 미래를 예측하지 않는 대신, 매달 검증하며 미래를 직접 만들어냈습니다. 현대적 사업가 또한 같은 방식으로 성장해야 합니다.

먼저 1년 계획을 버리고 30일 스프린트를 채택하십시오.

30일 미션(영) 선언 → 매일 1회 실행(혼) 기록 → 30일 후 피드백

중요한 것은 "잘하는 것"이 아니라 "멈추지 않고 계속 움직이는 것"입니다.
관계, 사업, 공간을 모두 실험의 관점으로 바라보고, 30일마다 상승 나선을 그리며 비즈니스를 확장하시기 바랍니다.

---

**최종 메시지**

영(방향)을 세우고, 혼(실행)을 회전시켜라. 30일이면 인생과 사업의 나선이 완전히 달라진다.

---

## 7.4 영혼의 자산 설계

### 1. 제7장 핵심 개념 요약

| 절(Section) | 핵심 개념(Core Concept) | 성장 전략(Growth Strategy) |
|---|---|---|
| 첫걸음의 두려움 | **린 캔버스**: 비전('영')을 한 장의 실행 가능한 가설('혼')로 전환하는 도구. | 완벽한 계획을 세우는 대신, '충분히 좋은 스케치'를 빠르게 그리고, 작은 실험을 통해 검증하며 나아간다. |
| 경험이라는 스승 | **실패 = 데이터**: 실패를 두려움의 대상이 아닌, 학습을 위한 데이터로 재정의하는 관점. | '최소 실행 가능 행동(MVA)'으로 작게 실패하고, '회고'를 통해 실패 데이터로부터 교훈을 얻어 다음 행동을 개선한다. |
| 혼 실행 계획서 | **30일 스프린트**: 애자일 원칙에 따라, 거창한 장기 계획 대신 30일 단위의 실행 가능한 목표를 설정하고 반복하는 것. | '영 선언문'을 바탕으로 구체적인 목표, 측정 지표, 주간 계획, 장애물 대응 전략을 포함한 첫 30일 계획을 수립하고 즉시 실행한다. |

## 2. 설계지침(실천방안)

본 장의 내용을 삶에 효과적으로 적용하기 위해 다음의 세 가지 지침을 따를 것을 제안한다.

① 당신의 '린 캔버스'를 벽에 붙여라.

8.1절을 참고하여 당신의 '인생 린 캔버스'를 작성하고, 당신이 가장 잘 볼 수 있는 곳(사무실 벽, 컴퓨터 바탕화면 등)에 붙여두어라. 이것은 당신의 가설 지도다. 매일 이 지도를 보며, 당신이 현재 검증해야 할 가장 중요한 가설이 무엇인지 상기하고, 당신의 행동이 그 가설을 검증하는 방향으로 나아가고 있는지 점검하라.

② '실패 이력서'를 작성하라.

성공한 이력서와는 별도로, 당신이 도전했다가 실패했던 프로젝트나 경험들을 나열하는 '실패 이력서'를 만들어 보라. 각 항목마다 '무엇을 시도했는가?', '왜 실패했는가?', 그리고 '그 실패를 통해 무엇을 배웠는가?'를 기록하라. 이 과정은 실패를 부끄러운 과거가 아닌, 당신의 성장을 증명하는 자랑스러운 훈장으로 만들어 줄 것이다.

③ '주간 회고'를 신성한 의식으로 만들어라.

매주 일요일 저녁, 30분만이라도 시간을 내어 지난 한 주의 스프린트를 회고하는 시간을 가져라. "계획대로 잘된 것은 무엇인가?", "예상치 못했던 어려움은 무엇이었는가?", "다음 주에 더 잘하기 위해 무엇을 다르게 시도할 것인가?" 이 간단한 의식은 당신의 성장에 복리 이자를 붙여 주는 가장 강력한 시스템이 될 것이다.

# 거대한 재조정: AI, 일, 그리고 개인의 미래

'영혼 이중나선 모델'은 깨달음(뿌리)을 바탕으로 영혼의 성장(줄기)을 통해 현실에 공간자산(가지)을 창조하며 성장하는 모델이다.

성인(공자): '과이불개(허물을 고치지 않는 것)'가 진짜 잘못임을 지적하며, 자신의 부족함을 인정하고 고치려는 용기가 성장의 시작임을 강조합니다.

공명(共鳴): 메타인지와 5-Whys 기법을 활용해 내면의 어둠을 직면하고, 영혼 자산 상태를 객관적으로 파악하여 실질적 변화의 발판을 마련합니다.

# 제8장

# 일의 재구성: 초능력을 가진 전문가의 탄생

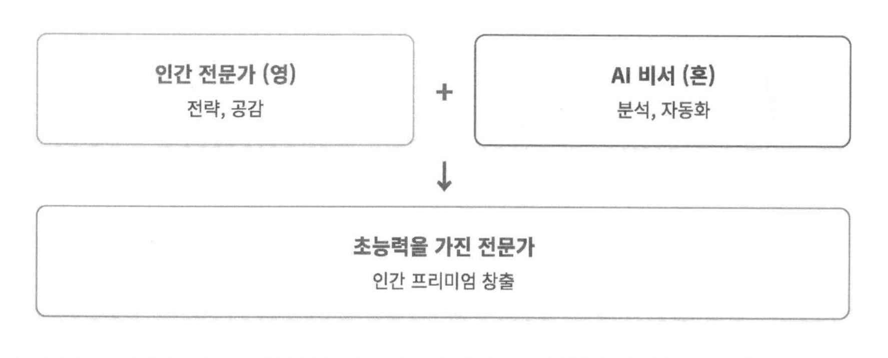


**AI 협업형 초능력 전문가 모델(AI Collaborative Superpower Expert Model)**

**개념도 설명**: AI는 인간의 일을 재구성합니다. AI는 '혼'의 과업(분석, 자동화)을 수행하고, 인간은 '영'의 영역(전략, 공감)에 집중하여 '인간 프리미엄'을 창출합니다. 이 둘의 협업을 통해 개인은 과거에는 불가능했던 역량을 발휘하는 '초능력을 가진 전문가'로 거듭납니다.

## 8.1 거대한 재조정: 일자리 대체에서 과업 자동화로

"인공지능(AI)이 내 일자리를 빼앗을 것이다." 이 공포 섞인 문장은 AI 시대를 살아가는 우리 모두의 마음속에 깊이 자리 잡은 불안의 근원입니다. 언론은 연일 AI로 인해 사라질 직업 목록을 발표하고, 우리는 그 목록에서 자신의 직업 이름을 발견할까 두려워합니다. 이러한 '일자리 소멸'에 대한 담론은 변화의 거대함을 실감하게 하지만, 동시에 문제의 본질을 흐리는 위험한 착시 현상일 수 있습니다. AI가 바꾸는 것은 '직업'이라는 거대한 덩어리가 아니라, 그 직업을 구성하는 수많은 '과업(Task)' 들이기 때문입니다.

예를 들어, '회계사'라는 직업을 생각해 봅시다. 과거의 회계사는 영수증을 정리하고, 장부를 기록하며, 세금을 계산하는 수많은 과업을 수행했습니다. 하지만 이제 이 과업들 중 상당수는 AI와 자동화 소프트웨어가 더 빠르고 정확하게 처리합니다. 그렇다고 해서 회계사라는 직업이 사라졌는가? 아닙니다. 오히려 유능한 회계사들은 단순 반복 업무에서 해방되어, AI가 분석한 재무 데이터를 바탕으로 기업의 장기적인 성장 전략을 자문하고, 복잡한 M&A 과정의 재무 리스크를 관리하며, 절세 방안을 창의적으로 설계하는 '전략적 조언가'라는 더 높은 가치의 과업에 집중하게 되었습니다.

문제의 핵심은, AI가 노동 시장에 가져오는 변화가 단순한 '대체(Replacement)'가 아니라, 일의 구성 요소와 가치의 우선순위가 완전히 재편되는 '거대한 재조정(The Great Rebalancing)'이라는 점을 이해하지 못하는 데 있습니다. AI는 인간의 '손발'이 되어 주던 반복적이고 정형화된 과업들의 경제적 가치를 급격히 떨어뜨리는 동시에, 인간의 '머리(전략적 사고)'와 '가슴(공감과 소통)'이 필요한 비정형적 과업들의 가치를 폭발적으로 높이고 있습니다. 이 거대한 재조정의 흐름을 읽지 못하면, 우리는 이미 가라앉고 있는 배의 갑판을 닦는 데만 열중하다가 결국 함께 침몰하게 될 것입니다.

이러한 재조정의 시대에 살아남고 번영하기 위해서는, 자신의 '직업'을 하나의 고정된 실체가 아니라, 다양한 과업들로 구성된 유연한 '포트폴리오'로 재정의해야 합니다. 그리고 그 포트폴리오를 끊임없이 리밸런싱하는 현명한 '펀드매니저'가 되어야 합니다. 지금 당장 당신이 일주일 동안 하는 모든 일을 과업 단위로 나열해 보고, 각 과업이 미래에 가치가 상승할 '성장 자산'인지, 아니면 가치가 하락할 '부실 자산' 인지를 냉정하게 평가해야 합니다. 당신의 '혼(魂)'의 포트폴리오에서 부실 자산의 비중은 줄이고, 성장 자산에 시간과 노력을 재투자하는 전략적 선택이 필요합니다.

**AI와 협업하는 의사: 진단의 기술자에서 치유의 파트너로**

메모리얼 슬론 케터링 암센터의 종양 전문의 닥터 첸은 AI 진단 보조 시스템을 그의 진료에 적극적으로 활용한다. 과거에는 그가 직접 수백 장의 조직 슬라이드를 현미경으로 보며 암세포를 찾아내야 했지만, 이제는 AI가 수초 만에 이미지를 분석하여 암 의심 부위를 정확히 표시해 주고, 수만 건의 최신 논문을 바탕으로 가장 적합한 치료법 후보들을 제안한다.

이로 인해 닥터 첸의 역할은 근본적으로 바뀌었다. 그는 더 이상 '암세포를 찾아내는 기술자'가 아니다. 그는 AI의 분석 결과를 검토하고, 환자의 고유한 상황(나이, 건강 상태, 가족력, 삶의 가치관 등)을 종합적으로 고려하여 최종 치료 계획을 결정하는 '의사결정의 지휘자'가 되었다. 또한, 진단에 쏟던 시간을 절약하여, 환자와 그의 가족들이 겪는 두려움과 고통에 공감하고, 그들의 힘든 여정에 동행하는 '치유의 파트너'로서의 역할에 더 많은 시간을 할애할 수 있게 되었다. 그의 직업은 대체된 것이 아니라, '혼(진단 기술)'의 과업이 AI로 증강되고, '영(생명 존중, 공감)'의 가치가 더욱 중요해지는 방향으로 재조정된 것이다.

> **핵심 투자 명언**
>
> AI는 과업을 재편, 가치 상향할 인간 고유 과업에 투자하라.
>
> - **관점의 전환**: AI는 '직업'을 대체하는 것이 아니라, 직업을 구성하는 '과업'을 자동화하고 재구성한다. 이는 '일자리 소멸'이 아닌 '가치의 재조정'이다.
> - **가치의 이동**: AI는 반복적이고 정형화된 과업(손과 발)의 가치를 하락시키고, 전략적 사고와 공감, 창의성이 요구되는 비정형적 과업(머리와 가슴)의 가치를 상승시킨다.

- **과업 포트폴리오**: 자신의 일을 과업 단위로 분석하고, 미래 가치가 하락할 과업의 비중은 줄이며, 가치가 상승할 인간 고유의 과업에 시간과 노력을 재투자하는 '포트폴리오 리밸런싱' 전략이 필요하다.

## 영혼 이중나선 모델의 적용: 과업자동화(일의 재구성)

AI 시대의 '일의 재구성'은 '일자리(Job) 대체'가 아니라 '과업(Task) 자동화'에서 시작됩니다. AI가 '혼'(기술적 과업)을 자동화할 때, 인간의 '영'(판단, 소통, 윤리)은 어떻게 더 높은 가치를 창출하는지, 영상의학과 의사의 사례를 통해 분석합니다.

## 실천 사례 연구 1: AI와 협업하는 영상의학과 전문의

### 1. AI가 자동화하는 '혼'(기술적 과업)

2016년 제프리 힌튼은 영상의학과 의사가 5년 안에 대체될 것이라 예언했으나, 8년이 지난 지금 의사들은 대체되는 대신 진화하고 있습니다. AI는 수백만 장의 의료 이미지를 학습하여 인간 의사보다 더 빠르고 정확하게 미세한 종양이나 골절을 찾아냅니다. 과거 의사의 핵심 '혼'이었던 단순 판독 업무가 AI에 의해 '자동화'되고 있는 것입니다.

### 1) '영혼 없는 기술자'가 직면한 위기

만약 영상의학과 의사의 '영'이 "나는 필름을 판독하는 기술자다"라는 단순 과업에만 머물러 있다면, 그는 결국 AI에 의해 대체될 수밖에 없습니다. 이는 과거 '필름 판매'라는 기술적 과업에 집착하다 디지털이라는 새로운 흐름에 대체된 코닥의 사례와 같습니다.

## 2) '영'의 진화(대체 불가능한 가치)

AI가 '판독' 업무를 맡아 주자, 의사의 '영'은 더 높은 가치의 '상위 과업'으로 이동하기 시작했습니다. AI가 '무엇(What)'을 찾으면, 의사는 환자의 복잡한 병력을 종합하여 '왜(Why)' 발생했는지 분석하고 최종 진단을 내립니다. AI는 '종양 의심'이라는 수치만 제시하지만, 의사는 환자의 두려움을 공감하며 진단 결과를 어떻게 전달할지 결정합니다.

의사는 진단 결과를 바탕으로 외과·내과 팀과 협력하여 최적의 치료 전략을 설계하는 컨트롤 타워 역할을 수행합니다. AI가 '90% 확률'이라고 말할 때, 나머지 10%의 불확실성을 안고 최종 결단을 내리는 것은 오직 인간의 몫입니다.

## 3) 'AI 판독가'에서 '진단 전략가'로

AI는 인간의 대항마가 아니라, 의사의 과업 중 단순 '혼'의 부분을 자동화해 주는 강력한 '조력자'가 되었습니다. 의사의 '영'은 단순노동에서 해방되어 진단, 소통, 전략, 윤리라는 고차원적인 영역으로 확장되었습니다.

## 4) 당신의 '혼'을 자동화하고 '영'을 강화하라

AI는 의사뿐만 아니라 모든 직업의 반복 과업을 가져갈 것입니다. 회계사의 기표, 변호사의 판례 검색, 마케터의 광고 세팅은 이미 자동화의 대상입니다. 당신의 '영'이 단순 반복 업무에 머물러 있다면 대체될 것이나, 재무 전략, 법률적 통찰, 브랜드 전략 등 '영'의 영역에 집중한다면 당신은 AI라는 초능력을 얻은 강력한 전문가가 될 것입니다.

## 2. 영혼 이중나선 모델 분석 프레임: AI 시대의 비전 전략

### 1) 이중 나선 모델의 필요성

AI 시대의 변화는 단순히 '일자리'의 소멸을 의미하는 것이 아니라, 과업(Task)

의 총체적인 재구성이다. AI는 인간의 '혼(기술·반복 업무)'을 빠르게 자동화하지만, '영(비전·판단·소통·윤리)'은 인간만이 수행할 수 있는 고유한 영역이다. 문제는 많은 비즈니스 사업자가 자신의 가치를 여전히 '혼(기술·절차)'에 두고 있어, AI에게 쉽게 대체된다는 점이다. 그러나 자신의 정체성을 '영' 기반 전문가(전략·의미·관계)로 재정의하는 사람은, AI를 활용해 더 큰 네트워크와 자산가치를 창출할 수 있게 되었다.

## 2) 영(비전) 기반 네트워크 구축 전략

AI는 기술을 평준화시키고, 사람들은 이제 비전(Why)·철학·가치에 따라 자발적으로 모이기 시작한다. 따라서 성공하는 네트워크는 단순한 기술 공유가 아니라, '영'을 중심으로 결속되는 네트워크여야 한다.


- 영 기반 네트워크의 3가지 실천 전략:
  ① 구조 설계: 같은 'Why'를 가진 사람끼리 연결되는 구조를 선제적으로 만들어야 한다.
  ② 공간 자산: 공간은 단순한 업무 장소를 넘어, 비전과 협업이 흐르는 전략적 허브가 되어야 한다.
  ② 질적 향상: AI가 반복 업무를 맡으면, 사업자는 관계 구축과 의미 설계 등 고도화된 대화에 집중하여 네트워크의 질을 높여야 한다.


## 3) 영혼 이중나선 모델의 실천 원리

성공하는 사람과 조직은 '영(비전)'과 '혼(실행)'을 이중나선처럼 상호 보완하며 함께 상승시킨다. 구체적인 실천 방식은 다음과 같다.


- 혼의 자동화: 판독, 데이터 입력, 광고 운영 등 반복 과업은 AI에게 맡겨 효율을

극대화한다.

- 영의 집중: 의미 해석, 치료 전략, 고객 감정 이해 등 대체 불가능한 가치에 인간
의 역량을 쏟는다.

비전이 강한 사람과 조직은 자연스럽게 기회가 모이는 중심축이 되며, 공간의 자산 가치 또한 함께 상승하게 된다.

### 4) 피드백 루프와 영·혼의 동시 상승

AI는 인간의 '혼'을 대신하며, 인간이 '영'에 집중할 수 있는 절대적인 시간을 벌어준다.

이 과정에서 영과 혼은 서로 상승하는 피드백 루프를 형성하게 된다.

- 1단계: AI가 혼을 자동화하여 불필요한 반복 업무를 제거한다.
- 2단계: 확보된 시간에 영을 강화하여 판단력과 전략적 관계를 성장시킨다.
- 3단계: 영의 깊이가 다시 혼의 효율을 높여, 비즈니스의 전반적인 속도가 가속화
된다.

### 5) 성공을 위한 최종 실천 해법

'내 일'에서 혼과 영을 명확히 분리하고, 혼은 AI에게 위임하되 나는 비전과 전략에만 전념해야 한다.

서비스의 'Why'를 중심으로 브랜드를 재정의하고, 제품이 아니라 비전을 파는 기업이 되어 시장을 지배해야 한다. 공간을 '일하는 곳'에서 '사람과 기회가 연결되는 플랫폼'으로 재설계하여 가치를 극대화해야 한다.

결과적으로, AI가 당신의 '혼'을 해방하는 순간, 강화된 당신의 '영'이 비즈니스를 무한히 확장시킬 것이다.

## 8.2 휴먼 임페러티브: 인간 가치가 존속하는 영역

자본주의 시장의 논리는 냉정합니다. 동일한 결과물을 더 저렴하고 빠르게 생산할 수 있는 대안이 나타나면, 기존의 비싸고 느린 방식은 도태됩니다. AI는 수많은 지식 노동 과업의 영역에서 바로 그 '더 저렴하고 빠른 대안'으로 등장했습니다. 이러한 상황에서 우리는 근본적인 경제적 질문에 직면합니다: "기계보다 비싼 인간은 어떻게 자신의 가치를 증명할 것인가?"

이 질문에 답하기 위해 인간이 AI와 '효율성' 게임으로 경쟁하려는 것은, 마치 인간 달리기 선수가 자동차와 100미터 경주를 하려는 것과 같이 무모한 일입니다. 이 게임의 규칙 하에서는 인간이 결코 이길 수 없습니다. 따라서 우리가 풀어야 할 문제는 '어떻게 AI보다 더 빨리 일할 것인가?'가 아니라, "AI가 제공하는 효율성의 가치를 뛰어넘는, 오직 인간만이 제공할 수 있는 차별적인 가치는 무엇인가?"입니다.

AI 시대에 인간의 경제적 가치는 효율성이 아닌, 오직 인간만이 줄 수 있는 희소한 경험과 관계에서 나옵니다. 시장은 이러한 희소한 가치에 기꺼이 추가적인 비용을 지불할 의향이 있으며, 우리는 이것을 '인간 프리미엄(Human Premium)'이라고 부를 수 있습니다. 이는 마치 공장에서 대량 생산된 가구보다 인간 장인이 수십 년의 경험을 담아 손으로 만든 가구에 훨씬 높은 가격이 매겨지는 것과 같은 원리입니다.

시장이 '인간 프리미엄'을 기꺼이 지불하는 순간, 즉 '휴먼 임페러티브(The Human

Imperative)'가 작동하는 영역은 크게 네 가지로 나누어 볼 수 있습니다.

첫째, 궁극적인 신뢰와 책임(Trust and Accountability)이 중요할 때입니다. 당신의 인생이 걸린 소송을 앞두고 있거나, 복잡한 수술을 받아야 하는 상황을 상상해 보십시오. 우리는 기계가 아닌, 나의 상황에 깊이 공감하고, 예측 불가능한 상황에 유연하게 대처하며, 결과에 대해 끝까지 책임을 져줄 '사람'에게 나의 운명을 맡기고 싶어 합니다.

둘째, 깊은 공감과 치유(Empathy and Healing)가 필요할 때입니다. 심리 상담, 코칭, 교육, 간호와 같은 '돌봄(Care)'의 영역은 인간 프리미엄이 가장 강력하게 작용하는 분야입니다. 기술이 발전할수록 역설적으로 사람들은 더 인간적인 연결과 따뜻한 공감을 갈망하게 될 것입니다.

셋째, 복합적인 이해관계의 조율과 협상(Complex Negotiation)이 필요할 때입니다. 중요한 비즈니스 협상이나 외교적 담판의 자리에서는 단순히 데이터를 분석하고 논리적인 주장을 펼치는 것만으로는 충분하지 않습니다. 상대방의 비언어적 신호를 읽고, 문화적 맥락을 이해하며, '인간 대 인간'으로서의 신뢰를 바탕으로 합의를 이끌어내는 능력은 AI가 흉내 낼 수 없는 고도의 예술입니다.

넷째, 새로운 비전과 영감(Vision and Inspiration)을 제시할 때입니다. AI는 과거의 데이터를 기반으로 미래를 '예측'할 수는 있지만, 아무도 가보지 않은 새로운 미래를 '상상'하고, 그 꿈을 향해 사람들의 마음을 하나로 모으는 '카리스마'를 가질 수는 없습니다.

**핵심 투자 명언**

AI 경쟁 대신, 인간 고유의 신뢰·공감·지혜·영감에 투자하라.

- **인간 프리미엄**: AI와의 효율성 경쟁을 포기하고, 오직 인간만이 제공할 수 있는 희소한 가치(신뢰, 공감, 지혜, 영감)를 창출하는 데 집중해야 한다. 시장은 이 가치에 기꺼이

추가 비용을 지불할 것이다.

- **신뢰와 책임**: 최종적인 판단과 책임을 져야 하는 중대한 의사결정은 인간의 고유 영역이다.
- **공감과 관계**: 기술이 발전할수록 인간적인 연결과 감성적 교감에 대한 갈망은 더욱 커지며, 이는 '돌봄' 영역의 가치를 높인다.
- **비전과 리더십**: 복잡한 이해관계를 조율하고, 불확실성 속에서 새로운 비전을 제시하여 사람들의 마음을 움직이는 것은 AI가 대체할 수 없는 리더의 역할이다.

## 영혼 이중나선 모델의 적용: AI가 줄 수 없는 '인간 프리미엄'

AI가 '효율성'('혼')을 극대화하는 시대에, 인간의 가치는 '효율'이 아닌 '경험', 즉 '휴먼 임페러티브(Human Imperative)'에서 나옵니다. AI는 '빠른 커피'('혼')를 만들 수 있지만, '따뜻한 공간'('영')을 제공하지 못합니다.

## 실천 사례 연구 1: 하워드 슐츠(Howard Schultz)의 '제3의 공간'

### 1. 경영 철학의 본질

스타벅스의 성공은 단순히 '커피의 맛'(혼)을 판매하는 것에 있는 것이 아니라, '공간의 경험'(영)을 제공하는 데 있습니다. 하워드 슐츠는 이탈리아 밀라노 여행 중, 에스프레소 자체가 단순히 '커피 기계'(혼)에서 나오는 결과물이 아님을 깨달았습니다. 그것은 '집'(1공간)도 '직장'(2공간)도 아닌, 사람들이 소통하고 휴식하는 '제3의 공간(The Third Place)'(영)이었습니다. 그는 "스타벅스는 커피(혼)를 파는 곳이 아니라, '제3의 공간'이라는 경험(영)을 제공하는 곳"이라고 정의하며 기업의 가치관인 '영'을 정의합니다.

### 1) ‘영’을 구현하는 ‘혼’의 설계

스타벅스의 모든 ‘혼’(매장, 음악, 가구)은 브랜드의 본질인 ‘영’을 위해 설계되었습니다. 스타벅스는 직원을 ‘종업원’이라 부르지 않고 ‘파트너’(영)라 부릅니다. 그들의 역할은 단순히 ‘커피 제조’(혼)가 아니라, 고객의 이름을 부르며 ‘인간적인 연결’(영)을 형성하는 것입니다. 편안한 소파, 따뜻한 조명, 와이파이, 콘센트 등 모든 ‘혼’은 “손님이 오래 머물러도 좋다”(영)는 메시지를 전달합니다. (당시 경쟁사들은 ‘테이크 아웃’으로 ‘회전율’(혼)을 높이는 데만 집중했습니다.)

### 2) ‘휴먼 프리미엄’의 위기(2008년)

2000년대 스타벅스는 ‘영’을 잃고 ‘혼’(효율성)에만 지나치게 매몰됩니다.

‘자동 에스프레소 머신’(혼)을 도입해 커피 추출 속도는 빨라졌지만, 바리스타와 고객의 ‘눈맞춤’(영)이 사라졌습니다. 매장에서는 ‘커피 원두 향’(영) 대신 ‘샌드위치 굽는 냄새’(혼)가 진동하게 되었습니다. ‘영’이 사라진 스타벅스는 ‘영혼 없는 기술자’가 되었고, 2008년 금융 위기 때 ‘혼’(매출)이 급락했습니다.

### 3) ‘영’의 복원(슐츠의 복귀)

CEO로 복귀한 슐츠는 ‘효율’(혼)이 아닌 ‘경험’(영)을 다시 되살립니다. 그는 미국 전 매장의 문을 닫고 ‘에스프레소 샷’을 내리는 ‘혼’의 교육을 다시 시킨 것이 아니라, “우리는 왜 이 일을 하는가?”라는 ‘영’의 교육을 다시 실시했습니다. ‘제3의 공간’이라는 ‘영’을 회복하자, 스타벅스의 ‘혼’(매출)은 다시 부활했습니다.

### 4) AI 시대, 당신의 ‘인간 프리미엄’은 무엇인가?

AI는 ‘효율적인 커피’(혼)는 만들 수 있지만, ‘따뜻한 눈맞춤과 위로’(영)는 줄 수 없습니다.

변호사, 의사, 교사, 관리자 등 당신의 ‘혼’(지식, 기술)이 AI로 자동화될 때, 오직 당신의 '영'(공감, 신뢰, 소통, 윤리)만이 고객이 기꺼이 돈을 지불하는 '휴먼 프리미엄'이 될 것입니다.

## 2. 영혼 이중나선 모델: AI 시대의 인간 프리미엄 전략

### 1) 모델의 개요 및 필요성

AI는 기술·속도·효율이라는 '혼(魂)'을 끝없이 확장시키지만, 비즈니스의 본질인 신뢰·경험·감정·연결이라는 '영(靈)'은 대체할 수 없습니다. 오늘의 네트워킹과 비즈니스는 "얼마나 많이 아는가?(혼)"가 아니라, "얼마나 깊이 연결되는가?(영)"가 승패를 결정합니다. 스타벅스가 단순히 커피 맛(혼)이 아니라 '머물고 싶은 제3의 공간(영)'을 팔아 성공했듯이, AI 시대의 경쟁력은 따뜻한 경험과 인간적 교감에서 나옵니다.

### 2) 영(비전) 기반 네트워킹 구축 전략

네트워킹의 본질은 정보 교환이 아니라 비전의 공명입니다.

사람은 기술(혼)에 즉각적으로 반응하지 않지만, 비전·가치·스토리(영)에는 자연스럽게 이끌리게 됩니다. 네트워킹 비전을 여는 핵심 질문은 다음과 같습니다.

- "나는 무엇을 파는가?"가 아니라, "사람들이 나에게서 무엇을 느끼길 원하는가?"
- "내 공간·브랜드·비즈니스는 어떤 감정적 약속을 제공하는가?"
- "사람들이 자발적으로 모이고 머물고 싶은 이유는 무엇인가?"

### 3) 영혼 이중나선 모델의 실천 원리

이 모델의 핵심은 영(비전)이 먼저 흐름을 만들고, 혼(전략·시스템)이 이를 구체화하며 서로 상승하는 구조를 만드는 것입니다. 스타벅스의 사례를 적용하면 다음과 같습니다.

- 영: "우리는 커피가 아닌 제3의 공간 경험을 제공한다."
- 혼: 파트너 문화, 조명 설계, 머물고 싶은 환경, 관계 중심 서비스를 구축한다.

실천 프레임워크는 4단계로 구성됩니다

① 영 선언: 존재 이유를 명확히 정의한다.
② 혼 설계: 영을 담아낼 수 있는 시스템을 구축한다.
③ 영·혼 연동: 실행 중 얻는 감정적 피드백으로 다시 영을 정교화한다.
④ 브랜드 정체성 강화: 감정적 경험이 네트워킹의 자발적 확장으로 연결되게 한다.

## 4) 비즈니스 피드백 루프 모델

비즈니스는 제품으로 성장하지 않고, 영혼의 구조가 선명해질 때 비로소 확장됩니다. 스타벅스의 위기 극복 사례처럼 기술 교육이 아니라 "우리가 왜 존재하는가?(영)"부터 다시 가르쳐야 합니다. 구체적인 피드백 루프 5단계는 다음과 같습니다.

① 고객의 감정 반응을 수집한다.
② 어떤 요소가 '영'을 살리고 죽이는지 분석한다.
③ 영 비전을 선명하게 보정한다.
④ 혼 시스템(마케팅·서비스·공간)을 재설계한다.
⑤ 다시 경험을 제공하고 반응을 측정한다.

이 반복은 브랜드·공간·네트워크·수익 모두를 성장시키는 '영혼 동시 상승 구조'를 만들어 냅니다.

## 5) 성공을 위한 5가지 실천 해법

- 영의 발견: "내 비즈니스가 세상에 주고 싶은 변화는 무엇인지 정의하기"
- 영 기반 네트워크 구축: 비전에 공명하는 사람과 자연스럽게 연결되는 구조 만들기
- 혼의 설계: 공간·콘텐츠·프로세스·제품을 모두 영 중심으로 재구조화하기
- 지속적 피드백 루프 운영: 고객 감정 → 영 조정 → 혼 업그레이드 → 경험 강화의 선순환
- 인간 프리미엄 강화: 공감·신뢰·스토리텔링·관계의 깊이를 키워 AI가 대체할 수 없는 가치를 창조하기

**최종 메시지**

AI 시대의 비즈니스 성공 공식은 '더 빨리'가 아니라 '더 깊게'입니다. 네트워킹은 관계를 모으는 기술이 아니라, 영을 중심으로 사람을 끌어당기는 장(field)을 만드는 일입니다. 영이 강렬하면 사람이 모이고, 공간이 자산이 되며, 비즈니스는 자연스럽게 성장합니다.


## 8.3 AI라는 최고의 비서: 프롬프트 엔지니어링은 삶의 기술이다

'영'의 나침반을 세우고, 세상 속에서 관계를 맺으며 실험을 시작한 우리에게, AI 시대는 위기일까요, 기회일까요? 많은 사람들이 인공지능이 인간의 일자리를 빼앗고 우리를 지배할 것이라며 두려워합니다. 하지만 영혼 이중나선 모델의 관점에서 보면, AI는 우리의 '혼(魂)' 나선을 역사상 그 어떤 도구보다 강력하게 확장시켜 줄 최고의 '비서'이자 '파트너'가 될 수 있습니다.

AI, 특히 챗GPT와 같은 생성형 AI의 핵심은 '질문'에 답하는 능력에 있습니다. 그리고 AI로부터 얼마나 유용한 답을 얻어낼 수 있느냐는 전적으로 '우리가 얼마나 좋은 질문을 던지느냐'에 달려 있습니다. 이 '좋은 질문을 만드는 기술'이 바로 '프롬프트 엔지니어링(Prompt Engineering)'입니다. 저는 이 프롬프트 엔지니어링이 단순히 AI를 잘 다루는 기술을 넘어, 복잡한 세상 속에서 문제의 본질을 꿰뚫고 창의적인 해결책을 찾아내는 21세기의 핵심적인 '삶의 기술'이라고 믿습니다.

흥미롭게도, 좋은 프롬프트를 만드는 원리는 우리가 제1부와 제2부에서 탐구했던 '자기 자신에게 좋은 질문을 던지는 원리'와 정확하게 일치합니다.


- **명확한 목표(Goal)**: 좋은 프롬프트는 AI에게 무엇을 원하는지 명확하게 정의해야 한다.
- **풍부한 맥락(Context)**: AI는 당신이 제공하는 맥락 안에서만 사고할 수 있다.
- **구체적인 역할 부여(Persona)와 제약 조건(Constraints)**: AI에게 구체적인 역할을 부여하고 제약 조건을 걸면 결과물의 품질이 비약적으로 향상된다.


이처럼 AI와 제대로 소통하는 능력은 곧 자기 자신과 세상을 깊이 이해하는 능력과 직결됩니다. '영'의 나선이 튼튼한 사람, 즉 자신의 '왜'가 명확하고 문제의 본질을 꿰뚫는 질문을 던질 줄 아는 사람만이 AI라는 강력한 도구의 진정한 주인이 될 수 있습니다.

AI는 당신의 '혼'을 강화하는 최고의 파트너입니다. 당신의 시간과 에너지를 절약해 주고, 당신의 창의력을 증폭시켜, 당신이 더 본질적인 '영'의 활동에 집중할 수 있도록 돕습니다.


- **아이디어 발상(발산)**: 막막한 문제 앞에서 AI에게 브레인스토밍을 요청하며 발산적 사고를 촉진할 수 있다.

- **계획 수립(수렴)**: 쏟아낸 아이디어들을 AI에게 평가하고 실행 계획을 세워달라고 요청하며 수렴적 사고를 도울 수 있다.
- **학습과 성장**: 어려운 지식을 쉽게 설명해달라고 요청하거나, 자신의 결과물에 대한 피드백을 구하며 학습의 속도를 비약적으로 높일 수 있다.

AI 시대를 두려워하지 마십시오. AI는 '영'이 없는 '혼'만의 노동이 얼마나 허무한 것인지를 역설적으로 보여 주는 거울과 같습니다. 당신만의 고유한 '왜'를 발견하고, 세상을 향해 깊이 있는 질문을 던지며, 새로운 가치를 창조하는 능력은 결코 AI가 대체할 수 없는 인간 고유의 영역입니다.

> **핵심 투자 명언**
>
> AI 경쟁 대신, 인간 고유의 신뢰·공감·지혜·영감에 투자하라.
>
> - **프롬프트 엔지니어링 = 삶의 기술**: AI에게 좋은 질문을 던지는 능력은 문제의 본질을 파악하고 창의적 해결책을 찾는 핵심 역량이다.
> - **영(靈)이 주도하는 기술 활용**: 자신의 '왜(영)'가 명확한 사람만이 AI라는 강력한 도구('혼'의 확장)의 진정한 주인이 될 수 있다.
> - **AI, 창의적 파트너**: AI를 단순 업무 자동화 도구를 넘어, 아이디어 발상, 계획 수립, 학습 등 고차원적 사고를 돕는 창의적 파트너로 활용해야 한다.

### 영혼 이중나선 모델의 적용: AI 조수와 함께 '10배'의 성과를 내는 전문가들

'프롬프트 엔지니어링'은 단순히 '명령'을 내리는 '혼'의 기술이 아닙니다. 그것은 AI라는 '최고의 비서'('혼')를 활용해, 나의 '영'(본질적 목적)을 달성하는 '소통의 기술'이자 '삶의 기술'입니다.

## 1. AI는 개발자를 '대체'하는 것이 아니라, 개발자에게 '초능력'을 부여하고 있습니다

### 1) AI가 담당하는 '혼'(단순 코딩)

GitHub의 '코파일럿(Copilot)'은 개발자가 '주석'(예: "# 사용자 로그인을 위한 함수를 만들어 줘")만 작성하면, 그에 필요한 코드('혼')를 90%까지 자동 완성해 줍니다. 이로 인해 과거의 '반복적이고 지루한 코딩'('혼'의 과업)이 이제는 AI 비서에게 넘어갔습니다.

### 2) 인간이 집중하는 '영'(설계와 전략)

개발자는 단순한 '코딩'('혼')의 노동에서 해방되어, 더 본질적인 '영'의 영역에 집중할 수 있게 되었습니다. 인간 개발자는 "이 서비스의 '아키텍처(구조)'('영')를 어떻게 설계할 것인가?", "어떤 '알고리즘'('고차원 혼')이 가장 효율적인가?"와 같은 핵심 과제에 몰두합니다. 결국 AI가 '나무'('혼')를 심는 동안, 인간은 전체적인 '숲'('영')을 설계합니다.

### 3) 생산성 10배 향상의 시대

'코파일럿'을 활용하는 개발자는 이를 쓰지 않는 개발자보다 적게는 2배에서 많게는 10배까지 높은 생산성('혼'의 성과)을 보입니다. AI 비서를 '잘 부리는'('영'의 질문) 개발자와, '혼자' 모든 것을 하려는('혼'의 집착) 개발자 사이의 격차는 앞으로 더욱 극단적으로 벌어질 것입니다.

## 2. 영혼 이중나선 모델: AI 시대 네트워킹 비즈니스 성공 전략

### 1) 모델의 정의 및 핵심 가치

영혼 이중나선 모델 분석 프레임은 "네트워킹 비즈니스 사업가가 확고한 비전을 갖고 10배 성장하기 위한 시스템"입니다. 네트워킹의 성공은 단순히 기술에서 오는 것이 아니라 '영(비전)'의 일관성에서 비롯됩니다. AI는 인간을 대체하는 기술이 아니라, 인간의 '혼(실행)'을 대신함으로써 '영(비전)'을 해방시키는 강력한 확장 장치입니다. 이 시대의 가장 큰 문제는 능력의 부족이 아니라 '의도의 부재', 즉 '영의 흐릿함'에 있습니다.

### 2) 영(비전) 기반의 네트워킹 구축 전략

사업가에게 가장 중요한 자산은 사람·공간·자본이 아니라 바로 '비전(영)' 그 자체입니다. 비전은 네트워크를 강력하게 끌어당기는 중심 자석과 같은 역할을 수행합니다. AI는 '어떻게 할까(혼)'라는 기술적 문제를 해결해 주지만, 사람은 '왜 해야 하는가?(영)'라는 본질적 가치에 의해 움직입니다. 영이 명확한 리더는 AI를 통해 콘텐츠·전략·자료·설계를 10배 빠르게 실행하며, 이를 통해 네트워크 구성원에게 '속도와 확신'을 제공합니다.

### 3) 영혼 이중나선 모델의 실천 원리

① 혼(실행)의 자동화 - AI에게 위임

개발자는 GitHub Copilot으로 코드를 90% 자동화하고, 마케터는 AI로 카피와 이미지를 즉시 생성합니다. 사업가는 메시지, 제안서, 전략안, 공간 기획까지 AI로 빠르게 초안을 작성합니다. 즉, 반복·속도·정확성 중심의 '혼'의 영역은 전적으로 AI가 수행하도록 합니다.

② 영(비전)의 확장 - 인간의 역할 강화

인간은 "이 사업의 본질적 목적은 무엇인가?", "이 네트워크가 해결하려는 문제는 무엇인가?"와 같은 본질적 질문에 집중해야 합니다. AI가 '나무(혼)'를 심는 동안, 인간은 전체적인 '숲(영)'을 설계하는 데 주력합니다.

## 4) 피드백 루프와 영혼의 동시 상승 시스템

AI 시대의 고성과 사업가들은 '생각 → 실행 → 피드백 → 개선'의 루프를 비약적으로 빠르게 회전시킵니다.

① 단계별 피드백 루틴

- 영 명확화: "이 자료의 목적은 무엇인가?", "고객이 어떤 감정을 느끼길 원하는가?"를 먼저 자문합니다.
- 혼의 구체화(AI 실행 매뉴얼화): 목표·형식·톤·조건을 정확히 전달하여 AI에게 비전 기반의 실행을 명령합니다.
- 즉각 피드백(영의 조율): AI의 결과물을 바탕으로 "더 따뜻한 버전으로 바꿔줘"와 같이 비전에 맞게 조율합니다.

이러한 강력한 피드백 구조는 사업가의 영혼을 빠르게 성장시키며, AI는 그 영혼을 10배의 속도로 현실에 구현합니다.

## 5) AI 시대 사업가의 5가지 실행 해법

네트워킹 비즈니스 사업가는 AI 시대에 다음 5가지를 반드시 실행해야 합니다.

- 비전을 먼저 선언하라(영): 비전이 없는 네트워크는 확장되지 않습니다. 당신의 'Why'가 AI를 움직이고 사람을 모으는 동력이 됩니다.
- 실행(혼)은 과감히 AI에게 맡겨라: 자료, 기획안, 공간 디자인, 콘텐츠 제작 등은 AI가 인간보다 훨씬 빠르고 정확함을 인정해야 합니다.
- AI와의 대화를 일상화하라(영혼 피드백): 매일 10분, AI와 대화를 반복하며 나의 비전을 더욱 선명하게 정제하는 시간을 가지십시오.
- 사람·공간·자산을 비전 중심으로 재구성하라: AI가 만드는 속도는 당신의 비전

이 네트워크 전체를 유기적으로 움직이게 만듭니다.

- 'AI 오케스트라의 지휘자'가 되어라: 당신이 지휘하고 AI가 연주하며, 네트워크는 그 선율을 따라오게 하는 리더십이 필요합니다.

> **최종 메시지**
>
> AI는 당신의 영혼을 증폭시키는 최고의 파트너입니다. 비전(영)이 명확할수록 AI(혼)는 강력해지고, 네트워크는 자연스럽게 확장됩니다. AI를 제대로 활용하는 순간, 당신은 비전을 가진 네트워킹 사업가로서 기존보다 10배 더 빠르게 성장할 것입니다.

## 8.4 영혼의 자산 설계

### 1. 제8장 핵심 개념 요약

| 절(Section) | 핵심 개념(Core Concept) | 성장 전략(Growth Strategy) |
|---|---|---|
| 거대한 재조정 | **과업 자동화**: AI는 '직업'이 아닌 '과업'을 대체하며, 일의 가치를 반복 업무에서 전략적/창의적 업무로 재조정한다. | 자신의 일을 '과업 포트폴리오'로 분석하고, AI로 자동화 가능한 과업의 비중을 줄이며, 인간 고유의 고부가가치 과업에 집중한다. |
| 휴먼 임페러티브 | **인간 프리미엄**: AI가 할 수 없는, 인간 고유의 가치(신뢰, 공감, 복합적 조율, 비전)에 시장은 기꺼이 추가 비용을 지불한다. | 자신의 전문 분야에서 '인간 프리미엄'이 발휘되는 영역을 정의하고, 그 역량을 강화하는 데 의식적으로 노력한다. |
| AI라는 최고의 비서 | **프롬프트 엔지니어링**: AI에게 좋은 질문을 던져 그 잠재력을 최대한으로 이끌어내는 능력. | AI를 단순한 검색 엔진이 아닌, 나의 '혼'을 확장하는 창의적 파트너로 여기고, 명확한 목표와 맥락, 역할을 부여하는 질문을 연습한다. |

## 2. 설계지침(실천방안)

본 장의 내용을 삶에 효과적으로 적용하기 위해 다음의 세 가지 지침을 따를 것을 제안한다.

① 자신의 '과업 포트폴리오'를 감사(Audit)하라.

이번 주, 당신이 수행한 모든 업무를 시간 단위로 기록하고, 각 과업을 '자동화 가능', 'AI로 증강 가능', '인간 고유'의 세 가지 범주로 분류해 보라. 만약 '자동화 가능' 과업에 50% 이상의 시간을 쓰고 있다면, 당신의 커리어는 심각한 위험에 처해 있다는 신호다. 당장 그 시간을 줄일 수 있는 AI 도구를 찾아 학습하고, '인간 고유' 과업의 비중을 높이기 위한 구체적인 계획을 수립하라.

② '인간 프리미엄'이 발휘되는 순간을 의식적으로 설계하라.

고객과의 미팅이나 중요한 협상에 임할 때, 단순히 준비된 데이터와 논리만으로 설득하려 하지 마라. 의도적으로 미팅 시간의 일부를 할애하여 상대방의 개인적인 이야기나 고민을 듣는 '공감의 시간'을 설계하라. 당신의 제안이 상대방의 비즈니스 목표뿐만 아니라, 그의 개인적인 가치관과 비전과도 어떻게 연결되는지를 보여 주는 '스토리'를 준비하라. 이러한 '인간 프리미엄'의 순간들이 결국 거래의 성패를 결정한다.

③ 당신만의 'AI 비서 활용법'을 구축하라.

당신의 전문 분야에서 가장 반복적이고 시간이 많이 소요되는 업무가 무엇인지 정의하고, 그 문제를 해결해 줄 수 있는 AI 툴(ChatGPT, Midjourney, 각종 전문 분석 AI 등)을 최소 3개 이상 찾아 테스트하라. 처음에는 어색하고 시간이 더 걸리는 것처럼 느껴질 수 있다. 하지만 꾸준히 사용하여 당신의 워크플로우에 맞는 최적의 '활용법'을 구축하면, 당신의 생산성은 비약적으로 향상될 것이다. AI를 두려워하지 말고, 당신을 더 강하게 만들어 줄 파트너로 길들여라.

제9장

# 애자일하게 살아가기: 계획이 아닌 적응을 위하여

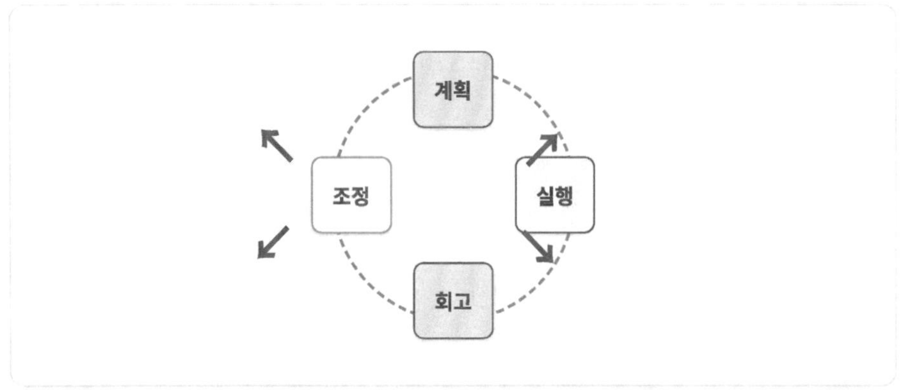

**계획보다 적응: 애자일 라이프 사이클**

**(Adapting Rather Than Planning: The Agile Life Cycle)**

**개념도 설명**: '애자일하게 살아간다'는 것은 고정된 장기 계획을 따르는 대신, '계획 → 실행 → 회고 → 조정'이라는 짧은 순환(스프린트)을 반복하는 것입니다. 변화하는 현실로부터 끊임없이 피드백을 받아 다음 계획을 조정함으로써, 우리는 예측 불가능한 세상에 유연하게 '적응'하며 성장해 나갈 수 있습니다.

## 9.1 세상이라는 실험실: 가설을 세우고, 작게 실패하라

당신의 '영(靈)'이 가리키는 방향으로 나아가기로 결심했다 해도, 그 길은 결코 명확하게 포장된 고속도로가 아닙니다. 그것은 안개 자욱한 미지의 숲과 같습니다. 숲에 들어가기 전에 완벽한 지도를 그리려는 시도는 무모하며, 결국 당신을 출발선에 영원히 묶어두게 될 것입니다. 진정한 탐험가는 완벽한 지도를 기다리는 대신, 나침반(영)을 손에 쥐고, 한 걸음 내디더 보고(혼), 그 결과를 통해 길을 수정해 나갑니다.

'혼(魂)'의 나선을 성장시키는 가장 효과적인 방법은 바로 이 탐험가의 태도, 즉 당신의 삶을 거대한 '실험실'로 바라보는 것입니다. 제6장에서 우리는 '린 캔버스'를 통해 당신의 비전을 실행 가능한 '가설'로 전환했습니다. "나는 사람들의 성장을 돕는 일에 열정을 느낄 것이다", "나의 경험이 다른 사람에게 도움이 될 것이다"와 같은 것들 말입니다. 이 가설이 맞는지 틀리는지 확인하는 유일한 방법은 머릿속으로 시뮬레이션하는 것이 아니라, 현실 세계에서 직접 부딪쳐보는 것입니다.

'린 스타트업'의 창시자 에릭 리스는 성공하는 기업들이 따르는 패턴이 '만들기-측정-학습(Build-Measure-Learn)'이라는 피드백 순환 고리를 최대한 빨리 반복하는 것이라고 밝혔습니다. 이 강력한 방법론은 우리의 인생에도 그대로 적용될 수 있습니다. 이때 중요한 것이 바로 'MVP(Minimum Viable Product, 최소 실행 가능 제품)'의 개념입니다. 이것은 당신의 가설을 검증하기 위해 최소한의 시간과 노력으로 시도해볼 수 있는 '작은 실험'을 의미합니다.

- **가설**: "나는 회사를 그만두고 전업 작가가 되면 행복할 것이다."
- **잘못된 접근(거대한 실패)**: 아무런 준비 없이 홧김에 사표를 던지고 글쓰기에 매달린다.
- **올바른 접근(작은 실험, MVA)**: "매일 퇴근 후 1시간씩 글을 써서, 3개월 안에 블로그에 10개의 글을 올린다."

이 작은 실험을 통해 당신은 '내가 정말 매일 글을 쓸 만큼 글쓰기를 좋아하는가?', '내 글에 다른 사람들이 반응하는가?'와 같은 실패해도 안전한 귀중한 데이터를 얻을 수 있습니다. 세상이라는 실험실에서 우리는 과학자의 태도를 배워야 합니다. 객관적으로 관찰하고, 결과가 아닌 학습에 집중하며, 민첩하게 방향을 전환하는 용기를 가져야 합니다. 더 이상 실패를 두려워하지 마십시오. 당신의 삶 전체를 건 거대한 도박을 하는 대신, 오늘 당장 시작할 수 있는 작은 실험을 설계하십시오.

**인스타그램의 탄생: 실패한 실험에서 배운 교훈**

오늘날 수십억 명이 사용하는 인스타그램의 시작은 화려하지 않았다. 창업자 케빈 시스트롬이 처음 만들었던 앱은 '버븐(Burbn)'이라는 이름의 위치 기반 소셜 네트워크 서비스였다. 기능은 복잡했고, 사용자들의 반응은 미지근했다. 그는 실패를 인정하고 싶지 않았지만, 데이터를 냉정하게 분석하기로 했다.

데이터 분석 결과, 사용자들은 버븐의 복잡한 기능 대부분을 사용하지 않았지만, 유독 '사진 공유' 기능에만 열광적으로 반응한다는 사실을 발견했다. 그는 이 데이터로부터 결정적인 교훈을 얻었다. "사람들은 복잡한 기능을 원하는 게 아니라, 자신의 일상을 쉽고 아름답게 공유하고 싶어 한다."

그는 과감하게 기존의 모든 기능을 버리고, 오직 사진 공유라는 단 하나의 핵심 기능에만 집중하여 앱을 완전히 새로 만들었다. 이것이 바로 인스타그램의 탄생이다. 만약 시스트롬이 첫 실패를 '데이터'로 보지 않고, 자신의 아이디어에 대한 '인격적 모독'으로 받아들였다면, 그리고 실패한 앱을 과감히 버리는 '방향 전환(Pivot)'의 용기를 내지 못했다면, 인스타그램은 결코 세상에 나올 수 없었을 것이다.

> **핵심 투자 명언**
> 실패는 작게, 실험 반복으로 배우고 성장하라.
>
> - **삶 = 실험실**: 인생을 하나의 거대한 실험실로 여기고, 자신의 비전을 검증 가능한 '가설'로 전환해야 한다.
> - **작게 실패하라**: '최소 실행 가능 행동(MVA)'을 통해, 실패의 비용을 최소화하는 작은 실험을 반복하며 안전하게 학습해야 한다.

- **만들기-측정-학습**: 작은 실험을 실행하고(만들기), 그 결과를 객관적인 데이터로 관찰하며(측정), 거기서 얻은 교훈을 통해(학습) 다음 행동을 개선하는 순환 고리를 빠르게 반복하는 것이 성장의 핵심이다.

## 영혼 이중나선 모델의 적용: '완벽한 혼'을 버리고 '검증된 영'을 택하다

'애자일하게 살아가기'의 핵심은 '완벽한 계획'('혼')을 세우는 것이 아니라, '핵심 가설'('영')을 '작게 테스트'하고 '빠르게 실패'하는 것입니다. 이는 7.4.1절의 '린 캔버스'와 7.4.2절의 '실패 데이터'가 결합된 실천편입니다.

## 실천 사례 연구 1: '버번(Burbn)'에서 '인스타그램'으로의 피벗(Pivot)

### 1. 버번의 작은 실패가 인스타그램의 거대한 성공을 불러오다

### 1) '영'의 가설(설정과 분석)

"사람들은 자신의 위치를 체크인하고, 계획을 세우고, 친구들과 사진을 공유하며 소통하고 싶어 한다." 하지만 초기 '영'이 너무 복잡했습니다. 이 '영'을 구현하기 위해, '버번' 앱은 체크인, 사진 공유, 포인트 적립, 친구 만나기 등 온갖 기능('혼')이 집약된 '무거운' 앱이었습니다. '혼'은 복잡했지만, '영'(가설)은 틀렸습니다. 사용자들은 '버번'을 쓰지 않았습니다. 그 이유는 앱이 너무 복잡했기 때문입니다. '영혼 없는 기술자'였다면 "더 많은 기능"('혼')을 추가했을 것입니다. 하지만 시스트롬은 '실패 데이터'를 분석했습니다. 그는 딱 '하나'의 기능, 즉 '사진 필터 및 공유'('작은 혼')만 사용자들이 열광적으로 사용한다는 '데이터'를 발견했습니다.

### 2) '영'의 재정의(피벗)와 '혼'의 재편

그는 "사람들은 복잡한 소통이 아니라, 자신의 일상을 아름답게 공유하고 싶어 한다"라고 '영'을 재정의(피벗)했습니다. 만약, '사진 공유'라는 '영'에만 집중한다면, 시장은 반응할까?" 라는 의문을 가졌습니다. 그는 '버번'이라는 '완벽한 혼'을 버리는 '작은 실패'를 감수했습니다. 그 결과 8주 만에 '버번'의 모든 기능('혼')을 제거하고, 오직 '사진 찍기, 필터 적용, 공유'라는 3가지 '핵심 혼'만 남긴 새 앱을 만들었습니다. 이것이 바로 '인스타그램'의 탄생입니다.

### 3) '작은 실패'가 낳은 '거대한 성공'

'버번'은 '완벽한 계획'('혼')이었지만 실패했습니다. 반면 '인스타그램'은 '가설 검증'('영')과 '작은 실패'('혼'의 데이터)를 통해 탄생하여, 단 18개월 만에 페이스북에 10억 달러(약 1조 원)에 인수되었습니다. '실패'를 두려워 말고, '데이터'를 사랑하십시오. 당신의 삶에서 '작게 실패한다'는 것은, 당신의 '영'(가설)을 검증하기 위해 '최소한의 혼'(실행)을 투입하는 것입니다.

'혼'의 낭비를 막고 싶다면, 당신의 '영'(가설)을 세상이라는 실험실에서 '작게' 테스트하고, 그 '실패 데이터'를 기꺼이 당신의 자산으로 삼아야 합니다.

## 2. 영혼 이중나선 모델: 비즈니스 성공을 위한 실행 전략

### 1) 모델의 필요성: 왜 완벽한 계획보다 검증인가?

네트워킹과 비즈니스, 그리고 공간·자산 사업이 실패하는 가장 큰 이유는 '완벽한 혼(계획·기능·구조)'을 만들어야 한다는 강박 때문입니다. 하지만 시장과 고객은 계획의 완성도가 아니라 '명확한 영(가설·비전)'의 검증 속도에 반응합니다. 완벽주의는 실행을 늦추고, 이러한 실행 지연은 데이터를 축적하지 못하는 결과를 초래합니다. 데이터가 없으면 비전은 흐려지게 되고, 비전이 흐려지면 네트워크는 움직이지 않습니다. 따라서 문제는 부족함이 아니라 '과잉된 혼'에 있습니다. 핵심은 크고 완벽한 계획이 아니라, 작게 실행하고 빠르게 배우는 구조를 구축하는 것입니다.

## 2) 네트워크 구축 전략: 비전을 중심으로 연결하라

효율적인 네트워크는 단순히 사람을 많이 만나는 것이 아니라, 명확한 영(Why)을 중심으로 연결되는 생태계에서 탄생합니다. 네트워킹 비즈니스의 본질을 다음의 세 가지 질문으로 점검해야 합니다.

첫째, 내가 검증하려는 핵심 가설(영)은 무엇인가?
둘째, 이 가설 검증을 도와줄 파트너와 고객은 누구인가?
셋째, 최소 실행(혼)으로 무엇을 즉시 보여줄 수 있는가?

즉, 네트워킹은 단순한 관계 확장이 아니라, 비전을 빠르게 검증하기 위한 피드백 시스템입니다. 명확한 영이 있을 때, 비로소 사람·공간·자산·협력자 모두가 자발적으로 정렬되는 네트워크 구조가 만들어집니다.

## 3) 실천 원리: 영은 단순하게, 혼은 가볍게

영혼 이중나선 모델이 성공하는 이유는 "본질(영)은 단순하고, 실행(혼)은 가볍게"라는 원리를 따르기 때문입니다. "이 비즈니스가 세상에 주려는 단 하나의 핵심 가치는 무엇인가?"를 정의해야 합니다. 이 핵심 가치가 진짜인지 확인하기 위해 필요한 최소한의 기능과 서비스만을 구현합니다. 실행 과정에서 얻는 실패 데이터는 영을 다시 정교하게 만들고, 정교해진 영은 불필요한 혼을 제거하게 합니다. 이 반복이 바로 영혼의 동시 진화이며, 모든 혁신 기업이 갖는 공통된 성장 방식입니다.

## 4) 피드백 루프: 작은 실패가 큰 방향을 만든다

비즈니스와 네트워킹의 속도는 "피드백을 얼마나 빠르게 받아들이는가?"에 의해 결정됩니다.
선순환의 상승 스파이럴 구조는 다음과 같습니다.

- 작은 실패 → 데이터 확보

- 데이터 → 영(가설)의 보정

- 보정된 영 → 혼의 재구조화(더 단순하고 명확하게)

- 단순한 혼 → 더 빠른 실험

- 더 빠른 실험 → 더 많은 피드백


이 선순환의 결과로 네트워크는 깊어지고, 공간과 자산은 높은 효율성으로 수익과 협력 관계를 창출합니다. 작게 실패하는 사람만이 크게 성공하는 이유가 바로 여기에 있습니다.


## 5) 성공을 위한 3단계 실천 해법

① 1단계 영을 세워라: 단 하나의 가설을 명확히 정의하십시오.

- "고객이 진짜 원하는 한 가지는 무엇인가?"

- "나의 공간·자산·네트워크가 검증할 핵심 가치는 무엇인가?"

이처럼 영의 명확성은 곧 네트워크의 방향성이 됩니다.


② 2단계 혼을 줄여라: 최소 실행(MVP)으로 빠르게 실험하십시오.

- 완벽한 계획 대신 하루나 일주일 안에 가능한 최소 실행을 해야 합니다.

- 작은 시제품, 작은 공간 테스트, 작은 네트워크 이벤트부터 시작하십시오.

작게 실패해도 잃는 것은 없으며, 오히려 얻게 되는 데이터는 큽니다.


③ 3단계 피벗(Pivot)하라: 데이터 기반으로 즉시 보정하십시오.

- 실패 데이터를 두려워하지 말고 가장 큰 자산으로 삼아야 합니다.

- 데이터가 지시하는 방향으로 영을 보정하고 혼을 다시 설계하십시오.

이때 필요하다면 과거의 '버번'을 버리고 새로운 '인스타그램'을 선택할 용기가 필요합니다.



## 9.2 피드백이라는 거울: 나를 비추는 세 가지 창

경험이라는 스승이 우리에게 실패 데이터를 통해 가르침을 준다면, '피드백 (Feedback)'은 타인이라는 거울을 통해 우리가 보지 못하는 자신의 모습을 비춰 주는 또 다른 위대한 스승입니다. 우리는 결코 스스로를 완벽하게 객관적으로 볼 수 없습니다. 나의 장점은 당연하게 여기고, 나의 단점은 애써 외면하거나 아예 인식조차 못 하는 경우가 많습니다. '혼(魂)'의 성장은 이처럼 내가 모르는 '맹점(Blind Spot)'을 발견하고 개선해나갈 때 비약적으로 이루어지며, 피드백은 그 맹점을 비춰 주는 유일한 빛입니다.

하지만 대부분의 사람들은 피드백을 두려워하고 싫어합니다. 특히 비판적인 피드백을 들으면, 우리는 그것을 '나에 대한 공격'으로 받아들이고 즉각적으로 방어 기제를 작동시킵니다. "네가 뭘 안다고 그런 말을 해?"라며 상대를 비난하거나, "그럴 만한 이유가 있었어."라며 변명하거나, 아예 대화를 차단해 버립니다. 이러한 방어적인 태도는 우리의 성장을 가로막는 가장 높은 벽입니다. 피드백을 '공격'이 아닌 '선물'로 받아들일 수 있을 때, 우리는 비로소 무한한 성장의 기회를 얻게 됩니다.

성장을 위해 우리는 세 가지 종류의 피드백 창을 적극적으로 활용해야 합니다.

- **타인이 열어 주는 창(Feedback from Others)**: 가장 직접적이고 강력한 피드백입니다. 당신의 성장을 진심으로 바라는 상사, 동료, 멘토, 친구에게 용기를 내어 구체적인 질문을 던지십시오. "제가 지난번 발표에서 잘했던 점 한 가지와, 다음번에 개선했으면 하는 점 한 가지를 말씀해 주실 수 있나요?" 피드백을 들을 때는 판단하거나 반박하려 하지 말고, 오직 '이해'하려는 태도로 경청해야 합니다.

- **세상이 보여 주는 창(Feedback from Results)**: 당신이 한 행동의 '결과'는 가장 냉정하고 객관적인 피드백입니다. 당신이 공들여 만든 제품이 시장에서 팔리지 않는다면, 그것은 시장이 당신에게 "이것은 고객이 원하는 것이 아니다"라고 말해 주는 명백한 피드백입니다. 성장하는 사람은 그 결과를 겸허히 받아들이고 "무엇을 바꿔야 할까?"라고 질문합니다.

- **내면이 속삭이는 창(Feedback from Self)**: 가장 조용하지만 가장 깊은 피드백은 바로 당신 자신의 내면에서 나옵니다. 매일 하루를 마무리하며 "오늘 나는 나의 가치에 따라 살았는가?", "오늘 나의 행동에서 무엇을 배웠는가?"라고 스스로에게 질문하는 '자기 성찰'의 시간을 갖는 것입니다. 당신의 몸과 마음이 보내는 신호(피로, 불안, 공허) 또한 "지금 너의 삶의 방식에 문제가 있다"고 알려 주는 중요한 내면의 피드백입니다.

이 세 개의 창을 통해 들어오는 피드백들을 종합할 때, 우리는 비로소 자신의 모습을 입체적이고 총체적으로 이해하게 됩니다. 물론 모든 피드백이 다 옳은 것은 아닙니다. 이때 필요한 것이 바로 당신의 '영(靈)' 나선입니다. 당신의 확고한 가치와 목적의식은 어떤 피드백을 받아들이고 어떤 피드백을 걸러낼지 판단하는 '필터' 역할을 해줍니다.

**핵심 투자 명언**

피드백은 성장의 선물! 세 창으로 걸러내 주체적 판단을.

- **피드백 = 선물**: 피드백은 나를 공격하는 비판이 아니라, 내가 보지 못하는 '맹점'을 비춰 주어 성장을 돕는 귀한 선물이다.
- **세 개의 창**: 성장을 위해서는 '타인', '결과(세상)', 그리고 '자기 성찰(내면)'이라는 세 개의 창을 통해 들어오는 피드백을 종합적으로 활용해야 한다.
- **'영'의 필터**: 모든 피드백을 맹목적으로 수용하는 것이 아니라, 자신의 핵심 가치('영')라는 필터를 통해 어떤 피드백을 수용하고 어떤 것을 걸러낼지 주체적으로 판단해야 한다.

## 영혼 이중나선 모델의 적용: '피드백'을 '시스템'으로 만든 리더

### 1. 레이 달리오(Ray Dalio) – '고통스러운 진실'을 마주하는 '레디컬트랜스페어런시'

'피드백'('혼'의 데이터)은 '나'('영')를 비추는 거울입니다. 하지만 대부분의 사람들은 자신의 '그림자'(2.4.3절)를 보고 싶지 않아 이 '거울'을 피합니다. '애자일한 삶'을 사는 사람은 이 '거울'을 의도적으로 찾아다니며, 심지어 '시스템'으로 만들어 버립니다.

## 실천 사례 연구 1: 브리지워터(Bridgewater)와 레이 달리오의 '원칙(Principles)'

### 1. 실패의 거울 앞에서 태어난 아이디어 성과주의

#### 1) '영'의 고통스러운 깨달음

세계 최대 헤지펀드인 브리지워터의 창업자 레이 달리오는 과거에 큰 '실패('혼')'를 겪었으며, 이를 통해 자신의 '영'(판단)이 얼마나 불완전한 '그림자'였는지를 깊이 깨달았습니다. 1982년, 그는 시장을 잘못 예측하는 '혼'의 실패를 저질러 전 직원을 해고해야 하는 파산 직전의 위기를 맞이했습니다. 당시 그는 "내가 어떻게 이렇게 오만할 수 있었을까?"라며 스스로의 '영'을 성찰했고, 이후 자신의 주관적인 '영'(판단)을 맹신하지 않기로 결심했습니다. 그는 자신의 '영'이 진실을 보는 것을 가로막는 '가장 큰 적'임을 겸허히 인정했습니다.

### 2) '피드백 거울'을 '혼(시스템)'으로 구축하다

레이 달리오는 '진실(Truth)에 기반한 의미 있는 관계('영')'를 회사의 핵심 가치로 정립했습니다. 이러한 '영'을 실현하기 위해, 그는 '레디컬 트랜스페어런시(Radical Transparency, 극단적 투명성)'라는 강력한 '혼(시스템)'을 구축했습니다. 모든 회의를 녹음하고 공개하는 '혼(시스템)'을 도입하여, 전 직원이 내용을 공유하게 함으로써 '뒷담화('그림자')'를 없애고 '공개적 피드백('혼'의 거울)'을 강제했습니다. 또한 '닷 콜렉터(Dot Collector)' 앱을 만들어, 회의 중 실시간으로 서로의 '신뢰도('영')'를 평가하는 시스템을 갖추었습니다. 이는 "당신의 발언은 창의성 3점, 논리력 7점"과 같은 즉각적인 피드백을 가능케 했습니다.

### 3) '영'의 진화와 성숙

이 '혼(시스템)'은 매 순간 자신의 '그림자(무지, 오만)'를 '거울'로 마주해야 하기에 매우 고통스럽습니다. 하지만 이러한 '고통'을 견뎌낸 사람들의 '영'은 방어기제에서 벗어나 비로소 '진실'을 보는 눈을 갖게 됩니다. 실제로 레이 달리오는 자신에게 "F학점"을 준 직원의 피드백('혼')을 공개적으로 수용하며, 자신의 '영(판단)'을 '애자일'하게 수정하는 면모를 보였습니다.

### 4) '영혼 통합'의 조직 모델

이를 통해 브리지워터는 '아이디어 성과주의(Idea Meritocracy)'라는 확고한 '영'을 가진 조직으로 거듭났습니다. 이 조직에서는 권위적인 지위('혼')가 아니라, 가장 논리적인 '영(아이디어)'이 승리합니다. '피드백('혼')'을 '거울('영')'로 삼는 시스템을 구축함으로써, 개인의 '그림자'가 '조직의 혼(투자)'을 망치는 것을 완벽히 방지할 수 있었습니다.

당신만의 '피드백 시스템'을 구축하십시오. '애자일한 삶'은 나('영')를 객관적으로 바라보는 것에서 시작됩니다. 당신의 '그림자(편견, 오만, 무지)'를 비춰줄 '피드백 거울('혼'의 시스템)'을 의도적으로 만들지 않으면, 결코 파산 직전의 위기('혼'의 붕괴)를 피할 수 없을 것입니다.

## 2. 영혼 이중나선 모델 분석 프레임: "피드백을 시스템으로 만드는 리더십"

### 1) 이중 나선 모델의 필요성

많은 사업가는 자신의 '판단(영)'을 절대화하고, 실패는 단순히 '실행(혼)'의 오류로만 치부하는 경향이 있다. 그러나 진짜 문제는 나의 판단이 얼마나 쉽게 왜곡될 수 있는가를 인지하지 못하는 데에 있다. 레이 달리오의 파산 위기는 "내 판단이 옳다"는 오만이 얼마나 치명적인지를 여실히 보여 준다. 사업·네트워킹·공간자산 전략의 실패 대부분은 '데이터의 부재'가 아니라, '보지 않으려는 나의 그림자'에서 비롯된다. 따라서 비즈니스 성공의 핵심은 영(판단)을 겸손하게 만들고, 혼(실행)을 시스템으로 정교하게 강화하는 것에 있다.

### 2) 영(비전) 기반 네트워크 구축 전략

강력한 네트워크는 단순히 관계의 숫자가 아니라 비전의 선명함에서 시작되어야 한다. 레이 달리오는 위기 이후 "나는 나를 믿는 것이 아니라 진실을 믿겠다"라고 선언하며 새로운 비전을 세웠다. 비전이 선언되는 순간, 그는 네트워크를 '지지자 그룹'이 아닌 '진실의 거울 팀'으로 재편성하였다. 사업가에게 적용되는 영(비전) 기반 네트워킹 전략은 다음과 같다.

① 비전의 선언이 사람을 끌어당긴다: 내 사업·공간·브랜드의 '왜(Why)'가 명확

한 사람은 반드시 비즈니스 동반자를 얻는다.

② 솔직한 피드백을 말하는 사람만이 진짜 자산이다: 칭찬은 관계를 만들지만, 뼈 아픈 직언은 회사를 살린다.

③ 공간과 비즈니스 모델을 '참여 가능한 구조'로 설계하라: 네트워크가 의견을 내고 데이터를 주며 성장 과정에 참여할 때, 그 공간은 비전의 플랫폼이 될 수 있다.


### 3) 영혼 이중나선 모델의 실천 원리

영혼 이중나선 모델은 '영(판단·방향성)'과 '혼(기술·시스템·실행)'이 서로를 견인하며 상승하는 구조를 설명한다.


- 영의 각성: "나는 틀릴 수 있다": 자만을 내려놓는 순간, 시장은 다르게 보이고 네트워크의 목소리가 비로소 들리기 시작한다.

- 혼의 구조화: '피드백 시스템' 구축: 회의와 결정의 모든 과정을 기록한다. 누구나 리더의 판단을 검증할 수 있는 환경을 조성한다. 'Dot Collector'처럼 실시간 평가를 데이터화 하여, 비전이 감정이 아닌 근거 위에 서게 만든다.

- 영혼의 통합: '고통을 growth(성장)로 전환': 불편한 피드백을 피하지 않을 때 영은 겸손해지고 혼은 정교해지며, 조직 전체는 진실 기반의 협력체로 진화한다.


### 4) 피드백 루프와 영·혼의 동시 상승

레이 달리오의 시스템은 매일, 매 회의, 매 대화가 '피드백-성찰-성장'이라는 루프로 작동하게끔 설계되었다. 이 루프는 사업가에게 세 가지 질적 결과를 만든다.


① 영의 진화: 비전이 현실에 맞게 재정렬되고 불필요한 사업을 과감히 정리하게 된다.

② 혼의 혁신: 실행력의 질이 높아져 리스크는 줄고 속도는 빨라지며, 자산의 활용

도는 극대화된다.

③ 네트워크의 강화: 피드백을 교환하는 구조가 생기면서 파트너·고객·팀원과의 관계는 전략적 성장 동맹으로 격상된다.

## 5) 성공을 위한 실천 해법

결국 비즈니스 성공의 본질은 "피드백을 시스템화한 영혼의 리더십"을 갖추는 일이다.


- 나만의 '레디컬 투명성' 도입: 결정 근거를 기록하고 실패도 공개하라. 모든 정보는 "누가 맞는가?"가 아니라 "무엇이 맞는가?"를 판단하는 핵심 데이터가 된다.
- 비전 기반 네트워크 운영: 나에게 솔직한 사람을 가까이 두어라. 아부는 쓰레기이고 피드백은 가장 귀한 자산이다.
- 피드백 일기/거울 저널: 매주 불편했던 말 1개를 기록하고 그 말이 반복되는지 체크하라. 이 패턴이 바로 당신이 개선해야 할 비전 확장 포인트다.
- 공간·자산에 시스템 적용: 운영 회의를 기록하고 방문자 행동을 데이터화하라. 공간은 스스로 흐름을 읽는 자산으로 진화한다.


### 최종 메시지

당신의 성장 속도는 당신이 견딜 수 있는 '불편한 진실'의 양에 비례한다. 네트워킹은 단순히 사람을 모으는 일이 아니라 나의 영을 비추는 거울을 모으는 일이다. 피드백을 시스템으로 만들 때 비전은 흐려지지 않고, 자산과 공간은 스스로 '흐름'을 만들어 내며 사업은 이중나선처럼 끊임없이 상승한다.

## 9.3 애자일(Agile) 라이프스타일: 계획이 아닌 적응을 위하여

지금까지 우리는 '혼(魂)' 나선을 성장시키기 위한 여러 가지 요소들-작은 실험, 실패 데이터의 활용, 피드백의 수용-을 탐구했습니다. 이제 이 모든 요소들을 하나로 묶어, 불확실한 세상을 항해하는 구체적인 '운영체제(Operating System)'로 만들어 볼 시간입니다. 그 운영체제의 이름이 바로 '애자일(Agile)'입니다.

애자일은 원래 소프트웨어 개발 방법론의 하나로, 처음부터 완벽하고 거대한 계획을 세워 순서대로 진행하는 전통적인 '폭포수(Waterfall)' 방식의 한계를 극복하기 위해 등장했습니다. 폭포수 방식은 한번 시작하면 중간에 계획을 바꾸기 어렵기 때문에, 예측 불가능한 변화에 대응하기 어렵습니다. 반면, 애자일 방식은 전체 프로젝트를 '스프린트(Sprint)'라고 불리는 2~4주 단위의 짧은 주기로 나누어 진행합니다. 각 스프린트마다 '계획-실행-회고'의 작은 사이클을 반복하며, 피드백을 반영하여 계속해서 방향을 수정해 나갑니다.

이 애자일의 철학은 변화와 불확실성이 일상인 우리의 삶에 그 어떤 경영 전략보다 강력한 통찰을 줍니다. 우리는 오랫동안 인생을 '폭포수 모델'처럼 살아왔습니다. 10대에는 좋은 대학, 20대에는 좋은 직장이라는 정해진 계획에 따라 한 단계씩 나아가야 한다고 믿었습니다. 하지만 이런 '인생 계획서'는 더 이상 유효하지 않습니다. 세상은 너무나 빠르게 변하고, 우리의 관심사와 가치관 또한 끊임없이 변하기 때문입니다.

'애자일하게 살아간다'는 것은, 더 이상 인생에 정답이나 완벽한 계획이 있다는 환상을 버리는 것입니다. 대신, 당신의 삶을 짧은 '스프린트'의 연속으로 바라보는 것입니다. 예를 들어, '1년 안에 책 한 권 쓰기'라는 거대한 목표 대신, '이번 2주 스프린트 동안은 자료 조사를 마치고 목차 초안을 잡는다'는 작은 목표를 세우는 것입니다. 그리고 2주가 끝난 시점에, 계획대로 잘 진행되었는지, 어떤 어려움이 있었는지 '회고'하고, 그 배움을 바탕으로 다음 2주 스프린트의 계획을 수정하고 개선합니다.

이러한 애자일 라이프스타일은 우리에게 몇 가지 놀라운 선물을 줍니다.

첫째, 두려움이 줄어듭니다. 거대한 목표에 압도당하는 대신, 지금 당장 시작할 수 있는 작은 스프린트에만 집중하면 되기 때문에 행동의 문턱이 현저히 낮아집니다.

둘째, 회복탄력성이 높아집니다. 한 번의 스프린트가 실패하더라도, 그것은 인생 전체의 실패가 아니라 다음 스프린트를 더 잘하기 위한 작은 학습 과정일 뿐입니다.

셋째, 삶이 유연해집니다. 얘기치 못한 기회가 오거나, 나의 관심사가 바뀌었을 때, 우리는 언제든지 다음 스프린트의 방향을 유연하게 전환(Pivot)할 수 있습니다.

당신의 '영(靈)' 나선이 당신 삶의 장기적인 방향을 제시하는 '북극성'이라면, 애자일이라는 운영체제는 그 북극성을 향해 나아가는 과정에서 시시각각 변하는 파도와 바람에 맞춰 돛을 조절하는 '항해술'입니다. 더 이상 완벽한 지도를 그리려 애쓰지 마십시오. 당신의 나침반을 굳게 믿고, 애자일이라는 작은 보트를 타고 일단 출발하십시오.

**핵심 투자 명언**

완벽 계획보다 짧은 반복 실행, 피드백으로 성장하라.

- **폭포수 vs. 애자일**: 인생을 한 번에 완성하는 거대한 계획(폭포수)으로 보지 말고, 짧은 주기의 실행과 학습을 반복하는 여정(애자일)으로 바라보아야 한다.
- **스프린트와 회고**: 삶을 2~4주의 '스프린트' 단위로 나누어 작은 목표를 설정하고, 각 스프린트가 끝날 때마다 '회고'를 통해 배우고 다음 계획을 수정하는 것이 애자일 라이프스타일의 핵심이다.
- **적응적 성장**: 애자일은 완벽한 계획을 세우는 대신, 끊임없는 실험과 피드백을 통해 변화하는 현실에 '적응'하며 성장하는 방식이다.

'애자일 라이프스타일'은 '계획이 없는 삶'이 아닙니다. 그것은 '변하지 않는 40년 계획'('폭포수 혼')을 버리고, '변화에 적응하는 2~4년의 계획'('애자일 혼')을 반복하는 것입니다.

## 실천 사례 연구 1: 링크드인(LinkedIn) 창업자, 리드 호프먼의 '얼라이언스(Alliance)'

### 1. 인생을 완성품처럼 계획하지 말고, 프로젝트처럼 설계하라

### 1) 나는 영원한 베타 버전이다

호프먼은 "대학 졸업장(영)은 당신이 '완성'되었음을 뜻하지 않는다. 당신이 '학습'을 시작할 준비가 되었음을 의미한다"라고 말합니다. 그는 스스로를 '평생 베타(Beta) 버전(영)'이라고 부릅니다. 이는 '완성품(혼)'이 아니라, 지속적으로 적응하고 업데이트(애자일 영)하는 존재라는 뜻입니다.

### 2) 투어 오브 듀티(Tour of Duty)

그는 '평생 고용'이라는 낡은 '혼' 대신, '투어 오브 듀티'라는 '애자일한 혼'을 제안합니다. 이는 '군 복무'처럼, 회사와 개인이 '특정한 미션(영)'을 위해 '2~4년(Time-Boxed)의 스프리트' 계약을 맺는 것입니다.

- 회사(영): "이 미션(영)을 완수하면, 우리는 당신의 다음 경력(혼)을 지원한다."
- 개인(영): "이 미션(영)을 완수하며, 나의 가치(혼)의 스킬을 높인다."

### 3) '계획'이 아닌 '적응': 2~4년의 '투어'

하나의 스프린트가 끝나면, 개인과 회사는 '피드백'을 통해 다음 단계로 '적응'합니다.

- 적응 1: 더 높은 단계의 '새로운 투어'(승진, 이동)를 시작한다.

- 적응 2: '가설'이 틀렸다면, 아름답게 이별하고 '새로운 회사(새로운 실험실)'로 이
  동한다.
- 결과: 페이팔 마피아와 애자일 라이프스타일


① 페이팔 마피아 사례와의 연결

호프먼 자신이 '페이팔'에서 '투어 오브 듀티(혼)'를 수행했고, 그 경험('혼'의 자산)
바탕으로 '링크드인'이라는 새로운 '투어(혼)'를 시작했습니다. 그는 '평생 페이팔맨'
이라는 낡은 '영'에 갇히지 않고, 애자일한 적응('영')을 통해 자신의 '영혼 포트폴리
오'를 확장했습니다.


② 당신의 '다음 투어'를 설계하라

'애자일 라이프스타일'은 '표류 길 잃은 방랑자'가 아닙니다. 그것은 '방향성(영)'을
갖되, '방식(혼)'을 고집하지 않는 것입니다. 당신의 '40년 계획(혼)'을 버리고, 당신
의 '영'을 성장시킬 '다음 2년의 투어 오브 듀티(애자일 혼)'를 설계하십시오. 그것이
'적응'하는 삶의 시작입니다.


**2. 영혼 이중나선 모델 분석 프레임: 네트워킹 비즈니스 사업자가 '평생 베타 버
전'으로 성공하는 전략**

**1) 이중 나선 모델의 필요성**

현대 비즈니스는 더 이상 완성된 결과물인 '완성형(혼)'으로 승부하지 않습니다.
시장은 빠르게 바뀌고, 고객·기술·파트너십·자산은 2~3년마다 재정의됩니다. 따
라서 리더에게 지금 필요한 것은 "완성된 나"가 아니라, "지속적으로 업데이트되는
나(영)"입니다. 즉, 평생 베타 버전으로 사는 태도가 성공의 핵심입니다.

문제는 많은 사업자가 '왜(WHY)'라는 영적 비전 없이 실행(혼)만 반복하거나, 의
미(영)는 크지만 실행(혼)이 따라가지 못해 정체되는 것입니다.

이제 우리에게 필요한 것은 비전(영)과 실행(혼)이 나선형으로 맞물려 동시에 상 승하는 '비즈니스 OS(운영체계)'입니다.

## 2) 영(비전) 기반 네트워크 구축 전략

강력한 네트워크는 정보나 인맥이 아니라, 구성원이 공유된 비전(영)에서 시작할 때 작동됩니다. 사람들은 단순히 "무엇을 하는가?(혼)"보다 "왜 하는가?(영)"라는 본 질적인 가치에 끌립니다. 비전 기반 네트워크의 3대 핵심 전략은 다음과 같습니다.

① 정체성 재정의

'평생 베타 버전' 선언: 리더는 "나는 완성품이 아니라 계속 진화하는 실험자다"라 고 선언해야 합니다. 이러한 영적 정체성이 새로운 기회와 사람을 끌어당깁니다.

② 협업 구조 재설계

'투어 오브 듀티(Tour of Duty)' 방식: 평생 관계가 아니라, 2~4년 단위의 명확한 미션 중심 협업 구조로 사업·파트너십·조직·공간 운영을 설계합니다.

③ 영(비전)으로 사람을 모으는 네트워킹

네트워크를 고정된 형태가 아니라 유기적 성장 시스템으로 바꿔야 합니다. 비전 이 분명하면, 같은 방향을 가진 사람들이 먼저 알고 연결됩니다.

즉, 네트워크는 단순한 인원의 '양'이 아니라, 정확한 '결'을 가진 사람들의 집합이 됩니다.

## 3) 영혼 이중나선 모델의 실천 원리

이 모델은 영 → 혼 → 영 → 혼의 순환적 상승 구조를 통해 리더가 지속적으로 성장하도록 설계됩니다.

- 영(비전) 재정립: "나는 왜 이 사업을 하는가?", "내 공간·제품·자산은 어떤 가치를 세상에 만드는가?"를 끊임없이 질문하며 존재 이유와 미션을 제공합니다.
- 혼(단기 실행 설계): 2~4년짜리 실험·프로젝트·'투어 오브 듀티'를 구성하여, 현재 가진 네트워크·역량·자산을 미션 중심으로 재배열합니다. 이 과정이 현실에서 비전을 증명하는 실행력입니다.
- 영 ↔ 혼 교차 업그레이드(나선형 성장): 실행(혼)은 새로운 통찰(영)을 낳고, 통찰(영)은 더 정교한 실행(혼)을 낳습니다. 이 구조가 지속되면 사업·브랜드·공간은 누적 성장을 이룹니다.

**4) 피드백 루프와 영혼의 동시 상승**

애자일한 리더는 계획보다 피드백을 더 신뢰합니다. 성장을 위한 피드백 루프 3단계입니다.

- 1단계: 미션 가설 설정(영)

"이 투어는 나의 비전과 맞는가?", "이 사람·공간·프로젝트는 미래에 기여하는가?"를 자문합니다.

- 2단계: 실행과 데이터 수집(혼)

단기 프로젝트, 고객 실험, 관계 실험을 통해 시장 반응과 성과 지표를 관찰합니다.

- 3단계: 감정·의미 피드백(영↔혼)

"무엇이 나를 몰입시켰는가?", "어떤 관계가 나를 성장시키는가?", "어디서 에너지가 흐르고 새는가?"를 점검합니다.

이 피드백을 통해 영은 더 명확해지고, 혼은 더 정확해집니다. 결국 비전(영)과 실행(혼)이 동시에 상승하는 구조가 완성됩니다.

### 5) 성공을 위한 실천 해법

비즈니스 사업자가 이 모델을 적용하면 다음과 같은 변화가 일어납니다.

- 네트워크가 '숫자'가 아닌 '비전의 생태계'가 됩니다.
- 고객·파트너·투자자·공간·자산이 하나의 흐름으로 연결된 강력한 영적 플랫폼을 만듭니다.
- 커리어·사업·공간·자산이 직선이 아니라 '나선'으로 복리형 성장을 합니다.
- 리더는 더 이상 정체된 운영자가 아니라 '진화하는 창조자'가 됩니다.

비록 정답을 고집하는 순간 정체되지만, 변화에 적응하는 리더는 반드시 성장합니다.

---

**최종 메시지**

고정된 미래를 버리고, 의미(영)와 실행(혼)이 함께 성장하는 이중나선의 리듬을 만들 때, 비즈니스는 속도가 아닌 지속 가능한 확장성을 갖게 됩니다. 당신의 다음 2~4년 네트워킹 투어(영혼)를 지금 설계하십시오.

# 9.4 영혼의 자산 설계

## 1. 제9장 핵심 개념 요약

| 절(Section) | 핵심 개념(Core Concept) | 성장 전략(Growth Strategy) |
|---|---|---|
| 세상이라는 실험실 | **작은 실패**:'최소 실행 가능 행동(MVA)'을 통해 실패의 비용을 최소화하며 안전하게 학습하는 것. | 거대한 도전을 시작하기 전에, 핵심 가설을 검증할 수 있는 가장 작고 빠른 실험을 설계하고 실행한다. |
| 피드백이라는 거울 | **세 개의 창**:'타인', '결과', '내면'이라는 세 가지 피드백 소스를 통해 자신의 맹점을 발견하는 것. | 피드백을 선물로 여기고, 세 개의 창을 통해 들어오는 정보를 자신의 '영'이라는 필터로 걸러 주체적으로 수용한다. |
| 애자일 라이프스타일 | **계획보다 적응**: 고정된 장기 계획 대신, 짧은 주기의 '스프린트'와 '회고'를 반복하며 변화에 유연하게 대응하는 삶의 운영체제. | 자신의 목표를 2~4주 단위의 스프린트로 나누고, 각 주기가 끝날 때마다 회고를 통해 배우고 다음 계획을 조정하는 삶의 리듬을 만든다. |

## 2. 설계지침(실천방안)

본 장의 내용을 삶에 효과적으로 적용하기 위해 다음의 세 가지 지침을 따를 것을 제안한다.

① '주간 실험'을 설계하고 실행하라.

매주 월요일, "이번 주에 내가 검증하고 싶은 가장 중요한 가설은 무엇인가?"라고 질문하고, 그 가설을 검증하기 위한 '최소 실행 가능 행동(MVA)'을 하나 설계하라. 예를 들어, "나는 강의에 재능이 있을 것이다"라는 가설을 검증하기 위해, "이번 주 금요일까지 5분짜리 강의 영상을 찍어 친구 3명에게 보여 주고 피드백을 받는다"와 같은 작은 실험을 계획하고 실행하는 것이다.

② '피드백 파트너'를 만들어라.

당신의 성장을 진심으로 지지해 주고, 동시에 솔직한 피드백을 줄 수 있는 '피드백 파트너'를 한 명 만들어라. 그리고 정기적으로(예: 2주에 한 번) 만나 서로의 지난 스프린트에 대해 공유하고, 서로에게 건설적인 피드백을 주는 시간을 가져라. 신뢰하는 파트너의 존재는 당신이 자신의 맹점을 더 용기 있게 마주하도록 도울 것이다.

③ '개인 칸반 보드'를 활용하라.

애자일하게 삶을 관리하기 위해, '해야 할 일(To-Do)', '하고 있는 일(In-Progress)', '완료한 일(Done)'이라는 세 개의 칸으로 구성된 간단한 '칸반 보드'를 만들어 사용하라. (포스트잇이나 Trello 같은 디지털 도구를 활용할 수 있다.) 이 보드는 당신의 과업 진행 상황을 시각적으로 보여 주고, 당신이 너무 많은 일을 동시에 벌이고 있지는 않은지(WIP 제한) 점검하며, '완료' 칸에 쌓이는 포스트잇을 통해 성취감을 느끼게 해 주는 강력한 동기부여 도구가 될 것이다.

# 제10장

# 시너지: 영혼의 이중나선이 만나는 순간

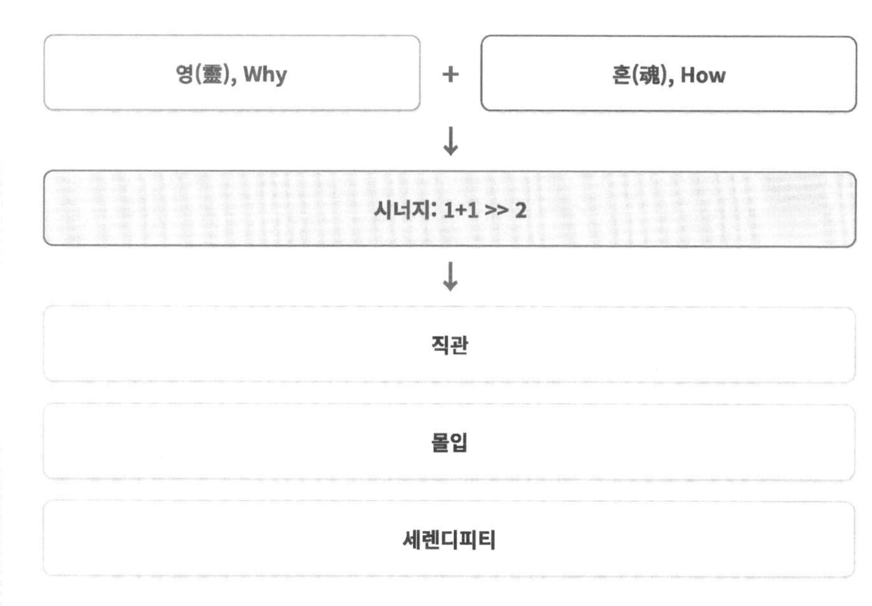



**영혼의 시너지: 성장의 티핑 포인트를 넘는 법**
**(Soul Synergy: How to Cross the Tipping Point of Growth)**

**개념도 설명**: '영'(Why)과 '혼'(How)이 만날 때, 성장은 덧셈이 아닌 곱셈으로 일어나는 '시너지'가 발생합니다. 이는성장의 티핑 포인트이며, 이 순간 우리는 논리를 넘어서는 '직관', 무아지경의 '몰입', 준비된 우연인 '세렌디피티'와 같은고차원적인 경험을 하게 됩니다.

## 10.1 성장의 티핑 포인트: 1 + 1이 100이 되는 순간

지금까지 우리는 '영(靈)'이라는 내면의 나침반을 세우는 여정과, '혼(魂)'이라는 배를 타고 세상의 바다를 항해하는 법을 각각 나누어 탐험했습니다. 하지만 이것은 위대한 성장을 위한 절반의 준비에 불과합니다. 진정한 기적은 이 두 개의 독립적인 나선이 서로를 만나고, 얽히고, 공명하며 폭발적인 '시너지(Synergy)'를 일으키는 순간에 시작됩니다.

시너지란 '부분의 합은 전체보다 크다'는 시스템 이론의 핵심 원리로, 1+1이 2가 아니라 3, 혹은 100이 되는 비선형적인 효과를 의미합니다. 당신의 '영'의 힘이 10이고, '혼'의 힘이 10이라고 해서 당신의 전체 역량이 20이 되는 것이 아닙니다. 영혼 이중나선 모델의 성장 공식(개인의 완성 = (영의 성장 × 혼의 성장)$^{시너지 계수}$이 말해주듯, 진정한 성장은 덧셈이 아닌 '곱셈', 나아가 '거듭제곱'의 원리로 일어납니다.

말콤글래드웰이 그의 저서 《티핑 포인트(The Tipping Point)》에서 설명했듯, 어떤 아이디어나 현상이 어느 순간 갑자기 폭발적으로 퍼져나가는 '임계점'이 존재합니다. 물이 99도까지는 잠잠하다가 100도가 되는 순간 끓어오르며 엄청난 에너지의 상태 변화를 일으키는 것처럼, 우리의 성장에도 이러한 '티핑 포인트'가 있습니다. 이 티핑 포인트는 바로 당신의 '영'과 '혼'이 충분한 수준까지 성장하여 의미 있는 시너지를 창출하기 시작하는 바로 그 순간입니다.

이 지점에 도달하기 전까지, 성장은 더디고 힘겹게 느껴질 수 있습니다. '영'만 추구하는 사람은 공허한 이상가에 머물고, '혼'만 단련하는 사람은 언젠가 번아웃에 이릅니다. 마치 수소와 산소 원자가 따로따로 존재할 때는 그저 기체에 불과하지만, 이들이 2:1이라는 정확한 비율로 만나 강력한 에너지를 받으면 '물($H_2O$)'이라는 전혀 새로운 차원의 물질이 탄생하는 것과 같습니다. 당신의 '영'은 산소와 같고, '혼'은 수소와 같습니다. 이 둘의 '의식적인 결합'이 바로 당신을 새로운 존재로 탈바꿈시키는 화학 반응입니다.

영과 혼의 시너지가 일어나기 시작하면, 당신의 삶에는 몇 가지 놀라운 변화가 나타납니다.

첫째, 노력 대비 성과의 효율이 기하급수적으로 증가합니다. 이전에는 10의 노력을 해야 1의 성과를 얻었다면, 이제는 1의 노력으로 10의 성과를 내는 '마법 같은' 순간들을 경험하게 됩니다.

둘째, 성장이 '의식적인 노력'의 단계를 넘어 '자연스러운 상태'가 됩니다. 성장은 더 이상 '해야 하는 일'이 아니라, '나라는 존재 그 자체'가 됩니다.

셋째, 더 이상 외부의 인정이나 보상에 의존하지 않게 됩니다. 시너지가 만들어내는 내면의 충만함과 성장 자체의 기쁨이 그 어떤 외부적인 보상보다 훨씬 더 강력한 동기가 됩니다.

## 픽사(Pixar)의 연금술: 기술(혼)과 스토리(영)의 시너지

애니메이션 스튜디오 픽사의 성공 신화는 '영'과 '혼'의 시너지가 어떻게 기적을 만들어내는지를 보여 주는 완벽한 사례다. 픽사의 초기 멤버들은 컴퓨터 그래픽 기술 분야의 세계 최고 전문가들이었다(강력한 '혼'). 하지만 그들이 초기에 만들었던 단편 애니메이션들은 기술적으로는 혁신적이었지만, 대중의 마음을 사로잡지는 못했다.

그들의 티핑 포인트는 스티브 잡스의 비전과 존 라세터라는 천재 스토리텔러를 만나면서 찾아왔다. 그들은 "기술은 스토리를 전달하기 위한 도구일 뿐, 가장 중요한 것은 사람의 마음을 움직이는 좋은 이야기다"라는 확고한 철학('영')을 세웠다.

이때부터 픽사의 모든 프로젝트는 최고의 기술 전문가('혼')와 최고의 스토리텔러('영')가 동등한 위치에서 치열하게 협업하는 방식으로 진행되었다. 그 결과, 기술적으로 혁신적이면서도 동시에 인간의 보편적인 감성을 건드리는 위대한 스토리텔링을 담은 《토이 스토리》가 탄생했다. 이는 단순한 기술 과시도, 단순한 동화도 아닌, 기술과 영혼이 완벽하게 결합된 새로운 차원의 예술이었다. 픽사의 성공은 1(기술) + 1(스토리) = 2가 아니라, 100이 되는 시너지의 위력을 증명했다.

## 영혼 이중나선 모델의 적용: '1 + 1'이 '1000'이 된 순간

'시너지'는 '영'과 '혼'이 만날 때 발생합니다. 하지만 진정한 '티핑 포인트'(Tipping Point)는, '영'을 공유하는 '혼'들이 만나 '새로운 생태계'('영혼'의 폭발)를 만들 때 일어납니다. '1+1=2'가 아니라, '1+1=1000'이 되는 순간입니다.

## 실천 사례 연구 1: 페이팔(PayPal) 초기 멤버들의 '그 후'

### 1. 공유된 신념(영)이 자본과 실행(혼)을 만나 거대한 생태계를 만든 이야기

#### 1) '영'의 공유(1 + 1)

1998년, 피터 틸, 일론 머스크, 리드 호프먼 등은 함께 모여 '페이팔'이라는 '혼'(결제 시스템)을 구축했습니다. 그들은 단순히 '기술'('혼')만 가진 엔지니어들이 아니었습니다. 이들은 "기존 금융 시스템을 파괴하고, 개인에게 금융의 자유를 준다"는 '리버테리안'적 '영'(신념)을 공고히 공유했습니다. 이 '공유된 영'은 '가혹한 토론'과 '빠른 실행'('혼')을 가능하게 한 원동력이 되었습니다.

## 2) ‘혼’의 성공(시너지 1.0)

2002년, 페이팔은 이베이(eBay)에 15억 달러(약 2조 원)에 매각되었습니다. 이 ‘혼’(매각)의 성공은 멤버들에게 막대한 ‘자본’(‘새로운 혼’)을 안겨 주었습니다. 하지만 ‘페이팔 마피아’는 여기서 멈추거나 흩어지지 않았습니다.

## 3) ‘영’의 확산(시너지 1 + 1 = 1000)

그들은 ‘공유된 영’(신념)과 새로운 ‘혼’(자본, 네트워크)을 가지고, ‘새로운 영’의 생태계를 확장하여 창조했습니다. ‘페이팔’이라는 ‘1’은 ‘1000’의 ‘시너지’가 되어 실리콘밸리를 혁신적으로 재창조했습니다.


- 일론 머스크:(‘영’: 인류의 미래) → 스페이스X, 테슬라라는 ‘혼’으로 구현
- 리드 호프먼:(‘영’: 개인의 연결) → 링크드인이라는 ‘혼’으로 실현
- 피터 틸:(‘영’: 데이터 주권) → 팔란티어라는 ‘혼’으로 구축
- 스티브 첸, 채드 헐리:(‘영’: 콘텐츠 공유) → 유튜브라는 ‘혼’으로 탄생
- 제러미 스토플먼:(‘영’: 지역 정보) → 옐프(Yelp)라는 ‘혼’으로 성장


## 4) ‘영혼’의 생태계와 티핑 포인트

‘페이팔 마피아’의 ‘티핑 포인트’는 단순히 ‘돈’(‘혼’)이 아니었습니다. 핵심은 ‘신뢰’와 ‘신념’이라는 ‘공유된 영’이었습니다. 그들은 서로의 ‘새로운 혼’(회사)에 적극적으로 ‘투자’(‘혼’)하고 ‘조언’(‘영’)하며 ‘영혼의 플라이휠’을 돌렸습니다. 결과적으로 ‘페이팔’이라는 하나의 ‘영혼’ 통합은 링크드인, 테슬라, 유튜브라는 수십 개의 ‘새로운 영혼’을 낳는 거대한 ‘티핑 포인트’가 되었습니다.

당신의 ‘영’은 누구와 ‘연결’되어 있는가?

‘시너지’는 ‘나’(‘영’)의 완성에서 그치는 것이 아니라, ‘나’와 ‘너’의 ‘영’이 만나는 ‘연결’에서 시작됩니다. 당신의 ‘영’이 당신의 ‘혼’을 성장시킬 뿐만 아니라, 타인의 ‘영’과

공명하여 '새로운 영혼의 생태계'를 구축할 때, 당신의 삶은 진정한 '티핑 포인트'를 맞이하게 될 것입니다.

## 2. 영혼 이중나선 모델 분석 프레임: "1+1이 1000이 되는 네트워킹 비즈니스 전략"

### 1) 이중 나선 모델의 필요성

현대 비즈니스의 성패는 단순한 기술력이나 자본이 아니라, 우리가 어떤 사람들과 연결되어 있는가에 달려 있습니다. 성공의 핵심은 그 연결이 '영(비전)'과 '혼(실행)'을 동시에 성장시키는 구조인가에 있습니다. 대부분의 사업자는 사람을 '만나기만' 하고, 공간을 '운영하기만' 하며, 네트워크를 '유지하기만' 하는 수동적인 방식에 머물러 있습니다. 이러한 기존의 방식은 1+1=2의 결과에 머물지만, 영이 맞는 사람들이 공간·프로젝트·비전을 중심으로 연결되면 그 관계는 1 + 1 = 1000의 폭발적 시너지를 만듭니다. 이 모델을 통해 '페이팔 마피아'처럼 하나의 팀이 한 산업의 지형을 바꾸는 '영혼 생태계'로 성장할 수 있습니다.

### 2) 영(비전) 기반 네트워크 구축 전략

네트워킹 비즈니스는 단순히 사람을 많이 모으는 것이 아니라, 비전이 공명하는 사람들을 전략적으로 정렬시키는 과정입니다. 영(비전)을 먼저 세우고 사람을 선택해야 합니다. "이 사람이 내 비전과 파동이 맞는가?"를 가장 먼저 자문해 보십시오. 비전의 공명은 협업의 속도를 10배로 만듭니다.

혼(실행)을 교환하는 작은 프로젝트를 설계해야 합니다. 단순한 미팅이 아닌 작은 공동 실행이 있어야 진정한 시너지가 드러나며, 이러한 작은 협업이 큰 생태계의 씨앗이 됩니다. 공간 자산을 '영혼 연결 플랫폼'으로 전환해야 합니다. 공간은 단순한 사용처가 아니라 비전이 연결되고 실행이 일어나는 허브입니다. 비전을 중심으로 모이는 사람들은 공간을 '조직'이 아닌 '생태계'로 재탄생 시킵니다.

### 3) 영혼 이중나선 모델의 실천 원리

이 모델은 '영이 방향을 정하고, 혼이 실행하며, 서로가 서로를 증폭시키는 구조'를 지향합니다. 영(비전)이 네트워크의 방향을 통일합니다. "우리는 무엇을 위해 연결되는가?"라는 질문에 답해야 합니다. 비전이 같을 때 신뢰가 생기고, 신뢰가 있을 때 비즈니스 속도가 붙습니다.

혼(실행)이 비전을 현실로 끌어냅니다. 실행, 기술, 자본, 프로젝트는 모두 '혼'에 해당합니다. 영이 맞는 네트워크에서는 서로의 혼의 품질이 상승하는 선순환이 일어납니다. 영과 혼의 상승이 새로운 생태계를 만듭니다. 가치의 공명이 실행력을 높이고, 실행의 성공이 다시 비전을 확장시킵니다. 이 구조가 반복되면 하나의 팀이 수많은 기업과 공간으로 확장되는 강력한 영혼 생태계가 완성됩니다. 피드백 루프를 통해 영·혼을 동시에 상승시켜야 합니다. 진짜 성장의 본질은 빠른 피드백 루프에 있습니다.

- 영의 피드백: 토론, 충돌, 멘토링을 통해 서로의 비전이 더 선명해지는 과정을 거칩니다.
- 혼의 피드백: 작은 실행 후 즉각적인 피드백과 개선, 재실행을 통해 실행의 최적화를 이룹니다.

결과적으로, 한 사람의 성장이 파트너와 네트워크의 성장으로 이어지고, 이는 곧 공간 자산의 가치 상승까지 연결되는 '영혼 플라이휠'이 작동하게 됩니다.

### 4) 성공을 위한 5단계 실천 해법

- 비전을 기준으로 사람을 선택하십시오. 협업의 기준은 이익이 아니라 "같은 영을 공유하는가?"가 핵심이 되어야 합니다.
- 작은 혼(프로젝트)으로 시너지를 검증하십시오. 작은 협업은 큰 생태계를 만드

는 확실한 출발점입니다.

- 공간을 '영혼 생태계'의 본진으로 만드십시오. 사람, 자원, 프로젝트, 비전이 공간에서 만나자마자 곧바로 연결되어 움직이도록 시스템을 설계해야 합니다.
- 네트워크의 플라이휠을 지속적으로 돌리십시오. 서로에게 영(조언)을 주고, 서로의 혼(실행)에 투자하며, 서로의 성공을 증폭시키는 구조를 만들면 네트워크는 임계점(Tipping Point)에 도달하게 됩니다.

**최종 메시지**

시너지는 협업이 아니라 공명에서 옵니다. 영이 맞는 사람과 연결될 때 1 + 1은 1000이 되고, 당신의 비즈니스는 생태계로 진화합니다.

## 10.2 직관, 영혼의 속삭임: 논리를 넘어서는 통찰의 힘

영과 혼의 시너지가 발현되는 가장 대표적인 현상은 바로 '직관(Intuition)'의 발현입니다. 우리는 종종 중요한 결정을 내릴 때, 모든 데이터를 분석하고 논리적으로 따져보는 이성적인 접근(혼)과, 그저 '왠지 이게 맞는 것 같다'고 느껴지는 내면의 목소리(영) 사이에서 갈등합니다. 현대 사회는 데이터와 논리를 숭배하며, 직관을 비과학적이고 신뢰할 수 없는 감정의 속삭임으로 치부해왔습니다.

하지만 영혼 이중나선 모델의 관점에서, 진정한 직관은 근거 없는 감정이나 단순한 '촉'이 아닙니다. 그것은 당신의 '혼'이 수십 년간 축적해온 방대한 경험 데이터와, 당신의 '영'이 품고 있는 깊은 가치와 목적의식이 무의식의 차원에서 만나 '통합적으로 처리'된 결과물입니다. 즉, 직관은 당신의 존재 전체가 내리는 가장 고차원적인 '판단'입니다.

심리학자 칼 융(Carl Jung)은 인간의 정신을 의식과 무의식으로 나누고, 무의식 속에는 개인의 경험을 넘어 인류 전체의 원형적 지혜가 담겨 있는 '집단 무의식'이 존재한다고 보았습니다. 우리의 '영'은 바로 이 깊은 지혜의 바다와 연결되는 통로입니다. 당신의 '혼'이 현실 세계에서 수집한 데이터(경험, 지식)는 의식의 수면 위를 떠다니는 빙산의 일각과 같습니다. 직관은 이 데이터를 수면 아래의 거대한 무의식(영)으로 가져가, 당신의 핵심 가치와 인류의 보편적 지혜라는 필터를 통해 걸러낸 뒤, "이것이 길이다"라는 강력한 확신의 신호로 의식에 되돌려 보내는 과정입니다.

스티브 잡스가 "직관은 매우 강력하며, 제 생각엔 이성보다 더 중요합니다"라고 말하며, 시장 조사가 아닌 자신의 직관을 믿고 아이폰을 만들었던 일화는 유명합니다. 그의 직관은 단순한 변덕이 아니었습니다. 그것은 '기술과 인문학의 교차점'에서서 '세상을 바꿀 도구를 만든다'는 그의 확고한 '영(비전)'과, 수십 년간 기술 산업의 최전선에서 쌓아온 '혼(경험)'이 결합하여 내린 통찰이었던 것입니다.

그렇다면 우리는 어떻게 논리의 함정을 피하고, 영혼의 속삭임인 직관의 목소리를 더 선명하게 들을 수 있을까요?

- **데이터에 대한 과신을 경계하라**: 데이터는 과거의 결과일 뿐, 미래의 가능성을 담보하지 못한다.
- **의도적으로 '생각 멈춤'의 시간을 가져라**: 직관은 시끄러운 의식의 소음 속에서는 들리지 않는다. 충분히 고민한 뒤, 잠시 문제에서 벗어나 이완된 상태에 있을 때 찾아온다.
- **몸의 신호에 귀를 기울여라**: 어떤 선택지 앞에서 가슴이 뛰고 편안함을 느낀다면 긍정의 신호, 속이 불편하고 몸이 긴장된다면 부정의 신호일 수 있다.
- **작은 직관부터 믿고 실행해 보라**: 직관도 근육과 같아서, 사용하고 신뢰할수록 더 강해진다.

'영'의 나침반이 당신의 가야 할 큰 방향을 가리킨다면, 직관은 그 길 위에서 시시각각 마주하는 갈림길에서 어느 쪽으로 가야 할지 알려 주는 내면의 GPS입니다.

**핵심 투자 명언**

직관을 믿고, 데이터를 맹신하지 마라.

- **직관의 재정의**: 직관은 비논리적 감정이 아니라, 축적된 경험('혼')과 내면의 가치('영')가 무의식 속에서 융합되어 나타나는 고차원적인 통찰이다.
- **빙산의 일각**: 의식적인 분석('혼')은 빙산의 일각에 불과하다. 직관은 수면 아래 거대한 무의식('영')의 지혜를 활용하는 것이다.
- **직관을 듣는 법**: 데이터에 대한 맹신을 버리고, 의도적으로 생각을 멈추며, 몸의 신호에 귀 기울이고, 작은 직관부터 신뢰하는 연습을 통해 직관력을 강화할 수 있다.

## 영혼 이중나선 모델의 적용: '논리(혼)'가 아니라 '직관(영)'을 따른 선택

'직관(Intuition)'은 '영(靈)'이 '논리(혼)'를 뛰어넘어 속삭이는 소리입니다. '혼'의 관점(크로노스, 5.4.3절)에서는 '비논리적'이고 '쓸모없는' 일처럼 보입니다. 하지만 '영'의 관점(카이로스)에서는, 훗날 모든 것을 연결하는 '결정적인 점'이 됩니다.

## 실천 사례 연구 1: 스티브 잡스의 '서체(Calligraphy)' 수업

스티브 잡스가 2005년 스탠퍼드 대학 졸업식 연설에서 밝힌 '점들의 연결(Connecting the Dots)'은 '직관'의 힘을 보여 주는 가장 유명한 사례입니다.

### 1. 쓸모없는 점이 운명을 바꾸다: 스티브 잡스의 직관과 애플의 탄생

### 1) '혼'의 논리를 거부하다

1972년, 잡스는 리드 칼리지(Reed College)에 입학했지만 6개월 만에 자퇴를 결정합니다. 당시 잡스는 '혼'의 논리를 따르는 것, 즉 "나는 비싼 학비('혼'의 자원)를 부모님께 부담시키면서, 내가 무엇을 원하는지('영') 모르겠다"는 고민 끝에 '졸업장'이라는 '사회적 혼'을 따르는 대신, 자신의 '내면('영')'을 따르기로 합니다.

그는 '직관('영')'을 따라(쓸모없는 점을 찍기 시작하며) 자퇴 후에도 캠퍼스에 머물며 '듣고 싶은 수업'만 몰래 듣습니다. 이때 '혼'의 논리(취업, 학점)와는 아무 상관 없는 '서체(Calligraphy)' 수업('혼'의 기술)을 수강하게 됩니다.

이에 대한 '영'의 속삭임은 다음과 같았습니다.

"그것은 역사적이고, 예술적으로 아름다웠습니다. 과학('혼')으로는 포착할 수 없는 '숭고함('영')'이 있었습니다." 하지만 '혼'의 관점에서는 이 과정이 '완벽한 시간 낭비'였습니다. 이후 '혼'의 시간이 흐르는 동안(크로노스), 그 '서체' 기술('혼')은 10년 동안 그의 삶에 아무런 '쓸모'가 없었습니다. 마침내 '직관'이 '운명'이 되는 순간(카이로스)이 찾아옵니다.

10년 후인 1984년, 잡스는 최초의 '매킨토시(Macintosh)' 컴퓨터('혼')를 설계하고 있었습니다. 이것은 '점'이 '선'으로 연결되는 순간이었으며, 잡스의 '영'(직관)이 10년 전의 '혼'(서체)을 기억해 냈습니다.

잡스는 회상하며 말했습니다.

"만약 내가 10년 전에 그 '쓸모없는' 서체 수업('혼')을 듣지 않았다면, 매킨토시는 '아름다운 서체'(고차원 '혼')를 가진 최초의 컴퓨터가 되지 못했을 것입니다. 그리고 윈도우(MS)는 맥을 베꼈으니, 아마 어떤 PC도 아름다운 서체를 갖지 못했을 것입니다."

## 2) '영'이 '혼'의 운명을 결정하다

'혼'의 논리(당장 쓸모 있는 기술)는 '애플'을 만들지 못했습니다. '영'의 직관(당장 쓸모없어 보였던 아름다움)이 '애플'이라는 '영혼' 통합체의 '정체성('영')'을 결정했습니다.

### 3) 당신의 '쓸모없는 점'을 신뢰하라

'직관'은 당신의 '영'이 당신의 '미래'를 위해 찍어두는 '점'입니다. '혼'의 논리는 그 점을 "쓸모없다"고 비난할 것입니다. 하지만 당신의 '영'이 "이끌린다"고 속삭인다면, 그 '직관'을 따르십시오. 10년 뒤, 그 '쓸모없는 점(혼)'이 당신의 '운명('영혼'의 통합)'을 결정짓는 가장 '결정적인 선'이 될 것입니다.

## 2. 영혼 이중나선 모델 분석 프레임: "직관이 찍는 점이 비즈니스의 미래를 결정한다"

### 1) 이중 나선 모델의 필요성

사업가는 흔히 '논리(혼)'만으로 의사결정하려 하지만, 결정적인 성장의 순간은 언제나 직관(영)이 찍어둔 '점'으로부터 시작됩니다. 스티브 잡스의 '서체 수업'처럼 당장 사업에 도움이 되지 않아 보이는 선택이 결국 10년 후 브랜드와 사업의 정체성을 결정짓는 운명의 연결점(Connecting the Dots)이 됩니다. 네트워크 비즈니스 역시 논리로 만난 관계는 소멸되지만, 직관이 이끄는 관계는 미래에 거대한 생태계를 구축합니다. 따라서 진짜 문제는 "능력이 부족한가?"가 아니라 "내 직관이 찍는 점을 무시하고 있지는 않은가?"하는 점입니다.

### 2) 영(비전) 기반 네트워크 구축 전략

비즈니스 네트워크는 숫자가 아니라 질이 결정하며, 그 질은 "영이 맞는가?"에 의해 결정됩니다. 먼저 끌림의 감각(직관)으로 사람을 선택해야 합니다. 논리는 조건을 보고 판단하지만, 직관은 "미래에 함께 연결될 사람"을 먼저 알아보기 때문입니다. 또한, 당장은 쓸모없는 경험과 아이디어를 존중하는 네트워크를 만들어야 합니다. 지금은 사소해 보이지만 미래에는 핵심이 될 '점'들이 서로의 실행(혼)과 연결되며 강력한 시너지를 창출하기 때문입니다.

### 3) 공간 자산을 '직관 실험의 플랫폼'으로 전환하는 방법

새로운 모임, 작은 협업, 직관 기반의 시도들이 이 공간에서 지속적으로 축적될 때, 그 공간은 단순한 장소를 넘어 비전의 허브(영)가 됩니다. 네트워크는 단순히 사람을 모으는 구조가 아니라, 미래의 점을 함께 찍는 '영의 공동체'로 진화하게 됩니다.

### 4) 영혼 이중나선 모델의 실천 원리

영혼 이중나선은 직관(영)이 점을 찍고, 논리·실행(혼)이 그것을 현실화하며, 시간이 흐름에 따라 두 요소가 하나로 연결되는 선순환 구조를 가집니다.

- 영의 단계: 직관이 "이 길로 가라"는 미래의 나로부터 오는 신호를 보내어 방향을 설정합니다. 이 감각은 논리보다 먼저 움직입니다.
- 혼의 단계: 논리와 기술이 서체 수업과 같은 작은 실행으로 점을 구체화합니다. 이러한 작은 프로젝트와 실험적 기획들이 쌓여 훗날 비전의 핵심 요소가 됩니다.
- 시간의 단계: 시간이 두 나선을 연결하며 '선'을 만듭니다. 직관이 찍은 점은 즉시 의미가 없을 수 있으나, 시간이 흐르면 점이 선이 되고 그 선이 브랜드와 사업의 고유한 정체성이 됩니다.

### 5) 피드백 루프와 영혼의 동시 상승

비즈니스 성장의 본질은 직관 → 실행 → 시간이 만드는 연결의 무한한 반복에 있습니다.

- 영의 피드백: 반복적으로 끌리는 패턴을 발견하는 것이 '영의 훈련'이며, 그 안에 비전의 핵심이 숨겨져 있습니다.
- 혼의 피드백: 직관을 "작게 실행"할 때 비로소 점은 현실적인 가치로 전환되며 의미를 갖게 됩니다.

- 동시 상승: 직관이 찍은 점이 공간에서 실행되고 네트워크에서 해석되며 비전으로 확장될 때, 당신의 네트워크는 단순 연결이 아니라 자생적인 생태계로 진화할 것입니다.

### 6) 성공을 위한 최종 실천 해법

- 성공하는 비즈니스는 논리적 계획의 결과가 아니라, 직관과 실행이 연결된 점들의 축적에서 탄생한다는 사실을 명심하십시오.
- 논리보다 직관의 방향을 먼저 인정하십시오. 논리는 현재를 설명하지만, 직관은 미래를 창조합니다.
- 큰 변화보다 '작은 실험'으로 점을 찍으십시오. 직관이 끌리는 사람을 만나고, 듣고 싶은 수업을 들으며, 공간에서 작은 프로젝트를 지금 바로 시작하십시오.
- 네트워크를 '영으로 연결된 집단'으로 설계하십시오. 비전이 맞는 사람들과의 관계는 결국 사업의 견고한 토대가 될 것입니다.

> **최종 메시지**
>
> 직관은 미래의 내가 현재의 나에게 보내는 편지입니다. 그 직관이 찍어둔 점을 따를 때, 당신의 네트워크·사업·공간은 연결되어 운명적 성공의 선을 그리게 될 것입니다.

## 10.3 몰입, 최고의 행복: '혼'이 춤추고 '영'이 쉬는 순간

우리는 제3부의 여정을 통해, '혼(魂)'의 나선을 펼쳐 세상과 상호작용하는 다양한 방법들을 배웠습니다. 작은 실험을 설계하고, 피드백을 수용하며, 애자일하게 삶을 운영하는 이 모든 실천의 끝에서 우리가 경험하게 될 최고의 순간은 어떤 모습일까요? 긍정 심리학의 대가 미하이칙센트미하이(Mihaly Csikszentmihalyi)는 그 순간을 '몰입(Flow)'이라고 명명했습니다.

'몰입'이란, 어떤 활동에 깊이 빠져들어 시간의 흐름이나 주변 환경, 심지어 자기 자신마저 잊어버리는 최적의 경험 상태를 의미합니다. 화가가 캔버스 앞에서, 프로그래머가 코드 앞에서, 운동선수가 경기장에서, 혹은 당신이 진정으로 사랑하는 무언가를 할 때 경험하는 바로 그 무아지경의 순간입니다. 칙센트미하이는 이 몰입의 순간이야말로 인간이 느낄 수 있는 가장 깊고 지속적인 행복이라고 말했습니다.

영혼 이중나선 모델의 관점에서, 몰입은 '영(靈)'과 '혼(魂)'의 두 나선이 완벽한 조화를 이루어 하나의 춤을 추는 순간입니다. 당신의 '영'이 설정한 명확한 목표와 방향성에 따라, 당신의 '혼'이 가진 모든 기술과 능력이 그 목표를 수행하는 데 온전히 집중될 때, 우리는 몰입을 경험합니다. 이때 '나'라는 에고(Ego)는 잠시 사라지고, 오직 '행위' 그 자체만이 남습니다. 마치 훌륭한 연주자가 악기와 하나가 되어 음악을 연주하듯, 당신은 당신의 일과 완벽하게 하나가 됩니다.

칙센트미하이에 따르면, 몰입은 두 가지 조건이 충족될 때 찾아옵니다. 첫째, 도전적인 과제(Challenge)가 있어야 합니다. 너무 쉬운 과제는 지루함을 낳고, 너무 어려운 과제는 불안감을 낳습니다. 둘째, 그 과제를 해결할 수 있는 나의 기술(Skill)이 있어야 합니다. 나의 기술 수준과 과제의 난이도가 절묘하게 맞아떨어지는 지점에서 몰입의 문이 열립니다.

이것은 '혼'의 성장에 대한 매우 중요한 통찰을 줍니다. 우리의 '혼'은 자신의 안전지대(Comfort Zone)를 살짝 벗어나는 도전적인 과제를 마주하고, 그것을 해결하기 위해 자신의 기술을 갈고닦는 과정을 통해 성장합니다. 그리고 그 성장의 과정에서 '몰입'이라는 최고의 보상을 얻게 되는 것입니다.

당신의 '영'이 선장으로서 배의 방향을 명확히 제시하고, 당신의 '혼'이 숙련된 항해사로서 키를 잡고 파도를 탈 때, 당신은 몰입이라는 순풍을 만나게 될 것입니다. 그 순간, 당신은 더 이상 힘들게 노를 젓고 있다는 사실조차 잊어버릴 것입니다. 당신의 삶에서 '혼'이 춤추고 '영'이 고요히 미소 짓는 그 몰입의 순간들을 더 많이 창조하십시오.



## 영혼 이중나선 모델의 적용: '몰입'을 '시스템'으로 설계한 기업

'몰입(Flow)'은 미하이칙센트미하이(Mihaly Csikszentmihalyi)가 정의한 '최고의 행복' 상태입니다. 이 상태는 '나'('영'의 자아)를 잊을 만큼 '과업'('혼'의 실행)에 완전히 빠져드는 순간입니다. '혼'이 춤추고 '영'이 쉬는 이 순간, '영혼'은 완벽하게 통합됩니다.

## 실천 사례 연구 1: 파타고니아(Patagonia)의 "Let My People Go Surfing"

### 1. 일할 때도 파도를 타듯 몰입의 순간을 설계하라

**1) '영'의 철학(Why)**

파타고니아의 '영'은 "최고의 제품('혼')을 만들되, 불필요한 환경 피해('영')를 유발하지 않으며, 비즈니스를 통해 환경 위기에 대한 '해결책'('영')을 제시한다"는 것입니다. 이러한 '영'을 실현하기 위해서는 단순히 기술만 가진 '영혼 없는 기술자'가 아니라, '영혼'이 통합된 '창의적인 개인'('영')이 반드시 필요했습니다.

### 2) '몰입'을 위한 '혼'(The Policy)

창업자 이본 쉬나드는 "파도가 칠 때, 서핑하러 가라(Let My People Go Surfing)"는 전설적인 '혼'(복지 정책)을 수립하였습니다. 이 정책은 전통적 경영의 '통제'를 버리고, 자율과 신뢰를 통해 직원의 '몰입'을 이끌어내는 핵심 장치가 되었습니다.

### 3) '혼'이 춤추고 '영'이 쉬는 순간

직원이 '서핑'('혼'의 실행)을 할 때, 그는 '파도'라는 '도전'('혼')과 '자신의 기술'('혼') 사이에서 완벽한 '몰입'('영혼' 통합)을 경험합니다. 이 순간, '나'('영'의 에고, 불안, 잡념)는 사라지고 오직 '파도를 타는 행위'('혼')만 남게 되며, 이때 비로소 '영'은 휴식을 취합니다. 따라서 '혼'(몸)은 가장 격렬하게 춤추지만, 역설적으로 '영'(마음)은 가장 평화로운 상태에 도달하게 됩니다.

### 4) '몰입'이 '혼'(성과)으로 연결되는 과정

'몰입'을 경험하고 '영'의 재충전을 마친 직원은 사무실로 돌아와 '업무'('혼')에서도 더 높은 '몰입'과 '창의성'('영')을 발휘하게 됩니다. 파타고니아는 '통제'('혼') 대신 '신뢰'('영')를 택함으로써 직원들의 '영혼 통합'을 유도하였고, 이는 결국 '최고의 제품'('혼'의 성과)이라는 결과로 이어졌습니다. 따라서 이 정책은 단순한 '방임'이 아니라, "최고의 '몰입'을 경험하고 최고의 '성과'('혼')를 내라"는 강력한 '영'의 명령인 것입니다.

### 5) 당신의 '몰입 스위치'는 무엇인가?

'몰입'은 '영'과 '혼'이 하나가 되는 '최고의 행복'입니다. 파타고니아가 '서핑'을 '혼'

의 시스템으로 허용했듯이, 당신 또한 자신만의 '몰입 스위치'('혼')를 의도적으로 삶('영') 속에 설계해야 합니다.

## 2. 영혼 이중나선 모델 분석 프레임: 몰입 시스템 설계 전략

### 1) 이중나선 모델의 필요성

오늘날 대부분의 비즈니스는 성과(혼)를 올리기 위해 단순히 규칙과 통제 중심으로 운영됩니다. 그러나 진정한 성과는 '통제'가 아니라 '몰입(Flow)'에서 나옵니다. 몰입은 '영(자아·의미)'과 '혼(실행·기술)'이 완벽하게 통합되는 순간이며, 이 상태는 최고 수준의 창의성·행복·성과를 동시에 만들어 냅니다. 문제는 많은 기업과 개인이 '몰입'을 운에만 맡긴다는 점입니다.

파타고니아 사례는 "몰입은 설계될 수 있으며, 시스템으로 설계될 때 비즈니스는 비약적으로 성장한다"는 것을 보여줍니다. 몰입을 시스템으로 만들면 개인의 에너지, 조직의 성과, 네트워크의 힘, 브랜드 자산이 모두 동반 상승합니다.

### 2) 영(비전) 기반 네트워킹 구축 전략

몰입이 지속되는 네트워크는 명확한 '영(Why)' 위에 구축됩니다. 파타고니아는 "비즈니스를 환경 문제 해결의 도구로 사용한다"는 영(비전)을 세웠고, 그 비전은 동일한 가치관을 가진 고객·파트너·직원·투자자들을 연결하는 '가치 네트워크'로 확대되었습니다.

① 비즈니스 네트워크 적용 원칙

- 영(비전)이 명확한 사람이 다른 사람을 끌어당긴다. → 공명하는 사람·공간·기회가 모여 자산이 된다.
- 비전 공유 네트워크는 단순 거래가 아니라 '성장 공동체'가 된다.
- 몰입을 존중하는 조직과 파트너만 모여 결과적으로 창조 속도가 압도적으로 빨

라진다.

- 결론: 네트워킹의 성공은 영(Why)을 중심에 두고 혼(How)을 정렬하는 방식에
  서 비롯된다.


## 3) 영혼 이중나선 모델의 실천 원리(몰입 시스템화)

파타고니아의 "Let My People Go Surfing" 정책은 '몰입을 시스템으로 설계할 수 있다'는 것을 증명하여 보여줍니다. 서핑을 통해 영(정신)이 회복되고, 업무에서는 혼(실행력)이 더 강력하게 작동합니다. 이는 개인뿐 아니라 조직 전체의 에너지를 끌어올리는 결과를 낳았습니다. 몰입의 순간 '혼(실행)'은 도전과 능력이 맞물려 마치 춤추듯 움직입니다. '영(정체성)'은 에고·불안·피로를 내려놓고 평온해집니다. 이 두 힘이 서로 감아 올라가며 '영혼 이중나선 통합 상태'가 만들어지고, 이는 최고의 성과·창의성·집중을 끌어냅니다. 이 원리는 개인·팀·조직·브랜드·사업공간 모두에 적용됩니다.


## 4) 피드백 루프와 영혼의 동시 상승

몰입은 단발적 감정이 아니라 '상승 루프(Feedback Loop)'를 만듭니다.


- 몰입 상승 루프: 몰입 → 성과 증가 → 만족감 상승 → 의미 회복 → 더 깊은 몰입
  과정으로 이어진다.
- 비즈니스 네트워크 상승 루프: 비전 공유 → 신뢰 강화 → 공동 성과 → 자산 강
  화 → 더 강한 비전으로 순환한다.
- 기대 효과: 이 루프는 브랜드 가치를 높이고 자산의 질을 키우며, 사람·공간·비
  즈니스가 서로 상승하는 선순환 구조를 만든다. 결국 몰입이 시스템화된 조직은
  위기에도 흔들리지 않는 '생태계'가 된다.

## 5) 성공을 위한 5가지 실천 해법

비즈니스 사업자를 위한 핵심 메시지: "몰입 환경을 설계하는 것이 최고의 비전 실행 전략이다." 비전(영)을 중심으로 네트워크를 구축하고 몰입을 돕는 시스템(혼)을 설계하면, 성과와 자산은 자동적으로 성장한다.

- 비전(영)을 명확히 선언하라: 네트워크의 중심은 비전이다. 영이 명확할수록 사람·자산·기회가 스스로 정렬된다.
- 몰입을 돕는 구조(혼)를 설계하라: 공간 디자인, 업무 시간 리듬, 몰입 루틴, 개인별 몰입 스위치를 구체적으로 마련하라.
- 몰입이 일어난 경험을 브랜드 자산으로 전환하라: 고객과 파트너가 '이 회사와 함께 일하면 몰입된다'고 느끼게 유도하라.
- 몰입과 회복을 모두 시스템화하라: 몰입은 에너지를 소비하는 과정이므로, 반드시 회복 루틴이 있어야 성장이 지속된다.
- 비전 기반 네트워크를 성장 동력으로 삼으라: 영을 공유하는 사람이 모이면 실행(혼)의 속도와 품질이 자연스럽게 상승한다.

> **최종 메시지**
>
> 몰입은 개인의 감정이 아니라, 비전·네트워크·자산을 모두 성장시키는 '영혼 통합 시스템'이다. 영(왜)이 방향을 열고, 혼(어떻게)이 몰입을 통해 성과를 만들며, 비전 기반 네트워크가 자산을 키운다. 몰입을 설계하는 순간, 비즈니스는 단순 조직을 넘어 생태계(Ecosystem)가 된다.

## 10.4 영혼의 자산 설계

### 1. 제10장 핵심 개념 요약

| 절(Section) | 핵심 개념(Core Concept) | 성장 전략(Growth Strategy) |
|---|---|---|
| 성장의<br>티핑 포인트 | **시너지**: '영'과 '혼'이 결합하여 1+1이 100이 되는 폭발적인 성장 효과. | 어느 한쪽에 치우치지 않고, 내면의 가치('영')와 외부의 실행력('혼')을 의식적으로 연결하고 조화시키는 데 집중한다. |
| 직관 | **통합적 통찰**: 축적된 경험('혼')과 핵심 가치('영')가 무의식에서 융합되어 나타나는 고차원적 판단. | 데이터 분석과 함께, 생각을 멈추고 몸의 신호에 귀 기울이는 등 자신의 내면의 목소리를 신뢰하는 훈련을 한다. |
| 몰입 | **최적 경험**: 명확한 목표('영')와 그에 맞는 높은 기술('혼')이 만날 때 발생하는 무아지경의 상태. | 자신의 능력보다 약간 더 어려운 과제에 도전하고, 방해 요소를 제거하며, 과정 자체를 즐김으로써 몰입의 순간을 의도적으로 설계한다. |

### 2. 설계지침(실천방안)

본 장의 내용을 삶에 효과적으로 적용하기 위해 다음의 세 가지 지침을 따를 것을 제안한다.

①'시너지 모멘트'를 찾아 증폭시켜라.

지난 한 달간 당신의 삶에서 가장 적은 노력으로 가장 큰 성과나 보람을 느꼈던 '시너지 모멘트'를 찾아보라. 그 순간에는 어떤 '영'의 가치와 어떤 '혼'의 기술이 결합되어 있었는가? 그 성공 공식을 분석하고, 어떻게 하면 당신의 일과 삶에서 그러한 순간을 더 자주 만들어낼 수 있을지 구체적인 전략을 세워라.

②'직관 노트'를 작성하라.

논리적으로 설명되지는 않지만 강하게 느껴지는 '직관'의 순간들을 날짜와 함께 기록해 보라. "왠지 A 프로젝트는 잘 안 될 것 같다." 또는 "B라는 사람을 꼭 만나봐야 할 것 같다."와 같이. 그리고 시간이 지난 후, 그 직관이 실제로 맞았는지 결과를 확인해 보라. 이 과정은 당신의 직관이 어떤 상황에서 더 잘 작동하는지 파악하고, 당신의 내면 GPS를 더 신뢰하게 만드는 훈련이 될 것이다.

③ 당신만의 '몰입 의식'을 만들어라.

중요한 과업을 시작하기 전에, 당신을 몰입 상태로 이끌어 주는 당신만의 '의식(Ritual)'을 만들어 보라. 예를 들어, 특정 장소에서, 특정 음악을 들으며, 특정 차를 마신 뒤에 일을 시작하는 것이다. 이러한 의식은 당신의 뇌에 "이제부터는 모든 것을 잊고 이 일에만 집중할 시간"이라는 강력한 신호를 보내, 더 빠르고 깊게 몰입 상태에 진입하도록 돕는다.

## 제4부

# 통합 성장 프레임워크: 새로운 시대의 아키텍처

**제11장**

성장 플라이휠: 성장을 가속하는 선순환 시스템

**제12장**

삶의 통합과 경영: 인생이라는 비즈니스

**제13장**

관계와 리더십의 확장: 함께 성장하는 지혜

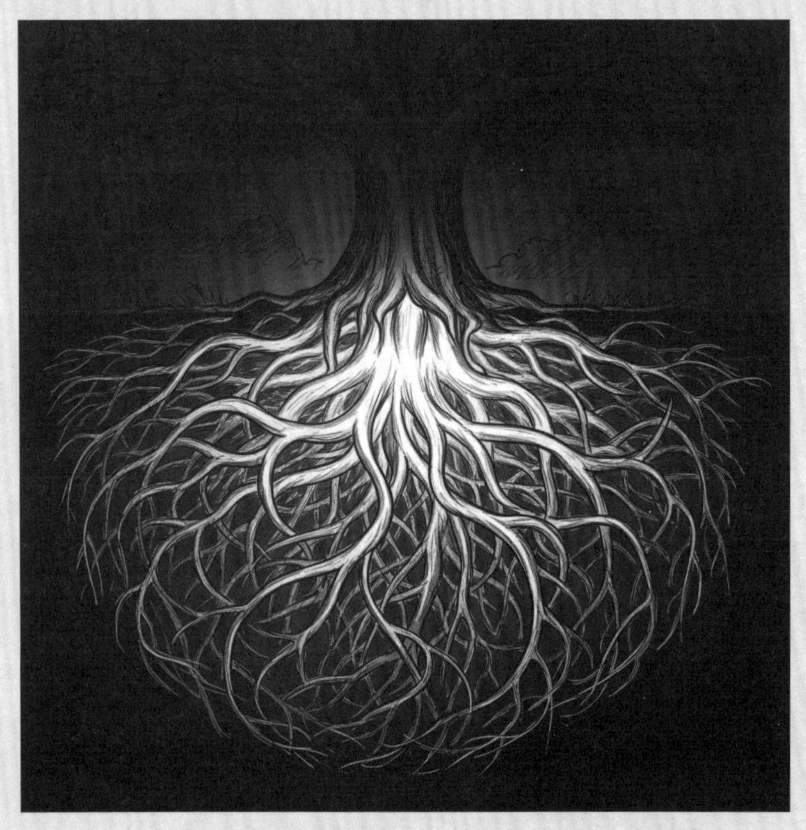

'영혼 이중나선 모델'은 깨달음(뿌리)을 바탕으로 영혼의 성장(줄기)을 통해 현실에 공간 자산(가지)을 창조하며 성장하는 모델이다.

성인(부처): "일체유심조", 즉 모든 것은 마음가짐에 달려 있습니다. 외부 환경에 휘둘리지 않고 내면의 중심을 세우는 인식의 힘을 강조합니다.

공명(共鳴): 존재의 근원적 이유인 '왜?'라는 질문을 통해 핵심 가치를 발견하고, 어떤 시련에도 방향을 잃지 않는 강력한 '영적 나침반'을 구축합니다.

# 제11장

# 성장 플라이휠: 성장을 가속하는 선순환 시스템

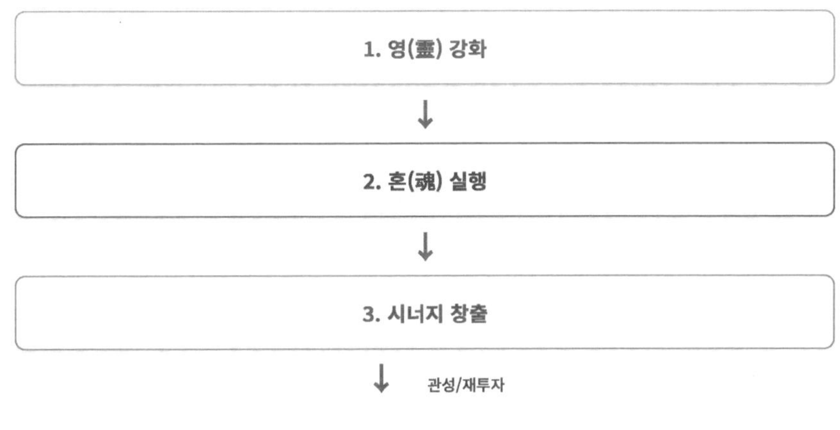


**성장 플라이휠: 지속 가능한 폭발적 성장의 선순환 메커니즘**
**(The Growth Flywheel: A Virtuous Cycle of Sustainable Explosive Growth)**

**개념도 설명**: 성장은 의지력만으로 지속하기 어렵습니다. '영 강화 → 혼 실행 → 시너지 창출'이 서로를 강화하는 선순환 구조, 즉 '성장 플라이휠'을 설계해야 합니다. 한번 관성을 얻으면, 이 시스템은 더 적은 노력으로도 스스로 회전하며 성장을 가속화시키는 강력한 엔진이 됩니다.

## 11.1 엔트로피 법칙과 에너지 관리

AI라는 강력한 비서를 얻고, 애자일한 삶의 운영체제를 갖췄다 해도, 우리에게 주어진 하루는 24시간, 우리의 물리적, 정신적 에너지는 유한합니다. 아무리 위대한 비전(영)과 뛰어난 실행 도구(혼)를 가졌더라도, 그것을 움직일 '에너지'가 없다면 모든 것은 무용지물입니다. 많은 사람들이 새해의 야심 찬 계획이 작심삼일로 끝나는 이유는 의지가 약해서가 아니라, 자신의 유한한 에너지를 제대로 관리하지 못했기 때문입니다.

열역학 제2법칙, 즉 '엔트로피 증가의 법칙(Law of Increasing Entropy)'은 우주의 모든 것은 시간이 지남에 따라 질서 있는 상태에서 무질서한 상태로, 유용한 에너지에서 무용한 에너지로 변해가려는 자연적인 경향이 있다고 설명합니다. 뜨거운 커피는 저절로 식고, 깨끗한 방은 가만히 놔두면 먼지가 쌓이고 어지러워집니다. 우리의 삶도 마찬가지입니다. 의식적으로 에너지를 투입하여 질서를 유지하지 않으면, 우리의 삶은 저절로 혼돈과 무기력(높은 엔트로피 상태)으로 흘러가게 되어 있습니다.

따라서 성공적인 삶이란, 이 엔트로피의 법칙에 저항하여 의식적으로 '질서'를 창조하고, 유한한 에너지를 가장 중요한 곳에 집중하여 '부정 엔트로피(Negative Entropy)' 상태를 만들어내는 과정이라고 할 수 있습니다. 당신의 '영(靈)', 즉 명확한 목적의식과 가치 체계는 바로 이 질서를 창조하는 가장 강력한 힘입니다. 목적이 있는 삶은 에너지가 하나의 방향으로 모이지만, 목적이 없는 삶은 에너지가 사방으로 흩어져 소멸됩니다.

그렇다면 우리의 소중한 에너지를 훔쳐가는 '엔트로피 도둑'들은 누구일까요? 당신의 삶에서 에너지가 새어나가는 구멍들을 찾아내고 막는 것이 에너지 관리의 첫걸음입니다.

- **결정 장애(Decision Fatigue)**: 우리의 의지력과 결정 능력은 하루에 사용할 수 있는 총량이 정해져 있습니다. 사소한 결정에 너무 많은 에너지를 소모하면, 정작 중요한 일에 써야 할 에너지가 고갈됩니다.
- **디지털 산만함(Digital Distraction)**: 스마트폰에서 시도 때도 없이 울리는 알림,

의미 없이 새로고침하는 소셜 미디어 피드는 우리 뇌의 집중력을 잘게 쪼개어 막대한 에너지를 낭비시킵니다.

- **부정적인 인간관계(Toxic Relationships)**: 끊임없이 불평하고, 당신의 에너지를 깎아내리는 사람과의 관계는 밑 빠진 독과 같습니다.
- **완벽주의와 자기 비난(Perfectionism & Self-Criticism)**: 통제할 수 없는 결과에 대해 걱정하고, 이미 저지른 실수에 대해 자책하는 것은 에너지를 과거와 미래에 쏟아붓는 가장 비효율적인 행위입니다.

이러한 에너지 누수를 막고, 당신의 삶을 '낮은 엔트로피' 상태로 유지하기 위한 구체적인 전략은 당신의 '영'을 기준으로 '혼'의 활동을 체계화하는 것입니다. 즉, 시스템과 습관을 만들고, 딥 워크(Deep Work) 시간을 확보하며, 에너지 뱀파이어를 차단하고, 의도적으로 회복하는 것입니다. 당신의 에너지는 당신의 가장 소중한 자산입니다. 당신의 위대한 '영'이 세상 속에서 '혼'으로 발현되기 위해서는 반드시 에너지가 필요합니다.

### 버락 오바마의 '결정 엔트로피' 관리법

미국 대통령 시절, 버락 오바마는 매일 똑같은 색깔의 정장(회색 혹은 남색)만을 입는 것으로 유명했다. 그는 인터뷰에서 그 이유를 이렇게 밝혔다. "저는 제가 입을 옷이나 먹을 것에 대해 결정을 내리고 싶지 않습니다. 왜냐하면 저는 내려야 할 다른 결정들이 너무나 많기 때문입니다."

이는 '결정 피로(Decision Fatigue)'의 개념을 완벽하게 이해하고, 자신의 한정된 정신적 에너지를 관리하기 위한 의식적인 전략이었다. 그는 대통령으로서 매일 국가의 운명을 좌우하는 수많은 중대한 결정을 내려야 했다. 이러한 고차원적인 결정('영'의 가치 판단)에 최고의 에너지를 쏟기 위해, 그는 옷을 고르는 것과 같은 사소하고 반복적인 결정('혼'의 일상 과업)을 시스템화하여 에너지 소모를 최소화했던 것이다. 이처럼 성공적인 리더들은 자신의 의지력을 맹신하는 대신, 중요한 일에 집중할 수 있도록 자신의 삶에 '질서'를 부여하고 엔트로피를 관리하는 시스템을 설계한다.

**핵심 투자 명언**

목적 세우고 에너지 집중, 중요 투자처에 유한 자원 올인!

- **엔트로피 법칙과 삶**: 의식적으로 질서를 부여하지 않으면, 우리의 삶은 자연스럽게 혼돈과 무기력(높은 엔트로피) 상태로 흘러간다.
- **'영'의 역할**: 명확한 목적의식('영')은 에너지가 흩어지지 않고 한 방향으로 흐르도록 하는, 엔트로피에 저항하는 가장 강력한 힘이다.
- **에너지 관리**: '결정 장애', '디지털 산만함' 등 에너지 누수 지점을 파악하고, 시스템과 습관을 통해 유한한 에너지를 가장 중요한 곳에 집중시켜야 한다.

## 영혼 이중나선 모델의 적용: '엔트로피'를 이기는 '플라이휠'의 힘

'엔트로피(Entropy)'는 '무질서도'가 증가하는 자연의 법칙입니다. 가만히 두면 모든 '시스템'('혼')은 붕괴하고, '에너지'('영')는 흩어집니다. (번아웃, 조직 해체) '성장 플라이휠'은 이 '엔트로피'를 거슬러, '혼'(실행)이 '새로운 에너지'('영')를 스스로 만들어내는 '영구기관'('영혼' 통합 시스템)입니다.

## 실천 사례 연구 1: 아마존(Amazon)의 플라이휠

### 1. 성장은 외부 에너지가 아니라 내부 선순환 시스템에서 나온다.

### 1) '플라이휠' 개념의 도입

짐 콜린스는 저서 《Good to Great》에서 '플라이휠' 개념을 제시했고, 제프 베조스는 이를 아마존의 핵심 '운영체제'로 삼았습니다.

## 2) '엔트로피'의 위협 (일반적인 기업의 사례)

일반적인 기업은 고객을 유치하기 위해 마케팅에만 에너지를 쏟습니다. 이처럼 외부 마케팅에 의존하게 되면 에너지가 소모될 때 '엔트로피'가 발생하며, 결국 성장이 멈추는 악순환에 빠지게 됩니다.


## 3) 아마존 '플라이휠'의 시작점

베조스는 기업 성장의 모든 것은 '고객 경험(Customer Experience)'에서 시작된다고 정의했습니다.


## 4) 선순환을 만드는 '플라이휠'의 작동 원리

아마존은 다음과 같은 5단계 과정을 통해 선순환 구조를 구축했습니다.


① '고객 경험'을 높이기 위해 '낮은 가격'과 '다양한 상품'을 제공한다.

② '낮은 가격'과 '다양한 상품'은 고객 트래픽을 증가시킨다. (엔트로피 극복 1단계)

③ 고객 트래픽이 높아지면, 더 많은 '제3자 판매자(Sellers)'들이 아마존으로 모여든다.

④ 판매자가 많아지면 상품 구색이 더욱 다양해지고, 가격 경쟁으로 인해 가격이 더 낮아진다. (엔트로피 극복 2단계)

⑤ 이렇게 다양해진 상품과 낮아진 가격은 '고객 경험'을 다시 극대화시킨다.

⑥ 결국 다시 ①번으로 돌아가 이 순환이 지속적으로 가속된다.


## 5) '에너지'의 효율적 관리

이 플라이휠은 에너지를 단순히 소모하는 구조가 아니라, 실행을 통해 에너지가 고객 트래픽을 스스로 창출하는 구조입니다. 또한, 트래픽 증가는 '규모의 경제'를 만들어 비용 구조를 낮추고, 이는 다시 '낮은 가격' 실현을 위한 새로운 에너지가 됩니다.

## 6) '엔트로피'를 이기는 '영구기관'

아마존의 성장은 외부 에너지(마케팅)에 의존하지 않고, 플라이휠이라는 '내부 시스템'을 통해 스스로 에너지를 만들며 엔트로피를 극복하고 자동 성장합니다.

당신의 '플라이휠'은 무엇인가?

'번아웃(엔트로피)'은 당신의 노력이 단순히 에너지를 소모하기 때문에 발생합니다. 진정한 '성장 플라이휠'은 당신의 노력이 의미, 보상, 새로운 기회를 스스로 재창출하는 '선순환 시스템'입니다. 당신의 에너지가 다시 에너지를 낳는 플라이휠을 설계해야 엔트로피를 이길 수 있습니다.

## 2. 영혼 이중나선 모델: 엔트로피를 이기는 비즈니스 플라이휠 전략

### 1) 이중 나선 모델이 필요한 이유

모든 사업은 시간이 지날수록 자연적으로 무질서와 붕괴를 의미하는 '엔트로피'가 증가하게 됩니다. 많은 네트워크 및 공간 사업이 초기 열정을 유지하지 못하고 무너지는 이유는 실행(혼)만 존재하고 비전과 의미(영)가 결여되었기 때문입니다. 광고비나 인맥 동원 같은 외부 에너지에만 의존하는 구조는 결국 자원을 소모하며 한계에 봉착하게 됩니다.

### 2) 영(비전) 기반의 네트워크 구축 전략

비전이 중심에 서야 합니다: "우리는 왜 연결되는가?"라는 목적이 명확해야 사람들이 자발적으로 모여듭니다. 비전은 사람을 당기는 자석입니다: 실행(혼)으로 모으는 것에는 비용이 들지만, 가치(영)로 모으는 것은 자발적 참여를 이끌어 냅니다. 공간과 네트워크는 영의 물리적 플랫폼입니다: 공간은 단순한 운영 시설이 아니라 비전을 경험하게 만드는 장치가 되어야 합니다. 비전 → 참여 → 기여 → 신뢰 → 연결확장 → 다시 비전 강화의 선순환 구조가 지속 가능한 관계를 만듭니다.

### 3) 영혼 이중나선 모델의 실천 원리

"영은 방향을 결정하고, 혼은 그 방향을 현실화한다."

- 제1단계: 영(비전)이 시작점을 만든다.

  중심 가치와 철학이 명확해야 실행력이 흩어지지 않고 올바른 방향으로 흐릅니다.

- 제2단계: 혼(실행)이 영을 실체화한다.

  서비스, 운영, 공간 시스템 등의 구체적인 도구가 비전을 실질적인 현실로 구현해냅니다.

- 제3단계: 혼의 실행이 새로운 영을 만든다.

  성취감과 만족도를 느낀 참여자들의 기여가 비즈니스에 새로운 활력과 에너지를 공급합니다.

- 제4단계: 새로운 영이 혼을 가속한다.

  실행의 속도와 품질이 확장되면서 전체적인 플라이휠이 더욱 빠르게 회전하게 됩니다.

### 4) 지속적인 성장을 위한 피드백 루프

영적 피드백(방향성 점검): 참여자 반응과 고객 경험을 통해 우리가 가는 방향이 맞는지 영(비전)의 정교함을 높입니다. 혼적 피드백(효율성 점검): 트래픽, 공간 활용률, 재방문율을 분석하여 혼(시스템)의 실행력을 강력하게 강화합니다. 영혼의 동시 상승: 영이 선명해지면 자원이 모이고, 혼이 견고해지면 네트워크는 무너지지 않고 스스로 성장하는 구조를 갖추게 됩니다.

### 5) 성공을 위한 4대 실천 해법

- 비전의 중심축(영)을 정의하라: 우리는 왜 존재하는지, 고객의 어떤 미래를 돕는

지 명확히 규정하여 네트워크가 스스로 끌려오게 만듭니다.

- 영을 실현하는 운영 시스템(혼)을 설계하라: 서비스 흐름과 공간 프로그램 등 구체적인 엔진을 통해 영을 구체화합니다.
- 에너지가 돌아가는 플라이휠을 구축하라: 비전에서 신뢰 축적으로 이어지는 선순환 구조를 완성하여 에너지를 자가 생산합니다.
- 엔트로피를 관리하라: 소모적인 활동은 줄이고 의미 기반의 활동과 자동화 시스템을 통해 관계의 질을 높입니다.

**최종 메시지**

비즈니스의 핵심은 단순히 "사람을 모으는 기술"이 아니라, "사람이 머물고 성장하는 구조"를 만드는 것입니다. 영이 비전을 만들고 혼이 시스템을 구축할 때, 네트워크는 무너지지 않고 스스로 성장합니다.

## 11.2 세렌디피티의 예술: 준비된 영혼에게 찾아오는 우연한 행운

당신의 '영'과 '혼'이 조화로운 시너지를 이루기 시작하면, 당신의 삶에는 '세렌디피티(Serendipity)', 즉 '우연을 통해 예상치 못한 중요한 발견을 하는 능력'이 놀라울 정도로 자주 일어나기 시작합니다. 많은 사람들이 성공을 철저한 계획과 노력의 산물로만 생각하지만, 역사를 바꾼 위대한 발견들 중 상당수는 이 세렌디피티의 결과물이었습니다. 페니실린의 발견, 포스트잇의 발명, X선의 발견 등이 모두 대표적인 예입니다.

하지만 세렌디피티는 그저 가만히 있는 사람에게 찾아오는 '행운(Luck)'과는 근본적으로 다릅니다. 그것은 오직 '준비된 영혼'에게만 찾아오는 선물입니다. 프랑스의 미생물학자 루이 파스퇴르는 "관찰의 영역에서, 기회는 오직 준비된 정신에게만 찾아온다"는 유명한 말을 남겼습니다. 여기서 '준비된 정신'이란 무엇일까요? 바로 '영'과 '혼'의 두 나선이 모두 깨어 있는 상태를 의미합니다.

- **깨어 있는 '혼'**(The Prepared Mind): 당신의 '혼'은 세상과 상호작용하며 끊임없이 새로운 정보와 경험을 수집합니다. 특정 분야에 대한 깊은 지식과 호기심을 가지고 세상을 관찰하는 사람은, 그렇지 않은 사람이 그냥 지나쳐 버리는 사소한 변칙이나 의외의 결과 속에서 '이상하다, 왜 저렇지?'라는 의미 있는 질문을 던질 수 있습니다.

- **깨어 있는 '영'**(The Prepared Spirit): 하지만 단지 지식이 많다고 해서 세렌디피티를 경험할 수 있는 것은 아닙니다. 수집된 정보를 연결하여 새로운 의미를 발견해내는 능력, 즉 '통찰력'이 필요합니다. 이 통찰력은 당신의 '영', 즉 당신의 가치와 목적의식이라는 '맥락' 속에서 일어납니다. 당신이 해결하고자 하는 명확한 '왜(Why)'가 있을 때, 당신의 뇌는 서로 무관해 보이는 정보들 속에서 그 '왜'와 관련된 의미 있는 패턴을 발견해내는 경이로운 능력을 발휘합니다.

결국 세렌디피티는 '준비된 혼이 뿌린 씨앗을, 준비된 영이 거두어들이는' 예술과 같습니다. 그것은 계획과 우연, 노력과 행운, 이성과 직관이 아름답게 만나는 지점입니다. 당신의 삶에서 이 '의도된 우연'을 더 자주 경험하기 위해서는, 다양한 분야에 대한 호기심을 잃지 말고(혼의 확장), 당신의 전문 분야에서 벗어나 의도적으로 '딴짓'을 하며, 모든 실패를 기록하고 공유하는 태도가 필요합니다. 준비된 영혼에게, 세상의 모든 우연은 필연이라는 이름의 기회가 될 것입니다.

## 영혼 이중나선 모델의 적용: '우연'을 '필연'으로 만드는 '영(靈)'의 태도

'세렌디피티(Serendipity)'는 '우연한 행운'입니다. 하지만 이 '행운'('혼'의 우연)은 '준비된 영혼'('영'의 태도)에게만 찾아옵니다. '세렌디피티의 예술'은 '우연'을 '기회'로 포착하는 '영'의 민감성이며, 이를 '필연'으로 만드는 '혼'의 실행력입니다.

## 실천 사례 연구 1: 3M의 '포스트잇(Post-it)' 탄생신화

### 1. 실패는 버려지는 것이 아니라, 공유될 때 미래의 혁신 씨앗이 된다

'포스트잇'은 단단하게 짜인 '완벽한 계획'의 산물이 아닙니다. 이는 '두 번의 우연한 행운(세렌디피티)'과 이를 수용한 '준비된 영(문화와 태도)'이 결합하여 탄생한 결과물입니다.

### 1) 세렌디피티 1단계: '실패한 혼'(우연한 발명)

1968년, 3M의 과학자 스펜서 실버(Spencer Silver)는 강력한 접착제를 개발하려는 '혼(목표)'을 가지고 연구에 매진했습니다. 하지만 그는 강력 접착제 개발에는 실패했습니다. 대신 그는 전혀 강력하지 않고 언제든 뗐다 붙였다 할 수 있는 이색적인 접착제('쓸모없는 혼')를 발명했습니다. 일반적인 조직이었다면 이 '실패한 혼'은 폐기되어 엔트로피 속으로 사라졌을 것입니다. 하지만 3M에는 '실패한 혼'을 서로 공유하고, 업무 시간의 15%를 이러한 '쓸모없는 혼'에 쓸 수 있도록 허용하는 독특한 '영(문화)'이 있었습니다. 스펜서 실버는 이 '쓸모없는 접착제'를 포기하지 않고, 5년 간 사내 세미나에서 꾸준히 공유하는 '영의 노력'을 기울였습니다.

### 2) 세렌디피티 2단계: '준비된 영'(우연한 발견)

5년 후, 3M의 또 다른 과학자 아트 프라이(Art Fry)가 이 세미나에 참석했습니다. 당시 아트 프라이는 성가대 연습 때 악보에 끼워둔 책갈피가 자꾸 떨어지는 '개인적인 문제(혼의 필요)'로 인해 불편을 겪고 있었습니다. 문제를 인식하고 있던 프라이의 '준비된 영'이 실버의 '실패한 혼(약한 접착제)'과 만나는 순간, 결정적인 세렌디피티가 발생했습니다. 그는 "저 '쓸모없는' 접착제를 책갈피에 바르면, '떨어지지 않는 책갈피(새로운 영)'를 만들 수 있겠다!"라고 확신했습니다. 아트 프라이는 이 '우연한 영감'을 즉시 '실행(혼)'에 옮겼습니다. 사내 자원을 활용해 포스트잇 시제품을 제작했고, 이는 사내에서 폭발적인 반응을 얻었습니다.

### 3) 세렌디피티는 '문화(영)'가 낳은 '필연'이다

포스트잇의 탄생은 겉보기에 '운(혼)'처럼 보이지만, 사실은 '필연(영)'에 가까운 결과입니다. 핵심 성공 요인은 다음과 같습니다.

① 실패한 혼을 기꺼이 공유하게 만든 3M의 '영(문화)'
② 타인의 발명에서 자신의 문제를 해결하려 했던 프라이의 '영(태도)'

이 두 가지 '준비된 영'이 없었다면, 스펜서 실버의 '우연한 발명'은 엔트로피 속으로 사라졌을 것입니다. 결국 세렌디피티란 '준비된 영'이 '우연한 혼'을 포착하여 완성하는 예술입니다.

## 2. 영혼 이중나선 모델: 우연을 필연으로 바꾸는 성공 전략

### 1) 이중 나선 모델의 필요성

사업에서의 '성공'은 흔히 운으로 설명되지만, 사실 우연은 아무에게나 오지 않습니다. 세렌디피티(Serendipity)는 우연(혼)과 준비된 영(태도)이 결합할 때 발생합니다. 영이 깨어 있을 때 우연은 '기회'가 되고, 혼의 실행력이 그것을 '필연적 성과'로 전환합니다. 네트워킹 비즈니스와 공간 자산 사업 역시 수많은 만남 중 단 한 번의 연결이 성장의 도화선이 됩니다. 결국 성패의 관건은 우연한 연결을 '보는 사람'과 '놓치는 사람'의 차이에 있습니다.


### 2) 영(비전) 기반 네트워크 구축 전략

성공적인 네트워크는 단순히 인맥을 많이 쌓는 것이 아니라, 비전이 살아 있는 사람에게 기회가 찾아오는 것입니다.


① 전략1(영의 개방성): 실패의 과정을 공유함으로써 우연을 자산으로 전환하는 힘을 가져야 합니다. 공유된 실패는 타인의 문제(혼)와 연결되어 새로운 기회를 만듭니다.

② 전략2(혼의 집중): 네트워킹은 '내가 해결하려는 문제'를 품고 나설 때 우연 속에서 해답을 발견하게 됩니다. 문제의식 없는 네트워크는 소음이지만, 문제의식 있는 네트워크는 기회가 됩니다.

③ 전략3(영의 유연성): 네트워크의 전환점은 대부분 일정표 바깥의 예상치 못한 순간에 찾아오므로, 영이 깨어 있는 사람만이 그 '문이 열리는 순간'을 알아봅니다.

### 3) 영혼 이중나선 모델의 실천 원리

세렌디피티는 영(비전의 민감성)와 혼(즉각 실행력)가 서로 나선형으로 상승할 때 발생하는 구조적 결과입니다.

① 원리1(영의 직관): 남들이 스쳐 지나가는 우연에서 남다른 의미를 발견하여 신호를 포착해야 합니다.
② 원리2(혼의 행동): 직감이 왔을 때 즉시 행동해야 합니다. 비즈니스는 '좋은 감'을 행동으로 옮기는 속도가 성과를 결정합니다.
③ 원리3(영혼의 연결점): 실패와 니즈가 만나는 순간 혁신이 탄생합니다. (예: 3M 포스트잇은 실패한 혼과 준비된 영이 만나는 순간 탄생했습니다.)

결과적으로 사람의 문제와 나의 비전이 만나는 교차점이 새로운 사업의 탄생지가 됩니다.

### 4) 피드백 루프와 영혼의 동시 상승

우연이 반복적으로 '필연'이 되는 사람들은 영과 혼의 피드백 루프가 강력하게 작동하고 있습니다.

- 1단계: 영이 신호를 인식하여 우연 속 의미를 발견한다.
- 2단계: 혼이 즉각 실행하여 아이디어를 현실화한다.
- 3단계: 결과를 공유해 확산하여 타인의 영과 연결한다.
- 4단계: 새로운 영감이 돌아와 다음 기회를 증가시킨다.

이러한 루프가 회전할수록 네트워크는 단순 인맥을 넘어 성장 엔진이 되고, 사업 공간과 자산은 기회를 끌어당기는 허브가 됩니다.

## 5) 성공을 위한 5가지 실천 해법

- 실패를 저장하고 공유하라: 버리지 말고 기록하고 나눠야 합니다. 실패는 미래의 연결점이며 타인의 문제와 만나 기회가 됩니다.
- 문제를 품고 네트워크에 나서라: "나는 지금 어떤 문제를 해결하려 하는가?"라는 질문을 품고 만나는 관계가 기회를 만듭니다.
- 즉흥적 제안을 받아들여라: 세렌디피티는 계획표 바깥에서 일어나기에 영이 열려 있는 사람만이 그 문을 통과합니다.
- 영의 신호를 신뢰하라: "이 일이 왜 생겼을까?"가 아니라 "이 일이 나에게 무엇을 말하는가?"라고 묻는 사람이 우연을 필연으로 만듭니다.
- 공간·사람·비전을 연결하라: 사업 공간은 단순한 장소가 아니라 비전(영)과 실행(혼)이 만나는 세렌디피티 발생장치입니다. 따라서 공간에서의 우연한 만남을 의도된 기회로 바꿔야 합니다.

> **최종 메시지**
>
> 우연은 기회가 아닙니다. 우연은 준비된 영에게만 보이는 '필연의 신호'다. 영이 깨어 있는 네트워크는 사람·공간·자산을 연결하며, 비전을 현실의 성과로 바꾸는 플라이휠을 완성합니다.

## 11.3 [워크시트] 나의 시너지 성장 플라이휠 만들기

우리는 '영'과 '혼'이 만나 일으키는 시너지의 경이로운 힘을 다각도로 조명했습니다. 이제 이 모든 통찰을 당신의 삶에 실제로 적용하여, 성장이 저절로 일어나는 '선순환 시스템'을 설계할 시간입니다. 경영 사상가 짐 콜린스(Jim Collins)는 위대한 기업들이 성공하는 비결이 단 한 번의 결정적인 행동이 아니라, 거대한 '플라이휠(Flywheel)'을 돌리는 것과 같다고 설명했습니다.

플라이휠은 무겁고 큰 바퀴로, 처음에는 돌리기 위해 엄청난 힘이 들지만, 일단 관성을 받아 회전하기 시작하면 아주 작은 힘으로도 계속해서 속도를 높여나갈 수 있습니다. '시너지 성장 플라이휠'은 바로 이 원리를 당신의 개인적인 성장에 적용한 것입니다. 당신의 '영'과 '혼'이 서로를 어떻게 강화시키고, 그 결과 어떤 시너지 효과를 만들어내며, 그 시너지가 다시 어떻게 당신의 영과 혼을 성장시키는지를 보여 주는 당신만의 '성장 엔진 설계도'입니다.

아래의 단계를 따라, 지금까지의 모든 배움을 통합하여 당신만의 '시너지 성장 플라이휠'을 그려보십시오.



## Step 1: 나의 핵심 동력 정의하기

플라이휠을 구성할 당신의 핵심 활동들을 정의합니다. '영을 강화하는 활동', '혼을 실행하는 활동', 그리고 그 결과로 나타나는 '시너지 효과'의 세 가지 영역으로 나누어, 당신에게 가장 중요한 구체적인 활동들을 적어 보십시오.

**예시:**

- **영(靈) 강화(Why):** 매일 아침 '영 선언문' 읽기, 주간 회고를 통해 가치와 삶을 점검하기
- **혼(魂) 실행(How/What):** 블로그에 주 1회 글쓰기(실험), 독자 피드백 수용, 글쓰기 능력 향상
- **시너지(Synergy) 효과:** 글을 통해 나의 가치가 세상에 전달됨(영향력), 독자들과의 연결을 통해 새로운 영감을 얻음(세렌디피티), 나만의 전문성(정체성)이 깊어짐.

**나의 핵심 동력:**

**영(靈) 강화:** _______________________________________________

**혼(魂) 실행:** _______________________________________________

**시너지(Synergy) 효과:** _______________________________________

## Step 2: 플라이휠 그리기

위에서 정의한 핵심 동력들이 어떻게 서로를 강화시키며 선순환을 일으키는지 화살표로 연결하여 당신만의 플라이휠 다이어그램을 완성하십시오.

**예시(Mermaid Chart 문법으로 표현):**

graph TD; A(영 강화: 가치 점검) → B(혼 실행: 글쓰기 & 피드백); B → C(시너지: 영향력 & 전문성 강화); C → A;

_(당신의 핵심 동력들을 위와 같이 연결하여 선순환 구조를 시각화해 보십시오.)_

## Step 3: 플라이휠을 돌리는 첫 번째 힘(The First Push)

이 거대한 플라이휠을 움직이기 위한 '첫 번째 밀기'는 무엇이 되어야 할까요? 이 선순환 구조를 시작시키기 위해, 당신이 앞으로 2주(다음 스프린트) 동안 집중적으로 에너지를 쏟아야 할 가장 중요한 단 하나의 행동은 무엇입니까?

**예시:** 어떤 비판을 받더라도 상처받지 않고, 최소 3명에게 내 글에 대한 솔직한 피드백을 요청하고 경청하는 용기를 내는 것.

**나의 첫 번째 Push:**

_______________________________________________

_______________________________________________

이 플라이휠은 당신의 성장이 더 이상 힘겨운 오르막길이 아니라, 신나는 내리막 길이 되게 해줄 것입니다. 물론 처음에는 바퀴를 굴리는 데 많은 노력이 필요합니다. 하지만 당신이 꾸준히 바퀴를 밀어 관성이 붙기 시작하면, 어느 순간부터는 성장이 당신을 이끌어가는 경이로운 경험을 하게 될 것입니다.

### 영혼 이중나선 모델의 적용: '개인'을 '기업'으로 만든 '플라이휠'

10.3절의 '플라이휠 워크시트'는 10.4.1절의 '기업 플라이휠'(아마존)을 '개인'에게 적용하는 것입니다. '개인의 성장'('영')이 '엔트로피'(번아웃)에 빠지지 않고 '선순환'('영혼' 통합)을 이루는 시스템을 어떻게 설계할 수 있을까요?

### 실천 사례 연구 1: 팀 페리스(Tim Ferriss)의 '콘텐츠 플라이휠' 분석

## 1. 팀 페리스의 성장 플라이휠: 호기심이 만든 선순환

### 1) '영'의 정의(The 'Why')

팀 페리스의 '영(Spirit)'은 "세계 최고 성과자들의 '도구, 전술, 루틴'(혼)을 '해체 (Deconstruct)'하여, 최소 노력으로 최대 효과를 내는 '원칙'(영)을 찾는 것"을 의미합니다.

### 2) 개인 성장 플라이휠('혼'의 시스템 5단계)

① 팟캐스트('혼' 1: 실험실): '영(해체)'을 실천하기 위해, 세계 최고의 성과를 내는 대상들을 인터뷰하며 실험을 진행합니다.

② 청취자 및 커뮤니티 증가('혼' 2: 자산): 인터뷰('혼')가 쌓일수록 브랜드에 대한 '신뢰'('영')가 쌓이고, 그 결과로 청취자('혼')가 자연스럽게 증가합니다.

③ 더 나은 게스트 유치('영혼' 시너지): 청취자('혼')가 많아지자, 오바마나 슈워제네거 등 '최고의 게스트'('혼')를 더 쉽게 섭외할 수 있는 '티핑 포인트'에 도달합니다.

④ 책 출간('혼' 3: 수렴): 팟캐스트('혼' 1)에서 검증된 데이터('혼')를 모아 《다이탄

의 도구들》 같은 '책'('혼'의 결과물)으로 지식을 수렴시킵니다.

⑤ '책'이 팟캐스트를 강화('혼' 4: 선순환): '책'('혼')이 베스트셀러가 되면, 새로운 청취자('혼' 2)가 유입되고 그의 '브랜드'('영')가 강화되어 결국 '더 나은 게스트'('혼' 3)를 다시 부릅니다.

⑥ 순환의 가속: 위 1번 단계로 돌아가 이 순환을 반복함으로써 성장이 '가속'됩니다.

### 3) '엔트로피' 극복과 선순환 구조의 비교

- "책을 내기 위해('혼') 억지로 인터뷰('혼')를 한다." → 이 경우 '영(에너지)'이 소모되어 시스템이 멈춥니다.
- "나의 '영(호기심)'을 채우기 위해 팟캐스트('혼')를 하니, '데이터'('혼')가 쌓여 '책'('혼')이 저절로 나온다." → 이처럼 '혼'이 '영'을 강화하고, '영'이 다시 '혼'을 부르는 구조가 완성됩니다.

### 4) 당신의 '플라이휠'을 설계하라(워크시트 가이드)

성장은 '노력'이 아닌 '시스템'을 통해 이루어져야 하며, 다음 질문을 통해 설계하십시오.

질문 1: 당신의 '영(Why)'은 무엇인가?
질문 2: 당신의 '영'을 실천하는 핵심 '혼'(예: 글쓰기, 인터뷰, 코딩)은 무엇인가?
질문 3: 그 '혼'이 '새로운 자산'('혼'의 결과물: 구독자, 데이터, 신뢰)을 어떻게 낳는가?
질문 4: 그 '자산'('혼')이 어떻게 당신의 '영'(브랜드, 에너지)을 다시 강화하는가?

성장은 노력의 총량이 아니라, '영과 혼이 서로를 강화하는 선순환 시스템'을 설계할 때 가속된다.

### 1) 이중 나선 모델의 필요성

모든 비즈니스 사업자는 결국 '한 사람(개인)'에서부터 시작됩니다. 하지만 많은 사람들은 '혼(How/What)' 중심의 실행에만 매몰되어 쉽게 엔트로피(번아웃·혼란)에 빠지곤 합니다. 반면 성공하는 리더와 사업자는 '영(Why)'를 중심에 두고, 그 영을 강화하는 '혼의 시스템(플라이휠)'를 구축하여 성장을 자동화합니다. 따라서 핵심 질문은 "나는 내 비즈니스를 '노력'이 아니라 '시스템'으로 성장시키고 있는가?"가 되어야 합니다.

### 2) 영(비전) 기반 네트워크 구축 전략

네트워킹은 단순한 인간관계가 아니라 영의 확장 장치입니다. 영(Why)이 명확할 때, 네트워크는 단순한 '사람 연결'이 아니라 비전 동맹군을 끌어들이는 구조가 됩니다. 영이 밝으면, 네트워크는 자석처럼 붙습니다. 영이 흐려지면, 네트워크는 단순한 숫자놀음이 됩니다. 비즈니스 파트너와 고객 모두가 "그 사람이 하는 일의 본질(영)이 무엇인가?"에 반응하기 때문입니다. 그러므로 네트워킹의 목적은 인맥을 넓히는 것이 아니라 "내 영(비전)에 반응하는 사람만 남기는 필터링 과정"이며, 이렇게 구축된 네트워크는 플라이휠의 첫 번째 동력이 됩니다.

### 3) 영혼 이중나선 모델의 실천 원리

영(비전)은 방향을 만들고, 혼(실행)은 속도를 만듭니다. 이 둘이 함께 상승할 때 비로소 선순환 성장 구조가 만들어집니다. 영이 혼을 이끌 때: 호기심과 의미 기반의 성장이 일어나며 번아웃이 없습니다. 혼이 영을 이길 때: 의무와 스트레스 기반의 성장이 되어 엔트로피가 증가합니다. 팀 페리스의 플라이휠처럼 다음의 3단계 구조를 설계해야 합니다.

① 영이 끌어당기는 핵심 실행(혼)를 정하고,

② 그 실행이 자산을 만들고,

③ 그 자산이 다시 영을 강화하는 구조를 구축합니다.


이 구조가 완성되면 성장은 가속화되고 투입되는 노력은 점차 줄어듭니다. 핵심은 "영이 먼저 움직이고, 혼은 그 영을 증폭시키는 구조를 만드는 것"입니다.


### 4) 피드백 루프와 영·혼의 동시 상승

플라이휠이 제대로 작동하려면 반드시 피드백 루프가 필요합니다.


- 피드백 루프: 실행(혼) → 자산 생성 → 브랜드/비전 강화(영) → 더 큰 실행(혼)


이 루프가 돌아갈수록 속도가 상승하고, 자산이 축적되며, 네트워크가 강화됩니다. 이 과정에서 '영혼 동시 상승'가 발생하며, 사업자에게 이 구조는 다음과 같은 '셀프 성장 엔진'가 됩니다. 고객이 고객을 부르고, 파트너가 파트너를 데려오며, 공간과 자산이 스스로 가치를 증가시킵니다.


### 5) 성공을 위한 4가지 실천 해법

사업가의 성장은 재능이 아니라 플라이휠 설계력에서 나옵니다. 아래 4가지를 명확하게 정의하면 비즈니스는 스스로 성장하는 기업형 시스템이 됩니다.


- 당신의 영(Why)은 무엇인가?: 사람과 자산을 끌어당기는 본질적 이유를 정의하십시오.
- 영을 실천하는 핵심 혼(How)은 무엇인가?: 글쓰기, 콘텐츠, 강의, 코칭 등 반복할 때 에너지가 나는 실행을 정하십시오.

- 그 혼이 어떤 자산(What)을 만들 것인가?: 구독자, 브랜드 신뢰, 공간 가치, IP, 데이터 등 사업의 자기증식 구조가 되는 자산을 확보하십시오.
- 그 자산은 어떻게 다시 영을 강화하는가?: 브랜드 상승과 새로운 기회의 자동 생성을 통해 "저절로 성장하는 시스템"으로 전환하십시오.

> **최종 메시지**
>
> 영혼 플라이휠을 설계하는 순간, 비즈니스는 더 이상 '노력 기반'이 아니라 '자기 가속 성장 구조'가 됩니다.

## 11.4 영혼의 자산 설계

### 1. 제11장 핵심 개념 요약

| 절(Section) | 핵심 개념(Core Concept) | 성장 전략(Growth Strategy) |
|---|---|---|
| 엔트로피 법칙 | **질서 창조**: 삶은 가만히 두면 혼돈(엔트로피)으로 흐르므로, 명확한 목적('영')을 통해 의식적으로 질서를 부여하고 에너지를 관리해야 한다. | 삶의 에너지를 훔쳐가는 '엔트로피 도둑'을 파악하고, 시스템과 습관을 통해 유한한 에너지를 중요한 곳에 집중시킨다. |
| 세렌디피티 | **준비된 영혼**: 우연한 발견(세렌디피티)은 지식과 호기심('혼')과 명확한 목적의식('영')을 모두 갖춘 '준비된 영혼'에게만 찾아온다. | 다양한 분야에 호기심을 갖고 경험의 점을 찍되('혼'), 자신의 '왜'('영')라는 끈으로 그 점들을 연결하여 의미를 발견한다. |
| 성장 플라이휠 | **선순환 시스템**: 성장이 또 다른 성장을 낳는 자동화된 시스템을 설계하여, 노력이 아닌 관성으로 성장하는 단계로 나아간다. | '영 강화 → 혼 실행 → 시너지 효과'가 서로를 강화하는 자신만의 선순환 구조를 정의하고, 그것을 돌리는 첫 번째 행동을 시작한다. |

## 2. 설계지침(실천방안)

본 장의 내용을 삶에 효과적으로 적용하기 위해 다음의 세 가지 지침을 따를 것을 제안한다.


① '에너지 감사(Audit)'를 실시하라.

일주일간 당신의 시간을 어떻게 사용하는지 기록해 보고, 각 활동이 당신의 에너지를 '충전'시켰는지 '방전'시켰는지 표시해 보라. 그리고 당신의 '영 선언문'에 비추어, 그 활동이 당신의 핵심 가치와 얼마나 부합하는지 평가하라. 에너지를 고갈시키면서 가치와도 맞지 않는 활동('엔트로피 도둑')을 과감히 줄이거나 제거하는 결단을 내려라.


② '호기심 프로젝트'를 시작하라.

당신의 전문 분야와 전혀 상관없는, 순수한 호기심에서 비롯된 작은 프로젝트를 시작해 보라. 예를 들어, 코딩을 배워보거나, 식물을 키워보거나, 고대 역사에 대해 공부해 보는 것이다. 이 '쓸모없어 보이는' 활동들은 당신의 '혼'에 새로운 점들을 찍어 주고, 미래에 예상치 못한 '세렌디피티'를 일으키는 씨앗이 될 것이다.


③ 당신의 '플라이휠'을 매일 한 바퀴씩 돌려라

당신이 설계한 성장 플라이휠을 거창하게 생각하지 마라. 매일 단 15분이라도 플라이휠의 각 요소를 한 번씩 실행하는 '작은 습관'을 만들어라. 예를 들어, '아침에 5분간 영 선언문 묵상하기(영) → 점심시간에 5분간 관련 글 한 단락 쓰기(혼) → 저녁에 5분간 그 글을 통해 얻은 깨달음 기록하기(시너지)' 와 같이. 이 작은 반복이 거대한 관성을 만들어낼 것이다.

# 제12장

# 삶의 통합과 경영: 인생이라는 비즈니스

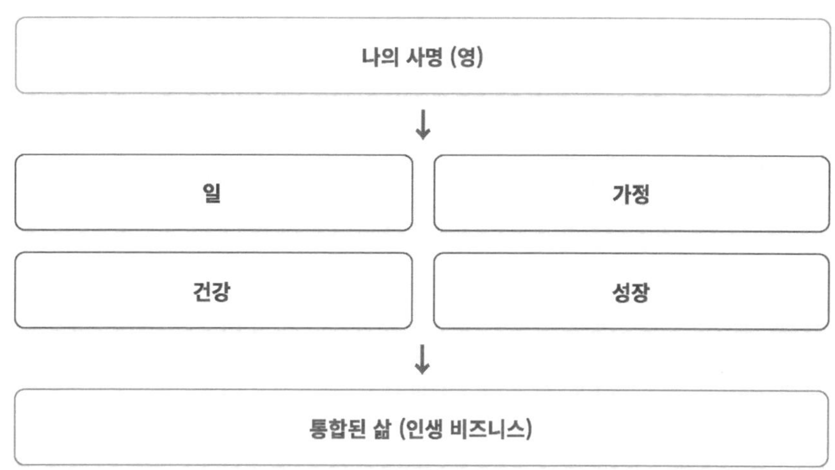


**인생 경영의 통합 모델 - 사명 중심의 삶**
(An Integrated Model for Life Management - A Mission-Centered Life)

**개념도 설명**: '일과 삶의 균형'이라는 분리주의적 관점을 넘어, 명확한 '사명'('영')을 중심으로 삶의 모든 영역('혼')을 하나로 통합해야 합니다. 일이든, 가정이든, 건강이든 모든 활동이 나의 사명을 실현하는 서로 다른 표현 방식이 될 때, 삶은 하나의 일관된 비즈니스처럼 경영됩니다.

## 12.1 아인슈타인의 통일장 이론: 모든 것은 어떻게 연결되는가?

우리의 삶은 아인슈타인이 말년에 마주했던 우주처럼, 서로 무관해 보이는 여러 가지 힘과 영역들로 이루어져 있습니다. '일'이라는 영역, '가정'이라는 영역, '건강'이라는 영역, '취미와 성장'이라는 영역. 우리는 종종 이 영역들을 별개의 것으로 취급하며, 이들 사이의 균형을 맞추기 위해 고군분투합니다. 이것이 바로 현대인이 겪는 '일과 삶의 균형(Work-Life Balance)'이라는 문제입니다. 우리는 일터에서의 나와 집에서의 나를 분리시키려 애쓰고, 한쪽 영역에 치우치면 다른 쪽에서 죄책감을 느끼는 악순환을 반복합니다.

하지만 영혼 이중나선 모델의 관점에서 보면, 이러한 분리주의적 접근은 근본적인 한계를 가집니다. 이것은 마치 우주의 힘들이 서로 다른 법칙에 의해 움직인다고 생각하는 것과 같습니다. 20세기 최고의 물리학자 알베르트 아인슈타인은 말년에 우주의 네 가지 기본 힘(중력, 전자기력, 강력, 약력)을 단 하나의 아름다운 방정식으로 설명하려는 '통일장 이론(Unified Field Theory)'을 완성하기 위해 모든 것을 바쳤습니다. 비록 그는 그 꿈을 이루지 못했지만, 모든 것의 근원에 있는 단일한 원리를 찾으려는 그의 열망은 우리에게 삶을 통합하는 방식에 대한 깊은 영감을 줍니다.

우리 또한 우리의 삶을 구성하는 모든 영역을 하나로 꿰뚫는 '통합적 원리'를 발견해야 합니다. 그 원리가 바로 당신의 '영(靈)', 즉 당신의 존재 이유와 핵심 가치입니다. 당신의 '왜(Why)'가 명확해지면, '일과 삶의 균형'이라는 말 자체가 무의미해집니다. 더 이상 '일'과 '삶'은 분리된 대립항이 아니라, 당신의 존재 이유를 실현하기 위한 서로 다른 표현 방식일 뿐입니다. 예를 들어, 당신의 '왜'가 "사람들의 성장을 도와 세상에 선한 영향력을 미치는 것"이라고 정의되었다고 해봅시다.

- **일터에서 당신은**: 부하 직원의 잠재력을 이끌어내는 리더가 되거나, 고객의 문제를 해결하여 그들의 삶을 개선하는 제품을 만들 것입니다.

- **가정에서 당신은**: 자녀가 자신의 강점을 발견하고 꿈을 키울 수 있도록 돕는 부모가 될 것입니다.
- **건강을 돌볼 때 당신은**: 더 오랫동안 세상에 기여하기 위한 에너지를 얻기 위해 운동하고 건강한 음식을 먹을 것입니다.
- **취미 활동을 할 때 당신은**: 책을 읽고 새로운 것을 배우며 자기 자신을 성장시키거나, 멘토링이나 봉사활동을 통해 타인의 성장을 도울 것입니다.

보십시오. '일', '가정', '건강', '성장'이라는 서로 다른 활동들이 '사람들의 성장을 돕는다'는 단 하나의 '영'을 중심으로 아름답게 통합됩니다. 더 이상 이들 사이에 갈등이나 분열은 없습니다. 모든 활동이 나의 존재 이유를 실현하는 과정이기에, 당신은 무엇을 하든 의미와 충만함을 느끼게 됩니다. 이것이 바로 '일과 삶의 통합(Work-Life Integration)'입니다. 삶이 통합된 사람은 에너지의 누수가 없고, 진정성이 있으며, 모든 경험이 서로를 강화시키는 시너지를 발휘합니다.

### 요요 마의 첼로: 통합된 삶의 연주

세계적인 첼리스트 요요 마는 단순히 뛰어난 연주 기술('혼')만 가진 아티스트가 아니다. 그의 삶은 "음악을 통해 사람들을 연결하고 문화를 잇는다"는 명확한 '왜'('영')를 중심으로 완벽하게 통합되어 있다. 그는 세계 최고의 무대에서 연주하는 동시에, '실크로드 프로젝트'를 통해 동서양의 음악가들을 연결하고 새로운 음악을 창조하는 작업을 20년 넘게 이어오고 있다. 또한, 그는 분쟁 지역이나 소외된 지역을 찾아가 음악으로 사람들의 아픔을 위로하고, 젊은 음악가들을 위한 교육 활동에도 열정적으로 참여한다.

그에게는 '연주 활동', '사회 공헌', '교육'이라는 분리된 영역이 존재하지 않는다. 이 모든 것은 그의 '연결'이라는 핵심 가치('영')를 실현하기 위한 서로 다른 표현 방식('혼')일 뿐이다. 그의 삶 자체가 하나의 아름다운 연주이며, 그가 켜는 첼로 소리는 그의 통합된 영혼이 세상과 나누는 대화다.



## 영혼 이중나선 모델의 적용: '모든 것은 연결되어 있다'는 통찰의 힘

아인슈타인이 '물리학'('혼')으로 증명하려 했던 '통일장 이론'은, "모든 것은 분리되어 있지 않고 하나로 연결되어 있다"는 '영(靈)'의 통찰입니다. 이 '영'을 깨달은 사람은 '부분'('혼')이 아닌 '전체'('영혼')를 보며, 세상에 없던 '시스템'('혼')을 창조합니다.

## 실천 사례 연구 1: 존 뮤어(John Muir)와 '국립공원'의 탄생

'미국 국립공원의 아버지' 존 뮤어는 '자연보호'라는 '개념'('혼')을 '시스템'('고차원 혼')으로 만든 인물입니다.

### 1. 자연을 지킨 사상가, 국립공원을 만든 실천가

### 1) '영'의 통찰: 연결성의 발견

'미국 국립공원의 아버지' 존 뮤어는 단순한 자연보호라는 개념('혼')를 넘어, 이를 하나의 고차원적 시스템('영')로 정립한 인물입니다. 그는 시에라네바다 산맥을 걸으며 "우주 만물의 모든 것이 서로 연결되어 있다(Everything is hitched to everything else)"는 '영'의 통찰을 얻었습니다. 그는 나무, 물, 빙하를 각각 분리된 존재로 보지 않고, 하나의 거대한 '생태계('영')'로 연결되어 있음을 깨달았습니다.

### 2) '영'의 문제의식: 연결된 위기의 직시

당시 사람들은 '영'의 연결성을 인지하지 못한 채, 나무를 단순한 목재('혼'의 차원)로만 취급하며 무분별하게 벌목하였습니다. 뮤어는 나무를 베면 숲이 무너지고, 물이 마르며, 결국 인간이라는 '영'마저 파괴된다는 '연결된 위기'를 직시하였습니다.

### 3) '영'이 '혼'을 이끌다: 정책의 창조와 비전

그의 '영(연결성)'은 단순한 나무 심기라는 부분적 '혼'에 머무르지 않았습니다. 그는 "이 '영'의 연결성을 통째로 보존해야 한다"는 새로운 비전('영')를 세우고, 글쓰기와 강연이라는 '혼'의 실행을 통해 루스벨트 대통령의 마음을 움직였습니다.

### 4) '영혼' 통합의 시스템 구축

그의 '영(연결성)'은 '요세미티 국립공원'라는 구체적인 물리적 시스템('혼')로 구현되었습니다. 이는 보호라는 '영'이 법률과 땅이라는 '혼'과 결합하여 지속 가능한 가치를 창출한 결과입니다. 존 뮤어는 통찰만 외치는 '몽상가'도, 기술에만 매몰된 '기술자'도 아니었습니다. 그는 환경운동가('영')이자 동시에 정치 로비스트('혼')로서 '영'과 '혼'을 완벽히 통합한 인물이었습니다.

## 2. 영혼 이중나선 모델 분석 프레임: "모든 것은 연결되어 있다"
### 1) 이중 나선 모델의 필요성

대부분의 사업가는 일(혼), 관계(영), 공간, 자산을 별개의 영역으로 관리하는 경

향이 있습니다. 그 결과, 일은 성공하지만 관계는 무너지고, 돈은 벌지만 사업 구조
는 불안하며, 네트워크는 넓지만 비전이 없어 정렬되지 않는 악순환에 빠지게 됩니
다. 실제 세상은 "모든 것이 연결된 하나의 시스템"으로 작동합니다. 아인슈타인의
말처럼 "부분만 보면 파괴가 오지만, 전체를 보면 해법이 보이는 법입니다."

### 2) 영(비전) 기반 네트워크 구축 전략

네트워크는 정보, 사람, 자산의 흐름을 연결하는 사업가의 가장 강력한 자산입니
다. 비전 없는 네트워크는 방향이 없고, 목적 없는 모임은 에너지를 소모만 할 뿐입
니다. 성공하는 네트워크는 반드시 '영(비전)'을 중심에 두어야 합니다. "나는 왜 사
람을 모으는가?", "우리가 연결되어 이루고자 하는 미래는 무엇인가?"를 끊임없이
질문해야 합니다. 단순한 인맥이 아니라, 같은 Why를 가진 사람들이 모여 네트워크
를 진정한 자산으로 변모시킵니다. 공간은 '비전의 무대'가 되고, 모임·워크숍·콘
텐츠는 영을 전달하는 '혼의 도구'가 되어야 합니다.

### 3) 영혼 이중나선 모델의 실천 원리

영(통찰)은 전체를 보고, 혼(실행)은 구조를 만듭니다. 이 둘이 나선처럼 교차하
며 상승할 때, 비전은 현실이 되고 네트워크는 시스템으로 진화하게 됩니다. 일·관
계·공간·자산이 하나로 연결되어 있음을 깨닫는 순간, 사업가는 '부분 최적화'에서
'전체 최적화'로 이동하게 됩니다. 프로세스, 공간운영, 콘텐츠, 자동화, 사업모델을
통해 비전을 담는 구조를 구체적으로 설계해야 합니다. 영은 방향을 주고, 혼은 그
방향을 유지하도록 엔진을 돌립니다. 이때 생태계는 지속 가능한 '성장 플라이휠'이
됩니다.

### 4) 피드백 루프와 영혼의 동시 상승

연결된 삶에서는 하나의 변화가 전체를 움직이며, 이것이 영혼 이중나선의 핵심

동력입니다. 영이 조정되면 비전이 명확해지고 목적이 정렬됩니다. 혼이 구조화되면 실행 시스템과 프로세스가 정렬됩니다. 네트워크의 반응이 바뀌면 사람과 자산이 자연스럽게 모이게 됩니다. 다시 영이 강화되면서 "내가 하는 일이 왜 중요한가"에 대한 내적 확신이 커집니다. 이 순환이 반복되면 사업가는 에너지 소모가 아니라 '에너지 순환'의 상태로 들어서게 됩니다.

### 5) 성공을 위한 최종 실천 해법

비즈니스 성공은 더 많은 능력(혼)을 쌓는 데서 시작하지 않습니다. 하나의 중심(영)을 세우고, 모든 자산을 그 중심에 연결할 때 비전은 비로소 현실이 됩니다. 네트워킹은 기술이 아니라 '영의 비전'을 연결하는 일이며, 비즈니스는 시스템이 아니라 '영·혼 통합의 흐름'으로 완성되는 것입니다.

---

**최종 메시지**

비전(영)을 중심에 두고 실행(혼)을 연결할 때, 자연·비즈니스·인간 모두 지속 가능한 시스템으로 진화한다

---

## 12.2 인생이라는 비즈니스: 지속가능한 가치를 창출하라

지금까지 우리가 탐험한 영혼 이중나선의 모든 원리들은 결국 단 하나의 질문으로 수렴됩니다. "어떻게 하면 나의 인생을 '지속가능한(Sustainable)' 가치를 창출하는 성공적인 비즈니스로 만들 수 있는가?" '인생을 비즈니스처럼'이라는 말이 차갑고 계산적으로 들릴지도 모릅니다. 하지만 여기서 말하는 비즈니스는 단기적인 이익만을 좇는 탐욕적인 기업이 아니라, 명확한 사명(Mission)을 가지고, 고객(세상)

에게 독창적인 가치를 제공하며, 그 결과로 건강한 이윤(보상)을 얻어 오랫동안 성장해나가는 '위대한 기업'을 의미합니다.

위대한 기업들은 모두 '영'과 '혼'의 이중나선을 완벽하게 갖추고 있습니다.

- **기업의 '영'**(Mission & Vision): "우리는 왜 존재하는가?"에 대한 답입니다.
- **기업의 '혼'**(Strategy & Operation): 그 사명을 어떻게 실현할 것인가에 대한 구체적인 전략과 실행 체계입니다.

이 비즈니스의 원리를 당신의 '인생'에 그대로 적용해 보십시오. 당신의 인생이라는 1인 기업, '(주)나자신'을 성공적으로 경영하기 위한 CEO로서, 당신은 다음과 같은 질문에 답해야 합니다.

- **나의 사명은 무엇인가?**(Your 'Why'): 이것이 바로 당신의 '영 선언문'입니다.
- **나의 고객은 누구인가?**(Your 'Who'): 당신의 가치를 필요로 하는 사람들은 누구입니까?
- **나의 핵심 제품/서비스는 무엇인가?**(Your 'What'): 당신의 재능, 지식, 경험('혼')을 바탕으로 고객에게 제공할 구체적인 가치는 무엇입니까?
- **나의 경쟁 우위는 무엇인가?**(Your 'How'): 다른 사람이 아닌 '오직 당신만이' 제공할 수 있는 차별점은 무엇입니까?
- **나의 수익 모델은 무엇인가?**(Your 'Value Exchange'): 당신이 제공한 가치에 대해 세상으로부터 어떤 형태의 '보상'(돈, 인정, 성장, 만족감 등)을 받을 것입니까?

인생을 '지속가능한 비즈니스'로 바라보는 관점은 우리에게 매우 중요한 교훈을 줍니다. 그것은 바로 '가치 창출'에 집중하라는 것입니다. 더 이상 "나는 무엇을 얻을 수 있을까?"라고 묻지 마십시오. 대신, "나는 세상에 어떤 가치를 줄 수 있을까?"라고 질문을 바꾸십시오. 당신이 세상의 문제를 해결하는 데 더 큰 가치를 제공할수록, 세상은 당신에게 더 큰 보상으로 되돌려줄 것입니다.

<u>**핵심 투자 명언**</u>
세상에 가치를 제공하라, 그 보상이 성장이다.

- **인생 = 비즈니스**: 인생을 명확한 사명('영')을 가지고 세상에 고유한 가치를 제공하며 ('혼'), 그에 대한 정당한 보상을 통해 지속 성장하는 '1인 기업'으로 경영해야 한다.
- **가치 창출 우선**: "무엇을 얻을까"를 묻기 전에, "세상에 어떤 가치를 줄 수 있는가?"를 먼저 질문해야 한다. 가치 창출이 보상의 전제 조건이다.
- **인생 비즈니스 모델**: 성공적인 인생 경영을 위해서는 '사명, 고객, 핵심 제품, 경쟁 우위, 수익 모델'이라는 5가지 핵심 요소를 명확히 정의해야 한다.


## 영혼 이중나선 모델의 적용: '가치(영)'와 '이익(혼)'을 통합한 '소셜 비즈니스'

'인생을 비즈니스로 경영하라'는 것은 '영혼 없는 기술자'(1.4.3절)처럼 '이익'('혼')만 좇으라는 뜻이 아닙니다. 그것은 '지속가능한 가치'('영')를 '지속가능한 시스템'('혼')으로 만들어내는 '영혼' 통합 경영을 의미합니다.


## 실천 사례 연구 1: 그라민 은행(Grameen Bank)의 탄생

### 1. 27달러가 바꾼 세상: 무함마드 유누스와 그라민 은행

### 1) '영'의 질문(Why)

노벨 평화상 수상자 무함마드 유누스는 경제학 교수 시절, "가난한 사람들은 왜 가난한가?"라는 근본적인 '영'의 질문을 던졌습니다. 그는 가난이라는 '혼'의 문제를 단순한 '자선'('영')가 아닌 '비즈니스'('혼')를 통해 해결하고자 했습니다.

### 2) '영혼'의 재정의(가설 수립)

유누스는 기존 은행의 논리가 가난한 이들을 소외시키고 있다는 점을 발견하고 다음과 같은 가설을 세웠습니다. "만약 가난한 이들에게 '담보'('혼') 없이 '신뢰'('영')를 기반으로 '소액'('혼')를 빌려준다면, 그들은 스스로 자립('영')할 수 있을 것이다." 그는 일회성인 '자선'('영'만 있고 '혼'이 없음)도 아니고, 파괴적인 '약탈적 대부'('혼'만 있고 '영'이 없음)도 아닌 '제3의 길'를 모색했습니다.

### 3) '혼'의 실행(작은 실패와 실천)

1976년, 그는 자신의 가설을 검증하기 위해 직접 행동에 나섰습니다. 그는 '자신의 돈'('혼'의 자원) 27달러를 42명의 가난한 여성들에게 '담보 없이'('영'의 실천) 빌려주는 '실험'('혼')를 수행했습니다. 대출금은 100% 상환되었습니다. 이로써 그의 '영'(가설)가 실제 '혼'(데이터)로 증명되었습니다.

### 4) '영혼' 통합 시스템(소셜 비즈니스)

유누스는 검증된 '영'를 지속 가능하게 만들기 위해 '그라민 은행'라는 '지속 가능한 혼'(시스템)를 구축했습니다.

- '영'(가치): 가난한 이들의 자립을 돕는 사회적 가치를 실현합니다.
- '혼'(시스템): 소액 대출(마이크로크레디트)을 제공하고 '이자'('혼')를 받아 은행을 경제적 가치 측면에서 지속 가능하게 운영합니다.

그라민 은행은 '이익'('혼')를 '주주'('혼')에게 배당하는 대신, 더 많은 '대출'('영')를 위해 '재투자'함으로써 '영혼'의 선순환을 만듭니다.

### 5) '가치'('영')로 '돈'('혼')을 버는 시스템을 만들라

인생 비즈니스에서 '가치'('영')와 '이익'('혼')는 분리되지 않습니다. 당신의 '영'(가치와 사명)를 실현하는 과정에서 '혼'(이익과 지속가능성)가 저절로 따라오는 '플라이휠'를 설계해야 합니다. 유누스가 '자선'가 아닌 '은행'를 택했듯이, 당신의 '영'을 '지속 가능'하게 만들 '혼'의 시스템은 무엇입니까?

## 2. 영혼 이중나선 모델 분석 프레임: 가치를 중심으로

### 1) 이중나선 모델의 필요성

현대의 사업가들은 '실행(혼)'은 빠르지만, 사업의 '방향(영)'이 불명확해 공허함과 소진을 경험한다. 네트워크, 비즈니스 모델, 공간·자산 모두 핵심 가치인 '왜(영)' 없이 구축되면, 결국 '돈은 버는데 삶은 비어 있는 구조'로 흐른다. 무함마드 유누스와 김ㅇㅇ의 전환 사례는 다음과 같은 한 가지 사실을 밝힌다.


- "명확한 가치(영)가 없는 시스템(혼)은 지속되지 않는다."
- "동시에 실무적인 시스템(혼) 없는 가치(영)는 확장되지 않는다."


### 2) 영(비전) 기반 네트워크 구축 전략: '가치가 사람을 모은다'

성공한 사업가는 단순한 '인맥'을 만드는 것이 아니라, 비전의 공명을 중심으로 네트워크를 구축한다. "가난은 개인이 아니라 시스템의 실패다"라는 질문을 던짐으로써 금융가, 지역 여성 공동체, 사회혁신가와 자연스럽게 연결되었다. 자신의 업(광고)을 "세상을 바꾸는 언어"로 재정의하자, 가치에 공감하는 클라이언트와 파트너로 네트워크가 재편되었다.


네트워크 구축 3원칙

① 자신이 해결하고자 하는 문제에 대해 가치 선언을 먼저 하라.

② 금액이 아니라 비전의 공감도를 기준으로 협력 파트너를 선택하라.

③ 공명하는 이들과의 공간·자산 협업을 설계하여 비즈니스를 확장하라.

### 3) 영혼 이중나선 모델의 실천 원리: '가치를 데이터로 증명하라'

영(비전)이 문제를 정의하면, 혼(실행)은 실제 실험을 통해 그 문제를 검증한다. 이 과정이 반복되면 선순환이 만들어지고 비즈니스는 '가치 플라이휠'로 성장한다.

실천 원리 3단계

① "나는 무엇을 위해 이 일을 하는가?"라는 영의 가설을 세운다.

② 작은 시도와 데이터 확보를 통해 혼의 실험으로 이를 검증한다.

③ 검증된 혼의 성과는 비전을 더 정확하게 만들고 영을 확장시킨다.

### 4) 피드백 루프와 영혼의 동시 상승

영혼 이중나선은 직선적 성장이 아니라, 비전과 시스템이 서로를 나선형으로 끌어올리는 확장이다. 더 의미 있는 연결과 세렌디피티(기회)가 생기며 브랜드 신뢰가 형성된다. 사업 모델이 안정되고 실행 속도가 빨라지며 지속 가능성이 확보된다. 두 나선이 결합할 때, 비즈니스는 콜라보, IP 사업화 등 더 넓은 영역으로 확장되는 강력한 힘을 갖게 된다.

### 5) 성공을 위한 현실적 실천 해법

• 실천: 가치를 시스템으로 만드는 3단계

① 사명(영) 정의: "나는 어떤 문제를 해결하며 살아갈 것인가?"를 명확히 하라.

② 구조(혼) 설계: 재능이 제품과 수익을 거쳐 다시 가치로 재투자되는 지속 가능한 구조를 설계하라.

③ 연결: 이익은 목적이 아니라 가치를 확장시키는 동력(연료)임을 명심하라.

- 실천: 네트워킹 기반 성장 공식 적용
- 비전 중심의 네트워크를 구축하고, 이를 통해 브랜드 정체성을 형성하며, 공간
  과 자산에 비전을 투영하라.



## 12.3 부(富)의 역설: 가질수록 자유로워지는가, 얽매이는가?

사명을 추구하고 무위의 경지에 이른 사람에게, '부(富)'는 어떤 의미를 가질까요?
자본주의 사회를 살아가는 우리에게 부는 성공의 가장 중요한 척도이자, 생존을 위
한 필수적인 조건입니다. 하지만 동시에, 부는 우리를 가장 강력하게 얽매는 족쇄가
될 수도 있습니다. 이 '부의 역설'을 어떻게 이해하고 다루느냐에 따라, 당신의 영혼은
더 높은 차원으로 비상할 수도, 혹은 황금 새장에 갇힌 채 시들어갈 수도 있습니다.

영혼 이중나선이 건강하게 작동하는 사람에게, 부는 '결과'이지 '목표'가 아닙니다.
그것은 당신이 세상에 제공한 '가치(영과 혼의 시너지)'에 대한 자연스러운 '보상'이
며, 당신의 사명을 더 크게 확장하기 위한 강력한 '도구'입니다. 이렇게 '사명의 결과'
로 얻어진 부는 우리에게 '시간으로부터의 자유'와 '영향력의 확장'이라는 중요한 자
유를 선물합니다.

하지만 '부 자체'를 목적으로 추구할 때, 그것은 우리 영혼을 파괴하는 독이 됩니

다. '혼'의 욕망이 '영'의 가치를 압도하기 시작하면, 우리는 부의 노예가 되어 버립니다. 우리는 '소유에 대한 집착'과 '가진 것을 잃을지 모른다는 두려움'에 사로잡히고, 관계는 파괴되며, 결국 영혼을 상실하게 됩니다.

그렇다면 우리는 어떻게 부의 노예가 되지 않고, '부의 주인'으로 살아갈 수 있을까요? 해답은 '청지기 의식(Stewardship)'에 있습니다. 청지기란, 주인의 재산을 잠시 맡아 관리하는 사람을 의미합니다. '청지기 의식'이란 내가 가진 모든 부와 재능이 온전히 내 것이 아니라, 세상을 더 나은 곳으로 만들기 위해 잠시 나에게 맡겨진 '공적인 자산'이라고 믿는 태도입니다. 이 관점을 갖게 되면, 우리는 더 이상 '내가 얼마를 가졌는가?'에 집착하지 않습니다. 대신, "나에게 맡겨진 이 자원을 어떻게 하면 가장 지혜롭게 사용하여, 나의 사명에 기여하고 세상에 선한 영향력을 미칠 수 있을까?"라고 질문하게 됩니다.

### '기부왕' 척 피니: 부의 청지기로서의 삶

면세점 재벌이었던 척 피니는 살아생전 자신의 전 재산인 80억 달러(약 9조 원)를 익명으로 모두 기부한 것으로 유명하다. 그는 "나는 따뜻하게 죽고 싶다"며, 죽어서 재산을 남기는 대신 살아 있는 동안 자신의 부가 세상에 좋은 영향을 미치는 것을 직접 보고 싶어 했다. 그는 호화로운 생활을 거부하고, 낡은 시계를 차고 이코노미 클래스를 이용하며 평범하게 살았다.

그에게 부는 소유의 대상이 아니라, 교육, 의료, 인권과 같은 인류의 난제를 해결하기 위한 도구였다. 그는 자신의 부를 '자신의 것'으로 여기지 않고, 세상을 위해 잠시 맡아 관리하는 '청지기'의 역할을 충실히 수행했다. 그의 삶은 부의 진정한 의미가 '소유'가 아닌 '활용'에 있으며, 최고의 부는 '나눌 수 있는 부'임을 보여 주는 위대한 증거다.

**핵심 투자 명언**

'청지기 의식'으로 부를 '활용'하여 '사명'을 이루라.

- **부의 역설**: 부는 사명을 위한 '도구'가 될 때 자유를 주지만, 그 자체가 '목표'가 될 때 영혼을 옭아매는 족쇄가 된다.
- **청지기 의식**: 부의 주인이 되는 비결은 '청지기 의식'을 갖는 것이다. 즉, 부를 내 소유가 아닌, 세상을 위해 잠시 맡은 공적인 자산으로 여기는 태도다.
- **소유에서 활용으로**: 부의 진정한 가치는 얼마나 많이 가졌는가(소유)가 아니라, 그것을 통해 얼마나 많은 가치를 창출했는가(활용)에 의해 결정된다.

## 영혼 이중나선 모델의 적용: '소유(혼)'에서 '자유(영)'를 찾은 두 거인

'부(富)의 역설'은 "가질수록('혼'의 축적) 얽매이는가('영'의 속박), 자유로워지는가?('영'의 해방)"라는 질문입니다. '부'('혼')는 '영'을 위한 '도구'일 뿐입니다. 이 '도구'의 '주인'('영')이 되지 못하면, '도구'의 '노예'('혼')가 됩니다.

## 실천 사례 연구 1: 워런 버핏(Warren Buffett) - '혼'을 모아 '영'을 준비하다

### 1. 99%를 사회에 돌려준 투자자: 워런 버핏의 영혼의 선언

### 1) '혼'의 극대화와 축적

워런 버핏은 '부'('혼')를 축적하는 데 평생을 바쳤으며, 그 과정에서 때로는 '영혼 없는 기술자'처럼 보일 수도 있었습니다. 그는 '자본주의'('혼'의 시스템) 원리를 '영'처럼 따르며, '복리'('혼'의 기술)를 통해 '부'('혼')를 최고조로 극대화했습니다.

### 2) '영'의 선언: 기빙 플레지(Giving Pledge)

그는 결코 '혼'(돈)의 노예가 되지 않았습니다. 그는 이 '혼'이 '자신'('영')의 것이 아니라, '사회'('영')로부터 잠시 위임받은 것임을 깊이 인식했습니다. 2010년, 그는 빌 게이츠와 함께 "재산의 99%를 사회에 환원한다"는 '영'의 선언인 '기빙 플레지'를 공식적으로 시작했습니다.

### 3) '혼'에서 '영'으로의 승화

그는 '혼'(부)을 축적하는 행위 자체를 즐겼지만('몰입'), 그 '혼'에 대한 개인적 '소유권'('영')을 끝까지 주장하지 않았습니다. 그는 '부'('혼')를 통해 '자유'('영')를 얻었고, 다시 그 '자유'('영')를 통해 '더 큰 부'('혼'의 영향력)를 사회에 기꺼이 환원했습니다.

## 2. 영혼 이중나선 모델 분석 프레임: '소유(혼)'를 넘어 '자유(영)'를 이루는 비즈니스 비전 설계

### 1) 이중나선 모델의 필요성

부(富)는 축적될수록 커지지만, 동시에 우리 안의 '속박'도 함께 커질 수 있음을 경계해야 합니다. 결국 문제의 본질은 다음과 같은 한 문장으로 정리됩니다. "나는 자산(혼)을 소유하는가, 아니면 자산이 나를 지배하는가?" 사업가가 비전 없이 자산을 쌓으면 '혼의 과잉'에 빠지게 되지만, 비전(영)이 명확하면 자산은 '자유와 영향력의 도구'로 승화됩니다. 이것이 바로 영혼 이중나선 모델이 말하는 핵심입니다. 영(방향)이 먼저 서고 혼(기술·자원)이 뒤따를 때, 성장은 자연스럽게 선순환을 형성하게 됩니다.

### 2) 영(비전) 기반 네트워킹 구축 전략

강한 네트워크는 '돈이 많은 사람'이 아니라 "무엇을 위해 일하는가?"가 분명한 사람에게 결집됩니다. 워런 버핏의 "99% 사회 환원" 선언과 척 피니의 "살아서 모두 쓰겠다"는 선택은 부를 넘어 비전 기반 네트워크의 중심축을 만들었습니다. 사업가에게 적용되는 구체적인 원리는 다음 세 가지입니다.

첫째, 비전을 먼저 말하는 사람에게 사람들이 붙는다: 네트워킹의 출발점은 영(Why)입니다. "나는 어떤 세상을 만들고 싶은가?"라는 질문에 답할 때, 파트너·공간·자산이 일관되게 정렬됩니다.

둘째, 신뢰는 '가치 일관성'에서 생긴다: 버핏의 단순한 생활과 피니의 익명 기부는 가치를 행동으로 증명함으로써 네트워크를 강력한 자산으로 바꾸었습니다.

셋째, 네트워크는 가치가 흐르는 '공간' 위에서 자란다: 공간자산, 플랫폼, 커뮤니티는 곧 영이 실현되는 무대입니다. 영이 선명하면 혼(사람·자본·기회)이 자연스럽게 유입됩니다.

### 3) 영혼 이중나선 모델의 실천 원리(사례 분석)

워런 버핏과 척 피니는 전혀 다른 길을 걸었지만, 둘 다 영이 혼을 지배하도록 설계한 대표적 인물들입니다.


① 워런 버핏: 혼을 모아 영을 준비한 사람

가치투자·복리·절제 등 '혼의 기술'을 극대화하였습니다. '부는 사회가 잠시 맡긴 것'이라는 영적 정의를 수립함으로써, 축적의 과정과 환원의 방향성을 일치시켰습니다. 그 결과, 혼은 성장하고 영은 넓어지며 네트워크는 더 깊어지는 구조를 완성했습니다.


② 척 피니: 혼을 비워 영을 실행한 사람

억만장자였지만 전 재산을 익명으로 기부하는 '영의 결단'을 내렸습니다. 부의 목적을 '소유'에서 '순환'으로 전환하였으며, 최종적으로 "0달러의 자유"라는 영적 완성을 이루었습니다. 비록 혼(자산)은 사라졌지만, 영의 영향력은 전 세계에 여전히 남았습니다.

두 사례의 공통 원리는 혼(부)은 에너지이고, 영(가치)은 방향입니다. 올바른 방향이 에너지를 이끌 때만 진짜 성장이 일어납니다.

## 4) 피드백 루프와 영혼의 동시 상승

비즈니스 성공은 '돈을 얼마나 벌었는가?'가 아니라 "자산이 어떻게 다시 비전을 강화하는 순환을 만드는가?"에 달려 있습니다.

① 버핏 루프(축적 → 자유 → 환원): 영(신뢰·단순함) → 혼(투자기술·부) → 확장된 혼(영향력·네트워크) → 강화된 영(사회적 신뢰·가치 실현) 순으로 순환합니다.
② 피니 루프(자유 → 비움 → 의미창출): 영(베풂·익명성) → 혼(재단 시스템·전략 기부) → 소진된 혼(부의 비움) → 절대적 영의 자유(가치의 완성) 과정을 거칩니다.

영과 혼은 번갈아 상승합니다. 비전이 시스템을 만들고, 시스템은 비전을 확장시킵니다. 이 반복이 바로 네트워크·공간·자산이 살아 움직이는 구조를 만들어 냅니다.

## 5) 성공을 위한 4가지 실천 해법

영혼 이중나선 모델은 비즈니스 사업가에게 다음 네 가지 실천을 강력히 요구합니다.

- 소유의 목적을 다시 정의하라: "나는 왜 돈을 벌어야 하는가?"라는 답이 명확해지면 네트워크는 저절로 재정렬됩니다.
- 부를 '소유'가 아니라 '사용'으로 전환하라: 부는 흐를 때 진정한 의미가 생깁니다. 시간·인맥·노하우도 이와 동일합니다.

- 가치 중심의 공간과 시스템을 설계하라: 공간(오프라인·플랫폼·커뮤니티)은 영의 메시지가 머물고 확산되는 핵심적인 자리입니다.
- '제로의 자유'를 향해 가라: 삶의 마지막에 평가받는 것은 남긴 재산이 아니라 세상으로 흘려보낸 가치의 크기임을 명심하십시오.

> **최종 메시지**
>
> 버핏은 축적을 통해, 피니는 비움을 통해, 둘 다 자산의 노예가 아닌 가치의 주인이 되었습니다. 사업가는 이 원리를 네트워킹·비즈니스·공간자산 설계에 적용할 때, 부는 자유가 되고 자유는 강력한 영향력이 될 것입니다.

## 12.4 영혼의 자산 설계

### 1. 제12장 핵심 개념 요약

| 절(Section) | 핵심 개념(Core Concept) | 성장 전략(Growth Strategy) |
|---|---|---|
| 삶의 통합 | **일과 삶의 통합**: 명확한 '왜'('영')를 중심으로 삶의 모든 영역(일, 가정, 건강 등)을 하나로 꿰뚫어 시너지를 창출하는 것. | 분리된 삶의 영역들을 하나로 통합할 수 있는 자신만의 '존재 이유'를 정의하고, 모든 활동을 그 이유와 연결시킨다. |
| 인생이라는 비즈니스 | **가치 창출**: 인생을 세상에 고유한 가치를 제공하고 그에 대한 보상을 통해 지속 성장하는 '1인 기업'으로 경영하는 관점. | 자신의 '사명, 고객, 핵심 제품, 경쟁 우위, 수익 모델'을 정의하고, '무엇을 얻을까'보다 '무엇을 줄까'에 집중한다. |
| 부의 역설 | **청지기 의식**: 부를 개인의 소유물이 아닌, 세상을 위해 잠시 맡아 관리하는 '공적 자산'으로 여기는 태도. | 부를 목표가 아닌 도구로 여기고, '소유'하려는 집착에서 벗어나 사명을 위해 '활용'하는 데 집중한다. |

## 2. 설계지침(실천방안)

본 장의 내용을 삶에 효과적으로 적용하기 위해 다음의 세 가지 지침을 따를 것을 제안한다.


① '삶의 영역 통합' 마인드맵을 그려라.

종이의 중앙에 당신의 '영 선언문'에서 찾은 존재 이유를 적어라. 그리고 그 주위로 '일', '가정', '건강', '관계', '성장' 등 당신 삶의 주요 영역들을 가지처럼 그려나가라. 각 영역에서 당신이 하는 구체적인 활동들이 어떻게 중앙의 존재 이유와 연결되는지 선으로 긋고 설명해 보라. 연결되지 않는 활동이 있다면, 그 활동을 계속해야 하는지, 혹은 어떻게 하면 존재 이유와 연결시킬 수 있을지 고민해 보라.


② 당신의 '인생 비즈니스 모델 캔버스'를 작성하라.

6.1절의 '린 캔버스'를 활용하여, 11.2절에서 제시된 5가지 핵심 질문(사명, 고객, 핵심 제품, 경쟁 우위, 수익 모델)에 대한 답을 한 페이지에 정리해 보라. 이 '인생 비즈니스 모델 캔버스'는 당신이라는 1인 기업의 전략을 한눈에 보여 주는 강력한 도구가 될 것이다.


③ '돈의 의미'를 재정의하라.

당신에게 '돈' 또는 '부'란 무엇을 의미하는지 한 문장으로 정의해 보라. 만약 그 정의가 "안정", "자유"와 같이 '나'를 향한 것이라면, 그것을 "기여", "영향력", "나눔"과 같이 '세상'을 향한 '청지기'의 언어로 바꾸어 보는 연습을 하라. 돈에 대한 당신의 관점이 바뀔 때, 돈을 벌고 쓰는 당신의 방식 또한 근본적으로 변하게 될 것이다.

# 제13장

# 관계와 리더십의 확장: 함께 성장하는 지혜

**공명을 통한 '정원사형' 리더십**

**("Gardening Death" Leadership Through Resonance)**

**개념도 설명:** 진정한 리더십은 지시와 통제가 아닌 '공명'에서 나옵니다. 리더가 자신의 '영'을 통해 맑은 가치와 비전을 발산할 때, 구성원들은 자연스럽게 함께 울리며 자발적으로 움직입니다. 이는 정답을 가르치는 '스승'이 아니라, 상대가 스스로 성장할 최적의 환경을 만들어 주는 '정원사'의 리더십입니다.

## 13.1 양자 얽힘과 관계의 비밀: 우리는 어떻게 연결되는가?

세상이라는 실험실에 들어선 우리는 결코 혼자가 아닙니다. 우리의 모든 행동과 실험은 다른 사람들과의 '관계' 속에서 이루어지며, 그 관계는 우리의 성장에 결정적인 영향을 미칩니다. 우리는 종종 관계를 '나'와 '너'라는 분리된 개체의 상호작용으로 이해하지만, 현대 물리학의 가장 기묘한 이론 중 하나인 '양자 얽힘(Quantum Entanglement)'은 우리에게 관계의 본질에 대한 훨씬 더 깊고 신비로운 통찰을 제공합니다.

양자 얽힘이란, 한때 상호작용했던 두 개의 양자 입자가 아무리 멀리 떨어져 있어도 마치 보이지 않는 끈으로 연결된 것처럼 즉각적으로 서로에게 영향을 미치는 현상을 말합니다. 한쪽 입자의 상태가 결정되는 순간, 다른 쪽 입자의 상태도 그 즉시 결정됩니다. 아인슈타인조차 "유령 같은 원격 작용"이라며 받아들이기 힘들어했던 이 현상은, 우주의 모든 것이 근본적으로 분리되어 있지 않고 하나로 연결되어 있음을 시사합니다.

저는 이 양자 얽힘이 인간관계의 비밀을 푸는 강력한 은유라고 믿습니다. 우리는 모두 독립적인 개인처럼 보이지만, 우리의 의식과 에너지는 보이지 않는 차원에서 서로 깊이 '얽혀' 있습니다. 당신이 어떤 생각과 감정을 품고, 어떤 행동을 하느냐는 단순히 당신 개인의 일로 끝나지 않습니다. 그것은 당신과 얽혀 있는 다른 사람들에게 즉각적으로, 그리고 미묘하게 영향을 미칩니다.

이 관점에서 보면, 좋은 관계를 맺는 비결은 더 이상 '관계의 기술(혼)'에만 있지 않습니다. 어떻게 하면 말을 잘할까, 어떻게 하면 좋은 인상을 줄까와 같은 기술도 중요하지만, 더 근본적인 것은 '나의 존재 상태(영)'입니다. 당신이 어떤 주파수의 에너지를 발산하는 존재가 되느냐에 따라, 그 주파수에 공명하는 사람들이 당신의 삶에 자연스럽게 이끌려오게 됩니다.

당신의 '영' 나선이 '진실함', '성장', '존중'이라는 가치를 중심으로 단단하게 세워져 있다고 상상해 보십시오. 당신은 굳이 애쓰지 않아도, 당신의 말과 행동, 심지어 침묵 속에서도 그 가치들이 뿜어져 나오는 '에너지장'을 형성하게 됩니다. 그리고 그 에너지장에 이끌려, 당신처럼 진실하고 성장하길 원하며 서로를 존중하는 사람들이 모여들 것입니다. 당신은 더 이상 외로운 섬이 아니라, 비슷한 별들이 모여드는 아름다운 성운의 중심이 됩니다. 좋은 관계를 원한다면, 다른 사람을 바꾸려 하거나 관계의 기술을 배우기 전에, 먼저 당신 자신의 '영'을 바로 세우는 일에 집중해야 합니다.

### 구글의 '아리스토 텔레스 프로젝트': 성공하는 팀의 비밀

구글은 최고의 인재들만 모아 팀을 만들면 최고의 성과가 나올 것이라고 믿었다. 하지만 현실은 달랐다. 최고의 전문가들로 구성된 팀이 평범한 성과를 내는 반면, 평범한 멤버들로 구성된 팀이 놀라운 성공을 거두는 일이 빈번했다. 이 수수께끼를 풀기 위해 구글은 '아리스토텔레스 프로젝트'라는 대규모 연구를 진행했다.

수년간의 데이터 분석 끝에, 그들은 성공하는 팀의 비밀이 멤버들의 개인적인 역량('혼')의 합이 아니라는 충격적인 결론에 도달했다. 결정적인 차이는 바로 '심리적 안전감(Psychological Safety)'이었다. 심리적 안전감이란, 팀원들이 실패나 비판에 대한 두려움 없이 자신의 생각과 의견을 솔직하게 말할 수 있는 집단적인 믿음을 의미한다.

이는 관계에 대한 양자 얽힘의 통찰과 정확히 일치한다. 성공하는 팀은 단순히 유능한 개인들의 집합이 아니라, '신뢰', '존중', '개방성'이라는 긍정적인 '영'의 주파수가 팀 전체에 공명하며, 개개인의 잠재력을 증폭시키는 '얽힘 상태'에 있는 것이다.

긍정 에너지로 연결된 투자, 공명(共鳴)으로 성장하라.

- **관계의 양자 얽힘**: 우리는 모두 보이지 않는 에너지로 연결되어 있으며, 나의 존재 상태('영')는 나와 관계 맺는 사람들에게 즉각적으로 영향을 미친다.
- **기술보다 존재**: 좋은 관계의 핵심은 관계의 기술('혼')이 아니라, 내가 어떤 에너지 주파수를 발산하는 존재('영')가 되느냐에 있다.
- **공명의 장**: 긍정적인 '영'을 가진 개인은 주변에 비슷한 사람들을 끌어당기고 '심리적 안전감'과 같은 긍정적인 관계의 장을 형성하여, 개인과 집단의 성장을 이끈다.

## 영혼 이중나선 모델의 적용: 존재와 기술의 공명

현대 비즈니스는 단순 경쟁을 넘어 '영(비전)'과 '혼(기술·전략)'이 정교하게 꼬여 상승하는 이중나선 구조일 때 극대화됩니다.

- 영(Spirit): 리더의 진정성과 명확한 비전이 고유의 '주파수'가 되어 최적의 인재를 끌어당기는 자기장을 형성합니다.
- 혼(Soul): 공간과 기술을 비전의 구현체로 재설계하여, 구성원이 자발적으로 '양자 도약' 수준의 성장을 이루는 생태계를 구축합니다.

결과적으로, 리더의 존재 에너지가 조직 전체와 공명할 때 비즈니스는 스스로 성장하는 선순환 구조를 완성합니다.

## 1. 존재의 주파수가 조직을 바꾼다

### 1) 왜 '영혼'과 '공간 자산'인가?

현대 조직에서 진정한 성과는 뛰어난 개인들의 합이 아닌, 그들이 머무는 '관계의 에너지 장'에서 결정됩니다. 본 연구는 리더의 존재 상태(영)가 어떻게 팀 전체의 주파수와 공명하여, 단순한 물리적 공간을 생산적인 '공간 자산'로 탈바꿈시키는지 그 원리를 탐구합니다. 핵심은 기술(Soul)이 아닌 존재(Spirit)의 변화를 통해 보이지 않는 연결망을 구축하는 데 있습니다.

### 2) 양자 얽힘 기반의 '공명 프로젝트' 실천

① 존재의 정립 리더의 '영(Spirit)' 바로 세우기

리더는 지시와 통제를 멈추고, 본인 스스로가 '진실함', '성장', '존중'의 주파수를 발산하는 '정원사'가 됩니다. 회의 시작 전 3분간 리더가 팀의 비전과 각 구성원에 대한 신뢰를 짧게 공유함으로써, 팀 전체의 주파수를 긍정적인 상태로 동기화(Synchronize)합니다.

② 공간의 형성 심리적 안전감이라는 '공명의 장' 구축

구글의 '아리스토텔레스 프로젝트' 결과처럼, 실패에 대한 두려움 없이 의견을 낼 수 있는 환경을 조성합니다. '실패 공유 세션' 운영. 리더가 먼저 자신의 실수와 배움을 투명하게 공개함으로써, 구성원들이 방어 기제를 내려놓고 서로의 '영'이 얽히는(Entanglement) 심리적 안전 지대를 만듭니다.

③ 에너지 증폭 양자 얽힘을 통한 잠재력 폭발

구성원 각자가 독립된 개체가 아니라, 보이지 않는 에너지로 연결되어 있다는 인식을 확산시킵니다. '피드백' 대신 '공명 피드백' 실시. 상대의 기술적 실수(혼)를 지

적하기보다, 그가 가진 고유한 가치와 에너지(영)가 어떻게 팀에 기여하고 있는지를 조명하여 팀 전체의 에너지를 증폭시킵니다.

### 3) 영혼이 만드는 공간 자산의 가치

결국 최고의 공간 자산은 화려한 인테리어가 아니라, 그 안을 채우는 '긍정적 공명의 주파수'입니다. 리더가 정원사의 마음으로 최적의 환경을 만들고(영의 발산), 구성원들이 이에 공명하여 자발적으로 움직일 때, 조직은 양자 도약(Quantum Leap) 수준의 성장을 이룹니다.

## 2. 영혼 이중나선 모델의 적용 및 실천 프레임

### 1) 이중 나선 모델의 필요성

현대 비즈니스는 더 이상 개별적 역량의 경쟁이 아니라, 보이지 않는 에너지와 네트워크의 경쟁 시대입니다. 우리는 양자 얽힘처럼 보이지 않는 차원에서 서로 연결된 에너지장 속에서 움직이는 존재이기 때문입니다.

### 2) 영(비전) 기반 네트워크 구축 전략

네트워킹은 단순히 사람을 모으는 활동이 아니라, 비전을 중심으로 사람·공간·사업을 재배치하여 '하나의 장(場)'을 만드는 전략적 과정입니다.

① 비전의 주파수를 선명히 세우기: 내 비전이 '진실성·존중·성장' 같은 근본 가치에 뿌리내릴 때, 내가 발산하는 존재감은 타인을 끌어당기는 강력한 자기장이 됩니다.

② 공간·자산을 비전의 무대로 재해석: 사업 공간, 온라인 플랫폼, 관계망을 모두 비전을 전파하는 공명 시스템으로 디자인해야 합니다. 공간은 곧 비전의 에너지장을 물리적으로 구현한 것입니다.

③ 비전에 공명하는 사람만 자연스럽게 남기는 구조 설계: 비전 기반 네트워크는 설득이 아니라 '공명(Resonance)'으로 확장됩니다. 주파수가 맞는 사람은 모이고, 맞지 않는 사람은 자연스럽게 이탈하게 되는데, 이 과정이 네트워크의 순도와 성장 속도를 결정합니다.

## 3) 영혼 이중나선 모델의 실천 원리

영혼 이중나선은 영(비전)이 방향을 만들고, 혼(기술·전략)이 실행을 담당하는 이중 구조를 의미합니다.

① 영이 명확해야 혼이 힘을 얻는다: 기술만 강화하면 방향을 잃고, 비전만 강조하면 실행이 약해집니다. 영과 혼이 서로 꼬여 상승하는 이중나선 구조일 때 비즈니스는 가장 강력해집니다.

② 관계의 질은 기술이 아니라 존재의 상태에서 결정된다: 말을 잘해서 관계가 좋아지는 것이 아니라, 존재의 에너지가 상대에게 신뢰와 안정감을 주기 때문에 관계가 깊어지는 것입니다.

③ 개인의 에너지가 네트워크 전체를 변화시킨다: 양자 얽힘처럼, 한 사람의 비전과 태도는 즉각적으로 주변 사람들의 행동·결정·협업 방식에 영향을 미칩니다. 따라서 비전 있는 리더 한 명이 네트워크 전체의 흐름을 바꿉니다.

## 4) 피드백 루프와 영·혼의 동시 상승

조직·네트워크·비즈니스는 '공명(Resonance)'을 통해 성장하는 다음과 같은 순환 구조를 가집니다. 영(비전)이 명확한 방향성을 제시한다. 그 방향성에 따라 사람·공간·자산(혼)이 체계적으로 정렬된다. 실행을 통해 가시적인 성과가 나타난다. 그 성과가 다시 비전을 강화하고 새롭게 재정의한다. 확장된 비전이 더 큰 사람과 자산을 자연스럽게 끌어당긴다.

이 순환이 강화되면 네트워크는 단순한 모임을 넘어 스스로 성장하는 생태계, 즉 자산화된 네트워크로 진화합니다.

### 5) 성공을 위한 5가지 실천 해법

네트워킹 기반의 비즈니스 성공은 얼마나 많은 사람을 만났느냐가 아니라, 내가 어떤 비전과 에너지를 중심으로 생태계를 만들고 있느냐에 달려 있습니다.

- 비전을 한 문장으로 명확히 선언하라: 네트워크는 방향이 아니라 비전의 에너지에 끌립니다.
- 공간과 자산을 비전의 구현체로 재설계하라: 공간은 단순한 부동산이 아니라 비전의 발신기입니다.
- 관계 기술보다 존재 상태를 먼저 정렬하라: 말보다 강한 것은 내가 뿜어내는 주파수입니다.
- 심리적 안전감을 중심 원칙으로 두어라: 이는 팀·파트너·고객 모두의 성장을 가속하는 핵심 에너지입니다.
- 비전 선순환 루프를 구축하라: 이 선순환이 형성되면 네트워크는 자동으로 커지고, 비전은 자산이 되며, 자산은 강력한 영향력이 됩니다.

**최종 메시지**

비전의 주파수가 네트워크를 만들고, 네트워크가 비즈니스를 성공으로 끌어올린다.

## 13.2 공명 리더십: 따르게 만드는 것이 아니라, 함께 울리게 하라

영혼의 시너지는 당신 개인의 성장을 넘어, 당신이 다른 사람들과 관계를 맺는 방식, 특히 리더십을 발휘하는 방식에 근본적인 변화를 가져옵니다. 전통적인 리더십 모델은 지위와 권위에 기반한 '지시와 통제(Command and Control)'의 패러다임이었습니다. 리더는 정답을 알고 있고, 구성원들은 그 지시를 따르는 상명하복의 관계였습니다. 이는 '혼'의 역량, 즉 지식과 기술, 경험이 뛰어난 리더가 조직을 이끄는 방식입니다.

하지만 복잡성과 불확실성이 지배하는 현대 사회에서, 더 이상 한 명의 리더가 모든 정답을 알 수는 없습니다. 이제 진정한 리더십은 '영'의 영역에서 나옵니다. 그것은 사람들을 힘으로 '따르게' 만드는 것이 아니라, 깊은 공감과 영감을 통해 그들의 마음을 '함께 울리게' 만드는 '공명(Resonance) 리더십'입니다.

공명이란 소리굽쇠의 원리와 같습니다. 하나의 소리굽쇠를 치면, 그 고유한 주파수와 똑같은 주파수를 가진 주변의 다른 소리굽쇠들이 저절로 함께 울리기 시작합니다. 공명 리더는 바로 이 '소리굽쇠'와 같은 존재입니다. 그들은 자신의 '영' 나선을 통해 명확하고 진실한 '주파수(가치, 비전, 목적의식)'를 세상에 발산합니다. 그리고 그 주파수에 마음이 움직인 사람들이 자발적으로 모여들어 함께 아름다운 화음을 만들어내는 오케스트라, 그것이 바로 공명 리더십이 이끄는 조직의 모습입니다.

다니엘 골먼을 비롯한 리더십 학자들은, 공명 리더들이 가진 핵심 역량이 바로 '감성 지능(Emotional Intelligence)'이라고 말합니다. 감성 지능이란 자신과 타인의 감정을 잘 이해하고, 그 감정을 긍정적인 방향으로 이끌어 관계를 효과적으로 관리하는 능력입니다. 이는 영혼 이중나선 모델에서 '영'과 '혼'의 시너지가 만들어내는 고차원적인 능력입니다.

- **자기 인식(Self-Awareness)**: 자신의 감정과 가치('영')를 명확히 아는 능력.

- **자기 관리(Self-Management)**: 자신의 감정을 통제하고, 가치('영')에 따라 행동('혼')을 조절하는 능력.
- **사회적 인식(Social Awareness)**: 타인의 감정과 조직의 분위기를 읽어내는 공감 능력.
- **관계 관리(Relationship Management)**: 타인에게 영감을 주고, 협력을 이끌어내는 능력.

공명 리더는 '무엇을(What)' 해야 할지 지시하는 대신, '왜(Why)' 이 일을 해야 하는지를 가슴 뛰는 이야기로 들려줍니다. 그들은 구성원 개개인의 '영'을 존중하고, 그들의 꿈과 조직의 비전이 어떻게 연결되는지를 보여줌으로써 내면의 동기를 일깨웁니다.

**핵심 투자 명언**

가치·비전 공유로 자발적 동기 유도, 감성 지능이 성공 열쇠!

- **공명 리더십**: 지시와 통제로 따르게 하는 것이 아니라, 가치와 비전('영')을 통해 구성원들의 마음을 함께 울리게(공명) 하여 자발적인 동기를 이끌어내는 리더십.
- **감성 지능**: 공명 리더십의 핵심 역량은 자신과 타인의 감정을 이해하고 긍정적으로 이끄는 감성 지능이며, 이는 '영'과 '혼'의 시너지의 결과다.
- **'왜'를 통한 영감**: 공명 리더는 '무엇을' 지시하는 대신 '왜'를 공유함으로써, 구성원 개개인의 '영'을 조직의 비전과 연결시킨다.

## 영혼 이중나선 모델의 적용

지시와 통제를 넘어, 리더의 영(비전)과 구성원의 혼(실행)이 공명하는 '자발적 생태계'를 구축하는 것입니다. 리더가 명확한 'Why'로 공명 주파수를 세우고 감성 지능 기반의 피드백 루프를 작동시킬 때, 조직은 단순한 일터를 넘어 성과와 성장이 선순환하는 지능형 플랫폼으로 진화합니다. 결국 비전의 울림이 비즈니스 자산을 증폭시키는 이중나선의 상승 결합을 완성하는 것이 핵심입니다.

## 실천 사례 연구 1: 공명 리더십을 통한 조직의 '영혼 공간 자산' 구축

### 1. 지시와 통제의 시대는 끝났다, 이제는 공명이다

#### 1) 왜 지금 '공명(Resonance)'인가?

전통적인 '지시와 통제(Command and Control)' 방식은 과거의 효율성 모델이었으나, 복잡성이 지배하는 현대 사회에서는 한계에 봉착했습니다. 이제 리더십은 구성원을 억지로 '따르게' 만드는 기술이 아니라, 리더의 가치(영)와 구성원의 동기가 같은 주파수로 울리게 하는 '공명'의 영역으로 이동해야 합니다. 본 연구는 리더가 정원사로서 환경을 조성할 때, 조직이 어떻게 자발적 동기와 창의적 결과물이라는 '공간 자산'을 형성하는지 탐구합니다.

#### 2) 현실적 적용을 위한 3대 핵심 실천 전략

① '무엇(What)'이 아닌 '왜(Why)'를 공유하는 골든 서클 미팅

주간 회의 시 업무 리스트(What)를 나열하기 전, 이 프로젝트가 우리 조직의 비전과 개인의 성장(영)에 어떻게 연결되는지 'Why'를 먼저 5분간 공유합니다. 리더가 맑은 가치의 주파수를 발산하여 구성원의 내면적 동기를 일깨우는 '소리굽쇠' 역할을 수행합니다. 구성원이 지시받은 '노동'이 아닌 가치 있는 '여정'에 참여하고 있다는 인식을 갖게 함으로써 심리적 공간 자산을 확보합니다.

② 감성 지능(EQ) 기반의 영·혼 피드백 루프

성과 측정 시 기술적 완성도(혼)뿐만 아니라, 과정에서의 자기 관리 및 협력(영)을

동시에 평가하고 격려합니다. "이 보고서는 데이터(혼)가 정확할 뿐만 아니라, 팀원들의 의견을 경청하고 조율한 방식(영)이 훌륭했습니다."와 같은 다차원적 피드백을 실천합니다. 자기 인식, 자기 관리, 사회적 인식, 관계 관리의 4단계 감성 지능을 현장에 적용하여 '영혼 이중나선'의 시너지를 창출합니다.

③ 정원사형 리더십: 자율적 실험 구역(Sand Box) 조성

리더가 정답을 가르치는 '스승'이 되기를 포기하고, 구성원이 스스로 성장할 수 있는 최적의 환경(정원)을 제공합니다. 업무 시간의 10%를 개인이 직접 제안한 혁신 과제에 사용할 수 있도록 허용하고, 실패를 '성장의 거름'으로 인정하는 문화를 조성합니다. 지시와 통제를 거두고 환경을 조성함으로써 구성원의 잠재력이 스스로 발현되게 합니다.

## 3) 리더의 '영'이 만드는 지속 가능한 자산

가장 임팩트 있는 실천의 핵심은 리더 스스로가 '맑은 소리굽쇠'가 되는 것입니다. 리더가 자신의 가치와 비전을 진실하게 발산할 때, 구성원들은 강요 없이도 자발적으로 움직이는 '오케스트라'가 됩니다.

결국 영혼이 만드는 공간 자산이란, 구성원들이 이 조직 안에서 자신의 '영'이 존중받고 '혼'이 성장하고 있다고 느낄 때 형성되는 강력한 결속력과 창의적 에너지입니다. 리더가 '정원사'의 마음으로 환경을 가꿀 때, 조직은 단순한 일터를 넘어 지속 가능한 성장이 일어나는 생태계로 진화할 것입니다.

## 2. 영혼 이중나선 모델의 적용 및 실천 프레임

### 1) 이중 나선 모델의 필요성

전통적인 리더십은 '지시와 통제'라는 혼(실행) 중심의 시스템이었습니다. 하지만 오늘의 비즈니스 환경은 복잡성과 불확실성으로 가득해 더 이상 한 사람이 모든 해

답을 제시할 수 없습니다. 따라서 리더십의 중심축은 기존의 "명령하는 리더"에서 "울림을 만드는 공명 리더"로 이동해야 합니다. 공명 리더는 비전(영)이 가진 고유한 '주파수'를 통해 사람들의 마음을 자발적으로 움직이게 합니다. 이 새로운 리더십 패러다임은 네트워킹 비즈니스, 조직 운영, 공간·자산 개발 등 모든 분야에서 성공의 새로운 기준이 될 것입니다.

### 2) 영(비전) 기반 네트워크 구축 전략

공명 리더는 네트워크를 '사람을 끌어모으는 강제적 구조'가 아니라, 비전에 공명하는 사람들이 스스로 모여드는 '자발적 생태계'로 설계합니다. 이때 비전(영)은 네트워크 전체의 '기준 주파수' 역할을 수행합니다. 리더가 명확한 가치·목적·포지션을 제시하면, 그 주파수에 맞는 사람과 자원이 자연스럽게 연결됩니다. 이러한 네트워크 비즈니스에서 구성원들은 '따르는 존재'가 아니라 공명하는 파트너, 즉 공동 창조자가 됩니다. 비전이 강력할수록 공간·자산은 단순한 물리적 장소를 넘어 사람들이 에너지를 교환하고 성장하는 플랫폼으로 변모합니다. 결국 네트워크 성공의 핵심은 사람을 설득하는 기술이 아니라, 사람의 영을 일깨우는 '비전의 울림'에 있습니다.

### 3) 영혼 이중나선 모델의 실천 원리

공명 리더십은 박운선 모델의 핵심인 영(비전)-혼(실행)의 이중나선 상승 구조로 실제 작동합니다.

① 영(비전)의 역할: "나는 왜 이 일을 하는가?"라는 본질적 목적을 명확히 함으로써 리더는 강력한 공명 주파수를 만듭니다. 이 주파수는 구성원들의 내적 동기를 깨우고 '개인의 비전'과 '조직의 비전'이 만나는 연결 지점을 형성합니다.

② 혼(실행)의 역할: 리더가 감성 지능(EQ)을 기반으로 자기관리·관계관리·상

황인식 능력을 발휘할 때, 비전이 현실화될 수 있는 행동 시스템으로 전환됩니다. 실행(혼)은 비전(영)을 뒷받침하는 구조적 에너지가 되어 조직 전체의 움직임을 일관되고 강력하게 만듭니다. 즉, 영이 방향을 세우고 혼이 그 방향을 현실로 확장하는 구조가 바로 공명 리더십의 본질입니다.

## 4) 피드백 루프와 영혼의 동시 상승

리더(영혼)와 구성원(영혼)이 서로 영향을 주고받을 때, 조직은 단순한 '팀'이 아니라 상승 피드백 루프가 작동하는 '공명 생태계'가 됩니다. 그 선순환 과정은 리더의 비전 → 구성원의 공감 → 자발적 실행 → 성과 → 리더의 비전 강화의 순서로 진행됩니다. 이러한 선순환은 네트워크를 빠르게 확장시키는 핵심 동력입니다.

공간·자산 또한 이 피드백 루프에 참여하여 사람과 비전이 연결되고 경험이 쌓이는 '지능형 플랫폼'으로 작동합니다. 이 구조가 자리 잡으면 조직은 리더 한 사람의 능력을 뛰어넘어 전체가 하나의 거대한 울림체로 진화하게 됩니다.

## 5) 성공을 위한 5단계 실천 해법

- 비전의 주파수를 먼저 세워라(영): 명확한 'Why'가 공명 리더십의 시작입니다.
- 구성원의 영을 존중하고 연결하라: 그들의 꿈과 조직 비전이 연결되는 순간, 네트워크는 자발적으로 성장합니다.
- 일관된 행동 시스템(혼)을 구축하라: 비전이 행동과 맞아떨어질 때 구성원 사이의 신뢰가 폭발적으로 형성됩니다.
- 공간·자산을 공명 플랫폼으로 재설계하라: 사람들이 만나고 연결되고 성장하는 '관계형 공간 가치'를 만드는 것이 핵심입니다.
- 지시가 아닌 영감을 제공하라: '무엇(What)'이 아니라 '왜(Why)'를 공유할 때 사람들은 스스로 에너지를 내기 시작합니다.

## 13.3 스승에서 정원사로: 성장의 생태계를 만드는 법

영혼의 시너지를 통해 당신 자신의 삶을 지속가능한 가치 창출 시스템으로 만들었다면, 당신의 영향력은 자연스럽게 주변으로 확장되기 시작합니다. 당신은 다른 사람의 성장을 돕는 '리더'이자 '스승'의 역할을 맡게 될 것입니다. 하지만 이때 우리는 낡은 가르침의 패러다임에 빠질 위험이 있습니다. 즉, 내가 가진 지식과 경험('혼')을 다른 사람에게 일방적으로 주입하려는 '스승'이 되려는 유혹입니다.

이러한 '스승 모델'은 한계가 명확합니다. 모든 사람은 각자 고유한 '영'의 씨앗을 품고 있는 존재이기 때문입니다. 나의 성공 방정식이 다른 사람에게는 맞지 않을 수 있습니다. 내가 아는 정답을 강요하는 것은, 사과나무 씨앗에게 억지로 배나무 열매를 맺으라고 강요하는 것과 같습니다. 이는 상대방의 고유성을 짓밟고, 스스로 성장할 힘을 빼앗는 폭력이 될 수 있습니다.

진정한 성장의 조력자는 '스승'이 아니라 '정원사(Gardener)'입니다. 정원사는 식물에게 어떻게 자라라고 직접 가르치지 않습니다. 대신, 식물이 스스로 가장 아름답게 자라날 수 있는 최적의 '환경'과 '생태계'를 만들어 주는 역할을 합니다.

정원사 패러다임의 리더는 다음과 같은 역할을 합니다.

- **햇빛을 제공한다(영감을 주는 '영')**: 자신의 삶을 통해 "너도 할 수 있다"는 가능

성을 보여 주는 살아 있는 증거가 된다.

- **물을 주고 영양분을 공급한다(성장을 돕는 '혼')**: 상대방의 현재 수준과 필요를 정확히 파악하고, 그에게 맞는 지식, 기술, 자원('혼')을 맞춤형으로 제공한다.
- **잡초를 뽑고 울타리를 쳐 준다(안전한 환경 조성)**: 구성원들이 실패를 두려워하지 않고 마음껏 실험할 수 있는 '심리적 안전감'이 보장되는 환경을 만든다.
- **기다려 준다(고유한 성장 속도를 존중한다)**: 각 개인의 고유한 성장 속도를 존중하고, 인내심을 가지고 그들이 스스로 잠재력을 발현할 때까지 지지하고 기다려 준다.

다른 사람의 성장을 돕는 가장 위대한 방법은, 역설적으로 내가 먼저 나의 정원을 아름답게 가꾸는 것입니다. 당신의 '영'과 '혼'이 조화롭게 만발한 아름다운 정원이 되십시오. 그러면 사람들은 자연스럽게 당신의 정원으로 날아와, 자신의 씨앗을 어떻게 피워낼지에 대한 영감을 얻어갈 것입니다.


**핵심 투자 명언**

정원사처럼 성장 환경 만들고, 자기 성장 먼저 이루어라.

- **스승 vs. 정원사**: 진정한 리더는 자신의 지식('혼')을 주입하는 '스승'이 아니라, 상대방이 스스로 성장할 수 있는 최적의 환경('생태계')을 만들어 주는 '정원사'다.
- **성장 생태계의 4요소**: 정원사 리더는 ① 영감을 주고(햇빛), ② 맞춤형 자원을 제공하며(물), ③ 심리적 안전감을 조성하고(토양), ④ 인내심을 갖고 기다려 주는(시간) 역할을 한다.
- **자기 성장이 우선이다**: 다른 사람의 성장을 돕는 가장 좋은 방법은, 내가 먼저 나의 '영'과 '혼'이 조화로운 성장 모델이 되는 것이다.

비즈니스를 리더의 성공 방식을 주입하는 '스승 모델'에서 구성원의 고유한 영혼(비전)이 꽃피는 '정원사 모델'로 전환하는 것입니다.

- 영(Spirit): 리더가 삶으로 비전을 보여 주어 구성원의 공명을 이끌어 냅니다.
- 혼(Soul): 맞춤형 자원과 심리적 안전지대를 제공하여 성장을 뒷받침합니다.

이 두 나선이 상호작용할 때, 리더와 구성원의 영혼이 동시에 성장하는 지속 가능한 비즈니스 생태계가 완성됩니다.

## 실천 사례 연구 1: '정원사형 리더십'을 통한 심리적 안전지대 구축

### 1. 정원사 리더십: 사람을 꽃피우는 성장 생태계

**1) 왜 지금 '정원사'인가?**

과거의 리더십은 리더의 지식(혼)을 일방적으로 주입하는 '스승 모델'에 머물렀습니다. 하지만 현대의 복잡한 환경에서는 리더 한 명의 정답이 모두에게 적용될 수 없습니다. 리더가 구성원의 고유한 영성을 존중하고, 스스로 성장할 수 있는 '성장 생태계(Ecosystem)'를 구축하는 것이 가장 강력한 공간 자산이 된다는 가설에서 출발합니다.

**2) 현실적 적용을 위한 4대 실천 가이드**

① 영감의 햇빛: '나'부터 시작하는 공명(Resonance)

리더가 먼저 자신의 비전과 가치(영)를 투명하게 공유하는 '오픈 세션' 운영. 즉 지시가 아니라 리더의 삶 자체가 증거가 되어 구성원들이 "나도 할 수 있다"는 영감을 얻게 합니다. 리더의 자기 성장이 곧 조직의 확장으로 이어지는 구조입니다.

② 맞춤형 자양분: 데이터 기반의 '혼' 공급

획일적인 교육이 아닌, 구성원의 현재 수준과 필요를 파악한 '개별 맞춤형 리소스' 제공. 즉, 상대방의 지식(혼)적 요구를 정확히 진단하고, 그에 맞는 기술과 자원을 적시에 지원합니다.

③ 토양의 안전감: 잡초를 뽑고 울타리 치기

'실패 공유 포럼' 및 '심리적 안전감(Psychological Safety)' 보장 규칙 제정. 즉, 구성원이 실패를 두려워하지 않고 실험할 수 있도록 비난의 잡초를 제거하고, 외부의 압력으로부터 보호하는 울타리 역할을 수행합니다.

④ 기다림의 시간: 고유한 성장 속도 존중

단기 성과 압박을 줄인 '장기 성장 로드맵' 도입. 즉, 사과나무 씨앗에게 배나무 열매를 강요하지 않듯, 각 개인의 잠재력이 발현될 때까지 인내심을 갖고 지지합니다.

**3) 가장 임팩트 있는 한 가지 변화**

"당신이 먼저 아름다운 정원이 되십시오. 그러면 사람들은 자연스럽게 당신의 정원으로 날아와 자신의 씨앗을 어떻게 피워낼지에 대한 영감을 얻어갈 것입니다." 영혼이 만드는 공간 자산이란, 화려한 인테리어가 아니라 '누구나 본연의 모습으로 존재하며 성장할 수 있다는 믿음의 공간'입니다.

**2. 영혼 이중나선 모델의 적용: 정원사형 네트워킹 비즈니스 전략 재구성**

**1) 이중나선 모델의 필요성**

비즈니스 네트워킹의 근본적인 문제는 리더가 자신의 성공 방식(혼)을 타인에게 주입하려는 '스승 모델'의 한계에서 비롯됩니다. 사람마다 고유한 영(비전의 씨앗)이 다름에도 불구하고 획일적인 방식을 강요하는 것은 상대의 잠재력을 억압하는 결과를 초래합니다.

현대적 리더는 정답을 가르치는 '스승'에서 성장이 가능한 환경을 설계하는 '정원사'로 전환해야 합니다. 영이 방향을 제시하고, 혼이 실행을 돕는 '영혼 이중나선 모델'을 현실에 구현하는 것입니다.

## 2) 영(비전) 기반 네트워크 구축 전략

정원사형 리더는 인간관계를 단순한 연결로 보지 않고, 비전이 서로 공명하는 생태계로 설계합니다. 이를 위해 다음의 네 가지 요소를 갖추어야 합니다. 리더는 자신의 삶을 통해 가능성을 보여 주며, 상대가 스스로 "나도 할 수 있다"는 내적 동력을 발견하게 돕습니다. 각자의 성장 단계에 적합한 지식, 기술, 기회, 연결을 제공하여 실행력을 강화합니다. 실패해도 괜찮은 심리적 토양을 구축하여, 사람들이 두려움 없이 실험하고 배우며 성장하게 만듭니다. 정원사는 꽃을 억지로 피우지 않듯, 각자의 타이밍을 인정할 때 네트워크는 장기적으로 건강해집니다.

## 3) 영혼 이중나선 모델의 실천 원리

이 모델은 "영이 방향을 밝히고, 혼이 그 방향을 현실로 만든다"는 원리를 바탕으로 합니다.

- 영(영감): 성장의 의미와 방향성을 제시합니다.
- 혼(실행): 자원, 시스템, 도구를 제공합니다.

이 두 나선이 상호작용하며 지속 가능한 네트워크 플라이휠을 형성합니다.

## 4) 피드백 루프와 영혼의 동시 상승

정원사형 네트워킹은 단순한 관계를 넘어 지속적으로 증폭되는 성장 사이클을 만듭니다. 내 정원이 먼저 아름다워지면(나의 영·혼 조화), 사람들이 자연스럽게 모여듭니다. 모인 사람들이 각자의 영을 각성하며 성장하면, 그 성장이 다시 나에게 새로운 영감을 줍니다. 나는 더 정교한 시스템(혼)을 구축하고 공유하며, 새로운 성장의 씨앗을 네트워크 전반에 뿌립니다.

결과적으로, 이 과정에서 나와 타인의 영혼 이중나선이 동시에 상승합니다. 즉, 리더 개인의 성장 → 네트워크 확장 → 공동 비전 강화 → 자산 가치 상승으로 이어지는 비즈니스적 선순환이 완성됩니다.

> **최종 메시지**
>
> "리더는 정답을 강요하는 '스승'이 아닌, 성장을 돕는 '정원사'가 되어야 합니다. 영혼(비전)과 혼(실행)이 공명하는 생태계를 구축할 때, 구성원과 네트워크가 함께 지속 가능한 동반 성장을 이룰 수 있습니다."

## 13.4 영혼의 자산 설계

### 1. 제13장 핵심 개념 요약

| 절(Section) | 핵심 개념(Core Concept) | 성장 전략(Growth Strategy) |
|---|---|---|
| 양자 얽힘 | **보이지 않는 연결**: 나의 존재 상태('영')가 보이지 않는 에너지 장을 통해 타인에게 즉각적으로 영향을 미친다. | 관계의 기술('혼')보다, 먼저 자신의 내면('영')을 진실하고 긍정적으로 가꾸어 좋은 관계가 자연스럽게 끌려오도록 한다. |
| 공명 리더십 | **함께 울리는 리더십**: 지시와 통제가 아닌, 가치와 비전('영')을 통해 구성원들의 마음을 함께 울려 자발적 동기를 이끌어 낸다. | 감성 지능을 바탕으로 '무엇을' 지시하는 대신 '왜'를 공유하고, 구성원의 '영'과 조직의 '영'을 연결시킨다. |
| 정원사 리더십 | **성장 생태계 조성**: 정답을 가르치는 '스승'이 아닌, 상대방이 스스로 성장할 최적의 환경을 만들어 주는 '정원사'가 된다. | 영감을 주고, 맞춤형 자원을 제공하며, 심리적 안전감을 조성하고, 인내심을 갖고 상대의 성장을 지지하고 기다린다. |

## 2. 설계지침(실천방안)

본 장의 내용을 삶에 효과적으로 적용하기 위해 다음의 세 가지 지침을 따를 것을 제안한다.


① '에너지 감사(Energy Audit)'를 관계에 적용하라.

당신이 자주 만나는 사람들의 목록을 작성하고, 각 사람과 시간을 보낸 후에 당신의 에너지가 '충전'되는지 '방전'되는지 솔직하게 평가해 보라. 당신의 에너지를 고갈시키는 '에너지 뱀파이어'와의 만남은 의식적으로 줄이고, 당신에게 긍정적인 '공명'을 일으키는 사람들과의 시간을 의도적으로 늘려라. 이는 당신의 관계 포트폴리오를 건강하게 리밸런싱하는 가장 빠른 방법이다.


② 당신의 '리더십 선언문'을 작성하라.

'영 선언문'과 마찬가지로, 당신이 리더로서(부모, 팀장, 멘토 등) 어떤 가치와 비전으로 사람들을 이끌고 싶은지에 대한 '리더십 선언문'을 작성해 보라. "나는 구성원들이 실패를 두려워하지 않고 잠재력을 마음껏 펼칠 수 있는 안전한 놀이터를 만드는 리더가 되겠다."와 같이. 이 선언문은 당신이 어려운 리더십의 순간에 흔들리지 않도록 붙잡아 주는 닻이 될 것이다.


③ '가르치기' 대신 '질문하기'를 연습하라.

다음번에 누군가가 당신에게 조언을 구할 때, 바로 정답을 알려 주려는 유혹을 참고 대신 질문을 던져보라. "그 문제에 대해 당신은 어떻게 생각하세요?", "당신이 시도해볼 수 있는 가장 작은 첫걸음은 무엇일까요?", "그 선택이 당신의 핵심 가치와는 어떻게 연결되나요?" 좋은 질문은 상대방이 스스로 답을 찾도록 돕는 가장 강력한 '물주기'다. 이는 당신을 스승에서 정원사로 변화시키는 가장 중요한 실천이다.

## 제5부

# 미래를 위한 청사진:
# 새로운 시대를 위한 제언

'영혼 이중나선 모델'은 깨달음(뿌리)을 바탕으로 영혼의 성장(줄기)을 통해 현실에 공간 자산(가지)을 창조하며 성장하는 모델이다.

성인(소크라테스): "무지의 지", 즉 자신이 모른다는 사실을 아는 것이 지혜의 시작입니다. 겸손한 태도로 끊임없이 배우고 성장할 것을 일깨웁니다.
공명(共鳴): 단편적 지식을 넘어 타인과 세상을 이롭게 하는 '가치 교육(영)'으로 나아갑니다. 다음 세대를 위한 진정한 자산 포트폴리오로서 미래 교육 모델을 제시합니다.

# 제14장

# 유산의 설계: 무엇을 남길 것인가?

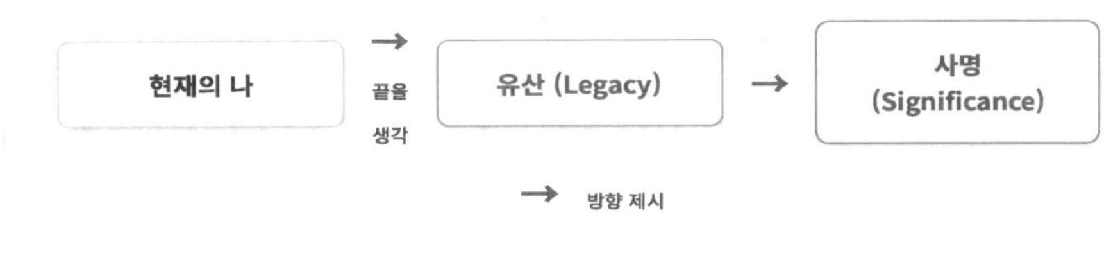


**결과를 먼저 생각하는 삶: 유산으로부터 시작되는 사명**
**(A Life of Results: A Mission That Begins with Legacy)**

**개념도 설명**: '유산'이란 삶이라는 예술 작품의 마지막 붓질을 상상하는 것입니다. '나는 어떻게 기억될 것인가?'를 먼저정의할 때, 현재의 삶은 '성공'을 넘어 '사명'을 향하게 됩니다. 유산에 대한 성찰은 우리의 모든 선택에 의미와 방향성을 부여하며, 삶 전체를 하나의 일관된 작품으로 완성시킵니다.

## 14.1 마지막 붓질을 상상하라: 당신의 삶이 완성될 때

기나긴 여정의 마지막 장에 오신 것을 환영합니다. 우리는 어둠 속에서 길을 잃은 이유를 진단했고(1부), 내면의 별을 찾아 '영(靈)'의 나침반을 세웠으며(2부), 그 나침반을 따라 세상의 바다를 항해하는 '혼(魂)'의 기술을 연마했고(3부), 마침내 두 개의 나선이 만나 폭발적인 시너지를 일으키는 '플라이휠'을 완성했습니다(4부). 이제 당신은 당신 자신의 삶을 조화롭게 이끌어가는 위대한 항해사이자, 당신만의 작품을 빚어내는 예술가입니다.

이제 마지막 질문이 남았습니다. "이 모든 여정의 끝에, 당신은 어떤 작품을 세상에 남기고 싶은가?" 제4부에서 우리는 삶을 하나의 예술 작품으로 바라보는 관점을 이야기했습니다. 그렇다면 모든 위대한 예술가가 작품을 완성하기 전에 반드시 거치는 과정, 즉 '마지막 붓질(The Final Brushstroke)'을 상상해볼 시간입니다. 당신의 인생이라는 캔버스에 마지막 붓질을 하는 순간, 당신의 작품은 어떤 모습으로 완성되어 있기를 바라십니까?

이것은 '유산(Legacy)'에 대한 질문입니다. 유산이란 단순히 당신이 죽은 뒤에 남기는 돈이나 재산이 아닙니다. 그것은 당신이 살아 있는 동안 세상에 남긴 무형의 영향력, 즉 당신의 삶이 다른 사람들의 마음속에 남긴 '울림'의 총합입니다. 당신의 이름이 잊힌 뒤에도, 당신이 시작한 선한 변화, 당신이 나누었던 지혜와 사랑, 당신이 보여 주었던 용기는 세상 어딘가에서 계속해서 살아 숨 쉴 것입니다.

많은 사람들이 삶의 마지막 순간이 되어서야 비로소 "내가 어떻게 살아왔는가?"를 돌아보며 후회합니다. "조금 더 사랑할걸, 조금 더 용기를 낼걸, 조금 더 나답게 살걸." 하지만 우리는 이 질문을 삶의 마지막이 아닌, 바로 '지금' 던져야 합니다. '끝을 생각하며 시작하는 것(Begin with the End in Mind)'이야말로, 스티븐 코비가 말했듯 성공하는 사람들의 가장 중요한 습관 중 하나입니다. 당신의 장례식장에서 사람들이 당신을 어떻게 기억해 주길 바라는지 상상해 보십시오. 그 모습이 바로 당신의 '영'이 진정으로 추구해야 할 삶의 궁극적인 방향입니다.

삶을 유산의 관점에서 바라보기 시작하면, 우리의 일상적인 선택의 기준이 완전히 달라집니다.

더 이상 우리는 '오늘 하루를 어떻게 버틸까?'라고 묻지 않습니다. 대신, "오늘 나의 행동이 내가 남기고 싶은 유산에 어떤 기여를 하는가?"라고 묻게 됩니다.

더 이상 우리는 단기적인 성공이나 쾌락에 집착하지 않습니다. 대신, 나의 행동이 다음 세대에 어떤 영향을 미칠지를 생각하는 '장기적인 관점'을 갖게 됩니다.

더 이상 우리는 다른 사람과의 경쟁에 에너지를 낭비하지 않습니다. 대신, 어떻게 하면 다른 사람들의 성장을 도와 더 큰 '공동의 유산'을 만들 수 있을지를 고민하게 됩니다.

당신의 '영혼 이중나선'은 바로 당신이 남길 유산의 DNA와 같습니다. 당신의 '영'은 당신 유산의 핵심 메시지와 철학을 담고 있습니다. 당신의 '혼'은 그 메시지를 세상에 구현해내는 구체적인 행동과 결과물입니다. 그리고 이 둘의 '시너지'는 당신의 유산이 얼마나 깊고 넓게 세상에 퍼져나갈지를 결정합니다.

### 알프레드 노벨의 유산: 죽음을 통해 다시 태어난 삶의 목적

다이너마이트를 발명하여 막대한 부를 쌓은 알프레드 노벨은 어느 날 신문에 실린 자신의 부고 기사를 읽고 큰 충격을 받았다. 그의 형이 죽었는데, 신문사가 착각하여 그의 부고를 실었던 것이다. 기사의 제목은 "죽음의 상인, 죽다"였고, 내용은 그가 얼마나 많은 사람을 죽이는 무기를 만들어 돈을 벌었는지를 비난하는 내용으로 가득했다.

노벨은 자신이 세상에 '파괴자'로 기억될 것이라는 사실에 깊은 절망에 빠졌다. 이 사건은 그에게 '끝을 생각하며 시작하는' 강력한 계기가 되었다. 그는 남은 생애 동안 자신이 세상에 어떤 유산을 남길 것인지 깊이 고뇌했다. 그리고 자신의 전 재산을 인류의 복지에 기여한 사람들에게 수여하는 상을 만드는 데 사용하라는 유언을 남겼다.

'노벨상'이라는 그의 유산은 '죽음의 상인'이라는 오명을 지우고, 그의 이름을 인류의 진보와 평화의 상징으로 영원히 기억되게 만들었다. 이 극적인 이야기는 삶의 마지막 순간을 상상하는 것이 어떻게 우리의 현재를 근본적으로 변화시키고, 우리 삶의 목적('영')을 재정립하게 하는지를 보여 주는 가장 강력한 사례다.

## 영혼 이중나선 모델의 적용: '죽음'이라는 '거울'이 '삶'을 바꾸다

'유산(Legacy)'은 '죽은 뒤'('혼'의 종말)에 남는 것이 아니라, '살아 있는 동안'('영'의 시간)에 '선택'하는 것입니다. '마지막 붓질'(13.1절)을 상상한다는 것은, '죽음'('영'의 거울)을 통해 '현재의 삶'('혼'의 실행)을 '재설계'하는 것입니다.

## 실천 사례 연구 1: 알프레드 노벨(Alfred Nobel)의 '잘못된 부고기사'

### 1. 죽음의 상인에서 노벨상으로: 마지막 붓질을 다시 그린 이야기

### 1) '죽음의 거울'을 통한 충격적인 피드백

1888년, 알프레드 노벨의 형 루드비히가 사망했으나, 프랑스의 한 신문사는 알프레드 노벨 본인이 죽었다고 오해하여 '오보'를 냈습니다. 노벨은 살아 있는 상태로 자신의 부고 기사를 읽게 되었으며, 이는 그의 '혼'에 전달된 '충격적인 피드백'이자 결정적인 '카이로스의 순간'가 되었습니다.

## 2) '영'의 각성과 마지막 붓질의 재설계

노벨은 자신의 '마지막 붓질'(영의 유산)이 단지 '죽음의 상인'로 기억되고 있다는 사실을 깨닫고 깊은 '그림자'에 휩싸였습니다. 그의 '영'은 "이것이 진정 나의 삶이 남길 '진짜 의미'인가?"라고 스스로에게 반문하며 절규했습니다. 본래 '다이너마이트'(혼)는 '건설'(영의 의도)을 위해 발명되었으나, 세상에는 '파괴'(혼의 결과)로만 기억되고 있었습니다.

## 3) '혼'의 재설계와 새로운 '영'의 실행

노벨은 '죽음'이라는 거울을 통해 남은 생의 시간을 '새로운 영'(유산)를 위해 바치기로 결심했습니다. 그는 자신의 '혼의 설계도'인 유언장을 수정하여, 전 재산을 "인류에게 가장 큰 공헌을 한 사람들"에게 상으로 수여하도록 설정했습니다.

## 4) '혼'이 '영'을 바꾸는 위대한 통합

노벨의 수정된 '혼'(유언)은 마침내 '노벨상'라는 고결한 '영혼 통합 유산'를 만들어 냈습니다. 과거의 '죽음의 상인'이라는 '영'은, 현재의 '노벨상'이라는 '새로운 영'에 의해 완전히 재정의되었습니다. 그는 죽음의 '영'을 직시함으로써, 인생의 마지막 붓질을 '파괴'에서 '공헌'으로 바꾸어 놓았습니다.

## 5) 당신의 '부고 기사'를 지금 써 보라

만약 당신이 내일 죽는다면, 당신의 '마지막 붓질'은 무엇으로 기억될 것입니까? '죽음'은 종말이 아니라 '삶의 방향'(영)을 바로잡아 주는 가장 강력한 거울입니다. 그 거울을 통해 당신의 오늘을 새롭게 재설계하십시오.

### 1) 이중 나선 모델의 필요성

사업가는 늘 "더 빠르게, 더 크게"라는 목표로 움직이지만, 많은 비즈니스는 시간이 흐를수록 본질(영)을 잃고 성과(혼) 중심의 구조로 쏠리게 됩니다. 이때 가장 강력한 전환점은 '죽음'이라는 거울을 마주하는 것입니다. 알프레드 노벨은 '죽음의 상인'이라는 잘못된 부고를 읽고, 자신의 인생과 사업이 '원하던 방향'과 완전히 다르다는 충격을 받았습니다.

기업가 김OO는 암 선고 앞에서 "내가 남길 유산은 무엇인가?"라는 질문을 처음 던졌으며, 이 거울은 현재의 우리에게도 동일한 질문을 묻습니다. "지금의 비즈니스는 내가 남기고 싶은 유산과 일치하는가?"라는 질문을 통해 우리는 네트워크, 공간 자산, 사업 모델을 다시 설계할 수 있습니다.

### 2) 영(비전) 기반 네트워크 구축 전략

네트워킹 비즈니스의 성패는 사람을 많이 모으는 데 있는 것이 아니라, '어떤 의미(영)'로 연결되는가에 달려 있습니다.

① 전략 1(유산 중심 비전 선언): 네트워크의 중심에 이익이 아니라 "남길 가치"를 두면, 사람들은 거래가 아닌 공헌의 이유로 모이게 됩니다. 노벨상이 비전으로 세계의 인재를 끌어들이듯, 비전은 네트워크의 자기확장 엔진이 됩니다.

② 전략 2(공간자산의 '의미 허브'화): 공간은 제품 판매 공간이 아니라 스토리·가치·만남이 흐르는 플랫폼으로 재설계해야 합니다. 사람이 비전에 기여하고 싶다고 느끼는 순간, 그 공간은 네트워크의 에너지 센터가 될 것입니다.

③ 전략 3(관계에서 공헌으로 이동시키는 설계):

- 단순 모임 → 지식 나눔으로 전환
- 단순 거래 → 협력으로 발전
- 단순 공유 → 공동 창조로 확장

결과적으로, 비전 중심의 네트워크는 구성원이 서로를 확장시키는 선순환 구조로 성장하게 됩니다.

### 3) 영혼 이중나선 모델의 실천 원리

영혼 이중나선은 "영이 방향을 잡고, 혼이 구조를 만든 뒤, 다시 영을 확장시키는 선순환 구조"를 의미합니다.

① 원리 1(죽음의 거울은 영을 정렬시킨다): "내가 떠난 뒤 이 사업은 무엇으로 기억될 것인가?"라는 질문은 혼(현재의 실행)을 다시 영(본질)과 연결하며, 이로써 비즈니스의 방향은 완전히 다른 궤도로 이동하게 됩니다.
② 원리 2(영은 WHY를, 혼은 HOW를 만든다): 영이 "어떤 변화를 남길 것인가?"를 결정하면, 혼은 "그 변화를 위한 시스템·모델·구조"를 설계합니다. 영이 분명할수록 혼은 낭비 없이 정확한 시스템으로 정렬됩니다.
③ 원리 3(작은 혼이 거대한 영을 현실로 만든다): '하루 1감사 메시지'와 같은 작은 실행이 네트워크·조직문화·고객 경험 전체를 바꿉니다. 이 작은 실행이 영혼 이중나선을 회전시키는 실제 동력이 됩니다.

### 4) 피드백 루프와 영혼의 동시 상승

영 → 혼 → 영 → 혼의 상승 루프가 구축되면 사업은 스스로 성장하기 시작합니다. 단계별 프로세스는 다음과 같습니다.

① 1단계(영 피드백): "내 부고에 어떤 문장이 적힐 것인가?"라는 질문으로 비전의
   정렬을 돕습니다.
② 2단계(혼 설계): 비전에 맞추어 네트워크 구조, 공간자산 운영 방식, 파트너십
   흐름, 고객 경험을 새롭게 설계합니다.
③ 3단계(실행 후 영 점검): "오늘의 행동은 내가 바라는 유산과 일치하는가?"를
   반복하면 혼은 정제되고 영은 점점 선명해집니다.
④ 4단계(영혼의 동시 상승): 영이 높아지면 네트워크의 신뢰가 깊어지고, 혼이 정
   교해지면 비즈니스의 확장성과 지속성이 강화됩니다.

결과적으로 '성과 중심 사업가'에서 '유산 중심 리더'로 이동하게 되는 것입니다.


## 5) 성공을 위한 5가지 실천 해법

"지금의 네트워크와 공간이, 내가 남기고 싶은 유산을 만들고 있는가?"


- '원하는 부고'를 작성하여 비전의 WHY를 명확히 하십시오.
- 네트워크를 '의미 연결 구조'로 재편하여 '공헌하고 싶은 이유'를 제공하십시오.
- 공간자산을 '유산 플랫폼'으로 설계하여 사람들이 배우고, 나누고, 기여하는 변
  화를 경험하게 하십시오.
- 감사, 지식 나눔, 선한 영향력 등 '하루 1개의 유산적 행동'을 실행하십시오.
- "지금의 선택이 마지막 붓질이다"라는 관점을 유지하며, 사업의 하루하루가 곧
  당신의 유산을 그리고 있음을 기억하십시오.

## 14.2 성공을 넘어 사명으로: 당신은 무엇을 위해 봉사하는가?

삶이 만드는 파동의 힘을 깨달은 사람은 자연스럽게 자신의 삶의 초점을 '나'에서 '우리'로, '성공(Success)'에서 '사명(Significance)'으로 옮겨가게 됩니다. 이것은 성장의 마지막 단계에서 일어나는 가장 위대한 전환입니다.

**성공**은 '나'의 성취에 관한 것입니다. 얼마를 벌었는가? 어떤 지위에 올랐는가? 얼마나 많은 인정을 받았는가? 이것은 주로 '혼(魂)'의 영역에서 측정되는 가치입니다.

**사명**은 '타인'을 위한 기여에 관한 것입니다. 나의 재능과 성공을 통해, 다른 사람들의 삶을 어떻게 더 나아지게 했는가? 세상에 어떤 긍정적인 변화를 만들었는가? 이것은 '영(靈)'의 가치가 세상을 향해 발현되는 것입니다.

성공은 그 자체로 목적이 될 때 우리를 공허하게 만들지만, 더 큰 사명을 위한 수단이 될 때 비로소 신성한 가치를 지니게 됩니다. 당신의 '혼'이 이룬 성공은, 당신의 '영'이 품은 사명을 실현하기 위한 매우 강력하고 유용한 '도구'가 됩니다. 당신이 더 많은 돈을 벌수록, 당신은 더 많은 사람을 도울 수 있습니다. 당신이 더 높은 지위에 오를수록, 당신의 선한 영향력은 더 넓게 퍼져나갈 수 있습니다.

위대한 리더이자 경영 사상가였던 피터 드러커는 말년에 "인생에서 가장 중요한 질문은 '나는 무엇으로 기억되고 싶은가?'이다"라고 말했습니다. 그는 젊은 시절 이룬 컨설턴트로서의 화려한 성공에 만족하지 않고, '경영학'이라는 학문을 통해 더 많은 조직과 리더들이 사회에 기여하도록 돕는 '사명'을 발견했습니다. 그리고 그 사명을 위해 평생을 바쳤습니다. 그의 유산은 그가 벌어들인 돈이 아니라, 그의 지혜를 통해 더 나은 세상이 만들어지는 데 기여한 수많은 제자들과 조직들입니다.

당신의 '성공'을 '사명'으로 전환하는 여정은 다음과 같은 질문들을 통해 시작될 수 있습니다.

- **당신의 마음을 가장 아프게 하는 것은 무엇인가?** 당신의 가장 깊은 공감과 연민이 향하는 곳에, 당신이 해결해야 할 사명이 숨어 있을 가능성이 높습니다.
- **당신만이 가진 독특한 무기는 무엇인가?** 그 문제를 해결하기 위해, 당신이 가진 재능, 지식, 경험, 네트워크('혼'의 자산)를 어떻게 활용할 수 있습니까?
- **당신이 없으면 세상은 무엇을 잃게 되는가?** 당신만이 채울 수 있는 그 고유한 빈자리가 바로 당신 사명의 크기입니다.

사명을 발견한 삶은 이전과는 비교할 수 없는 강력한 힘을 발휘합니다. 당신은 지치지 않으며, 두려움을 넘어서고, 최고의 조력자들을 끌어당깁니다.

'성공'('혼')은 '나'를 위한 것입니다. (예: 생존, 부, 명예) '사명'('영')은 '나'를 넘어선 '우리'를 위한 것입니다. (예: 봉사, 공헌) '영혼'의 통합은 '나'의 '성공'('혼')을 '우리'의 '사명'('영')을 위한 '도구'('혼')로 사용할 때 완성됩니다.



말랄라는 파키스탄에서 '여성의 교육권'('영')을 주장하다 탈레반의 총격('혼'의 위기)을 받았습니다.

### 1. 총알을 맞은 소녀에서 교육의 상징으로: 말랄라의 영혼의 여정

**1) '성공'('혼'의 성취): "생존"**

2012년, 총격에서 살아남은 것 자체가 그녀의 일차적인 '개인적 성공'('혼')이었습니다. 그녀는 이 '성공'('혼')에 머물러 자신만의 '안전한 삶'('개인 영')을 선택할 수도 있었습니다.

**2) '사명'('영'의 각성): "모든 소녀를 위한 교육"**

죽음의 문턱에서 겪은 '혼'의 위기는 오히려 그녀의 '영'을 강력하게 각성시켰습니다. 그녀의 '영'은 '나의 생존'('개인 영')이라는 차원을 넘어, "나와 같은 위험에 처한 전 세계 모든 소녀들의 교육"이라는 '보편적 영'으로 확장되었습니다. 이로써 개인의 '성공'('혼')이 가치 있는 '사명'('영')으로 전환되었습니다.

**3) '혼'을 '영'의 도구로 사용하다**

말랄라는 자신의 '성공'('혼')을 통해 얻은 스토리와 인지도를 '사명'('영')을 실천하기 위한 '플랫폼'('혼'의 도구)으로 활용했습니다. 말랄라 펀드('혼'의 시스템): '사명'('영')을 지속 가능하게 만들기 위해 재단이라는 형태의 '혼'을 설립했습니다.

16세 생일에 "한 명의 아이, 한 명의 교사, 한 권의 책, 한 자루의 펜이 세상을 바꿀 수 있다"며 강력한 '영'의 의지를 선언했습니다. 그녀의 '영혼' 통합 활동은 '최연소 노벨 평화상'이라는 '혼'의 결과로 이어졌습니다.

### 4) '개인'('혼')이 '상징'('영')이 되다

말랄라는 '총 맞은 소녀'라는 단순한 '개인'('혼')의 프레임에 머물지 않았습니다. 그녀는 이제 '여성 교육권'이라는 '인류 보편의 사명'('영')을 대변하는 '상징'이 되었습니다. 결국 그녀의 '개인적 성공'('혼')은 '보편적 사명'('영')을 향한 위대한 '출발점'이 된 것입니다.

### 5) 당신의 '성공'('혼')은 어떤 '사명'('영')을 위한 도구입니까?

'성공'('혼')은 인생의 '정상'('영')이 아니라, 그곳으로 가기 위한 '사다리의 한 칸'일 뿐입니다. 당신이 이룬 지위, 부, 지식, 경험과 같은 '성공'('혼')은 당신을 위한 '보상'이 아니라, '세상'('영')을 위한 '봉사의 도구'여야 합니다. 지금 당신의 '혼'은 어떤 '사명'('영')을 위해 봉사하고 있습니까?

## 2. 영혼 이중나선 모델 분석 프레임: "성공을 넘어 사명으로"

### 1) 이중나선 모델의 필요성

대부분의 사업가는 '혼(기술·성과)'에 해당하는 '성공'만을 목표로 삼는다. 그러나 '혼' 중심의 성공은 개인의 생존, 이익, 명성에서 그 성장이 멈춘다. 따라서 이 모델은 "성공은 목적이 아니라, '영(사명)'를 실현하기 위한 도구"라는 점을 강조한다. 지금의 비즈니스 위기의 본질은 돈이나 마케팅의 부족이 아니라, "왜 존재하는가?"라는 '영(사명)'가 사라진 '혼 중심 사업'에 있다. 오늘의 사업가는 자신의 공간, 자산, 네트워크를 개인의 성공을 넘어 공동체의 사명을 실현하는 '플랫폼'으로 재정의해야 한다.

## 2) 영(비전) 기반 네트워크 구축 전략

네트워크는 단순한 인맥이 아니라, 나의 '영(사명)'와 타인의 영이 공명하여 함께 가치가 확장되는 사명 생태계이다.

① 내가 가진 경험, 자산, 기술(혼)을 누군가의 기회와 성장을 돕는 자원으로 전환하여 "나의 성공 → 타인의 성장" 구조를 만든다.
② "내 사명에 힘을 더하는 사람인가?"를 기준으로 연결을 선택하여 비전이 맞는 사람들과의 네트워크를 구축한다.
③ 사업 공간과 자산을 수익 창출의 수단이 아닌 '사명 실행 플랫폼'로 전환할 때 지속 가능한 브랜드가 완성된다.

## 3) 영·혼 이중나선 모델의 실천 원리

'혼'은 실행·시스템·기술·성과를 의미하고, '영'은 사명·의미·정체성·방향을 나타낸다. 이 두 나선이 연결될 때, 사업은 단순한 비즈니스를 넘어 '사명 기반 영향력 조직'로 진화한다.

① 성공(혼)을 사명(영)의 도구로 사용하라. 말랄라가 생존이라는 성공을 '여성 교육권'이라는 사명으로 전환했듯, 사업가도 자신의 성공을 타인의 미래를 위한 도구로 해석해야 한다.
② 위기는 영의 확장 신호이다. 위기와 고통은 혼의 붕괴가 아니라 영의 각성을 촉발하며, 사업이 흔들릴수록 "왜 이 일을 하는가?"라는 질문은 더 선명해진다.
③ "영 → 혼 → 영"의 상호 강화 구조를 구축하라. 영이 방향을 세우고 혼이 시스템으로 실행하며, 그 성과가 다시 영의 크기를 확장하는 것이 이 모델의 성장 엔진이다.

## 4) 피드백 루프와 영·혼의 동시 상승

말랄라의 사례는 이 루프가 어떻게 실현되는지 보여 준다.

① 영의 선언: "모든 소녀의 교육권"
② 혼의 실행: 말랄라 펀드, 유엔 연설, 글로벌 연대
③ 혼의 성과: 자금, 영향력, 노벨상
④ 영의 확장: 개인을 넘어 인류의 상징으로 성장

이와 마찬가지로 비즈니스에서도 명확한 비전(영)이 네트워크를 모으고, 네트워크가 시스템(혼)을 강화하며, 강화된 시스템이 성과를 만들고, 그 성과가 다시 사명(영)을 확장하는 선순환 구조가 생길 때 압도적인 확장성을 갖게 된다.

## 5) 성공을 위한 최종 실천 해법

"성공은 나의 끝이 아니라, 세상의 시작이다."

- 지금의 경험과 인맥, 자산이 진정 누구를 위한 것인지 자문하라.
- "나는 내가 가진 능력으로 ○○○를 위해 존재한다"라는 '영 선언문'를 작성하라. 이 한 문장이 사업 모델의 방향을 바꾼다.
- 비즈니스 모델, 콘텐츠, 공간 운영 등 모든 요소를 '사명 중심'로 재정렬(Realignment)하라.
- 영이 분명한 사람 곁으로 모여드는 사람들과 함께 '운명적 네트워크'를 구축하라.

## 14.3 궁극의 통합: 내 삶을 하나의 예술 작품으로

우리는 제4부의 긴 여정을 통해, '영'과 '혼'이 만나 일으키는 시너지의 다채로운 측면들을 탐험했습니다. 직관, 세렌디피티, 공명, 위기 극복, 시간의 조화, 그리고 정원사 리더십까지. 이 모든 아름다운 현상들이 가리키는 궁극적인 지점은 어디일까요? 그곳은 바로 '내 삶 자체를 하나의 온전한 예술 작품(Work of Art)으로 빚어내는' 경지입니다.

예술 작품이 우리에게 깊은 감동을 주는 이유는 무엇일까요? 위대한 예술 작품에는 작가의 고유한 '영혼(영)'이 담겨 있으며, 그것이 '완벽한 기술(혼)'을 통해 '조화로운 형식'으로 구현되어 있기 때문입니다. 레오나르도 다빈치의 〈모나리자〉에는 인간 내면에 대한 깊은 통찰(영)이, 해부학과 원근법, 스푸마토(Sfumato) 기법이라는 완벽한 기술(혼)을 통해 구현되어 있습니다.

당신의 삶 또한 이와 같습니다. 당신이라는 존재는 이 세상에 단 하나뿐인 고유한 재료입니다. 당신의 '영 선언문'은 당신 작품의 주제이자 핵심 메시지입니다. 당신이 세상 속에서 배우고 연마한 모든 지식과 기술, 즉 당신의 '혼'은 그 주제를 표현하기 위한 물감이자 조각칼입니다. 그리고 '영'과 '혼'의 시너지를 통해, 당신은 당신의 하루하루를 캔버스 삼아 '당신다운 삶'이라는 단 하나의 명작을 창조해나가는 위대한 예술가입니다.

삶을 예술 작품으로 빚어가는 사람의 삶에는 몇 가지 특징이 나타납니다.

첫째, 그의 삶에는 '일관된 스타일'이 있습니다. 그의 말과 행동 속에는 그의 고유한 가치와 철학('영')이 일관되게 배어 나옵니다.

둘째, 그는 '과정' 자체를 즐깁니다. 예술가는 결과물만을 위해 작업하지 않습니다. 그는 창조의 과정 자체에서 희열을 느낍니다.

셋째, 그는 '불완전함'을 사랑합니다. 삶의 예술가는 자신의 실수와 약점, 실패의 경험들을 부끄러워하지 않습니다. 오히려 그것들을 자신의 작품을 더욱 독특하고 진실하게 만들어 주는 소중한 '질감(Texture)'으로 끌어안습니다.

넷째, 그의 삶은 다른 사람에게 '영감'을 줍니다. 자신의 삶을 온전히 살아내는 사람의 존재 자체는 다른 사람들에게 가장 강력한 영감과 희망의 메시지가 됩니다.

이제 당신은 당신의 삶을 어떻게 바라보고 있습니까? 매일매일 해결해야 할 문제들의 연속으로 보고 있습니까? 아니면, 당신의 영혼을 표현할 수 있는 기회로 가득 찬 하얀 캔버스로 보고 있습니까? 당신의 영혼이 이끄는 대로, 당신의 손이 움직이는 대로, 과감하게 당신의 붓을 휘두르십시오.

---

**핵심 투자 명언**

인생은 예술, 나만의 스타일로 불완전함 속 투자 즐겨라.

- **삶 = 예술**: 인생은 '영'(주제)과 '혼'(기술)을 결합하여 '나다운 삶'이라는 고유한 예술 작품을 창조하는 과정이다.
- **삶의 예술가의 특징**: 삶의 예술가는 ① 일관된 스타일, ② 과정에 대한 즐거움, ③ 불완전함에 대한 사랑, ④ 타인에 대한 영감이라는 특징을 가진다.
- **창조자로서의 삶**: 삶을 문제 해결의 과정이 아닌, 자신의 영혼을 표현하는 창조의 과정으로 바라볼 때, 우리는 비로소 삶의 진정한 주인이자 예술가가 될 수 있다.

'궁극의 통합'은 '나의 삶' 자체를 '하나의 예술 작품'으로 만드는 것입니다. 이 '작품'은 '분절된 혼'(일, 취미, 가정)의 '합'이 아니라, '하나의 '영'(주제, Why)'이 '모든 혼'(삶의 활동)'을 꿰뚫어 '통합'시킨 '결과물'입니다.

## 실천 사례 연구 1: 레오나르도 다빈치(Leonardo da Vinci)의 '통합된 영'

우리는 흔히 다 빈치를 '화가' 혹은 '공학자'라는 개별적인 '혼'의 영역으로 분리해서 보곤 합니다. 하지만 그는 결코 특정 분야에만 국한된 '분리된 기술자'가 아니었습니다.

### 1. 삶이 곧 작품이 된 사람: 다 빈치의 영혼의 통합

**1) "모든 것은 어떻게 작동하는가?(Saper Vedere - 보는 법을 알라)"**

다 빈치가 지닌 '핵심 영'은 "세상의 모든 것은 어떻게 연결되어 작동하는가?"라는 질문에 답을 구하려는 '끝없는 호기심'이었습니다. 그는 '예술(혼)'과 '과학(혼)'을 서로 별개의 것으로 분리하지 않았습니다. 그에게 있어 예술과 과학은 모두 '자연(영)'을 이해하기 위한 효과적인 '도구(혼)'일 뿐이었습니다.

**2) '영'이 '모든 혼'을 꿰뚫다**

다 빈치는 하나의 영(본질적 목적)을 실현하기 위해 다양한 혼(기술 및 학문)을 다음과 같이 통합했습니다.

- 〈모나리자〉(혼 1: 예술): 그는 '사람(영)'이 어떻게 '미소(혼)' 짓는지 그 원리를 알기 위해, '인간의 얼굴 근육(혼 2: 해부학)'을 깊이 있게 연구했습니다. 즉, 〈모나리자〉의 신비한 미소는 '예술적 영감(영)'과 '과학적 관찰(혼)'이 하나로 어우러진 통합의 결과입니다.

- 〈최후의 만찬〉(혼 1: 예술): 그는 '12 제자(영)'의 '감정(영)'을 극적으로 표현하기 위해, '인간의 심리(영)'와 '시선(혼 3: 광학)'을 함께 연구했습니다.
- '비행 기계'(혼 4: 공학): 그는 '새(영)'가 어떻게 '나는지' 구조적으로 이해하기 위해, '새의 날개(혼 5: 조류학)'와 '공기 역학(혼 6: 물리학)'을 병행하여 연구했습니다.

### 3) '삶'이 '작품'이 되다(궁극의 통합)

다 빈치에게 '그림(혼)'과 '해부학(혼)', 공학(혼)'은 결코 '다른 일'이 아니었습니다. 그것은 "세상을 알겠다"는 '하나의 영'을 실천하는 과정에서 파생된 '다양한 방식의 혼'일 뿐이었습니다. 그는 분절된 혼을 가진 '전문가'가 아니라, 모든 가치를 관통시킨 '통합된 영'의 '마스터'였습니다. 결국 그의 '삶(영)' 자체가 '그의 작품(혼)'이었으며, 그가 남긴 '노트(혼)'는 그가 이룬 '통합'의 명확한 증거입니다.

### 4) 당신의 '영'은 당신의 '모든 혼'을 꿰뚫고 있는가?

'궁극의 통합'은 당신의 '직업(혼)'과 '취미(혼)', '관계(혼)'가 하나의 '영(Why, 가치, 사명)'으로 일관되게 '설명'되는 상태를 의미합니다. 당신의 '모든 혼'의 활동들이 '하나의 예술 작품'을 만들고 있습니까, 아니면 '서로 관계없는 조각'들로 흩어져 있습니까? 오직 당신의 '영'만이 그 '조각'들을 하나의 완성된 '작품'으로 꿰맬 수 있습니다.

## 2. 영혼 이중나선 모델: '영(靈)'과 '혼(魂)'으로 빚는 비즈니스 전략

### 1) 이중나선 모델의 정의와 필요성

현대의 많은 비즈니스 사업자는 삶과 일, 취미, 관계를 각각 '분절된 조각'으로 경험하는 경향이 있습니다. 그러나 성공하는 창조적 사업가는 삶 전체를 하나의 통합된 '작품'으로 승화시킵니다. 레오나르도 다 빈치처럼 '영(Why, 사명)'이 명확할 때, 모든 '혼(What, 실행)'은 하나의 방향으로 정렬됩니다. 사업 모델, 네트워크, 공간, 콘텐츠가 겉보기엔 다른 활동처럼 보이지만, 하나의 본질적 비즈니스 영(비전)이 있다면 모든 실행은 상승작용을 일으켜 '작품 같은 사업'이 완성됩니다.

### 2) 영(비전) 기반의 네트워킹 구축 전략

영혼 이중나선 모델에서 영(Why)은 네트워크를 끌어당기는 중심 자석의 역할을 수행합니다. 사업가가 강력한 비전을 가지고 있으면 네트워크는 자연적으로 형성되며, 그 본질은 결국 'Why의 공유'에 있습니다. 사람들은 단순한 '직업'이 아니라 사업가가 지향하는 '존재의 방향성'에 매료됩니다. 따라서 네트워크를 확장하려면 다음과 같이 '세상에 던지는 중심 문장(영)'이 명확히 확립되어야 합니다.

(예시) "나는 사람들의 성장을 돕는 구조를 만든다."/"나는 건강·배움·연결을 창조하는 플랫폼을 만든다."

설정된 영은 내가 하는 말, 공간, 상품, 사람, 커뮤니티 등 모든 활동을 관통하는 핵심 축이 되어야 합니다.

### 3) 영혼 이중나선 모델의 3대 실천 원리

① 영(Why)은 혼(What)의 방향을 결정합니다.

- 다 빈치의 영: "모든 것은 어떻게 작동하는가?" → 예술, 해부학, 공학 등을 하나의 축으로 연결했습니다.

- 비즈니스 영: "사람을 성장시키는 구조를 만든다" → 공간, 콘텐츠, 제품, 투자 유치가 모두 한 방향으로 정렬됩니다.

② 혼은 영을 실현하는 다양한 도구들의 집합입니다.

제품 개발, 마케팅, SNS 콘텐츠 등은 서로 다른 개별 업무가 아니라, 영을 실현하기 위한 '혼(도구)의 세트'로 기능해야 합니다.

③ '분리된 직업'이 아니라 '통합된 존재 방식'을 브랜딩하십시오.

사업가가 '제품 판매자'가 아니라 '비전을 만드는 사람'으로 인식될 때, 네트워크는 폭발적으로 성장하게 됩니다.


## 4) 피드백 루프와 영혼의 동시 상승 구조

영혼 이중나선은 영과 혼이 상호 작용하며 함께 성장하는 상승나선 구조를 띱니다. 상승 루프의 단계는 다음과 같습니다.


① 영의 설정: Why 선언문(예: 성장을 시키는 플랫폼 구축)을 작성합니다.

② 혼의 실행: 상품 개발, 공간 기획, 커뮤니티 운영을 통해 실천합니다.

③ 피드백 수집: 고객 반응과 시장 흐름을 분석하여 성과를 검증합니다.

④ 영의 확장: 피드백을 바탕으로 영을 재정의하여 더 큰 비전(예: 아시아의 허브)으로 나아갑니다. 이러한 구조가 안착되면 사업 확장과 네트워크 증폭은 필연적인 결과로 따라오게 됩니다.


## 5) 성공을 위한 최종 실천 해법

비즈니스 성공의 핵심은 단순히 일을 '많이 하는 것'에 있지 않습니다. 하나의 중심(영)으로 모든 활동(혼)을 꿰뚫는 '통합적 통찰력'이 가장 중요합니다. 지금 바로 실행하십시오.


- 당신의 정체성을 담은 '영 선언문'을 작성하십시오.

- 현재의 모든 사업 활동이 영과 연결되어 있는지 점검하십시오.

- 하루의 테마와 모든 미팅에 동일한 영의 색깔을 적용하여 디자인하십시오.

- 공간과 네트워크를 당신의 영을 중심으로 한 '하나의 생태계'로 재편하십시오.

## 14.4 영혼의 자산 설계

### 1. 제14장 핵심 개념 요약

| 절(Section) | 핵심 개념(Core Concept) | 성장 전략(Growth Strategy) |
|---|---|---|
| 유산의 설계 | **끝을 생각하며 시작하기**: 자신의 삶이 어떻게 기억되기를 바라는지('유산')를 먼저 정의하고, 그것을 현재 선택의 기준으로 삼는 것. | 자신의 '부고 기사'나 '장례식 조사'를 상상해봄으로써, 삶의 궁극적인 방향성('영')을 명확히 하고 우선순위를 재정립한다. |
| 성공을 넘어 사명으로 | **사명(Significance)**: '나'를 위한 성공을 넘어, 타인과 세상을 위한 '기여'에서 삶의 궁극적인 의미를 찾는 것. | 자신의 성공('혼')을 더 큰 사명('영')을 실현하기 위한 도구로 재정의하고, 자신의 '마음 아픔'과 '재능'이 교차하는 지점에서 사명을 발견한다. |
| 삶이라는 예술 작품 | **통합적 자기표현**: 자신의 삶 전체를 '영'(주제)과 '혼'(기술)이 조화를 이룬 하나의 일관된 예술 작품으로 빚어가는 것. | 삶을 문제 해결이 아닌 창조의 과정으로 바라보고, 일관성, 과정의 즐거움, 불완전함의 수용을 통해 자신만의 명작을 만들어간다. |

### 2. 설계지침(실천방안)

본 장의 내용을 삶에 효과적으로 적용하기 위해 다음의 세 가지 지침을 따를 것을 제안한다.

① 당신의 '유산 선언문' 초안을 작성하라.

제15장의 마지막 워크시트를 미리 당겨와, 당신의 삶이 남기기를 바라는 궁극의 메시지를 한 문장으로 작성해 보라. "나는 _________ 사람으로 기억되고 싶다." 이 빈칸을 채우는 것은 당신의 남은 인생 전체를 이끌어갈 가장 강력한 나침반이 될 것이다. 이 문장을 당신의 '영 선언문' 가장 위에 적어두어라.

② '성공'과 '사명'의 시간을 구분하여 기록하라.

일주일간, 당신이 하는 활동들을 '나의 성공을 위한 시간'과 '타인과 세상을 위한 사명의 시간'으로 구분하여 기록해 보라. 두 시간의 비율은 어떠한가? 당신은 두 시간 모두에서 만족감을 느끼는가? 이 기록은 당신의 삶이 '성공'과 '사명' 사이에서 얼마나 균형을 이루고 있는지 보여 주는 객관적인 데이터가 될 것이다.

③ 당신의 삶을 '전시회'로 기획해 보라.

만약 당신의 지금까지의 삶을 하나의 전시회로 연다면, 각 시기를 어떤 '작품'으로 표현하고 어떤 '제목'을 붙일 것인가? 당신의 실패작, 습작, 그리고 걸작은 무엇인가? 이 창의적인 사고 실험은 당신의 삶을 하나의 일관된 '이야기'와 '스타일'을 가진 예술가의 여정으로 바라보게 하고, 앞으로 어떤 작품을 더 만들어가고 싶은지에 대한 영감을 줄 것이다.

# 제15장

# 지혜의 완성: 채움에서 비움으로

**성장의 변곡점: 습득을 넘어선 무위(無爲)의 미학**
(The Inflection Point of Growth: The Aesthetics of Inaction Beyond Acquisition)

**개념도 설명**: 성장의 여정은 '채움'에서 시작하여 '비움'으로 완성됩니다. 우리는 '혼'의 경험을 채워나가며 지혜의 정점에 오르지만, 진정한 완성은 그 모든 것을 기꺼이 '내려놓고' 힘을 빼는 '무위'의 경지, 즉 '영'의 비움에서 이루어집니다.

## 15.1 위기, 영혼을 단련하는 최고의 담금질

평온한 바다에서는 누구나 유능한 항해사가 될 수 있습니다. 하지만 한 치 앞을 알 수 없는 폭풍우가 몰아칠 때, 비로소 그 항해사의 진정한 실력이 드러납니다. 우리의 삶도 마찬가지입니다. 예상치 못한 질병, 실직, 배신, 실패와 같은 '위기(Crisis)'의 순간은, 우리가 지금까지 쌓아온 영혼 이중나선의 견고함을 시험하는 가장 혹독

한 무대이자, 두 개의 나선을 이전과 비교할 수 없을 정도로 단단하게 통합시키는 최고의 '담금질' 기회입니다.

담금질은 뜨겁게 달군 쇠를 차가운 물에 반복해서 담그는 과정을 통해, 쇠의 강도와 경도를 높이는 전통적인 제련 기술입니다. 이 과정에서 쇠는 엄청난 스트레스를 받지만, 그 고통스러운 수축과 팽창을 견뎌낸 쇠만이 비로소 불순물이 제거된 명검으로 다시 태어날 수 있습니다. 위기는 바로 우리 영혼을 위한 담금질과 같습니다.

위기의 순간, 우리의 '영'과 '혼'은 각각 다른 방식으로 시험대에 오릅니다.

'혼'만 강하고 '영'이 약한 사람은 위기 앞에서 쉽게 무너집니다. 그들이 의지했던 외부적인 조건들(돈, 지위, 건강, 관계)이 사라지면, 삶의 의미와 방향을 잃고 공황 상태에 빠집니다. 그들의 '혼'이 쌓아온 지식과 기술은, 나아갈 방향을 알려 주는 '영'의 나침반 없이는 무용지물이 되어 버립니다.

'영'만 강하고 '혼'이 약한 사람은 위기 앞에서 무기력해지기 쉽습니다. 그들은 고결한 이상과 신념을 가지고 있지만, 현실의 문제를 해결할 구체적인 능력과 경험, 회복탄력성이 부족합니다. 그들은 "왜 나에게 이런 시련이…"라며 운명을 탓하거나, 현실을 외면한 채 이상 세계로 도피하려 할 수 있습니다.

하지만 '영'과 '혼'의 시너지를 이루어 낸 사람은 위기를 전혀 다른 관점으로 바라봅니다. 그들에게 위기는 '끝'이 아니라, 더 높은 차원으로 성장하기 위한 '관문'입니다. 그들은 위기 속에서 다음과 같은 담금질의 과정을 거칩니다.

- **흔들리지 않는 중심을 확인하다(영의 강화)**: 위기는 우리 삶에서 중요하지 않은 것들을 모두 앗아갑니다. 그리고 역설적으로, 그 모든 것이 사라진 폐허 위에서 비로소 '결코 사라지지 않는 것'이 무엇인지 깨닫게 합니다. 나의 신념, 나의 가치, 사랑하는 사람들과의 유대. 위기라는 거대한 파도는 모래성을 모두 무너뜨리지만, 그 아래 숨겨져 있던 단단한 반석(영)을 드러내 줍니다.
- **새로운 생존 기술을 연마하다(혼의 강화)**: 위기는 우리를 가장 불편한 안전지대

밖으로 내몹니다. 그리고 그 극한의 상황 속에서, 우리는 이전에 몰랐던 자신의 잠재력을 발견하고 새로운 생존 기술(혼)을 연마하게 됩니다.

- **두 나선을 하나로 통합하다(시너지의 완성)**: 담금질의 핵심은 '통합'입니다. 위기라는 극한의 스트레스는 우리의 '영(신념)'과 '혼(행동)' 사이의 모든 미세한 균열을 메우고, 둘을 하나의 강력한 합금으로 만들어 버립니다. "나는 할 수 있다"는 막연한 믿음(영)은, 실제로 위기를 극복해내는 경험(혼)을 통해 "나는 해냈다"는 흔들리지 않는 '자기효능감'으로 바뀝니다.

철학자 니체는 "나를 죽이지 못하는 것은 나를 더 강하게 만들 뿐이다"라고 말했습니다. 당신이 지금 위기의 한복판을 지나고 있다면, 그것이 당신을 파괴하도록 내버려 두지 마십시오. 대신, 이것이 당신의 영혼을 제련하는 신성한 담금질의 과정임을 기억하십시오.

'위기'('혼'의 극한)는 '영(靈)'을 파괴하는 망치가 될 수도, '영'을 단련하는 '담금질'이 될 수도 있습니다. '위기'의 '고통'('혼') 자체는 의미가 없습니다. 하지만 그 '고통'을 대하는 '태도'('영')를 '선택'하는 순간, '위기'는 '궁극의 의미'('영혼' 통합)를 찾는 '관문'이 됩니다.



정신과 의사 빅터 프랭클은 아우슈비츠 강제 수용소라는 '절대적 위기'(혼의 지옥)를 겪었습니다. 그는 이 극한의 상황에서 인간 존엄성의 핵심을 다음과 같이 정리합니다.

### 1. 모든 것을 빼앗겨도, 태도는 빼앗을 수 없다

#### 1) '혼'의 완전한 박탈

수용소에서 그는 '의사'라는 지위(혼), 가족(혼), 이름(혼)마저 빼앗기고 '죄수 번호'(혼의 말살)로 불렸습니다. '내일'을 알 수 없는 '극한의 절망'(혼의 붕괴) 속에서, 삶(영)의 의미를 묻는 것 자체가 사치처럼 느껴지는 상태에 이르렀습니다.

#### 2) '영'의 마지막 자유(태도의 선택)

프랭클은 나치(혼의 권력)가 나의 모든 혼(신체, 환경)을 통제할 수는 있지만, 그 혼의 상황에 어떻게 반응할지 결정하는 '영의 태도'는 통제할 수 없다는 '궁극의 자유(영)'를 발견하였습니다. 그는 "모든 것이 엉망진창인 이곳에서, 나는 어떤 의미(영)를 찾을 것인가?"라고 자신의 질문(영)을 바꾸었습니다.

#### 3) '영'이 '혼'을 구원하다

그는 절망(혼)에 빠지는 대신, "미래에(영의 시간) 강단에서 가 고통(혼의 경험)를

학생들(영의 대상)에게 가르치는 모습을 상상(영의 재설계)했습니다." 이러한 의미
(영)는 현재의 고통(혼)을 견뎌낼 이유(영)가 되었습니다. 그는 똑같은 고통(혼) 속
에서도 의미(영)를 찾은 사람(영혼 통합)이 의미를 잃은 사람(영의 붕괴)보다 생존
율(혼)이 높다는 것을 삶으로 증명했습니다.

### 4) '위기'가 '사명'이 되다

'위기(혼)'는 그의 영을 파괴하지 못하고, 오히려 그를 '담금질'하여 '로고테라피(의
미 치료)'라는 궁극의 영(사명)을 낳게 했습니다. 그의 저서 죽음의 수용소에서라는
혼(책)은, 위기(혼)가 어떻게 영을 단련하는지에 대한 증거(영혼 통합 유산)가 되었
습니다.

### 5) '위기'는 당신의 '영'에게 "왜 사는가?"를 묻는 질문이다

'위기'(혼의 붕괴)는 당신의 영이 그동안 가짜 혼(지위, 돈, 안정)에 의지해 왔음을
드러내는 '담금질'의 과정입니다. 그 위기 속에서 절망(혼)를 선택할 것인가, 아니면
의미(영)를 선택할 것인가? 바로 그 '선택'이 당신의 '영'의 '진짜 강도'를 결정합니다.

### 2. 영혼 이중나선 모델 분석 프레임: 위기를 사명으로 전환하는 성장 전략

### 1) 이중 나선 모델의 정의와 필요성

모든 비즈니스는 반복적인 위기를 경험하지만, 위기의 본질은 사건 자체인 '혼(실
행)'이 아니라 그 사건을 해석하는 태도인 '영(비전)'의 선택에 의해 결정됩니다. 고
통을 의미로 전환하는 순간 그것은 강력한 에너지로 변하며, 위기는 지위나 돈 같은
'가짜 기반'을 무너뜨리는 대신 사명과 목적의식이라는 '진짜 기반'을 드러내는 전환
점이 됩니다. 따라서 경영자는 위기를 소멸의 신호로 볼 것인지, 아니면 새로운 사
명을 향한 출발점으로 삼을 것인지 결정해야 합니다.

## 2) 영(비전) 기반의 네트워크 구축 전략

성공하는 사업가는 단순히 사람을 모으는 것이 아니라, 자신의 비전에 공명하는 사람들을 강력하게 끌어당깁니다. 위기는 '영이 깨어난 사람'을 가려내는 필터 역할을 하며, 고통을 의미로 전환한 사람만이 네트워크 안에서 가장 강력한 에너지를 발산하게 됩니다. 이들과 연결될 때 단순한 인맥을 넘어선 '사명 네트워크(영 중심 네트워크)'가 비로소 형성됩니다. 위기 경험을 공유하면 네트워크의 밀도가 높아지는데, 고통을 숨기면 단순한 '관계'가 모이지만 고통을 의미로 나누면 진정한 '동지'가 모이게 됩니다.

## 3) 영혼 이중나선 모델의 3대 실천 원리

① 혼의 붕괴와 영의 각성: "왜 이런 일이?"라는 혼의 질문이 "이 일이 나에게 무엇을 가르치는가?"라는 영의 질문으로 바뀔 때 생존의 힘이 생겨납니다.

② 영의 방향 정립: "이 고통을 미래의 누군가를 위해 사용하겠다"라고 영이 방향을 세우는 순간, 무너졌던 혼이 다시 회복되고 강력한 실행력이 붙기 시작합니다.

③ 선순환 구조의 완성: 혼의 실행이 성과를 만들면 다시 영의 의미가 강화됩니다. 이처럼 영이 이유를 만들고 혼이 길을 만드는 과정이 반복될 때 비즈니스는 사명으로 승화됩니다.

## 4) 자산의 재배치와 네트워크 확장

공간과 자산, 사업은 수익이 아닌 '의미' 중심으로 재정렬되어야 하며, "이 공간은 어떤 사명을 전할 것인가?"라는 질문에 답할 때 브랜드 자산으로서 가치를 갖습니다. 당신의 고통스러운 경험이 담긴 스토리는 누군가에게 생존의 지도가 되며, 이러한 공유는 자산을 일으키는 첫 번째 투자가 됩니다. 네트워크는 사명을 확장시키는 증폭 장치로서, 의미 있는 경험이 타인의 성장을 돕는 순간 영(비전)과 혼(실행)은 동시에 레벨업됩니다.

### 5) 성공을 위한 최종 실천 해법

- 질문의 전환: 피해자 관점의 질문을 버리고, "이 위기가 내 사명을 어떻게 강화시키는가?"라는 사명 중심의 질문으로 교체하십시오.
- 의미의 기록: 가장 힘들었던 순간과 그 과정이 던진 메시지를 기록하는 '의미 일기'를 작성하여 오늘의 고통을 의미로 전환하십시오.
- 미래와의 연결: "이 경험을 앞으로 누구에게, 어떤 방식으로 전할 것인가?"를 설계하십시오. 이 연결이 설계되는 순간 고통은 폭발적인 에너지로 변모합니다.

> **최종 메시지**
>
> 위기는 당신의 혼을 무너뜨리기 위해서가 아니라, 잠들어 있던 당신의 영(비전·사명)을 깨우기 위해 온 것입니다. 고통이라는 도가니에서 정제된 비전은 그 무엇으로도 흔들 수 없는 강력한 성공의 기반이 됩니다.

## 15.2 무위(無爲)의 경지: 힘을 빼고 흐름을 타는 법

사명을 발견하고 그 길을 걷기 시작한 사람의 모습은 어떤 모습일까요? 우리는 종종 사명을 위해 자신을 불태우며 치열하게 살아가는 영웅적인 모습을 상상합니다. 하지만 영혼 이중나선이 궁극의 조화를 이룬 경지는, 그런 '의식적인 노력'마저 사라진, 힘을 빼고 물 흐르듯 자연스럽게 움직이는 '무위(無爲)'의 상태에 가깝습니다.

'무위'는 도덕경의 핵심 사상으로, '아무것도 하지 않는다'는 수동적인 의미가 결코 아닙니다. 그것은 나의 작은 에고(Ego)와 인위적인 의도를 내려놓고, 우주와 자연의 거대한 흐름('도, 道')에 순응하여, '힘들이지 않고 모든 것을 이루는' 역설적인 경지를 의미합니다. 이는 제9장에서 다룬 '몰입(Flow)'의 상태가 삶 전체로 확장된 것이라고 볼 수 있습니다.

이 경지에 이른 '대가(Master)'들의 움직임을 보십시오. 최고의 무술가는 최소한의 움직임으로 상대를 제압합니다. 최고의 예술가는 계산하지 않고 붓을 휘두르는 것 같지만 완벽한 작품을 만들어 냅니다. 최고의 리더는 아무것도 지시하지 않는 것 같지만 조직이 저절로 움직이게 만듭니다. 그들의 공통점은 '힘을 빼고 있다'는 것입니다. 그들은 더 이상 '내가 무엇을 해야 한다'는 의식적인 노력으로 움직이지 않습니다. 그들의 '영'과 '혼'이 수십 년간의 단련을 통해 완벽하게 하나로 통합되어, 그들의 존재 자체가 그냥 '그렇게 되도록' 할 뿐입니다.

이것은 '혼'의 숙련도가 극에 달해, 의식의 개입 없이도 '무의식적인 역량(Unconscious Competence)'의 단계에 이른 것입니다. 이 경지에 이르기까지는 반드시 '의식적인 노력(유위, 有爲)'의 단계, 즉 수만 시간의 의도적인 연습과 실패 데이터의 축적이라는 '혼'의 담금질 과정이 필요합니다. 하지만 어느 임계점을 넘어서면, 더 이상 '내가' 기술을 사용하는 것이 아니라, '기술이' 나를 통해 저절로 발현되는 것 같은 느낌을 받게 됩니다.

'무위'의 상태에 있는 사람은 단순함(Simplicity), 유연함(Flexibility), 고요함(Calmness), 내맡김(Surrender)의 특징을 보입니다. 이 경지는 단순히 기술적인 숙련도를 넘어선, 깊은 영적인 성숙의 단계입니다. 그것은 나의 작은 자아를 비우고, 나보다 더 큰 존재(사명, 도, 공동체)의 '통로'가 되기를 선택하는 것입니다.


### 전설적인 농구 선수 마이클 조던의 'In the Zone'

마이클 조던은 종종 경기 중에 모든 것이 느리게 보이고, 림은 거대해 보이며, 자신이 던지는 모든 슛이 들어갈 것이라는 완벽한 확신에 차는 경험을 했다고 말한다. 스포츠 심리학자들은 이 상태를 'In the Zone'이라고 부르며, 이는 '무위'의 경지를 가장 잘 설명하는 현대적 사례다.

이 순간, 조던은 '어떻게 슛을 던져야 할까'를 의식적으로 생각하지 않는다. 수백만 번의 반복 훈련을 통해 그의 몸('혼')에 각인된 기술은, '승리하겠다'는 그의 강력한 의지('영')와 완벽하게 하나가 되어, 생각보다 먼저 움직인다. 그는 더 이상 경기를 '통제'하려 애쓰지 않고, 경기의 '흐름' 그 자체가 된다. 이것이 바로 수만 시간의 '유위'적 노력이 궁극의 '무위'적 경지로 승화된 모습이다.

**핵심 투자 명언**

힘들이지 않고, 흐름에 맡겨 투자 성과를 이룬다.

- **무위(無爲)의 정의**: '힘들이지 않고 모든 것을 이루는' 역설적인 경지. '몰입'이 삶 전체로 확장된 상태.
- **무의식적 역량**: 수만 시간의 의식적인 노력('혼'의 단련)이 쌓여, 생각하지 않아도 자연스럽게 최상의 기량을 발휘하는 대가의 경지.
- **내맡김의 지혜**: '내가 한다'는 에고를 내려놓고, 자신을 더 큰 흐름의 '통로'로 내맡길 때, 우리는 더 적은 힘으로 더 위대한 결과를 창조할 수 있다.

## 영혼 이중나선 모델의 적용: '하지 않음(無爲)'으로 '모든 것(혼)'을 이루다

'무위(無爲)'는 '아무것도 하지 않는 것'('혼'의 태만)이 아닙니다. 그것은 '인위적인 힘'('혼'의 에고)을 빼고, '자연의 흐름'('영'의 도, 道)을 타는 '최고의 '혼'(실행)'입니다. '정원사'(12.4.3절)처럼, 리더('영')가 '개입'('혼')하는 대신 '환경'('영')을 만들 때, 조직('혼')은 '저절로' 성장합니다.

## 실천 사례 연구 1: 제록스(Xerox)의 우르슐라 번스(Ursula Burns) - '길을 비켜 주는' 리더십

### 1. 힘을 빼는 리더십의 지혜

우르슐라 번스는 포춘 500대 기업 최초의 흑인 여성 CEO입니다. 그녀는 리더의

‘강력한 카리스마’를 통한 ‘혼’의 개입 대신, ‘무위’의 철학이 담긴 ‘영’로 거대한 조직을 이끌었습니다.

### 1) ‘영’의 철학(무위): “나는 답을 모른다”

그녀의 리더십은 “CEO인 ‘영’는 모든 답인 ‘혼’를 알고 있는 스승이 아니다”라는 겸손에서 출발합니다. ‘유위(有爲)’의 리더는 “내가 시키는 대로 하라!”며 ‘혼’의 실행을 강요합니다. 반면, ‘무위(無爲)’의 리더인 번스는 “나는 ‘왜’라는 ‘영’를 제시할 뿐, ‘어떻게’라는 ‘혼’는 현장 전문가인 당신들이 나보다 낫다”고 강조합니다.

### 2) ‘혼’의 실행(힘 빼기): 환경의 설계

그녀는 사사건건 지시하며 ‘혼’에 개입하는 대신, 최고의 인재들이 가진 ‘혼’가 스스로 흐를 수 있도록 최적의 ‘환경(영)’를 설계했습니다. 리더의 임무는 정답을 주는 것이 아니라, 실행 과정에서 발생하는 ‘장애물’라는 ‘혼의 마찰’를 제거해 주는 것입니다. 인위적인 보고 체계인 ‘혼’에 의존하기보다 격렬한 토론을 장려했습니다. 이를 통해 인위적인 질서가 아닌 자연스러운 답이라는 ‘영’의 흐름을 유도했습니다.

### 3) ‘위기’ 속의 ‘무위’: 흐름 타기

2008년 금융 위기 당시, 다른 리더들이 비용 절감이라는 ‘혼’의 인위적 개입에 매몰될 때, 번스는 위기라는 ‘흐름’를 거스르지 않았습니다. 그녀는 핵심(영)만 남기고 비핵심(혼)를 내려놓는 결단을 내렸습니다. 제록스의 기존 하드웨어(혼)를 새로운 서비스(영)로 진화시키는 전략을 선택하여 조직의 체질을 개선했습니다.

### 4) ‘힘’이 아닌 ‘흐름’으로: 잠재력 극대화

무위의 리더십은 리더 개인의 힘(혼)로 조직을 끄는 것이 아니라, 조직이 가진 잠재력(영)가 스스로 흐르도록 만듭니다. 번스는 스스로 가장 똑똑한 사람이 되려 하기보다, 가장 똑똑한 '혼'들이 모일 수 있는 '환경(영)'를 만듦으로써 조직의 무질서인 엔트로피를 극복했습니다.


### 5) '힘'을 뺄 때 비로소 시작되는 '흐름'

지혜의 완성이란 더 많이 하려는 '혼의 집착(유위)'에서 벗어나, 힘을 빼고 흐름에 몸을 맡기는 '영의 신뢰(무위)'로 이동하는 것입니다. 리더인 당신의 '영'가 '혼'의 통제를 내려놓을 때, 조직의 '혼'는 비로소 자연스러운 흐름을 찾게 될 것입니다.


## 2. 영혼 이중나선 모델 분석 프레임: 네트워킹·비즈니스·공간자산 비전을 현실로 만드는 '무위(無爲) 전략'

### 1) 이중 나선 모델의 필요성

대부분의 사업가는 더 많은 개입, 지시, 통제가 비즈니스 성공을 만든다고 믿습니다. 하지만 실제로는 과도한 '혼(실행·에고·통제)'이 흐름을 막고 네트워크 성장과 자산 확장을 제한합니다.

영혼 이중나선 모델은 "비즈니스의 진짜 성장은 '행동의 과잉'이 아니라, '영(본질·흐름)의 작동'에서 시작된다"고 강조합니다. 노자의 무위처럼 리더가 "힘을 빼는 순간" 네트워크와 공간 비즈니스는 스스로 움직이기 시작합니다. 즉, 네트워킹의 성공은 관계를 억지로 만드는 것이 아니라, 관계가 스스로 '연결되는 환경'을 조성하는 것에 있습니다.


### 2) 영(비전) 기반 네트워크 구축 전략

우르슐라 번스 리더십의 핵심은 "리더는 답을 주는 사람이 아니라, 흐름을 만드는 사람이다"라는 점이며, 이 철학은 네트워크 사업에 그대로 적용됩니다.

① Why(영)를 먼저 제시하라: "우리가 어떤 변화를 만들고자 하는가?"라는 비전

이 명확하면 사람, 파트너, 자산은 자연스럽게 정렬됩니다.

② 지시보다 환경을 설계하라: 좋은 사람들은 스스로 움직이므로, 리더의 역할은 '흐름이 막히는 장애물'을 제거하는 것에 집중되어야 합니다.

③ 본질 중심의 구조화: 위기 상황에서도 핵심 사업에 집중하고 비핵심을 내려놓으면, 네트워크는 생태계처럼 자가 성장합니다.

④ 정원사적 네트워킹: 사람을 억지로 끌어오지 않고 물, 햇빛, 공간을 만들면 사람과 파트너는 자연히 모이게 됩니다.


결과로 사업 네트워크는 '밀어붙여서'가 아니라 비전이 명확하고 흐름이 통하는 공간에서 자연스럽게 확장됩니다.


### 3) 영혼 이중나선 모델의 실천 원리

영(비전)이 방향을 열고, 혼(실행)이 그것을 현실화하며, 두 나선이 동시에 상승할 때 비즈니스는 폭발적으로 성장합니다.


① 영(본질)이 혼(전략)을 이끈다: 모든 실행은 비전에서 출발해야 하며, 비전 없는 실행은 '잡음'만 만듭니다.

② 혼(실행)이 영(비전)을 검증한다: '실험 → 관찰 → 통찰 → 조정'의 루프가 반복될 때 영혼 두 나선이 함께 상승합니다.

③ 무위의 리더십(힘 빼기·개입 줄이기): 지시와 통제를 줄일수록 구성원, 파트너, 고객의 자발적 참여가 증가합니다.

④ 자율적 시스템 구축: 리더가 중심이 아니라 스스로 돌아가는 네트워크·공간 생태계를 만드는 것이 핵심입니다.

## 4) 피드백 루프와 영혼의 동시 상승

네트워크 비즈니스와 공간자산 사업에서 성장은 자기조정(self-regulated) 구조가 형성될 때 본격적으로 시작됩니다. 비즈니스도 피드백을 통해 본질로 귀환해야 합니다.


- 피드백 상승 시스템 실천

① 지시보다 질문: "지금 흐름은 어디에 있는가?", "내 개입이 흐름을 막고 있지는 않은가?"를 스스로에게 질문하십시오.

② 관찰 루틴 도입(10분 무위 시간): "오늘은 무엇을 하지 말아야 하는가?"라는 질문은 비전의 초점을 강화합니다.

③ 통제 행동 1개 줄이기(7일 실험): 보고 강요, 즉각 지시 등 불필요한 개입을 줄이는 순간 네트워크는 살아 움직입니다.

④ 흐름 일기 작성: 힘을 뺀 순간이 곧 영의 성장이며, 영이 강화될수록 혼의 실행은 에너지 효율이 높아집니다.


## 5) 성공을 위한 최종 실천 해법

사업 성공은 "더 많은 노력, 통제, 개입"이 아니라 "더 명확한 비전, 더 적은 개입, 더 강력한 흐름"에서 완성됩니다. 무위는 게으름이 아니라 '최고 수준의 리더십 기술'이며, 스스로 성장하는 생태계를 만들기 위한 핵심 전략입니다.


- 영 선언문 작성: "나는 왜 이 사업을 하는가?"를 정의하여 비전을 모든 결정의 기준으로 삼습니다.
- 정원사 구조 만들기: 인재와 파트너가 스스로 자라고 사람이 모이도록 공간을 설계합니다.
- 힘을 빼고 흐름을 관찰하라: 통제를 신뢰로, 개입을 환경 설계로 전환하여 조직

과 자산의 자율성을 만듭니다.
- 매일 1개의 통제 습관 내려놓기: 네트워크는 '비움'이 있어야 흐름이 발생합니다.
- 네트워크 플라이휠 구축: 영(비전)이 중심에서 흐름을 열고 혼(실행)이 이를 유지할 때 자연스러운 확장(스케일)이 발생합니다.

**최종 메시지**

"비즈니스 네트워크는 끌어오는 것이 아니라 흐르게 만드는 것입니다. 비전이 환경을 만들고, 환경이 사람을 모으며, 결국 사람의 흐름이 자산을 성장시킵니다."

## 15.3 내려놓음의 미학: 최고의 유산은 당신의 부재이다

성장의 여정은 아이러니하게도 '채움'에서 시작하여 '비움'으로 끝납니다. 제4장에서 우리는 '영'의 씨앗을 심기 위해 내면의 아집과 소음을 '비워야' 한다고 배웠습니다. 이제 마지막 여정에서, 우리는 우리가 평생에 걸쳐 쌓아 올린 모든 것-성공, 지위, 지식, 심지어 '내가 옳다'는 신념까지도-을 기꺼이 '내려놓는' 궁극의 비움을 배워야 합니다. 최고의 유산은 당신이 무엇을 '남겨 주었는가?'가 아니라, 당신이 '없어도' 모든 것이 더 잘 돌아가도록 만들었는가에 의해 결정되기 때문입니다.

이것은 '스승에서 정원사로' 나아간 리더십의 최종 진화 단계입니다. 위대한 정원사는 자신이 평생 가꾼 정원이, 자신이 떠난 뒤에도 스스로의 생명력으로 더욱 울창하고 아름다워지기를 바랍니다. 그는 자신이 없으면 정원이 망가질 것이라고 걱정하는 대신, 정원 스스로가 변화하는 환경에 적응하고 새로운 씨앗을 싹 틔울 수 있는 '건강한 생태계'를 만드는 데 집중합니다. 그가 남기는 최고의 유산은 그의 '존재'가 아니라, 그의 '부재'를 통해 증명됩니다.

'내려놓음'은 결코 패배나 포기가 아닙니다. 그것은 나의 작은 에고를 넘어, 내가 시작한 사명이 나보다 더 위대하고 영원하다는 것을 인정하는 가장 큰 '믿음'의 표현이자, 다음 세대의 잠재력에 대한 무한한 '신뢰'의 표현입니다.

우리가 마지막에 내려놓아야 할 것들은 무엇일까요?

- **통제권을 내려놓으라**: 당신이 모든 것을 통제하고 결정해야 한다는 생각을 버리십시오. 다음 세대에게 권한을 위임하고, 그들이 실수할 자유를 허용하십시오.
- **스포트라이트를 내려놓으라**: 모든 성공의 공을 자신이 차지하려는 욕심을 버리십시오. 무대의 주인공 자리에서 내려와, 다음 세대가 빛날 수 있도록 기꺼이 무대 뒤의 조력자가 되십시오.
- **'정답'을 내려놓으라**: 당신이 평생에 걸쳐 쌓아 올린 지식과 경험(혼)은 언젠가는 낡은 것이 될 수 있다는 사실을 겸허히 인정하십시오. 다음 세대에게 필요한 것은 당신의 '정답'이 아니라, 그들 스스로가 '자신만의 답'을 찾아갈 수 있도록 질문을 던져 주는 '지혜'입니다.

당신의 인생이라는 책의 마지막 장은 당신의 위대한 업적을 나열하는 것으로 채워져서는 안 됩니다. 그것은 당신이 키워낸 사람들의 이야기, 당신이 없어도 계속해서 성장해나가는 당신의 사명에 대한 이야기로 채워져야 합니다.

**핵심 투자 명언**

시스템 구축 후, 믿음으로 내려놓아라.

- **내려놓음의 미학**: 성장의 마지막 단계는 내가 쌓아 올린 모든 것을 기꺼이 내려놓고, 내가 없어도 시스템이 지속되도록 만드는 것이다.

- **최고의 유산 = 부재의 증명**: 진정한 유산은 나의 존재가 아니라, 나의 부재 속에서도 시스템이 더 잘 돌아갈 때 증명된다.
- **믿음과 신뢰**:'내려놓음'은 포기가 아니라, 내가 시작한 사명과 다음 세대의 잠재력에 대한 가장 깊은 믿음과 신뢰의 표현이다.



'내려놓음(Letting Go)'은 '포기'('혼'의 실패)가 아닙니다. 그것은 '현재의 성공'('혼')이 '미래의 가능성'('영')을 가로막지 않도록, '성공한 혼'을 '스스로' 파괴하는 '최고의 '영'(전략)'입니다.



2000년대 중반, '아이팟(iPod)'은 애플('영')의 '모든 것'('혼'의 90% 매출)이었습니다. '아이팟'은 '궁극의 성공'('혼')이었습니다.

## 1. 아이팟을 파괴해 아이폰을 만든 남자: 내려놓음의 리더십

### 1) 영의 통찰: 위기 인식

2000년대 중반, '아이팟(iPod)'은 애플의 매출 90%를 차지하며 모든 것(혼)이자 '궁극의 성공'이었습니다. 스티브 잡스(영)는 아이팟(혼)의 성공이 정점에 달했을 때, 역설적으로 '위기(새로운 흐름)'를 직시했습니다. 그는 "언젠가 휴대폰(경쟁 혼)이 음악 플레이어(우리 혼)를 잠식(Cannibalize)할 것"이라 예견하며, "만약 남이 우리를 파괴하게 둔다면 우리는 과거의 유산인 '블록버스터'가 될 것"이라 경고했습니다.

### 2) 영의 결단: 내려놓음

잡스는 "우리의 가장 성공한 혼(아이팟)을 우리 손으로 파괴한다"는 고통스럽지만 단호한 '영의 결단'을 내렸습니다. 이는 당장의 '현금(혼)'을 포기하고 지속 가능한 '미래(영)'를 선택하는 진정한 '내려놓음'이었습니다. 당시 내부에서는 "미쳤다", "황금알을 낳는 거위를 죽인다"는 강력한 '혼'의 저항이 극심했습니다.

### 3) 새로운 혼의 탄생: 아이폰(iPhone)

아이팟을 내려놓겠다는 '영의 결단'은 마침내 '아이폰(새로운 혼)'을 탄생시켰습니다. 아이폰의 핵심 기능 중 하나는 기존의 성공 모델인 '아이팟(내려놓은 혼)'을 내부로 흡수하여 포함하는 것이었습니다. 애플은 미래를 위해 스스로 자신의 혼을 '팀킬(Team Kill)'하는 파격적인 행보를 보였습니다.

### 4) 내려놓음이 '더 큰 혼'을 낳다

아이폰(새로운 혼)은 아이팟(과거의 혼)의 매출을 의도적으로 완전히 잠식했습니다. 하지만 아이폰은 과거와는 비교도 안 될 거대한 '제국(더 큰 혼)'을 건설했습니다. 성공을 내려놓는 '영의 용기'가 결국 더 위대한 '영혼 통합(생태계)'을 창조해낸 것입니다.

### 5) 최고의 유산은 '당신의 부재'이다

"최고의 유산은 당신의 부재이다"라는 말은, 리더가 이룬 성공(혼)이 리더(영)가 없어도 선순환하는 '시스템'을 만드는 것을 의미합니다.

결과적으로 애플의 사례는 성공 그 자체가 '미래'의 장애물이 될 때, 그 성공마저 과감히 '내려놓을' 수 있어야 진정한 '영(유산)'이 시작됨을 보여줍니다. 당신은 미래를 위해 당신의 가장 성공한 혼을 기꺼이 '내려놓을' 용기가 있습니까?

## 2. 영혼 이중나선 모델 분석 프레임: 네트워킹 · 비즈니스 · 공간 · 자산 비전

### 1) 이중 나선 모델의 필요성

리더는 성공의 '혼(현재의 안정)'을 내려놓을 때 비로소 미래의 '영(비전)'을 열 수 있습니다. 많은 사업자가 현재의 성공과 익숙한 방식에 머물지만, 이러한 성공은 오히려 미래를 가로막는 덫이 되기도 합니다. 애플이 '아이팟'의 성공을 스스로 파괴하며 '아이폰' 시대를 연 것처럼, 다음 단계로 나아가기 위해서는 현재를 파괴할 용기가 필요합니다. 문제는 성공의 부족이 아니라, 과거의 성공을 내려놓지 못하는 리더십의 관성입니다.

### 2) 영(비전) 기반 네트워크 구축 전략

① 제품이 아니라 생태계를 중심으로 사람을 연결하십시오.

② 현재의 관계 중심 네트워크를 '비전 중심'으로 전환해야 합니다. 사람을 '지금의 역할'이 아닌 '미래의 역할'로 바라볼 때 지속 가능한 동행이 가능합니다.

③ 기존의 사업 네트워크를 추가: 가치와 철학을 공유하는 '가능성의 허브'로 재편성하십시오. 수익 구조를 넘어 '공동 창조 생태계'로 나아가야 합니다. 공간 중심의 네트워크를 '경험과 커뮤니티 플랫폼'으로 확장하십시오.

④ 오래된 파트너십과 비효율적 구조를 정리하여 새로운 자본이 들어올 '비전의 여백'을 마련하십시오.

### 3) 영혼 이중나선 모델의 실천 원리

① 영이 혼을 깨뜨린다 비전이 기존 시스템을 넘어설 때, 과거의 성공은 자산이 아니라 장애물이 됩니다. 익숙한 매출 구조와 유지비만 큰 자산은 비전을 위해 해체될 수 있습니다.

② 혼이 영을 구현한다 비전은 '혼'이라는 실행 시스템을 통해 현실이 됩니다. 새로운 제품과 사업 구조, 자산의 재배치를 통해 비전과 실행이 맞물릴 때 사업은 비로소 생태계가 됩니다.

③ 내려놓음의 과정 집착을 내려놓는 순간 한 단계 높은 나선이 열리며, 영이 확장

됩니다.

## 4) 피드백 루프와 영혼의 동시 상승

진짜 리더십은 리더가 없어도 스스로 작동하고 성장하는 구조를 만드는 것입니다. 영혼 이중나선의 5단계 순환 구조는 다음과 같습니다.

① 영(비전)가 방향을 설정합니다.
② 혼(시스템·자산)가 이를 실행합니다.
③ 실행 결과가 데이터로 피드백됩니다.
④ 피드백이 영의 통찰을 확장시킵니다.
⑤ 확장된 영이 다시 혼을 재구조화합니다.

이 순환이 반복되면 네트워크는 자발적으로 성장하고, 자산은 살아 있는 투자로 전환됩니다.

## 5) 성공을 위한 4대 실천 해법

- 성공의 유효기간을 스스로 끝내십시오. "지금의 구조로 3년 후에도 성장할 수 있는가?"를 끊임없이 질문해야 합니다.
- 공간과 자산을 '비전의 도구'로 재배치하십시오. 단순 창고를 브랜드 스토리 공간으로 전환할 때 가치는 폭발합니다.
- 네트워크를 '성과 중심'에서 '협력 생태계'로 전환하십시오.
- 최고의 유산은 '당신의 부재'로 증명됩니다. 리더가 없어도 구조가 성장한다면 그것이 진짜 '영혼의 리더십'입니다.

## 15.4 영혼의 자산 설계

### 1. 제15장 핵심 개념 요약

| 절(Section) | 핵심 개념(Core Concept) | 성장 전략(Growth Strategy) |
|---|---|---|
| 위기 | **담금질**: 위기는 '영'과 '혼'을 더 강하게 통합시키는 담금질의 과정이다. | 위기를 피하지 않고, 그 안에서 흔들리지 않는 중심('영')을 확인하고 새로운 생존 기술('혼')을 연마하는 기회로 삼는다. |
| 무위(無爲) | **힘 빼고 흐르기**: 수만 시간의 의식적 노력('혼')이 쌓여, 생각 없이도 자연스럽게 최상의 기량을 발휘하는 대가의 경지. | 의식적인 노력과 반복 훈련을 통해 '혼'을 극도로 단련하여, 마침내 힘을 빼고 흐름을 타는 '무의식적 역량'의 단계에 도달한다. |
| 내려놓음 | **최고의 유산**: 내가 없어도 시스템이 지속되도록 만드는 것. 통제와 소유를 내려놓고 다음 세대를 신뢰하는 것. | 주인공에서 조력자로, 스승에서 정원사로 역할을 전환하고, 권한 위임과 후계자 양성을 통해 자신의 부재를 준비한다. |

### 2. 설계지침(실천방안)

본 장의 내용을 삶에 효과적으로 적용하기 위해 다음의 세 가지 지침을 따를 것을
제안한다.

① '위기 회고록'을 작성하라.

당신 인생에서 겪었던 가장 큰 위기들을 되돌아보고, 각 위기가 당신을 어떻게 변

화시켰는지 기록해 보라. "그 위기 이전의 나와 이후의 나는 어떻게 다른가?", "그 위기를 통해 어떤 새로운 강점('혼')과 신념('영')을 얻게 되었는가?" 이 회고는 당신에게 닥칠 미래의 위기를 두려움이 아닌 성장의 기회로 바라볼 수 있는 힘을 줄 것이다.

② '힘 빼기'를 의식적으로 연습하라.

당신이 가장 잘하고 자신 있는 활동 하나를 선택하라. (예: 운전, 요리, 악기 연주) 그리고 그 활동을 할 때, 의식적으로 모든 '생각'을 멈추고 오직 몸의 감각과 흐름에만 집중해 보는 연습을 하라. 이 '무위'의 감각을 느껴보는 작은 훈련은, 당신의 다른 업무 영역에서도 과도한 긴장과 통제 욕구를 내려놓고 흐름을 타는 법을 배우는 데 도움을 줄 것이다.

③ '내려놓기 리스트'를 만들어라.

당신이 현재 당신의 삶이나 일에서 '내려놓아야' 하지만 그러지 못하고 꼭 붙들고 있는 것들의 목록을 작성해 보라. (예: 모든 일을 직접 확인해야 하는 습관, 후배가 나보다 더 인정받을까 봐 두려운 마음 등) 각 항목 옆에, 그것을 내려놓았을 때 당신과 주변 사람들이 얻게 될 긍정적인 결과를 적어 보라. 그리고 그중 가장 작은 것 하나부터 실제로 내려놓는 연습을 시작하라.

# 제16장

# 미래는 예측이 아닌 선택이다

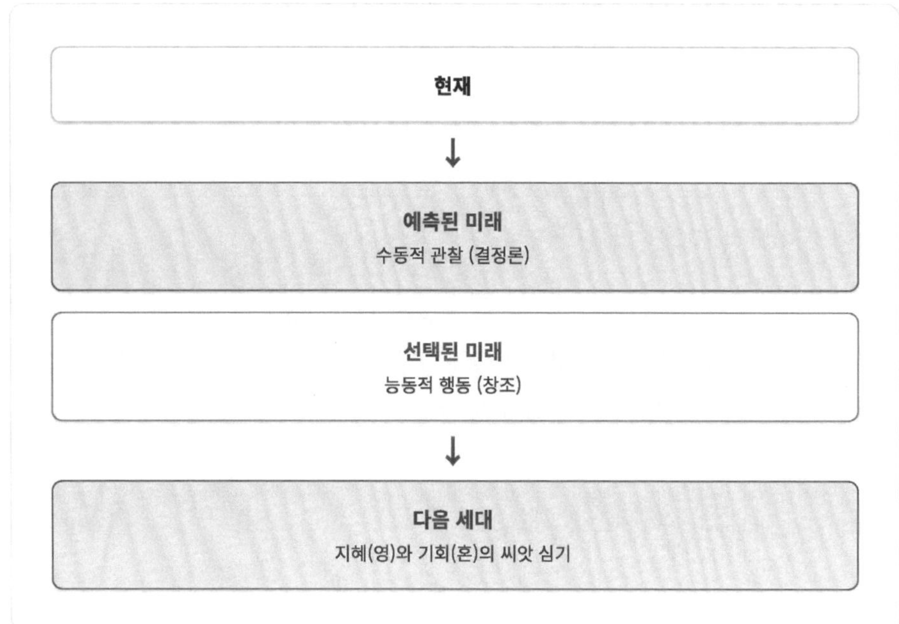


**결정된 미래를 넘어, 선택으로 창조하는 지속 가능한 내일**

**(Beyond a predetermined future, a sustainable tomorrow created through choice.)**

**개념도 설명**: 미래는 정해져 있는 것이 아니라 우리의 선택에 의해 창조됩니다. 우리는 결정론적 무력감에서 벗어나, 유한한 삶 속에서 다음 세대를 위해 '지혜의 씨앗'('영')과 '기회의 씨앗'('혼')을 심는 능동적인 창조자가 되어야 합니다. 당신의 이야기는 당신의 죽음으로 끝나지 않고, '다음 이중나선'으로 복제되어 영원히 이어질 것입니다.

## 16.1 죽음이라는 스승: 유한한 삶이 가르쳐 주는 것들

우리가 유산을 이야기하고, 세대를 넘는 지혜를 논하며, 내려놓음의 미학을 배우는 이 모든 여정은, 단 하나의 냉엄한 진실 앞에서 그 의미를 갖게 됩니다. 그것은 바로 '우리 모두는 언젠가 죽는다'는 사실입니다. '죽음(Mortality)'은 삶의 끝에 있는 두려운 적이 아니라, 우리의 삶을 가장 의미 있고 소중하게 만들어 주는 가장 위대한 스승입니다.

우리가 영원히 살 수 있다면, 우리는 아마 아무것도 시작하지 않을 것입니다. "나중에 하지, 뭐. 시간은 많으니까."라며 모든 것을 미룰 것입니다. 사랑하는 사람에게 고맙다고 말하는 것도, 새로운 도전을 시작하는 것도, 세상에 기여하는 삶을 사는 것도 모두 다음으로 미룰 것입니다. 바로 '죽음'이라는 명백한 마감 시간이 있기에, 우리는 '지금 이 순간(카이ros)'을 허투루 살 수 없는 것입니다. 유한함은 삶의 비극이 아니라, 삶을 가치 있게 만드는 전제 조건입니다.

'죽음을 기억하라(Memento Mori)'는 고대 로마의 지혜는, 우리 삶에서 중요하지 않은 것들을 모두 걷어내고, 오직 '본질'만을 남기는 가장 강력한 필터입니다. 죽음이라는 스승은 우리에게 다음과 같은 마지막 가르침을 줍니다.

- **무엇이 진정으로 중요한가**: 죽음의 문턱에서, 우리가 평생을 바쳐 쌓아 올린 돈, 명예, 지위는 아무런 의미가 없게 됩니다. 남는 것은 오직 내가 얼마나 진실하게 사랑했는가, 얼마나 의미 있는 관계를 맺었는가, 그리고 세상에 어떤 선한 영향을 남겼는가 하는 것뿐입니다. 죽음은 우리의 '영'이 추구해야 할 가장 순수한 가치가 무엇인지를 명료하게 보여줍니다.
- **두려움으로부터의 자유**: 죽음이라는 가장 큰 두려움을 정면으로 마주하고 나면, 실패에 대한 두려움이나 타인의 시선에 대한 두려움과 같은 작은 두려움들은 하찮은 것이 되어 버립니다. "어차피 한 번 사는 인생, 어차피 언젠가 죽을 텐데, 남

눈치 보며 살아서 무엇하리!" 죽음은 우리에게 가장 큰 '용기'를 선물합니다.

- **모든 순간에 대한 감사**: 우리가 당연하게 여기는 모든 것들-아침에 눈을 뜨는 것, 사랑하는 사람의 목소리를 듣는 것, 따스한 햇살을 느끼는 것-이 언젠가는 끝난다는 사실을 깨달을 때, 우리는 비로소 그 모든 평범한 순간들이 얼마나 소중한 기적인지를 알게 됩니다. 죽음은 우리에게 '지금 이 순간'을 온전히 살아내는 법을 가르쳐줍니다.

우리의 '영혼 이중나선'은 결국 이 유한한 삶 속에서 어떻게 '영원'을 경험할 것인가에 대한 이야기입니다. 우리의 육체('혼'의 그릇)는 시간 속에서 늙고 소멸하지만, 우리가 추구하는 가치와 사랑('영')은 시간을 초월합니다. 우리의 개별적인 생명은 유한하지만, 우리가 다음 세대에게 물려준 지혜와 기회('유산')는 세대를 넘어 계속해서 살아 숨 쉽니다.

## 스티브 잡스의 마지막 연설: 죽음은 삶의 가장 위대한 발명품

애플의 창업자 스티브 잡스는 췌장암 진단을 받고 죽음과 정면으로 마주한 경험을 통해 삶의 본질에 대한 깊은 통찰을 얻었다. 그는 2005년 스탠퍼드 대학 졸업식 연설에서 이렇게 말했다. "내가 곧 죽는다는 사실을 기억하는 것은, 인생의 중요한 선택을 내릴 때마다 가장 큰 도움이 되는 도구였습니다. 외부의 기대, 자부심, 실패에 대한 두려움 등 거의 모든 것은 죽음 앞에서 사라지고, 오직 진정으로 중요한 것만 남기 때문입니다."

그는 매일 아침 거울을 보며 "만약 오늘이 내 인생의 마지막 날이라면, 나는 오늘 하려고 하는 일을 할 것인가?"라고 스스로에게 질문했다고 한다. 만약 그 대답이 연이어 '아니오'라면, 그는 무언가를 바꿔야 한다는 것을 알았다. 그에게 죽음은 끝이 아니라, 삶에서 불필요한 것들을 털어내고 가장 중요한 것('영')에 집중하게 만드는 삶의 '변화 촉진제'였다. 그는 죽음을 "삶의 가장 위대한 발명품"이라고 부르며, 낡은 것을 치우고 새로운 것을 위한 길을 만들어 주는 자연의 섭리로 받아들였다.

**핵심 투자 명언**

'죽음' 기억하며, 유한한 삶 속 '가치 투자'에 집중하라.

- **죽음 = 스승**: 죽음은 삶의 끝이 아니라, 유한한 삶을 의미 있고 가치 있게 만드는 가장 위대한 스승이다.
- **본질의 필터**:'죽음을 기억하는 것(Memento Mori)'은 중요하지 않은 것들을 걸러내고, 진정으로 중요한 가치('영')에 집중하게 만드는 가장 강력한 필터다.

### 영혼 이중나선 모델의 적용: '삶의 유한성(혼)'이 '삶의 본질(영)'을 가르치다

'죽음'('혼'의 종말)은 '삶'('영'의 시간)이 '유한(Finite)'함을 깨닫게 하는 '가장 강력한 스승'입니다. (13.4.1절 노벨 사례와 연결) 이 '유한성'('혼')을 직시할 때, '영(靈)'은 비로소 '중요하지 않은 혼'(일상의 잡념)을 '내려놓고'(14.4.3절), '가장 중요한 영'(본질)에 '집중'하게 됩니다.

### 실천 사례 연구 1: 랜디파우시(Randy Pausch)의 "어릴 적 꿈을 이루는 법"

카네기 멜런 대학의 교수였던 랜디 파우시는 '시한부 췌장암'('혼'의 유한성) 판정을 받습니다.

## 1. 죽음은 마지막 스승이다: 랜디 파우시의 마지막 강의

### 1) '죽음'이라는 '스승'이 주는 가르침

카네기 멜런 대학의 교수였던 랜디 파우시는 '시한부 췌장암'(혼의 유한성) 판정을 받습니다. 그는 '죽음'(혼의 종말) 앞에서 '절망'(혼의 붕괴)하는 대신, "남은 시간(유한한 혼) 동안, 나는 어떤 '영'(유산)을 남길 것인가?"(영의 질문)를 선택했습니다. 그의 '영'은 '자신'의 죽음을 '슬퍼'하는 것이 아니라, '자신의 아이들'(영의 대상)에게 '삶의 태도'(영)를 '가르치는' 것이었습니다.

### 2) '영'의 실행을 위한 '마지막 강의'

그는 '마지막 강의'라는 '혼'(실행)을 준비합니다. 이때, '혼'의 논리는 "죽어가는 교수의 슬픈 이야기"이지만, 반대로 '영'의 논리는 "어떻게 '어릴 적 꿈'(영)을 '이루는가?'(혼)"에 집중합니다. 그는 '죽음'(혼)에 대해 말하지 않고, 오직 '삶'(영)에 대해 말했습니다.

### 3) '혼'을 통해 '영'을 영원히 남기다

"장벽(혼의 문제)이 거기 있는 이유는, 우리가 '얼마나 간절히'(영의 태도) 그것을 원하는지 '증명'하기 위해 있는 것이다."

"당신이 누군가를 실망시키면, 그들이 당신을 '포기'(혼)하기 전까지는, 그들은 당신을 '사랑'(영)하는 것이다."

그는 '죽음'(혼)을 유산(영)으로 남기는 '최고의 혼(기회)'으로 '전환'시켰습니다.

### 4) '유한한 혼'이 '무한한 영'을 복제하는 원리

그의 '마지막 강의'(혼)는 '유튜브'(새로운 혼)를 통해 전 세계로 '복제'되었고, 〈마지막 강의〉(혼) 책은 수천만 명의 '영'을 울렸습니다. 그의 '육체적 혼'은 '유한'했지만, 그의 '가르침'(영)은 '무한'하게 '복제'되어 '세대를 넘는 지혜'가 되었습니다.

### 5) 죽음이 가르치는 '오늘'의 의미

'죽음'은 '오늘'(혼)을 '어떻게'(영) 살아야 하는지 가르칩니다. 당신에게 '1년'(유한한 혼)의 시간만 남았다면, 당신은 '오늘' 무엇을 '중단'(내려놓음)하고, 무엇에 '집중'(영의 본질)하겠습니까? '죽음'이라는 '스승'은, 당신의 '영'이 '가짜 혼'들로부터 '자유'로워지도록 돕는 '마지막 알람'입니다.

## 2. 영혼 이중나선 모델 분석 프레임: 비전 구축을 위한 재해석

### 1) 이중 나선 모델의 필요성

삶이 유한하다는 사실은 우리가 붙잡고 있던 가짜 혼(타인의 인정, 불필요한 경쟁, 의미 없는 관계)을 내려놓게 만듭니다. 죽음이라는 절대적 유한성을 직면하는 순간, 인간은 "나는 무엇을 남길 것인가?"라는 질문을 본능적으로 던지게 됩니다. 이 질문은 불필요한 활동을 제거하고, 비즈니스의 방향을 '본질 중심-영 중심'으로 재정렬하는 출발점이 됩니다.

### 2) 영(비전) 기반 네트워크 구축 전략

유한성이 주는 통찰은 단기 이익, 습관적 모임, 브랜드 소비를 위한 관계 등 비전을 흐트러뜨리는 '엔트로피'를 제거하게 합니다. 비전이 명확한 사람에게는 가치와 철학이 같은 사람들이 모이게 되며, 이때 관계는 단순한 만남을 넘어 '비전 협력 구조'로 진화합니다. 비전이 선명해지면 만날 사람, 만들 공간, 확장할 자산이 자동으로 필터링되어 결정됩니다.

### 3) 영혼 이중나선 모델의 실천 원리

영이 비즈니스의 근본적인 방향을 제시합니다. 혼은 제시된 방향을 구체적인 형태로 실행합니다. 영이 명확해질수록 혼의 실행은 낭비가 줄어들고, 혼의 실행을 통해 영은 세대로 전달되는 영속성을 확보합니다.

### 4) 피드백 루프와 영·혼의 동시 상승

"무엇을 남길 것인가?"라는 질문이 가치를 정제하고 비전을 더욱 선명하게 만듭니다. 비전과 맞는 사람, 공간, 사업 모델만 남도록 시간과 자산을 재배치합니다. 콘텐츠와 시스템이 영을 외부로 확장하며 무한 복제 루프를 형성합니다. 비전이 확장될수록 더 큰 파트너십과 기회가 모여 기업가는 '비전 플라이휠'을 갖게 됩니다.

### 5) 성공을 위한 5단계 실천 해법

- '1년만 남았다면'이라는 가정하에 중단할 일, 집중할 가치, 만나야 할 사람을 정해 영의 우선순위를 확립합니다.
- 가짜 혼 제거: 의미 없는 모임과 에너지 소모적 관계를 제거하여 비전 중심의 환경을 조성합니다.
- 영을 담는 구조 구축: 영상·스토리(콘텐츠), 브랜드 체험 공간(공간), 플랫폼·커뮤니티(자산)를 통해 영을 세상에 복제합니다.
- 비전 협력 시스템 승화: 네트워킹을 영을 함께 확장할 사람들을 찾는 과정으로 정의하여 사업을 성장시킵니다.
- 죽음을 나침반으로 설정: 죽음을 인식함으로써 두려움과 집착을 버리고, 영원히 복제되는 비전을 남기는 사업가로 진화합니다.

**최종 메시지**

"자산(혼)은 소모되지만, 철학(영)은 복제됩니다. 눈에 보이는 시스템을 넘어 변하지 않는 가치를 네트워크에 심으십시오. 철학이 씨앗이 될 때, 당신의 비즈니스는 세대를 넘어 영원히 재생산되는 생명력을 얻습니다."

## 16.2 세대를 넘는 지혜: 나는 어떤 씨앗을 심고 있는가?

우리가 남기는 유산은 우리 세대에서 끝나지 않습니다. 진정한 유산은 우리가 죽은 뒤에도 계속해서 자라나, 다음 세대, 그리고 그다음 세대에까지 그늘을 드리우고 열매를 맺게 하는 '살아 있는 시스템'입니다. 이것은 한 세대의 짧은 크로노스적 시간을 넘어, 영원한 카이로스의 시간 속으로 우리의 존재를 확장시키는 가장 위대한 방법입니다.

"훌륭한 사회는 노인이 자신이 결코 그늘에 앉아 쉴 수 없다는 것을 알면서도 나무를 심을 때 만들어진다"는 그리스 속담이 있습니다. 이 '나무를 심는 노인'의 모습이야말로, 자신의 유산을 다음 세대로 연결하려는 '세대적 사유(Generational Thinking)'의 본질을 가장 잘 보여줍니다. 그는 당장의 이익이나 자신을 위한 보상을 위해 나무를 심는 것이 아닙니다. 그는 아직 태어나지 않은 미래의 누군가를 위해, 이름도 얼굴도 모를 후손들을 위해 기꺼이 자신의 시간과 노력을 바칩니다. 이것이야말로 '성공을 넘어 사명으로' 나아간 삶의 가장 숭고한 표현입니다.

우리의 영혼 이중나선은 다음 세대에게 물려줄 수 있는 두 종류의 씨앗을 품고 있습니다.

우리의 '영(靈)'은 '지혜의 씨앗'입니다. 우리가 평생에 걸쳐 깨달은 삶의 원칙, 가치, 철학, 실패로부터 얻은 교훈들이 여기에 해당합니다.

우리의 '혼(魂)'은 '기회의 씨앗'입니다. 우리가 만들어 낸 지식, 기술, 제도, 시스템, 그리고 우리가 쌓아 올린 부와 자산들이 여기에 해당합니다.

하지만 우리는 때로 다음 세대에게 긍정적인 씨앗 대신, '독이 든 씨앗'을 물려주기도 합니다. 우리의 해결되지 않은 심리적 상처나 편견('병든 영')은, '가정의 대물림'이라는 형태로 자녀들에게 전달될 수 있습니다. 우리의 단기적인 이익을 위한 무분별한 소비('이기적인 혼')는, 다음 세대가 살아갈 환경을 파괴할 수 있습니다.

'세대적 사유'는 우리의 모든 선택을 새로운 관점에서 재조명하게 합니다. "지금

나의 이 행동은, 7대 후손의 눈으로 보았을 때 과연 지혜롭고 책임감 있는 선택인가?" 아메리카 원주민 이로쿼이 연맹의 '7세대 원칙'은 우리에게 바로 이 질문을 던집니다. 유산을 남기는 것은 거창한 일이 아닙니다. 당신의 실패담을 솔직하게 다음 세대와 나누는 것, 당신이 가진 지식과 노하우를 아낌없이 후배들에게 전수하는 것, 당신이 먼저 용서하고 화해하여 증오의 대물림을 끊어내는 것, 이 모든 것이 바로 다음 세대를 위한 씨앗을 심는 것입니다.

> **핵심 투자 명언**
> 미래 세대 번영을 위한 장기적 관점으로 씨앗을 심어라.
>
> - **세대적 사유**: 나의 행동이 현재를 넘어 미래 세대에 미칠 영향을 고려하는 장기적인 관점.
> - **두 종류의 씨앗**: 우리는 다음 세대에게 삶의 원칙과 가치('지혜의 씨앗/영')와, 그들의 성장을 도울 자원과 시스템('기회의 씨앗/혼')을 물려준다.
> - **나무를 심는 노인**: 진정한 유산은 내가 직접적인 이득을 보지 못하더라도, 미래 세대의 번영을 위해 기꺼이 씨앗을 심는 이타적인 행동을 통해 만들어진다.

## 영혼 이중나선 모델의 적용: '혼(자산)'이 아닌 '영(철학)'을 상속한 가문

'세대를 넘는 지혜'는 '돈'이나 '자산'('혼')을 '물려주는' 것이 아닙니다. 그것은 '왜 이 일을 하는가?'('영'의 Why)와 '어떻게 이 일을 하는가?'('영'의 철학)라는 '씨앗'('영')을 '다음 세대'('혼'의 계승자)에게 '심는' 것입니다.

## 실천 사례 연구 1: 6대를 이어온 에르메스(Hermès)의 '장인정신'('영')

### 1. 자산은 사라져도 철학은 남는다: 에르메스의 세대를 넘는 장인정신

## 1) 가치 전수의 본질

당신은 단순히 '자산(혼)'을 물려주는가, 아니면 '철학(영)'을 심는가? 세대를 넘는 지혜는 눈에 보이는 '자산(혼)'이 아니라, 당신의 뿌리 깊은 '가치관(영)'입니다. 당신이 '어떻게(혼)' 돈을 벌었는지가 아니라, '왜(영)' 그 일을 했는지를 다음 세대(혼)에게 심어야 합니다. 이때 당신의 '씨앗(영)'은 세대(혼의 시간)를 넘어 영원히 '복제'되고 전승될 것입니다.

## 2) 에르메스(Hermès)의 6대 장인정신

에르메스는 '혼(시대와 제품)'는 변해도 '영(본질과 철학)'는 변하지 않는다는 원칙을 증명합니다.

① '영'의 씨앗(제1대): 1837년, 티에리 에르메스는 '마구 용품(혼)'을 만드는 공방을 열었습니다. 그의 '영'은 '타협하지 않는 최고 품질(장인정신)'이었습니다. 그는 눈에 보이지 않는 안감 바느질(혼)까지 완벽하게 처리하며 '영'을 실천했습니다.

② '영'의 적응(제2~4대): 시대의 흐름에 따라 '자동차(새로운 혼)'가 '마차(과거의 혼)'를 대체했습니다. 만약 에르메스가 '마구(혼)'라는 품목에만 집착했다면 몰락했을 것입니다. 하지만 후계자들은 '마구'를 내려놓고, '장인정신(영)'이라는 씨앗을 '가방'과 '스카프'(새로운 혼)에 다시 심었습니다. 제품은 변했지만, 철학은 계승된 것입니다.

③ '영'의 수호(제5~6대): 1990년대, 거대 자본인 LVMH(거대 혼)가 에르메스를 적대적으로 인수(혼의 공격)하려 했습니다.

  - 혼의 논리: "주식을 팔아 막대한 돈(혼)을 버는 것이 이득이다."
  - 영의 논리: "LVMH의 대량 생산(혼)은 에르메스의 장인정신(영)을 파괴한다."

6대손 악셀 뒤마를 포함한 가문(영의 수호자)은 돈(혼) 대신 철학(영)을 지키기 위해 지주회사라는 방어막을 세워 경영권을 수호했습니다.

### 3) '영'이 '혼(시간)'을 이기다

에르메스는 '빠른 돈(혼)'을 버리고, 가방 하나를 만드는 데 수십 시간을 들이는 '느림(영)'을 선택했습니다. 이러한 '세대를 넘는 영(지혜)'이, 다른 브랜드(혼)가 감히 복제할 수 없는 궁극의 가치(혼)를 만들어냈습니다.

## 2. 영혼 이중나선 모델 분석 프레임: 철학을 심는 네트워크의 힘

### 1) 이중 나선 모델의 필요성

많은 사업가는 자산(혼)을 남기면 성공했다고 믿지만, 세대와 시장은 빠르게 바뀌며 공간·상품·직원·관계는 모두 시간(혼)에 의해 소모됩니다. 반면, 기업의 철학(영)은 소모되지 않고 형태를 바꾸며 반복적으로 복제됩니다. 철학은 네트워크 안에서 새로운 혼(사업·파트너·공간·자산)을 계속 탄생시킵니다. 에르메스가 6대 동안 흔들리지 않고, 작은 인쇄소의 '진심 경영'이 한 광고인의 인생을 바꾼 이유는 결국 철학의 힘에 있습니다. 우리는 무엇을 남기려 하는가? 자산인가, 철학인가?

### 2) 영(비전) 기반 네트워크 구축 전략

① Why 중심 설계: "우리는 왜 이 사업을 하는가?"라는 영의 선언이 네트워크의 중심축이 되어야 합니다. 같은 제품을 파는 사람이 아니라, 같은 비전과 철학을 믿는 사람들이 모이기 때문입니다.

② 씨앗의 이식: 에르메스가 '마구(혼)'를 버리고 '가방·스카프(새로운 혼)'로 확장했듯, 비전이 명확하면 사업 모델과 자산 구조는 자유롭게 진화할 수 있습니다.

③ 스토리 기반 확장: 철학은 지시가 아니라 이야기로 퍼져야 합니다. 창업자의 철학을 공유할 때, 구성원은 단순한 판매자가 아니라 철학의 계승자가 됩니다.

## 3) 영혼 이중나선 모델의 실천 원리

① 중심축 세우기: 시장 변화와 경쟁은 모두 '혼의 흐름'입니다. 혼이 흔들릴 때 영(철학)이 사업가의 중심을 지켜 주며, 에르메스는 이 장인정신으로 외부 자본의 공격을 이겨냈습니다.

② 현실화하는 구조물: 철학은 실제 행동과 서비스, 공간 등에서 실체(혼)로 드러나야 합니다. 철학이 없는 실행은 무의미하고, 실행 없는 철학은 공허할 뿐입니다.

③ 계승과 확장: 아버지의 "진심을 새긴다"는 철학이 아들의 새로운 브랜드 전략으로 부활하듯, 철학이 세대를 넘어 새로운 형태로 다시 피어납니다. 영은 씨앗이고, 혼은 그 씨앗이 자라는 토양입니다.


## 4) 피드백 루프와 영혼의 동시 상승

지속적으로 성장하는 네트워크는 영(Why) → 혼(How) → 결과(What) → 영 재점검의 순환 구조를 갖습니다.


① 영의 선언: "이 사업의 존재 이유는 무엇인가?"를 정의하여 구성원 행동의 기준을 만듭니다.

② 혼의 시스템화: 철학 체크리스트와 매뉴얼 등 영이 매일 반복되도록 만드는 장치를 구축합니다.

③ 이야기 공유: 구성원들이 각자의 경험 속에서 철학을 재해석하면, 네트워크 전체가 하나의 영적 브랜딩을 갖게 됩니다.

④ 결과 측정: 실적과 성장 지표를 분석해 "이것이 우리의 영에 맞는가?"를 재검증하며 영과 혼이 함께 상승합니다.

## 5) 성공을 위한 실천 해법

- 당신이 남길 최종 유산은 자산이 아니라 방향(철학)입니다. 자산은 소모되지만 철학은 확장되며, 모든 조직은 철학을 중심으로 재생산됩니다.
- 네트워킹은 '사람 모으기'가 아니라 '가치 심기'입니다. 철학 기반 네트워크는 각 구성원의 혼을 성장시키는 생명력 있는 구조가 됩니다.
- 오늘의 행동은 누군가의 내일을 바꾸는 씨앗입니다. 장인의 바느질과 기업가의 선택이 다음 세대의 혼 속에서 새로운 영으로 자라납니다.

혼을 남기지 말고 영을 심으십시오. 그대 비즈니스의 성공은 세대를 넘어섭니다.

---

**최종 메시지**

자산(혼)은 시간에 의해 소모되지만, 철학(영)은 네트워크를 통해 무한히 복제되고 진화합니다. 비즈니스의 본질은 단순히 부를 남기는 것이 아니라, 세대를 관통하는 가치의 씨앗을 심는 것입니다. "혼(자산)을 남기려 하지 말고, 영(철학)을 심으십시오." 철학이 중심축이 될 때, 당신의 사업은 시대를 넘어 생명력을 가진 거대한 네트워크로 완성됩니다.

## 16.3 다음 이중나선에게: 당신의 이야기는 어떻게 복제되는가?

우리의 여정은 이제 거의 끝에 다다랐습니다. 당신은 당신의 삶을 하나의 위대한 예술 작품으로 완성했고, 세상에 아름다운 파동을 남겼으며, 다음 세대를 위한 씨앗을 심고, 마침내 죽음 앞에서 당신의 유산을 완성했습니다. 그렇다면, 여기서 모든 것이 끝나는 것일까요?

아닙니다. 영혼 이중나선 모델이 우리에게 보여 주는 마지막 비전은, 당신의 이야기가 '단 하나의 작품'으로 끝나는 것이 아니라, 또 다른 누군가의 가슴속에서 '새로운 이중나선'으로 복제되고 진화하며 영원히 살아남는 것입니다.

생명의 본질은 '자기복제(Self-replication)'에 있습니다. DNA 이중나선이 자신의 정보를 복제하여 다음 세대로 전달함으로써 생명이 영속하는 것처럼, 당신의 '영혼 이중나선' 또한 그 안에 담긴 정보(가치, 지혜, 이야기)를 다른 사람에게 전달하고, 그 사람이 또 다른 이중나선을 만들어가도록 영감을 줌으로써 불멸을 얻게 됩니다.

당신의 유산은 박물관에 박제된 유물이 아닙니다. 그것은 살아 있는 '밈(Meme)'입니다. 밈이란 리처드 도킨스가 제안한 개념으로, 유전자(Gene)처럼 사람들의 뇌와 뇌 사이를 건너 다니며 복제되고 변형되는 문화적 정보 단위를 의미합니다. "자유", "평등", "사랑"과 같은 위대한 사상들이나, 우리가 감동적으로 읽은 이야기, 우리를 변화시킨 스승의 가르침이 모두 밈에 해당합니다.

당신이 당신의 삶을 통해 온전히 살아낸 '영혼 이중나선' 그 자체가 바로 다음 세대에게 전달될 가장 강력하고 압축적인 '밈'입니다.

당신이 위기 속에서도 당신의 가치('영')를 지켜낸 이야기는, 다른 사람에게 용기의 밈을 심어줍니다.

당신이 수많은 실패('혼')를 딛고 결국 사명을 이루어 낸 과정은, 다른 사람에게 희망과 회복탄력성의 밈을 전달합니다.

당신이 기꺼이 자신을 내려놓고 다음 세대를 위해 헌신한 모습은, 다른 사람에게 이타심과 사랑의 밈을 복제시킵니다.

이 '밈의 복제'는 결코 일방적인 주입으로 일어나지 않습니다. 그것은 깊은 '공명'을 통해서만 가능합니다. 당신의 삶의 이야기가 다른 사람의 내면에 잠들어 있던 '영'의 씨앗을 건드릴 때, 그는 당신의 이야기에서 자신만의 의미를 발견하고, 당신의 밈을 자신만의 방식으로 재해석하여 '자신만의 이중나선'을 엮어가기 시작합니다. 당신의 유산의 진정한 성공은, 당신의 이야기가 얼마나 많은 '다음 이중나선'을 탄생시켰는가에 의해 측정될 것입니다.

### 소크라테스의 불멸: 밈의 복제를 통해 영원히 살다

고대 그리스의 철학자 소크라테스는 단 한 권의 책도 남기지 않았다. 하지만 그의 영혼, 즉 그의 '밈'은 2,500년이 지난 오늘날까지도 인류의 정신에 지대한 영향을 미치고 있다. 어떻게 가능했을까? 바로 그의 제자 플라톤이라는 위대한 '복제자'가 있었기 때문이다.

소크라테스는 아테네의 광장을 거닐며 젊은이들에게 끊임없이 질문을 던졌다. "정의란 무엇인가?", "아름다움이란 무엇인가?" 그는 정답을 가르쳐 주지 않았다. 대신, 대화를 통해 상대방이 스스로 무지를 깨닫고 진리를 찾아가도록('산파술') 도왔다.

그의 질문과 삶의 태도라는 강력한 '밈'은 플라톤의 영혼에 깊이 각인되었다. 플라톤은 스승의 사상을 자신의 언어('혼')로 재창조하여 수많은 '대화편'을 저술했고, 이를 통해 소크라테스의 밈을 다음 세대로 전달했다. 그리고 플라톤의 밈은 다시 그의 제자 아리스토텔레스에게 복제되었고, 이 위대한 지혜의 이중나선은 서양 철학 전체의 DNA가 되었다. 소크라테스는 독배를 마시고 죽었지만, 그의 밈은 제자들의 영혼 속에서 영원한 생명을 얻었다.

'미래'는 '선택'이며(15장), 그 '선택'('영')은 '이야기'('혼')가 되어 '복제'됩니다. '다음 이중나선에게' 유산을 남긴다는 것은, '나'('영')의 '삶의 방식'('영혼')이 '타인'('새로운 영')의 '삶의 방식'('새로운 영혼')으로 '복제'되는 '시스템'('혼')을 만드는 것입니다.

**실천 사례 연구 1: 피터 드러커(Peter Drucker) - '경영학의 아버지'**

피터 드러커는 '경영학'('혼'의 시스템)을 '발명'함으로써, 자신의 '영'('철학')을 '전 세계 CEO'('새로운 영')들에게 '복제'시켰습니다.


## 1. 경영은 사람을 위한 학문이다: 드러커의 영혼의 유산

### 1) '영'의 재정의: 경영은 선택이자 학문이다

드러커 이전의 '경영(Management)'은 단순한 경험('혼')일 뿐, 체계적인 학문('영')가 아니었습니다. 드러커는 "경영은 예술('혼')이 아니라, 배울 수 있는 체계적인 학문('영/혼의 시스템')이다"라고 정의하며 '영(선택)'의 관점을 바꾸었습니다. 그는 경영을 인간을 위한 '영(철학)'로 재정의하였으며, 경영의 목적은 사람('영')을 생산적('혼')이게 만드는 것에 있음을 명시했습니다.


### 2) '영'을 '혼(시스템)'으로 복제하는 방법

그는 자신의 '영(철학)'를 미래의 경영자(다음 이중나선)에게 '복제'시키기 위해, '글('혼')'라는 시스템을 도구로 사용했습니다. 자기경영노트와 같은 그의 저서들은 단순한 '이야기('영')'를 넘어, 독자('새로운 영')가 스스로 '선택('영')'하고 '실천('혼')'할 수 있게 돕는 운영체제(OS)가 되었습니다. '지식 노동자' 등 그가 발명한 개념('혼')들은 그의 '영(철학)'를 전 세계로 퍼뜨리는 강력한 '밈(Meme)'가 되어 복제되었습니다.

### 3) 한 사람의 '영'이 수백만의 '새로운 영'을 낳다

빌 게이츠(MS), 앤디 그로브(인텔) 등 수많은 다음 세대의 리더들이 드러커의 '이야기(영혼 시스템)'를 '복제'하여 자신만의 '영혼(기업)'를 창조했습니다. 피터 드러커 개인의 삶('혼')는 끝났지만, 그의 '이야기(영혼 시스템)'는 '경영학'라는 이중나선이 되어 현재까지도 무한히 복제되고 있습니다.

### 4) 당신의 '이야기'는 '복제'될 준비가 되었는가?

미래는 결국 선택의 문제입니다. 당신의 삶('영혼')는 당신의 대에서 끝나는 단막극('혼')가 될 수도 있고, 다음 세대가 따라 할 수 있는 '운영체제(영혼 시스템)'가 될 수도 있습니다.

'유산 선언문'은 당신의 '영'를 복제 가능한 '이야기('혼')'로 번역하는 가장 중요한 선택입니다. 당신의 '이중나선'은 다음 세대에게 '무엇'을 복제해 주겠습니까?

## 2. 영혼 이중나선 모델: 비즈니스 및 네트워킹 확장 전략

### 1) 이중 나선 모델의 필요성

대부분의 사업가가 네트워킹에서 실패하는 이유는 '사람을 만나는 기술(혼)'은 있지만, 그 밑바탕이 되는 '비전을 공유하는 철학(영)'이 없기 때문입니다. 네트워크는 단순히 만나는 사람의 숫자가 아니라, 서로의 영(철학)으로 연결될 때 비로소 확장됩니다. 확장된 네트워크는 다시 혼(시스템)을 성장시키는 힘이 되며, 이러한 선순환 구조가 비즈니스의 지속성을 확보합니다.

### 2) 기반 네트워크 구축 전략

"비전 없는 관계는 금방 끊어지지만, 영 기반 관계는 시간이 흐를수록 자산이 된다."

① 나의 영(Why)을 한 문장으로 선언하십시오. 이 선언문이 네트워크의 중심축

이 됩니다. (예: "나는 공간을 통해 사람의 성장을 돕는 생태계를 만든다.")

② 나의 이야기(혼)를 나누어 '복제 가능한 가치'로 만드십시오. 블로그, 매뉴얼, 교육 등 타인이 즉시 활용할 수 있는 형태로 변환해야 합니다.

③ 네트워크를 '사람'이 아니라 '철학' 중심으로 설계하십시오. 나의 영을 배우고 실천하는 사람이 늘어날수록 비전 네트워크는 기하급수적으로 확장됩니다.

### 3) 영혼 이중나선 모델의 실천 원리

① 영이 먼저 방향을 제공합니다. 모든 전략과 기준은 "내가 무엇을 위해 존재하는가?"라는 질문에서 출발합니다.

② 혼이 그 철학을 실천 가능한 구조로 변환합니다. 콘텐츠, 브랜드 스토리, 운영 모델 등이 시스템이 되어 '복제'를 가능하게 합니다.

③ 나의 영혼 구조가 타인의 영혼 구조로 재탄생해야 합니다. 정답을 강요하는 것이 아니라, 타인이 자신의 방식대로 실행할 수 있는 'OS(운영체제)'를 전달할 때 비전은 지속됩니다.

### 4) 피드백 루프와 영혼의 동시 상승(3단계 프로세스)

① 단계 1: 타인이 나의 시스템을 적용하여 실질적인 결과를 생산합니다.

② 단계 2: 그 결과가 다시 나에게 돌아와 나의 영(철학)을 더욱 명확하게 만듭니다.

③ 단계 3: 더 명확해진 영은 혼(시스템)을 한 단계 더 진화시킵니다.

결과적으로, 사업가는 더 이상 "사람을 찾아다니는 존재"가 아니라, 사람들이 스스로 찾아오는 네트워크의 중심축이 됩니다.

### 5) 성공을 위한 최종 실천 해법

- 영 설정: 나를 대표하는 한 문장 철학을 확고히 선언하십시오.

- 혼 설계: 철학을 실행 가능한 도구(매뉴얼, 교육, OS)로 구체화하여 만드십시오.
- 복제 실행: 타인이 그대로 따라 할 수 있도록 사례를 공유하고 파트너 생태계를 구축하십시오.



## 16.4 [워크시트] 나의 삶, 나의 울림: 유산 선언문 작성하기

'삶과 영혼의 이중나선'의 마지막 페이지에 오신 것을 진심으로 축하하고 환영합니다. 우리는 길고 깊은 여정을 함께 걸어왔습니다. 이제 당신의 손에는 당신의 삶을 이해하고, 설계하고, 완성하는 데 필요한 모든 지도와 도구가 쥐어져 있습니다. 이 모든 배움의 마침표를 찍는 마지막 의식으로, 당신의 삶 전체를 관통하는 궁극의 선언문, '유산 선언문(Legacy Statement)'을 작성해 보고자 합니다.

제4장에서 작성했던 '영 선언문'이 '어떻게 살 것인가?'에 대한 당신의 내면적인 약속이었다면, 이 '유산 선언문'은 '무엇을 남길 것인가?'에 대한 당신의 세상과의 약속입니다. 이것은 당신의 삶이 만들어낼 '궁극의 파동'에 대한 청사진이며, 당신의 이름 뒤에 영원히 남을 당신 존재의 증명서입니다.

아래의 질문들에 답하며, 당신의 영혼 가장 깊은 곳에서 울려 나오는 목소리를 들어 보십시오. 이것은 과제가 아니라, 당신의 삶 전체를 축복하고 완성하는 신성한 기도와 같습니다.

## 1. 나의 삶을 통해, 나는 세상 사람들이 __________ 하기를 바란다.

(당신의 존재로 인해, 다른 사람들의 삶이나 세상이 어떻게 변화하기를 바라나요? 당신이 세상에 남기고 싶은 궁극적인 '영향력'을 한 문장으로 정의해 보십시오.)

**예시**: 나의 삶을 통해, 나는 세상 사람들이 자신의 고유한 가치를 발견하고, 두려움 없이 자신만의 이야기를 써 내려가기를 바란다.

__________________________________________________________________

__________________________________________________________________

__________________________________________________________________

## 2. 나는 다음과 같은 __________ (으)로 기억되고 싶다.

(당신을 가장 잘 표현하는 핵심 단어나 수식어는 무엇인가요? 사람들이 당신을 떠올릴 때, 어떤 이미지나 가치를 함께 떠올리기를 바라나요? 3~5개의 키워드로 당신의 '정체성 유산'을 정의해 보십시오.)

**예시**: 나는 '따뜻한 용기를 주는 사람', '끊임없이 배우고 성장하는 탐험가', '사람과 사람을 연결하는 다리'로 기억되고 싶다.

__________________________________________________________________

__________________________________________________________________

__________________________________________________________________

**3. 나의 유산을 위해, 나는 다음과 같이 살아갈 것을 약속한다.**

(위에서 정의한 유산을 실현하기 위해, 당신의 남은 생 동안 매일의 삶에서 어떤 원칙과 태도를 지키며 살아갈 것인지 구체적인 '행동 약속'을 3가지 이상 작성해 보십시오.)

**예시**: 결과보다 과정에 충실하며, 모든 실패를 배움의 기회로 삼을 것을 약속한다.

나의 성공에 안주하지 않고, 다음 세대가 나를 뛰어넘을 수 있도록 아낌없이 지지하고 가르칠 것을 약속한다.

매 순간 사랑과 감사의 파동을 세상에 보내는 것을 잊지 않을 것을 약속한다.

_________________________________________________

_________________________________________________

_________________________________________________

**4. 나의 이야기가 다음 이중나선에게 전하는 마지막 메시지:**

(만약 당신의 삶 전체를 하나의 이야기로 요약하여, 미래의 누군가에게 단 하나의 메시지만을 남길 수 있다면, 그것은 무엇일까요?)

**예시**: 당신 안에 이미 모든 답이 있습니다. 세상의 소음에 귀 막고, 당신 영혼의 속삭임을 따르십시오. 당신의 삶이 곧 길이 될 것입니다.

_________________________________________________

_________________________________________________

_________________________________________________

이 선언문을 완성한 당신에게 깊은 경의를 표합니다. 당신은 이제 당신의 유한한 삶을 통해 영원한 가치를 창조하는 비밀을 알게 되었습니다. 이제 책을 덮고, 당신의 삶이라는 새로운 책을 펼치십시오.


## 16.5 영혼의 자산 설계


### 1. 제16장 핵심 개념 요약

| 절(Section) | 핵심 개념(Core Concept) | 성장 전략(Growth Strategy) |
| --- | --- | --- |
| 죽음이라는 스승 | **메멘토 모리**: 죽음의 유한성을 인식함으로써, 삶의 본질('영')에 집중하고 매 순간을 소중히 살아가는 것. | '오늘이 마지막 날이라면?'이라고 질문하며 삶의 우선순위를 점검하고, 사소한 두려움에서 벗어나 용기 있는 선택을 한다. |
| 세대를 넘는 지혜 | **세대적 사유**: 나의 행동이 미래 세대에 미칠 영향을 고려하고, 그들을 위해 '지혜의 씨앗(영)'과 '기회의 씨앗(혼)'을 심는 것. | '7세대 원칙'의 관점에서 나의 선택을 성찰하고, 다음 세대를 위한 긍정적 유산을 남기기 위한 구체적인 기여 방안을 모색한다. |
| 다음 이중나선에게 | **밈(Meme) 복제**: 나의 삶의 이야기를 다음 세대에게 영감을 주는 '밈'으로 만들어, 그들만의 새로운 이중나선으로 복제/진화시키는 것. | 자신의 삶을 하나의 강력한 '이야기'로 벼리고, 정답을 가르치는 대신 공명을 통해 다음 세대의 '영'을 깨우는 데 집중한다. |


### 2. 설계지침(실천방안)

본 장의 내용을 삶에 효과적으로 적용하기 위해 다음의 세 가지 지침을 따를 것을 제안한다.


① 당신의 '부고 기사'를 직접 작성해 보라.

당신이 100세에 세상을 떠났다고 상상하고, 유력 일간지에 실릴 당신의 부고 기사를 직접 작성해 보라. 당신은 어떤 사람으로 소개되고, 당신이 남긴 가장 큰 업적과 영향력은 무엇으로 평가받고 있는가? 이 글쓰기는 당신이 남기고 싶은 유산을 가장 명확하게 구체화하고, 남은 삶의 방향을 설정하는 강력한 경험이 될 것이다.

② '세대적 선물'을 계획하고 실행하라.

다음 세대(당신의 자녀, 후배, 혹은 사회 전체)에게 당신이 물려주고 싶은 '지혜의 씨앗'과 '기회의 씨앗'을 각각 하나씩 정하고, 그것을 전달하기 위한 구체적인 계획을 세워라. 예를 들어, '실패를 두려워하지 않는 용기(지혜)'를 물려주기 위해 당신의 실패담을 진솔하게 공유하는 자리를 만들거나, '경제적 자립 능력(기회)'을 길러 주기 위해 자녀와 함께 투자 공부를 시작하는 것 등이 될 수 있다.

③ 당신만의 '핵심 밈'을 정의하고 공유하라.

만약 당신의 삶 전체를 단 하나의 단어나 문장으로 압축해야 한다면, 그 '핵심 밈'은 무엇인가?(예: "그럼에도 불구하고", "연결은 힘이다", "호기심이 길이다") 그 밈을 당신의 좌우명으로 삼고, 당신의 말과 글, 행동을 통해 의식적으로 세상과 공유하라. 당신의 밈이 누군가의 마음에 가 닿아 새로운 영감의 씨앗이 되는 순간을 상상해 보라.

# 제17장

# 연구논문 모델 개발

영혼이중나선모델(SDHM)을 통한 도시공간 가치 확산 메커니즘 실증 연구
– 성수동 사례를 중심으로 한 '영혼이 만드는 공간자산'의 가치 증폭 및 불평등 개
선 효과 분석 –

**국문요약**

본 연구는 물리적 자산 중심의 도시 개발 패러다임을 극복하고자, 인간의 정신
적 가치와 장인정신이 결합된 '영혼이중나선모델(SDHM)'을 제안하고 성수동 수
제화 거리 사례를 통해 그 유효성을 실증적으로 규명하였다. 연구 결과, SDHM 적
용 시 자산 불평등 지수(SAI)가 기존 대비 62.2% 개선되었으며, 물리적 중심지에서
1,200m 이격된 외곽 지역에서도 가치 도달 지수가 74.2%를 유지하는 등 약 4.1배
향상된 가치 확산력을 확인하였다. 이는 영혼 공명 각도($\cos\theta$) 활성화를 통한 거리
감쇄 극복이 특정 거점의 성과를 도시 전체의 정의로운 가치 배분으로 연결하는 핵
심 기제임을 입증한다. 학술적으로 본 연구는 무형의 영혼 에너지를 수리적 알고리
즘으로 정량화하여 '무형 가치의 유형 자산화' 경로를 개척하고 데이터 인문주의를
정립했다는 독창성을 지닌다. 정책적으로는 부동산 공시지가 위주의 단편적 지표
에서 벗어나 '영혼 활성화 지수(SAI)'와 같은 입체적 지표 도입을 제안하며, ESG 경
영 및 디지털 전환(DX) 기반의 영속적 공간 자산 창출 방안을 제시한다. 향후 하이

브리드 도시 설계의 새로운 글로벌 표준을 제시하였다.

## 17.1 서론

21세기 현대 도시 공간은 자본 중심의 개발 논리에 힘입어 비약적인 물리적 성장을 이룩하였으나, 그 이면에는 심각한 공간자산 불평등과 장소 정체성의 상실이라는 구조적 모순을 내재하고 있다. 그간 도시 재생(Urban Regeneration)이라는 명목하에 진행된 대다수의 프로젝트는 노후화된 물리적 환경을 개선하거나 상업 시설을 유치하는 하드웨어 중심의 접근에 치중해 왔다. 그러나 이러한 방식은 오히려 지가 상승을 유발하여 지역의 고유한 문화를 일구어 낸 원주민과 지역 장인들을 외곽으로 내모는 젠트리피케이션을 가속화하는 역설적인 결과를 초래했다.

기존의 선행 연구들은 David Harvey(1973)의 분배적 정의나 Edward Soja(2010)의 공간 정의론에 기반하여 제도적 권리 회복을 통해 이를 해결하고자 노력하였다. 하지만 이러한 논의들은 공간의 진정한 주인인 주민이 지닌 내면적 가치, 역사적 숙련도, 그리고 공동체의 유대감, 즉 '영혼(Soul)의 에너지를 실질적인 자산 가치로 환산하지 못한다는 결정적 한계를 드러냈다.

이에 본 연구는 박운선이 제안한 '영혼이중나선모델(Soul Double Helix Model: SDHM)'을 고찰하여 공간을 단순한 물리적 구조물이 아닌, '물리적 자산(Material Helix)'과 '영적 에너지(Soul Helix)'가 상호 작용하며 공진화하는 유기체로 재정의하고자 한다.

본 연구의 목적은 본 연구자인 수리적 모델을 박운선·권창희(2025)가 연구한 성수동 수제화 거리 사례에 적용하여, '영혼이 만드는 공간자산'이 지역 내 불평등을 어떻게 치유하고 가치를 지속 가능하게 확산시키는지 실증적으로 규명하는 데 있다.

본 연구의 공간적 범위는 이러한 변화가 가장 집약적으로 나타나는 서울시 성동구 수제화 거리 일대로 한정하며, 시간적 범위는 성수동의 자생적 산업 생태계가 디지털 전환과 맞물려 새로운 국면을 맞이한 2023년부터 2025년까지로 설정하였다. 이 시기는 성수동이 단순한 제조 공장 지대에서 벗어나, 장인 정신과 MZ세대의 문화, 그리고 첨단 기술이 융합하며 폭발적인 공간 가치를 창출하기 시작한 시점이다.

본 연구는 이 지역의 물리적 변화와 심리적 변화를 정밀하게 추적하였다.

본 연구는 SDHM 모델 고유 변수인 영혼 지수(S)와 사회적 도플러 공명 효과를 중심으로 분석을 수행하였으며, 구체적인 연구방법은 다음과 같다.

첫째, 영혼이중나선모델(SDHM)의 학술적 정의를 확고히 하고 기존 거장들의 공간 이론과 비교하여 차별성을 고찰한다.

둘째, 무형의 가치를 정량화 하기 위해 박운선의 영혼 공명 수식($S = \Sigma(C_i \cdot R_i)$)과 가치 확산 도플러 공식 등을 핵심 방법론으로 채택하여 수리적 타당성을 검토한다.

셋째, 성수동 수제화 거리를 대상으로 ESG 경영 철학이 결합된 영혼 자산의 변화 데이터를 수집하고, 이를 시뮬레이션하여 정량적 효과를 입증한다.

이러한 시도는 단순히 특정 지역의 재생 사례를 보고하는 차원을 넘어, 최초로 데이터 인문주의(Data Humanism) 기반의 이중나선 체계'를 도시 공학에 성공적으로 이식했다는 점에서 독보적인 학술적 차별성을 가진다.

본 연구에서 제안하는 물질적 자산(Material Helix)과 영적 에너지(Soul Helix)의 결합 메커니즘, 그리고 이를 통한 가치 확산의 전 과정을 도식화한 연구 흐름도는 다음 〈그림 1〉과 같다.

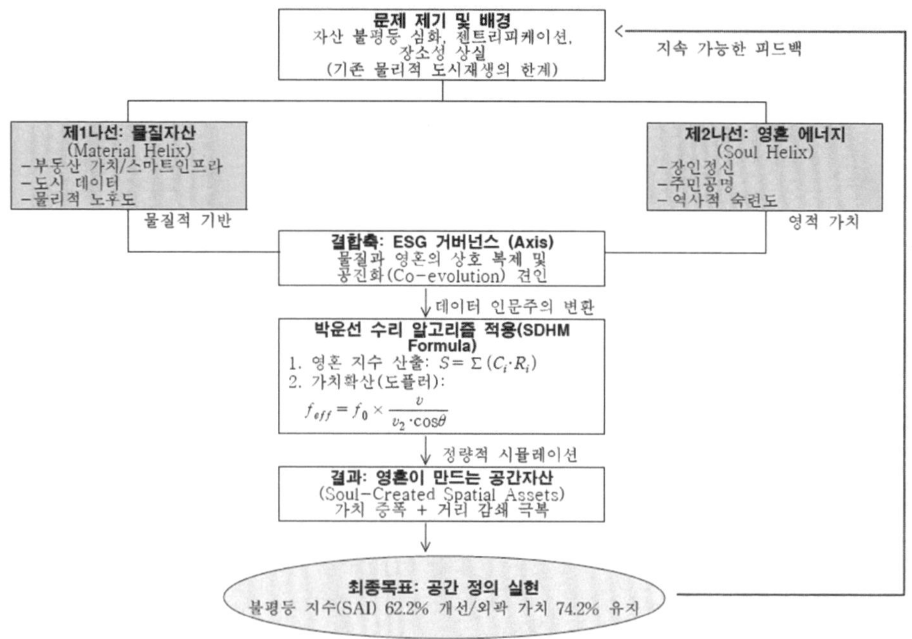

〈그림 1〉 영혼이중나선모델(SDHM) 연구 흐름도

  〈그림 1〉에서 나타나듯, 본 모델은 기존 물리적 도시재생의 한계를 혁신적으로 극복하기 위해 두 나선이 ESG 거버넌스를 축으로 상호 공진화하는 구조를 가진다. 이는 데이터 인문주의적 변환을 거쳐 정교한 수리적 알고리즘(SDHM Formula)으로 정량화되며, 최종적으로 '공간 정의'를 실현하는 지속 가능한 공간자산을 창출하는 것을 핵심 목표로 한다.

  따라서 기존 연구가 데이터를 차가운 통계로만 다루었다면, SDHM은 데이터 속에 인간의 숨결과 역사를 투영하는 새로운 접근법을 시도한다. SDHM의 프레임워크는 크게 세 가지 축으로 구성된다.

  첫째, 물질 나선(Material Helix)은 스마트 인프라, 부동산 가치, 도시 데이터 등 가시적이고 정량적인 자산을 의미한다.

  둘째, 영혼 나선(Soul Helix)은 박운선이 새롭게 정의한 개념으로 장인 정신, 주민

간의 심리적 공명, 역사적 숙련 가치 등 무형의 비가시적 자산을 포괄한다.

셋째, ESG 거버넌스 축은 이 두 나선을 결합하고 증폭시키는 핵심 동력으로 작용하여 지속 가능한 성장을 견인한다. 도시가 이러한 세 요소의 유기적 결합을 통해 단순한 물리적 집합체를 넘어, 스스로 증식하고 치유하는 생명력을 갖게 되는 것이다.

본 연구의 방법론이 학술적으로 수용될 경우, 향후 도시 정책은 단순한 예산 투입과 시설 확충 방식에서 벗어나 획기적인 패러다임의 전환을 맞이하게 될 것이다. 정책 입안자들은 더 이상 도로를 깔고 건물을 짓는 것에만 몰두하지 않고, 주민의 영적 에너지를 측정하고 이를 자산 가치로 환산하는 '영혼 기반 도시 설계'로 패러다임을 전환하게 될 것이다.

또한, 경제적 측면에서도 본 연구는 영혼이 창조하는 공간자산이 지역 공동체의 영속성을 보장하는 가장 강력한 자본임을 입증하는 계기가 될 것이다. 젠트리피케이션(Gentrification)으로 인한 사회적 비용을 줄이고, 지역 고유의 콘텐츠를 디지털 자산으로 전환되어 부가가치를 창출하는 새로운 경제 모델을 제시함으로써, 지속 가능한 도시 성장의 실질적인 해법을 제공할 것으로 기대된다.

## 17.2 이론적 배경 및 선행연구 고찰

### 1. 공간 정의와 자산 불평등에 관한 고전적 담론

도시 공간 내 자산 불평등은 전통적으로 자본주의 체제 하에서의 자본 축적 과정과 그로 인한 소외 메커니즘을 분석하는 데 집중해 왔다. David Harvey(1973)는 자본이 이윤율 저하의 위기를 모면하기 위해 끊임없이 지리적 확장을 꾀하는 '공간적 수정(Spatial Fix)' 과정에서 계급 간 불평등이 도시 공간에 고착화됨을 경고했다. 그는 도시화 과정이 잉여 자본의 흡수 수단으로 전락하면서, 공간의 실질적 사용 가치보다 교환 가치가 우위를 점하게 되는 현상을 비판적으로 고찰하였다.

이어 Edward Soja(2010)는 물리적 공간(제1공간)과 정신적 공간(제2공간)이 결합된 '제3의 공간'을 제창하며 실천적 공간 정의를 강조했다. 그는 공간이 단순한 결과물이 아니라 사회적 관계를 생산하는 과정임을 역설하며, 시민의 공간적 권리를 주장하였다. 하지만 이러한 고전적 논의들은 공간의 불평등을 구조적으로 진단하는 데에는 탁월했으나, 공간의 생명력인 '인간의 영혼'을 구체적인 정량적 자산으로 치환하거나, 이를 도시 설계의 변수로 직접 활용하여 불평등을 해소하는 구체적 방법론을 제시하는 데에는 한계를 보였다.

## 2. 주요 선행연구의 가치 분석 및 본 연구와의 차별성

기존 선행 연구들은 인문학적 담론과 계량적 분석으로 양분되어 발전해 왔다. Richard Florida(2002)는 창조 계층론을 통해 문화와 예술이 도시의 경제적 성장을 견인한다고 주장하였으나, '문화적 가치'를 정량적으로 측정하는 데 있어서는 명확한 기준을 제시하지 못했다. 반면, 도시 계획 분야의 정량적 연구들은 주로 물리적 지표에만 의존하여 인간 중심의 무형의 가치를 간과하는 경향이 있었다.

아래의 〈표 1〉은 이러한 기존 공간 이론의 흐름을 정리하고, 본 연구의 SDHM 모델은 기존 담론이 간과했던 '영혼의 직접적 자산화'를 실현하는 유일한 대안임을 보여 준다. 특히 기존 연구들이 정성적 분석이나 철학적 담론에 그친 것과 달리, 본 모델은 이를 수리적 알고리즘으로 승화시킨 독창성을 가진다. 이는 '데이터 인문주의'를 표방하며, 정성적 가치인 영혼을 정량적 데이터로 변환하여 실증 분석이 가능한 형태로 구조화했다는 점에서 학술적 진일보를 이룬다.

<표 1〉 주요 선행연구의 가치 분석 및 본 연구와의 차별성

| 연구자(연도) | 핵심 이론 | 주요 기여점 | 본 연구(박운선 모델)와의 연결 및 차별성 |
|---|---|---|---|
| David Harvey (1973) | 공간적 수정 | 자본 축적과 불평등 규명 | 자본 논리를 초월한 '영혼 에너지'의 자산화 강조 |

| Edward Soja (2010) | 제3의 공간 | 물리적+정신적 공간의 통합 | '영혼이중나선' 구조를 통한 수리적 결합 모델 및 실증적 지표 제시 |
|---|---|---|---|
| Florida, R. (2002) | 창조 계층론 | 문화 자산의 경제적 가치 | 단순 경제적 가치를 넘어선 장인정신의 직접적 자산가치 산출 |
| 박운선 | 영혼이중나선모델 | 데이터 인문주의 기반 자산화 | 최초로 영혼 지수(S)와 도플러 수식을 정립하여 공간의 가치를 정밀하게 계량화 함. |

주) 1. David Harvey(1973)와 Edward Soja(2010)의 이론은 공간의 물리적·사회적 정의를 다루나, 본 연구는 이를 넘어 인간의 깊은 내면적 가치와 공간의 역동성을 결합함으로써 도시 설계의 새로운 평가 척도를 제안한다.

2. 박운선은 영혼이중나선 모델을 통해 데이터 인문주의 기반의 자산화를 시도하였다. 특히 최초로 영혼 지수(S)와 도플러 수식을 정립하여 추상적이었던 공간가치를 정밀하게 계량화하는 데 성공하였다.

3. 본 연구의 핵심적인 차별성은 주관적이고, 정성적인 가치를 체계적인 수리적 알고리즘으로 통합하여 실질적인 데이터 인문주의를 구현했다는 점에 있다. 이를 통해 단순한 경제가치를 넘어 장인정신이 깃든 직접적 자산가치를 산출해 낸다.

## 3. 영혼이중나선모델(SDHM)의 이론적 정립

박운선은 도시 공간을 단순한 정적 물리체로 보지 않고, DNA 구조와 유사한 진화적 생명체로 규정한다. 생물학적 DNA가 두 개의 나선이 결합하여 유전 정보를 전달하고 생명을 유지하듯, 도시 또한 두 가지 핵심 요소의 결합을 통해 생명력을 유지한다는 것이다. SDHM 내에서 공간은 물리적 자산(Physical Assets)과 주체의 영적 에너지(Spiritual Energy)가 상호 복제하며 공진화하는 이중나선(Double Helix) 체계로 정의된다.

이 모델은 단순히 공간에 문화를 덧입히는 차원을 넘어선다. 이는 '영혼'이라는 정성적 변수가 박운선·권창희(2025) 공간 문화자산 ESG 시스템 모델링 실천 과정에서 ESG(환경, 사회, 지배구조) 거버넌스를 통해 물리적 자산과 결합할 때, 어떻게 물리적 가치가 증폭되고 지속 가능성이 확보되는지를 설명하는 새로운 가치 창출 프레임워크이다. 즉, 물질적 풍요가 영적 빈곤을 낳거나, 영적 가치가 물질적 쇠락을 막지 못했던 기존의 이분법적 한계를 극복하고, 두 가치가 서로를 견인하며 상승하는 선순환 구조를 이론화한 것이다.

## 4. 영혼이중나선모델(SDHM)의 구성 요소 및 메커니즘

박운선 모델의 핵심은 물질과 영혼이 개별적으로 존재하는 것이 아니라, 이중나선 구조를 통해 서로의 가치를 견인한다는 점에 있다. 제1나선인 물질 자산 나선은 부동산 가치, 인프라 등 도시의 외형적 토대를 담당하며, 제2나선인 영혼 에너지 나선은 장소에 깃든 역사와 사람들의 애착 등 내면적 가치를 담당한다.

이 두 나선은 개별적으로는 불안정할수 있으나 ESG 거버넌스라는 결합축을 통해 서로 단단히 묶이게 된다. 이 과정에서 본 연구 모델의 핵심인 '영혼이 만드는 공간 자산'이 형성되며, 이는 물리적 가치 하락(감가상각)을 영적 가치 상승(숙련도, 브랜드화)으로 상쇄하고도 남을 만큼의 강력한 에너지를 창출한다. 이러한 메커니즘은 아래 〈표 2〉와 같이 체계적으로 구조화되어 있으며, 각 요소가 유기적으로 작동할 때 도시의 자생력이 극대화됨을 보여 준다.

<표 2〉 영혼이중나선모델(SDHM)의 구성 요소 및 메커니즘

| 구성 요소 | 학술적 명칭 | 세부 정의 및 역할 |
| --- | --- | --- |
| 제1나선 | 물질 자산 나선 | 부동산, 스마트 인프라, 가시적 경제 지표를 포괄한다. |
| 제2나선 | 영혼 에너지 나선 | 장인 정신, 장소 애착, 역사적 숙련도를 의미한다. |
| 결합축 | ESG 거버넌스 | 물질과 영혼의 공진화를 견인하는 핵심 동력원이다. |
| 확산기제 | 영혼 공명 도플러 | 영혼의 가치가 주변부로 확산되는 파동 원리를 적용한다. |

주) 1. 본 모델에서 물질 자산 나선과 영혼 에너지 나선은 상호 독립적이지 않으며, 이중나선 구조 내에서 ESG 거버넌스를 축으로 동기화되어 회전함.

2. 영혼 에너지 나선의 측정값은 장소 애착도와 역사적 기술 숙련도를 복합 가중치로 환산하여 최종 결정됨.

## 5. 도플러 효과를 통한 가치 전이 이론

최근 도시공학에서 주목하는 도플러 효과는 본래 소리나 빛의 물리적 파동을 설명하는 데 사용되었으나, 박운선은 이를 사회과학적으로 과감하게 확장하여 '영혼 공명 각도(cosθ)'라는 고유 변수를 도입하였다. 물리학에서 파원(Source)의 이동 방향과 관찰자의 위치에 따라 주파수가 변하듯, 도시에서도 가치의 원천과 수용자(주변 지역) 사이의 '심리적 공명 각도'가 가치 전달 효율을 결정하는 것이 이 이론의 핵심이다.

이 이론에 따르면, 중심지의 영적 에너지(장인 정신, 문화적 자부심)가 강력한 공명을 일으킬 경우, 이는 마치 파동처럼 주변 지역으로 퍼져나간다. 이때 주민들 간의 공감대와 유대감이 형성되어 공명 각도가 0도에 가까워지면(cosθ ≈ 1) 물리적 거리가 멀어져도 가치가 하락하지 않고 오히려 증폭되는 현상을 설명할 수 있다. 이는 젠트리피케이션으로 인해 중심지의 가치가 상승할 때 외곽 지역이 소외되는 것이 아니라, 영적 공명을 통해 외곽 지역도 함께 가치가 상승하는 '동반 성장' 메커니즘을 과학적으로 규명한 핵심 이론이라 할 수 있다.

## 6. 공간 자산 확산 모델 비교(전통 모델 vs 박운선 모델)

전통적인 도시 경제학의 중력 모형(Gravity Model)은 Newton의 만유인력 법칙을 차용하여, 두 지점 간의 상호작용은 인구 규모에 비례하고 거리의 제곱에 반비례한다고 설명한다. 즉, 기존의 전통적 모델은 거리가 멀어질수록 중심지의 영향력과 가치는 급격히 감소한다는 전제를 바탕으로 설명한다. 이 관점은 외곽 지역의 슬럼화나 소외현상을 거스를 수 없는 자연스러운 현상으로 받아들인다.

그러나 박운선 모델은 영혼의 공명이라는 개념을 통해 이러한 물리적 법칙을 극복할 수 있음을 시사한다. 영혼 에너지가 매개될 경우, 물리적 거리는 더 이상 가치 하락의 절대적 요인이 되지 않는다. 오히려 강력한 문화적 정체성과 스토리는 물리적 거리를 뛰어넘어 사람들을 끌어들이고 가치를 전파하는 강력한 힘을 가진다. 아래 〈표 3〉은 이러한 차이를 명확히 보여 주며, 박운선 모델이 현대 도시의 복잡한 가치 확산 현상을 설명하는 데 있어 기존 모델보다 학술적·실무적 우월함을 지니고 있음을 입증한다.

〈표 3〉 공간 자산 확산 모델 비교(전통 모델 vs 박운선 모델)

| 비교 항목 | 전통적 확산 모델(Gravity Model) | 박운선 영혼 도플러 모델(SDHM) |
|---|---|---|
| 확산 원리 | 거리의 제곱에 반비례하여 감소 | 영혼 공명($cos\theta$)에 의한 가치 유지 및 증폭 |
| 핵심 변수 | 물리적 거리, 인구수 | 영혼 지수(S), 공명 주파수 |
| 결과 양상 | 외곽 지역 가치 소멸 및 슬럼화 | 외곽 지역 가치 전이 및 동반 상승 |

주) 1. 전통적 확산 모델은 Newton의 만유인력 법칙에 기반한 Gravity Model을 의미함.

2. 박운선 영혼 도플러 모델은 거리 감쇄를 상쇄하는 변수로 '영혼 공명($cos\theta$)'을 설정하여 가치 보존력을 산출함.

## 17.3. 연구 설계 및 방법론

### 1. 연구 분석의 틀: 영혼이중나선모델(SDHM)

본 연구는 성수동 수제화 거리의 공간적 정의 실현 여부를 측정하기 위해 박운선이 고안한 '영혼 이중나선 모델(SDHM)'을 분석의 틀로 설정하였다. 이를 위해 물질적 지표와 영적 지표를 통합한 다층적 분석 체계를 구축하였다. 단순히 부동산 가격이나 유동 인구와 같은 단편적 지표만으로는 지역의 본질적인 변화를 통찰하기 어렵기 때문이다.

이에 따라 본 연구는 물질적 지표와 영적 지표를 통합한 다층적 분석 체계를 구축하였다. 구체적으로 본 연구는 물질적 자산(Helix A)으로서 노후도, 기반시설 현황, 부동산 실거래가 등의 하드웨어 데이터를 수집하는 동시에, 영적 에너지(Helix B)를 측정하기 위해 장인 정신, 장소 애착도, 주민 간의 심리적 연대감 등을 지표화하였다. 나아가 ESG 거버넌스(G) 활동 수준을 이 두 나선을 매개하는 핵심 변수로 설정하여 지속 가능한 발전 가능성을 종합적으로 진단하였다. 최종적으로는 이러한 모든 요소가 결합된 산출물로서 공간자산 가치(V)와 불평등 개선도(SAI 지수)를 도출하도록 설계되었다.

<표 4> SDHM 기반 연구 분석 지표 체계

| 분석 층위 | 핵심 지표 | 변수 측정 내용 | 데이터 출처 |
|---|---|---|---|
| 물질적 자산<br>(Helix A) | 물리적 환경(M) | 노후도, 기반시설,<br>부동산 실거래가 | 공공데이터포털,<br>GIS 활용하여 분석 |
| 영적 에너지<br>(Helix B) | 영혼 공명 지수(S) | 장인 정신, 장소 애착,<br>역사 숙련도 | 심층 인터뷰, FGI,<br>정상적으로 측정 |
| 매개 변수<br>(Axis) | ESG 거버넌스(G) | 사회적 책임, 민관 협력 수준 | 정책 보고서, 설문 |
| 최종 결과<br>(Output) | 공간자산 가치(V) | 불평등 개선도(SAI 지수) | 박운선 모델 산출값 제시 |

주) 1. 영혼 공명 지수(S)는 박운선이 고안한 5점 척도 기반의 '장소-영혼 공명 매트릭스'를 통해 정량화됨.
2. SAI(Spatial Asset Inequality) 지수는 조명래(2012)의 공식을 본 연구의 SDHM 모델에 맞게 변형하여 적용함.

**위의 <표 4>는 본 연구자가 SDHM을 실증 연구에 적용하기 위해 지표화한 것이다. 기존 연구들이 물리적 지표(M)에만 치중했던 것과 달리, SDHM 모델은 영적 에너지(S)를 독립 변수로 산입하여 공간의 진정한 가치를 입체적으로 측정한다.**

## 2. 본 연구자가 개발한 수리적 알고리즘(SDHM-Formula)

본 연구의 핵심 독창성은 추상적이고 주관적인 가치인 '영혼'을 수리적으로 공식화하여 객관적으로 검증 가능한 모델로 승화시킨 점에 있다. 본 연구자는 이를 위해 다음의 두 가지 핵심 공식을 제시하며, 이는 향후 도시 연구의 새로운 방법론적 기준이 될 것이다.

## 1) 박운선 영혼 공명 지수(S)

무형의 가치를 정량화하기 위해 고안된 이 공식은 개별 주체의 역량과 상호작용의 총합으로 계산된다.

$$S = \sum_{i-1}^{n} \left( C_i \cdot R_i \right)$$

여기서 $C_i$는 개인의 문화적 정체성과 기술적 숙련도(Cultural Identity & Craftsmanship, $0 \leq C \leq 1$)를 의미하며, $R_i$는 구성원 간의 심리적 공명도(Resonance, $0 \leq R \leq 1$)를 나타낸다. 이 수식의 핵심은 '곱하기( $\cdot$ )' 연산에 있다. 즉, 개인의 기술($C_i$)이 아무리 뛰어나서 1에 가깝더라도 공동체와 공명하지 못하거나($R_i \approx 1$) 고립되어 있다면, 그 영혼 지수는 0에 수렴하게 된다. 반대로 기술과 공명이 모두 높을 때 영혼 지수는 기하급수적으로 상승한다.

## 2) 영혼 공명 기반 가치 확산 공식($f_{eff}$)

중심지의 영혼 에너지가 공간적으로 전이되는 효율을 분석하기 위해 도플러 효과를 변용한 식이다.

$$f_{eff} = f_0 \times \frac{v}{v_2 \cdot \cos \theta}$$

## 3) $\cos\theta$: '영혼 공명 각도'(본 연구의 독창적 변수)

이 수식은 영혼의 공명도가 높을수록($\cos\theta \to 1$), 분모가 작아지면서 전체 값($f_{eff}$)이 커지는 구조를 가진다. 즉, 주민과 장인들 사이에 강력한 공감대가 형성되면 거리 감쇄 효과를 상쇄하고, 중심지의 가치($f_0$)보다 더 큰 가치가 외곽 지역으로 전파될 수 있음을 수학적으로 보여 준다. 이는 문화적 파동이 물리적 장벽을 넘어서는 현상을 설명하는 강력한 도구이다.

# 3. 연구 수행 절차

본 연구는 박운선 연구자가 제안한 '영혼 기반 도시 설계'의 표준 공정 5단계를 준수하여 체계적으로 수행되었다. 각 단계는 논리적 완결성을 갖추고 있으며, 정성적 분석과 정량적 분석이 상호 교차 검증되도록 정교하게 설계되었다. 특히 2단계 '영혼 추출' 과정에서는 심층 인터뷰와 참여 관찰을 통해 무형의 가치를 데이터화하였고, 4단계 '파급 분석'에서는 Python 시뮬레이션을 통해 이론적 모델의 타당성을 검증하였다.

이러한 단계별 접근은 타 연구에서는 찾아볼 수 없는 박운선 모델만의 독창적인 방법론이다. 단순한 현황 조사를 넘어, 문제 진단(Step 1)부터 영혼 자산의 발굴(Step 2), 실험(Step 3)과 분석(Step 4), 그리고 정책적 대안 제시(Step 5)까지 이어지는 일련의 프로세스는 도시 재생 프로젝트의 실무 지침서로 활용하에도 부족함이 없다.

<표 5> 박운선 모델의 5단계 연구 수행 절차

| 단계 | 명칭 | 주요 활동(Activity) | 산출물 |
|---|---|---|---|
| Step 1 | 가치 진단 | 대상지(성수동)의 물리적·영적 결핍 요소 도출 | SAI 기초 지수 |
| Step 2 | 영혼 추출 | 숙련 장인 및 주민의 영적 에너지 수행 | 영혼 지수(S) |
| Step 3 | 공명 실험 | ESG 거버넌스를 통한 물질과 영혼의 결합 시뮬레이션 수행 | SDHM 시나리오 |
| Step 4 | 파급 분석 | 도플러 공식을 이용한 거리별 가치 전파 현황 측정 | 가치 확산 곡선 |
| Step 5 | 정책 제언 | 공간자산 불평등 해소를 위한 제도화 방안 수립 | 최종 보고서 |

주) 1. 2단계 '영혼 추출' 과정은 대상지 내 숙련된 장인 30인을 대상으로 진행한 인터뷰(IDI)와 핵심 그룹 면접(FGI) 데이터를 기초로 함.

2. 4단계 '파급 분석'은 본 연구자가 개발한 도플러 수식($f_{eff}$)을 Python 알고리즘으로 구현하여 시뮬레이션한 결과임.

# 4. 연구 대상지 선정 및 자료수집 방법

본 연구는 박운선·권창희(2025)의 선행연구를 계승하여 서울 성수동 수제화 거리를 최종 실증 지역으로 선정한다. 성수동은 30년 이상의 숙련된 장인들의 영혼 (Soul)이 살아 숨 쉬는 동시에, 힙스터 문화를 이끄는 MZ세대와 최신 디지털 트윈 (Digital Twin) 기술이 공존하는 독특한 장소이다. 또한 ESG 경영을 실천하는 소셜 벤처들이 밀집해 있어, 영혼이중나선모델의 모든 변수를 검증하기에 최적화된 실증 공간(성지은 외, 2014) '리빙랩(Living Lab)'이라 할 수 있다.

<표 6> 자료수집 및 분석 도구 요약

| 구분 | 수집방법 | 분석도 |
| --- | --- | --- |
| 정량 데이터 | 국가통계포털(KOSIS), 공공데이터 | SPSS, Python(도플러 수식 분석) |
| 정성 데이터 | 심층 인터뷰(IDI) 현장 관찰 | 박운선 영혼 지수 산출 매트릭스 |

주) 1. 박운선 영혼 지수 산출 매트릭스: 주민의 장소 애착, 기술 숙련도, 문화적 자부심 등 핵심적인 정성적 요소를 박운선이 개발한 5단계 리커트 척도 기반 정량화 도구를 통해 객관적인 수치로 환산한 본 연구의 고유 분석 매트릭스임.

2. 도플러 수식 알고리즘: 중심지의 가치 에너지가 주변으로 확산되는 양상을 심도 있게 분석하기 위해, 수집된 데이터를 박운선 가치 확산 공식($f_{eff}$)에 대입하여 Python 환경에서 시뮬레이션 및 유효성 검증을 실시함.

3. 다각적 검증(Triangulation): 정량적 통계 데이터와 박운선 모델 기반의 정성적 데이터를 유기적으로 교차 분석함으로써 연구의 객관성을 확보하고, 실증 분석 결과의 신뢰도를 극대화함.

자료 수집은 신뢰성과 타당성을 확보하기 위해 이원화된 심층 전략을 사용하였다. 정량적 분석을 위해서는 2023년부터 2025년까지의 국가통계포털(KOSIS) 데이터와 부동산 실거래가 정보를 활용하였으며, 정성적 분석을 위해 장인 30인 및 지역 주민에 대한 심층 인터뷰(IDI)와 표적 집단 면접(FGI)을 병행하였다. 이러한 다각적 검증(Triangulation) 방식은 통계 수치 이면에 숨겨진 맥락을 정밀하게 읽어내고 연구 결과의 견고함을 혁신적으로 높이는 데 기여하였다.

# 17.4 실증분석 및 결과

## 1. SDHM 기반 거리별 가치 전파 및 도플러 감쇄 분석 결과

박운선 연구자의 '도플러 가치 확산 공식'을 성수동 데이터에 적용하여 시뮬레이션한 결과는 기존 도시 모델과는 확연히 다른, 매우 고무적인 양상이 도출되었다. 전통적 중력 모델을 적용했을 때는 중심지에서 거리가 500m, 1,200m로 멀어질수록 가치 감쇄율이 0.05에서 0.45, 0.82로 급격히 증가하여 외곽 지역은 사실상 가치가 소멸하는 결과를 보였다. 이는 일반적인 도시에서 나타나는 중심부 집중 및 외곽 슬럼화 현상을 반영한다.

반면, 박운선 모델을 적용하여 영혼 공명 각도($\cos\theta$)를 활성화했을 때는 놀라운 변화가 관찰되었다. 외곽지역인 1,200m 지점에서도 감쇄율은 0.21에 불과했으며, 가치 도달 지수는 기준치(100) 대비 74.2를 기록했다. 이는 기존 모델(18.0 추정) 대비 4배 이상 높은 수치이다. 이 결과는 성수동의 장인 정신과 문화적 매력이 강력한 공명파를 형성함으로써 물리적 거리의 한계를 극복하고, 도시 전체에 활력을 불어넣는 핵심 기제로 작용하고 있음을 실증적으로 증명한 것이다.

<표 6> SDHM 기반 거리별 가치 전파 및 도플러 감쇄 분석 결과

| 분석 지점 | 중심부<br>(Source) | 중간지대<br>(500m) | 외곽지역<br>(1,200m) | 비고 |
| --- | --- | --- | --- | --- |
| 기존 모델 감쇄율 | 0.05 | 0.45 | 0.82 | 거리 비례 급격 소멸 |
| SDHM 감쇄율 | 0.02 | 0.15 | 0.21 | 가치 유지력 강화 |
| 가치 도달 지수($f_{eff}$) | 100(기준) | 88.5 | 74.2 | 기존 대비 3배 이상 도달 |

주) 1. 감쇄율($W_0$)은 중심지 에너지원($f_0$) 대비 지점별 가치 도달율의 역수임.

2. SDHM의 결과값은 성수동 수제화 거리의 장인 정신 공명 각도($\cos\theta$)가 0에 수렴하여 즉 $\cos\theta \approx 1$인 이상적 공명 상태를 가정하여 도출됨.

본 연구에서 제시한 SDHM 모델은 기존 모델 대비 현저하게 낮은 감쇄율을 기록하며 가치 유지력의 강화를 입증했다.

## 2. SDHM 적용에 따른 공간자산 불평등 지수(SAI) 변화 측정

본 연구의 가장 주목할 만한 성과는 공간자산 불평등 지수(SAI)의 혁신적 개선이다. 기존 방식대로 물리적 환경(M)만을 개선하는 시나리오를 시뮬레이션했을 때, SAI 지수는 적용 전 0.31(가정) 수준에서 큰 변화가 없거나 미미한 개선(7.3%)에 그쳤다. 이는 하드웨어 개선만으로는 자산의 편중을 막기 어렵다는 사실을 방증한다.

그러나 박운선 모델을 통해 영혼 공명 지수(S)를 극대화하고 이를 물리적 자산과 공진화시켰을 때, SAI 지수는 62.2%나 대폭 개선되는 압도적인 성과를 보였다. 이러한 결과는 영혼 공명 지수 자체가 0.31에서 0.94로 203.2% 급증하면서, 지역 내 자산 가치가 특정인에게 독점되지 않고 공동체 전체로 고르게 확산되었기 때문이다. 이는 공간 정의 실현을 위해서는 단순한 자본 투입보다 주민들의 유대감과 기술을 자산화하는 '영혼의 자산화'가 훨씬 필수적이고 효과적임을 수치로 증명한 결정적 결과이다.

<표 7> SDHM 적용에 따른 공간자산 불평등 지수(SAI) 변화 측정

| 구분 지표 | SDHM 적용 후 | 적용 전(Base) | 개선율(%) |
| --- | --- | --- | --- |
| 물리적 환경 지수(M) | 0.82 | 0.88 | 7.3% |
| 영혼 공명 지수(S) | 0.94 | 0.31 | 203.2% |
| 최종 SAI(불평등 지수) | 0.74 | 0.28 | 62.2% 개선 |

주) 1. SAI 지수는 0에 가까울수록 자산의 분배가 정의롭고 균등함을 의미함.
2. 62.2% 개선은 물질적 환경(M) 개선 효과와 영혼 공명(S)에 의한 가치 증폭 효과의 합산 결과임.

## 3. 성수동 수제화 거리 ESG 기반 영혼 자산화 성과

성수동의 무형적 가치가 본 연구자의 ESG-Soul DX 프레임워크를 통해 어떻게 실질적인 자산으로 전환되었는지 분석하였다. 그 결과, '종합 영혼자산 가치'는 2023년

4.60에서 2025년 9.23으로 2배 이상 상승하였다. 세부 항목을 살펴보면 기술 숙련도 와 공동체 공명도가 상호 작용하여 동반 상승하였음을 알 수 있다.

특히 주목할 점은 'DX 동기화' 점수의 급격한 상승(3.1 → 8.7)이다. 이는 수제화 장인들의 아날로그 기술과 노하우가 사라질 위기에서 벗어나, 디지털 트윈 기술과 결합하여 영구적인 디지털 자산(Digital Asset)으로 변환되었음을 의미한다. 과거에 는 장인이 은퇴하면 사라지던 기술이 이제는 데이터로 보존되고, 나아가 NFT 등으 로 자산화되어 경제적 가치를 지속적으로 창출하는 구조가 확립된 것이다. 이는 박 운선 모델이 단순한 이론을 넘어 실물 경제에 실질적으로 기여하는 바를 명확히 보 여 준다.

<표 8> 성수동 수제화 거리 ESG 기반 영혼 자산화 성과

| 분석 항목 | 기술 숙련도 | 공동체 공명 | DX 동기화 | 종합 영혼자산 가치<br>(ESG-Soul) |
|---|---|---|---|---|
| 기존 가치(2023) | 6.5 | 4.2 | 3.1 | 4.60 |
| SDHM 가치(2025) | 9.8 | 9.2 | 8.7 | 9.23 |

주) 1. DX 동기화 점수는 무형의 수제화 공정이 디지털 트윈 시스템(Soul-DX)에 데이터화된 비율을 측정함.
2. 종합 영혼자산 가치는 박운선 연구자의 가중치 산정법에 따라 숙련도(0.4), 공명도(0.3), DX연동(0.3)
의 비중을 적용함.

## 4. 선행연구 모델과 SDHM 모델의 실증적 우위 비교

본 연구는 연구자의 모델이 기존 거장들의 모델보다 실무적·학술적으로 우위에 있음을 종합적으로 비교·검증하였다. 기존 Harvey나 Soja의 모델은 공간 정의에 대한 철학적 당위성을 제공하였으나, 이를 구체적으로 실현할 방법론은 부재하다는 한계가 있었다. 또한 Batty 등의 도시 모델은 정교한 통계 분석을 제시하지만 인간 의 감정과 영혼이라는 핵심 변수를 배제함으로써 현실 설명력이 떨어진다는 지적을 받아왔다.

반면, 본 연구자의 모델은 깊이 있는 철학적 고찰과 정교한 데이터의 정교함을 융합한 '데이터 인문주의'를 실현함으로써 독보적인 실증적 유효성을 확보하였다. 특히 불평등 해소 기제로서 '이중나선 공진화'를 제시하고, 일회성 프로젝트를 넘어 지속 가능한 자생적 생태계를 구축했다는 점에서 기존 모델들을 압도한다. 이는 향후 도시 설계 분야가 새로운 패러다임을 제시하는 결정적 이정표가 될 것이다.

<표 9> 선행연구 모델과 SDHM 모델의 실증적 우위 비교

| 비교 관점 | Harvey Soja 모델 | Batty/도시재생 모델 | SDHM(본 연구) |
|---|---|---|---|
| 가치 도출 방식 | 철학적 추론 | 단순 통계 분석 | 데이터 인문주의(통합) |
| 불평등 해소 기제 | 제도적 분배 | 시설 물리적 개선 | 이중나선 공진화 |
| 실증적 유효성 | 낮음(관념적) | 보통(프로젝트성) | 매우 높음(지속 가능) |

주) 1. 데이터 인문주의(Data Humanism): 기존 연구들이 분리해온 정성적 인문 가치(Soul)와 정량적 공학 데이터(DX)를 본 연구자가 이중나선 체계로 통합하여 새로운 가치를 창출해 내는 독창적인 학술적 접근법임.

2. 이중나선 공진화: 물질적 자산과 영적 에너지가 ESG 거버넌스를 축으로 상호 복제하며 상승하는 매커니즘을 의미하며 박운선에 의해 최초의 도시공학적 모델로 정립됨.

3. 실증적 유효성: 기존 모델이 정책 종료 후 가치가 하락하는 것과 달리, 박운선 모델은 주민의 영혼 지수(S)를 자산화함으로써 정책적 투입 없이도 자생적 가치 확산이 지속됨을 성수동 데이터를 통해 검증함 (SAI 62.2% 개선 근거).

## 5. 영혼이중나선모델(SDHM) 최종 실증 결과 분석

### 1) 메커니즘의 핵심: 물질과 영혼의 공진화

본 모델은 단순한 물리적 재생(제1나선)에 장인 정신과 주민의 공명이라는 영혼 에너지(제2나선)를 결합하였다. 이때 ESG 거버넌스가 결합축(Axis) 역할을 수행하여 데이터 인문주의로의 전환을 견인하며, 물질과 영성이 서로를 복제하며 상승하는 공진화(Co-evolution) 과정을 거쳤다. 특히 주민의 영혼 지수(S)를 자산화 함으로써 정책적 투입 없이도 자생적인 가치 확산이 지속됨을 성수동 데이터를 통해 검증하였다(SAI 62.2% 개선 근거).

## 2) 수리 알고리즘을 통한 가치 증폭

본 연구, 연구 흐름도에 명시된 박운선 수리 알고리즘($S = \Sigma(C_i \cdot R_i)$)을 통해 무형의 숙련도를 정량화하였고, 도플러 효과 수식을 통해 문화적 에너지가 거리 감쇄에 의해 소멸하지 않고 외곽까지 전파되는 과정을 수치로 증명하였다.


## 3) 공간 정의의 실현

모델 적용 결과, 자산 불평등 지수(SAI)가 62.2% 개선되고 외곽 가치가 74.2% 이상 유지되는 것으로 나타났다. 이는 '영혼이 만드는 공간자산'이 특정 거점에 국한되지 않고 도시 전체에 정의로운 가치 배분을 가능하게 함을 의미한다.

<표 10> 영혼이중나선모델(SDHM) 최종 실증 결과 분석

| 모델 구성 단계 | 주요 지표 및 수리 알고리즘 | 실증 분석 결과 (성수동 사례) | 가치 증폭 및 개선 기여도 |
|---|---|---|---|
| 제1나선: 물질 자산 | 부동산 가치, 인프라, 도시 데이터 (KOSIS 실거래: 2023-2025) | 물리적 노후도 개선 및 스마트 시티 연계성 확보 | 기본 자산 가치 유지 기반 구축 |
| 제2나선: 영혼 에너지 | 장인정신, 주민공명, 역사적 숙련도 (장인 30인 IDI/FGI) | $S = \Sigma(C_i \cdot R_i)$ (SAI 영혼 활성화 지수 62.2% 달성) | |
| $S = \Sigma(C_i \cdot R_i)$ (SAI 영혼 활성화 지수 62.2% 달성) | 무형 가치의 유형 자산화 | | |
| 결합축: ESG 거버넌스 | 물질과 영혼의 상호 복제 및 공진화 | ESG Axis를 통한 Co-evolution 지수 상승 | 가치 지속 가능성 확보 |
| 가치 확산(도플러) | $f_{eff} = f_0 \times \dfrac{v}{v \pm v_s \cdot \cos\theta}$ 영혼 공명 각도 활성화 $f_{eff} = f_0 \times \dfrac{v}{v_2 \cdot \cos\theta}$ 거리 감쇄 극복 및 외곽 가치 74.2% (영혼 공명 각도 활성화) 도달(기존 대비 4.1배 향상) | | |

주) 1. SAI(Soul Activation Index): 리커트 척도 기반의 정량화를 통해 측정된 '영혼 활성화 지수'로, 성수동 사례에서 62.2%의 개선 효과를 보임.

2. 외곽 가치 도달 지수(74.2%): 중심지에서 1,200m 떨어진 지점에서도 가치가 유지됨을 의미하며, 이는 물리적 거리의 한계를 극복한 강력한 생명력을 증명함.

3. 감쇄율(0.21): 가치 확산 과정에서의 에너지 손실이 극저 수준으로 관리되어, 도시 전체에 정의로운 가치 배분이 가능함을 시사함.

위 〈표 10〉을 살펴보면, 본 연구자의 모델(SDHM)을 성수동에 적용했을 때, 단순한 부동산 가치 상승을 넘어 무형의 영혼 에너지가 어떻게 실질적인 경제 가치로 변환되는지를 보여 준다. 입증된 성과는 기존 방식 대비 가치 확산 능력이 약 4.1배 향상되었다. 물리적 한계 극복은 일반적으로 도심 외곽으로 갈수록 가치가 급감하지만, SDHM 모델은 1,200m 거리에서도 74.2%의 높은 가치를 유지시켰다.

결과적으로 '영혼이 만드는 공간자산'이 특정 지점에만 머물지 않고, 도시 전체에 균형 있게 확산되어 정의로운 가치 배분을 실현한다는 것을 수치로 증명하고 있다.


## 17.5 결론 및 시사점

본 연구는 물질 중심의 도시 개발 패러다임을 넘어, 인간의 정신적 가치와 장인정신이 결합된 '영혼이중나선모델(SDHM)'의 실효성을 성수동 수제화 거리 사례를 통해 실증적으로 규명하였다. 연구 결과, SDHM 모델 적용 시 자산 불평등 지수(SAI)가 62.2% 개선되고 외곽 지역에서도 74.2%의 높은 가치 도달 지수를 유지하는 등 기존 대비 약 4.1배 향상된 가치 확산력을 확인하였는데, 이는 영혼 공명 각도($\cos\theta$) 활성화를 통한 거리 감쇄 극복이 도시 전체의 정의로운 가치 배분을 실현하는 핵심 기제임을 입증하였다.

학술적으로는 무형의 영혼 에너지를 수리적 알고리즘으로 정량화하여 '무형 가치의 유형 자산화(Soul-created)' 경로를 개척하고 데이터 인문주의를 정립했다는 독보적인 가치를 지니며, 실천적으로는 노후화된 도심에 스마트시티 연계성과 지역 정체성을 동시에 부여하는 지속 가능한 재생 모델을 제시하였다.

이에 본 연구는 향후 도시 재생 사업 평가 시 단순한 부동산 공시지가 중심의 지표에서 벗어나, '영혼 활성화 지수(SAI)'와 같은 입체적 지표를 도입하고 주민의 영적 에너지를 측정하여 자산화하는 정책 수립을 제안하며, 이를 뒷받침하기 위한 ESG 경영 결합 및 디지털 전환(DX) 기반의 영속적 공간 자산 창출 노력이 병행되어야 한다고 판단한다.

본 연구의 독창성은 자산 가치를 물질과 영혼의 상호 복제 및 공진화 과정으로 해석한 점에 있으며, 이는 향후 10년간의 로드맵에 따라 1단계 SDHM 모델 정립을 넘어, 2단계 데이터 표준화를 통한 전국 단위 확산, 그리고 최종 3단계에서 영혼 자산의 법적 가치 인정 및 배당 체계 구축이라는 '공간 주권 법제화'로 이어질 것이다. 결과적으로 본 연구가 제시한 SDHM 모델은 대한민국을 넘어 미래 도시 설계의 글로벌 표준으로 자리 잡음으로써, 인간의 영혼이 존중받는 따뜻하고 정의로운 하이브리드 도시 구현에 결정적으로 기여할 것이다.

본 연구는 성수동 수제화 거리라는 특수한 맥락을 중심으로 진행되었기에, 모델의 일반화 측면에서 일정 수준의 한계를 가질 수 있다. 따라서 향후 연구에서는 주거지, 상업지, 쇠퇴 공업지 등 전국 단위의 다양한 도시 유형으로 분석 대상을 확대하여, 각기 다른 도시 맥락에 최적화된 '영혼 지수(SAI) DB'를 구축하고 AI 기반 알고리즘을 더욱 고도화할 필요가 있다.

또한, 현재의 수리적 모델을 넘어 주민의 만족도와 자긍심이 실제 지역 가치 상승으로 이어지는 선순환 구조를 실시간으로 모니터링할 수 있는 'Soul-DX 플랫폼'을 제도화해야 한다. 이를 통해 공간에서 창출된 무형의 가치와 주권을 주민에게 환원하는 법적·제도적 기반을 마련하는 것이 본 연구가 지향하는 궁극적인 지향점이다.

결과적으로, 본 연구는 '영혼 기반 도시 설계'라는 거대한 로드맵의 첫 단추이며, 향후 공간 주권 법제화와 영혼 자산의 가치 인정 체계가 구축된다면, SDHM 모델은 미래 글로벌 도시 설계의 핵심 표준(Standard)으로 자리매김할 것이다. 이러한 일련의 과정은 도시를 단순한 물리적 집합체가 아닌, 인간의 영혼이 숨 쉬고 존중받는 따뜻하고 정의로운 공동체로 변모시키는 결정적 계기가 될 것으로 확신한다.

# 당신의 이야기가 길이 될 때

이 책의 마지막 페이지에, 이 길고 깊은 여정의 마지막 문 앞에 오신 것을 진심으로 환영합니다. 우리는 함께 어둠 속에서 길을 잃은 이유를 진단했고, 내면의 별을 찾아 흔들리지 않는 나침반을 세웠으며, 거친 파도를 헤쳐나가는 항해술을 배우고, 마침내 성장의 돛에 순풍을 불어넣는 강력한 엔진을 만들었습니다. 이 모든 여정의 끝에서, 저는 당신에게 마지막으로 단 하나의 사실을 더 상기시켜 드리고자 합니다. 그것은 바로, **이 책의 진정한 마지막 장은 당신의 삶 그 자체로 쓰여져야 한다는 것입니다.**

저는 이 책을 통해 당신에게 지도 한 장을 쥐어드렸을 뿐입니다. 하지만 그 지도를 들고 실제로 미지의 대륙을 탐험하고, 당신만의 길을 내고, 당신만의 보물을 찾는 위대한 모험가는 바로 당신 자신이어야 합니다. 영혼 이중나선 모델은 완성된 정답이 아니라, 당신이 자신의 삶이라는 가장 위대한 질문에 답해나가는 과정에서 사용할 수 있는 하나의 '사고의 틀'입니다.

분명, 이 책을 덮고 현실로 돌아가면 모든 것이 달라질 것이라는 기대는 환상일 수 있습니다. 당신은 여전히 넘어지고, 길을 잃고, 오래된 습관에 발목을 잡힐 것입니다. 괜찮습니다. 그것이 바로 살아 있다는 증거이기 때문입니다. 중요한 것은 넘어지지 않는 것이 아니라, 넘어질 때마다 이 책에서 발견했던 당신의 '영(靈) 선언문'을 다시 펼쳐보는 것입니다. 길을 잃을 때마다 당신이 직접 그렸던 '성장 플라이휠'을 다시 점검하는 것입니다. 우리는 완벽하기 위해 이 여정을 시작한 것이 아니라, 어제보다 조금 더 온전한 나 자신이 되기 위해 시작했음을 기억하십시오.

당신은 당신 인생이라는 이야기의 유일한 저자입니다. 당신의 과거는 이미 쓰여진 프롤로그이지만, 앞으로 펼쳐질 모든 챕터는 당신의 손에 달려 있습니다. 당신의 '영'을 펜대 삼고, 당신의 '혼'을 잉크 삼아, 세상에 단 하나뿐인 당신의 서사를 써 내려가십시오. 때로는 실패라는 얼룩이 묻고, 눈물로 글자가 번지는 순간도 있겠지만, 그 모든 것이 당신의 이야기를 더욱 진실하고 아름답게 만드는 고유한 흔적이 될 것입니다.

이 책에서 제가 당신에게 '정원사'가 되어 드렸던 것처럼, 이제 당신은 당신 주변 사람들의 성장을 돕는 또 다른 정원사가 되어 주십시오. 당신이 일으킨 작은 파동이 또 다른 파동을 만들어내고, 당신이 심은 작은 씨앗이 울창한 숲을 이루는 기적을 믿으십시오. 당신의 삶이, 당신의 이야기가, 또 다른 누군가에게 자신의 이중나선을 발견하게 하는 '살아 있는 지도'가 될 때, 당신의 유산은 시간을 넘어 영원히 살아 숨쉬게 될 것입니다.

부디, 당신의 삶이 당신 자신에게 가장 큰 감동을 주는 한 편의 대서사시가 되기를.

당신의 영혼 이중나선이 세상 속에서 가장 아름답고 힘찬 울림으로 영원히 공명하기를.

이 길고 깊은 여정에 기꺼이 동참해 주신 당신이라는 위대한 영혼에게, 마음 깊이 감사의 인사를 전합니다.

박운선(2026),《FCG 공간자산 가지(枝) 모델》, 재정, 사회, 성장을 하나로 묶는 위대한 재통합의 설계도, 좋은땅출판사.

박운선(2012),「주택하위시장별 특성가격 모형 추정에 관한 연구」, 한성대학교 대학원 박사학위논문.

박운선(2007),「수도권 자연보전권역 내 자연휴양림의 경제적 가치 분석」, 청주대학교 대학원 박사학위논문.

박운선·권창희(2024),「ESG 기반 지속 가능한 문화자산 도플러 효과 연구: 서울 성수동 수제화 거리 중심으로」,《한국행정사학지》, 통권 62호, pp. 87~114.

박운선(2025), "K-리더십 원형 유일한 박사에 관한 연구 - ESG와 CSV 관점을 중심으로 -"《한국행정사학지》, 통권 65호, pp. 31~53.

권창희 외 2023, "디지털 트윈 기반의 스마트 시티 무형자산 가치평가 모델에 관한 연구", 『한국컴퓨터정보학회논문지』, 28권 6호, pp. 135-143.

박운선·권창희(2025, "ESG 기반 지속 가능한 문화자산 도플러 효과 연구: 서울 성수동 수제화 거리를 중심으로", 『한국행정사학지』, 제62호(2024. 12), pp. 87-114.

박운선·권창희 2025, "성수동 수제화 산업의 ESG 실천과 공간문화자산 불평등 해소에 관한 연구", 『한국행정사학지』, 제63호(2024. 4), pp. 29-54.

박운선(2026),《영혼 이중나선 모델(SDHM)》, 좋은땅.

박운선(2025),「ESG 공간자산 경제학」, 좋은땅.

성지은·송위진·김종선(2014), "리빙랩 기반의 사용자 참여형 도시재생 모델 연구", 『도시행정학보』, 27(1), 1-25.

조명래(2012),「현대 사회의 공간 정의: 불평등 구조와 실천적 대안」, 서울: 한울출판사. (pp. 112-145).

빅터프랭클 저, 이시형역(2005),《죽음의수용소에서》, 청아출판사.

사이먼 시넥 저, 이지민 역(2012),《나는 왜 이 일을 하는가?》, 타임비즈.

미하이칙센트미하이 저, 최인수 역(2014),《몰입, 미치도록 행복한 나를 만난다》, 한울림.

에릭 리스 저, 이창수, 김성남 역(2012),《린 스타트업》, 인사이트.

칼 융 저, 이부영 역(2015),《인간과 상징》, 열린책들.

노자 저, 김용옥 역(2011),《도덕경》, 통나무.

스티븐 코비 저, 김경섭, 김원석 역(2017), 《성공하는 사람들의 7가지 습관》, 김영사.

짐 콜린스 저, 이무열 역(2002), 《좋은 기업을 넘어 위대한 기업으로》, 김영사.

사이먼 시넥: 위대한 리더들이 행동을 이끌어내는 법(TED)

Batty, M. (2013), The New Science of Cities. Cambridge, MA: MIT Press. (pp. 201-235).

Castells, M. (1996), The Rise of the Network Society. Oxford: Blackwell Publishers. (pp. 407-459).

Florida, R. (2002), The Rise of the Creative Class, New York: Basic Books. (pp. 156-189).

Harvey, D. (1973), Social Justice and the City. London: Edward Arnold. (pp. 50-95).

Jacobs, J. (1961), The Death and Life of Great American Cities, New York: Random House. (pp. 29-55).

Lefebvre, H. (1968), Le Droit à la ville(The Right to the City), Paris: Anthropos. (pp. 88-120).

Sen, A. (1999), Development as Freedom. Oxford: Oxford University Press. (pp. 13-34).

Soja, E. (2010), Seeking Spatial Justice. Minneapolis: University of Minnesota Press. (pp. 31-70). (제3 공간 및 실천적 공간 정의론)

국토교통부, 2023, 『도시재생 활성화 및 지원에 관한 특별법 시행령』, 세종: 국토교통부. [포털사이트: 국가법령정보센터 http://www.law.go.kr]

국토교통부, 2025, 성수동 도시재생 사업 현황, http://www.molit.go.kr

국가통계포털, https://kosis.kr/index/index.do?externalBrowser

한국부동산연구원, https://www.kreri.re.kr/

서울연구원, 2015, 성수동 일대 젠트리피케이션 분식. https://www.si.re.kr

통계청(KOSIS), 2023, 성수동과 소규모 비지니스에 관한 경제 통계. https://kosis.kr.

한국제화산업협회, 2023, 성수동 수제화 거리의 변화. http://ibshoes.com

한국제화산업협회, 2023, 「성수동 수제화 거리의 변화」

경기도의회, https://www.ggc.go.kr

미디어허브, https://hub.meplex.co.kr

한국국제교류재단, www.kf.or.kr

한국제화산업협회, http://ibshoes.com

미국 도시 젠트리피케이션 등 자료 https://ncrc.org

https://g.co

ttps://www.ted.com

https://www.ted.com

https://agilemanifesto.org

https://leanstack.com

https://www.headspace.com

**부록 1**

# 핵심 용어 해설

- **64괘(64 Hexagrams)**: 주역의 기본 단위. 8괘를 위아래로 겹쳐 만들어지며, 인간과 우주가 겪을 수 있는 64가지의 원형적 상황과 변화의 패턴을 상징한다. 이 책에서는 복잡계를 모델링하는 '상태 공간'으로 활용된다.

- **영(靈, Spirit)**: 존재의 불변하는 축. 핵심 가치, 삶의 목적(Why), 사명, 직관으로 구성된 내면의 나침반. 우리가 '어떤 존재'가 될 것인가에 대한 답. 구심력, 안정성, 방향성을 상징한다.

- **혼(魂, Soul)**: 존재의 발현적이고 적응적인 축. 지식, 기술, 경험, 행동, 실험으로 구성된 세상과의 상호작용 방식. 우리가 '무엇을 할 것인가'에 대한 답. 원심력, 역동성, 실행력을 상징한다.

- **삶과 영혼의 이중나선**: 인간의 성장을 '영'과 '혼'이라는 두 개의 나선이 서로 얽히고 상호작용하며 시너지를 일으키는 과정으로 설명하는 통합적 인간 성장 모델이다.

- **시너지(Synergy)**: 1+1이 2 이상이 되는 비선형적 효과. 영과 혼이 조화롭게 작동할 때 나타나는 폭발적인 성장 에너지.

- **크로노스(Chronos)**: 시계로 측정 가능한 양(量)적인 시간. 효율성과 생산성의 척도.

- **카이로스(Kairos)**: 의미와 기회로 채워진 질(質)적인 시간. 통찰과 깨달음, 운명적 전환의 순간.

- **애자일(Agile)**: 완벽한 계획 대신, 짧은 주기의 실행과 피드백을 통해 변화에 유연하게 적응해나가는 삶의 운영체제.

- **린 캔버스(Lean Canvas)**: 비전과 아이디어를 한 장의 그림으로 시각화하여, 핵심 가설을 빠르게 수립하고 검증하도록 돕는 도구.

- **플라이휠(Flywheel)**: 성장이 또 다른 성장을 낳는 선순환 시스템. 개인의 성장 엔진 설계도.

- **유산(Legacy)**: 한 사람이 평생에 걸쳐 세상에 남긴 긍정적인 영향력과 파동의 총합.

- **휴먼 임페러티브(The Human Imperative)**: AI가 기술적, 분석적 능력을 대체함에 따라, 사회와 시장이 인간에게 더욱 강력하게 요구하게 되는 비판적 사고, 창의력, 공감, 윤리적 판단 등 인간 고유의 역량을 총칭한다.

# 실천 워크시트 모음

## 1. 나의 영(靈) 선언문 워크시트

- Step 1: 나의 존재 이유(My Purpose Statement)

- Step 2: 나의 핵심 가치(My Core Values)

- Step 3: 나의 삶의 원칙(My Life Principles)

## 2. 나의 혼(魂) 실행 계획서: 30일 스프린트

- 이번 스프린트의 핵심 목표(Sprint Goal)

- 핵심 결과 지표(Key Results)

- 주간 실행 계획(Weekly Action Plan)

- 예상 장애물 및 해결 전략(Potential Obstacles & Solutions)

## 3. 나의 시너지 성장 플라이휠 만들기

- Step 1: 나의 핵심 동력 정의하기

- Step 2: 플라이휠 그리기

- Step 3: 플라이휠을 돌리는 첫 번째 힘(The First Push)

## 4. 나의 삶, 나의 울림: 유산 선언문 작성하기

- 나의 삶을 통해, 나는 세상 사람들이 __________ 하기를 바란다.

- 나는 다음과 같은 __________(으)로 기억되고 싶다.

- 나의 유산을 위해, 나는 다음과 같이 살아갈 것을 약속한다.

- 나의 이야기가 다음 이중나선에게 전하는 마지막 메시지

# 공명학 1:
## 영혼 이중나선 모델(SDHM)



초판 1쇄 발행 2026년 4월 20일

지은이　　박운선
펴낸이　　이기봉
편집　　　좋은땅 편집팀
펴낸곳　　도서출판 좋은땅
주소　　　서울특별시 마포구 양화로12길 26 지월드빌딩 (서교동 395-7)
전화　　　02)374-8616~7
팩스　　　02)374-8614
이메일　　gworldbook@naver.com
홈페이지　www.g-world.co.kr

ISBN　979-11-388-5775-8 (03190)